KIELER GEOGRAPHISCHE SCHRIFTEN

Begründet von Oskar Schmieder

Herausgegeben vom Geographischen Institut der Universität Kiel
durch J. Bähr, H. Klug und R. Stewig

Schriftleitung: S. Busch

Band 67

HERMANN ACHENBACH

Historische Wirtschaftskarte des östlichen Schleswig-Holstein um 1850

- Erläuterungen -

KIEL 1988

IM SELBSTVERLAG DES GEOGRAPHISCHEN INSTITUTS
DER UNIVERSITÄT KIEL

ISSN 0723 - 9874
ISBN 3 - 923887 - 09 - 4

CIP-Kurztitelaufnahme der Deutschen Bibliothek

Achenbach, Hermann:
Historische Wirtschaftskarte des östlichen
Schleswig-Holstein um 1850: Erl. / von Hermann
Achenbach. Geograph. Inst. d. Univ. Kiel. - Kiel:
Geograph. Inst., 1987.
   (Kieler Geographische Schriften; Bd. 67)
   ISBN 3-923887-09-4
NE: GT

Gedruckt mit Unterstützung des
Rektorats der Christian-Albrechts-Universität zu Kiel
und des Kultusministeriums des Landes Schleswig-Holstein

sowie mit Spenden
der Schleswig-Holsteinischen Universitäts-Gesellschaft,
der Industrie- und Handelskammer zu Kiel,
der Provinzial Brandkasse Versicherungsanstalten,
des Sparkassen- und Giroverbandes für Schleswig-Holstein,
der Kieler Spar- und Leihkasse,
der Kreissparkasse Plön,
der Kreis- und Stadtsparkasse Eckernförde und
der Bordesholmer Sparkasse

©

Alle Rechte vorbehalten

Die Zeit ist
Bewegung im Raum

Joseph Joubert (1754-1824)

Vorwort

Schleswig-Holstein repräsentiert unter den Flächenstaaten der Bundesrepublik Deutschland neben Bayern den einzigen Fall, daß ein historisch gewachsenes Territorium ohne Veränderung in den Staatskörper eingefügt worden ist.

Die Wirkungen räumlicher Persistenz und geschichtlicher Kontinuität tragen daher in hohem Maß zur Individualität und strukturellen Eigenstellung des Landes und seiner Teilgebiete bei. Nur aus dem Zusammenspiel der vielseitigen Ausgangsformen, den natürlichen Ressourcen der Landschaftsräume und den verändernden Antriebskräften des technischen Zeitalters kann das Spektrum kulturlandschaftlicher Vielfalt zwischen Elbe, Nord- und Ostsee analysiert und verstanden werden.

Im Gegensatz zu ihren klassischen Forschungsphasen hat die wissenschaftliche Kulturgeographie der beiden letzten Jahrzehnte historischen und genetischen Fragestellungen eine vergleichsweise geringe Aufmerksamkeit geschenkt. Ein Umdenken ist bedauerlicherweise auch in jüngster Zeit nicht erkennbar, obgleich das Interesse der Öffentlichkeit an geschichtlichen Ereignissen und Zusammenhängen in stetem Steigen begriffen ist.

Stürmisches Wirtschaftswachstum, positivistische Fortschrittsgläubigkeit und eine fachliche Präferenz für räumliche Wandlungsprozesse sozialer Determinanz haben allzu oft die Blicke einseitig auf diejenigen Phänomene gelenkt, die als Innovationen in einen Raum eindringen und ihm ein neues Gesicht verleihen. Den beharrenden Kräften oder denjenigen Erscheinungen, die sich im ererbten Gehäuse den veränderten Standortanforderungen anzupassen vermochten, wurde in der Regel eine untergeordnete Resonanz zuteil.

Speziell unter dem Gesichtspunkt räumlicher Kausalitäten vermag die Geographie einen wichtigen Beitrag zur Erforschung genetischer Kulturlandschaftsstadien zu leisten. Im Rahmen dieser Zielsetzung erweist sich die Erstellung thematischer Übersichtskarten als außerordentlich hilfreiches Instrument zur Dokumentation typologischer und regionaler Differenzierungen. Themenspezifische Karten haben in unterschiedlichen inhaltlichen und methodischen Ausrichtungen ihre Bewährungsprobe seit Jahrzehnten bestanden.

Thematische Karten verpflichten ihren Bearbeiter zu einer lückenlosen, flächendeckenden Aussage unter Anwendung ebenso generalisierender wie individualisierender Arbeitsschritte. Durch die kartographische Umsetzung der thematischen Inhalte werden Raumstrukturen synoptisch erfaßbar und visuell vergleichbar. Somit erschließt sich eine differenzierte Materie dank der vielseitigen Ausdrucksmöglichkeiten moderner Kartentechnik dem Betrachter leichter, als dies ein wissenschaftlicher Text in der Regel vermag.

Die vorliegende Wirtschaftskarte des östlichen Schleswig-Holstein beleuchtet einen Zeitabschnitt an der Schwelle des technischen Zeitalters. Noch eingebettet in den dänischen Staatsverband erlebt Schleswig-Holstein in der ersten Hälfte des 19. Jahrhunderts weitreichende Veränderungen seiner traditionellen Verkehrs- und Produktionsstrukturen. Zwei Generationen nach dem Abschluß der großen Agrarreformen beginnt die Dampfmaschine, den Land- und Seeverkehr zu revolutionieren sowie die Standorte der Agrarveredlung auf der Basis gewandelter Kapazitäten an neue Plätze zu binden. Die Steigerung der Erträge und die Verbreiterung der Produktpalette unterstützen diesen Vorgang aufs lebhafteste. Bevölkerungszunahme und wachsender Konsum in den Städten weisen dem flachen Land eine neu dimensionierte Wertschöpfungsfunktion zu. Das Handwerk - noch weitgehend den investitionshemmenden Restriktionen der Zunftverfassung unterworfen - erleidet sektoral erste Einbrüche durch preiswerte Fabrikwaren.

Noch aber halten zum Untersuchungszeitpunkt gewachsene Ordnungen und fortbestehende territoriale Sonderrechte das wirtschaftliche Leben der Herzogtümer in einem inneren Gleichgewicht. Beharrung und Evolution in ihrer räumlichen und typologischen Verteilung nebeneinander sichtbar werden zu lassen, ist ein zentrales Anliegen von Karte und Studie. Wenn immer möglich, wurden alle Aussagen auf das Jahr 1845 bezogen.

Von den verschiedensten Seiten habe ich während der mehrjährigen Studien Unterstützung, Anregung und Zuspruch erfahren. Der Fortgang der Arbeiten wurde durch die Resonanz, die das Vorhaben im Kollegenkreis, bei amtlichen Dienststellen sowie bei Vorträgen der Universitätsgesellschaft fand, immer wieder aufs neue gefördert. Interesse und Aufmunterung haben nicht unerheblich zum Abschluß der aufwendigen Recherchen und Dokumentationen beigetragen.

Die kartographische Gestaltung ist in hohem Maß das Werk von Frau D. BUSCH. Ihrem koordinierenden Einsatz verdanke ich die Fertigstellung der Karte in der druckreifen Form. Es ist nicht immer einfach gewesen, den hohen Zeitaufwand beim Entstehen der farbigen Karte mit den übrigen Arbeitsverpflichtungen abzustimmen. So mußten von Anfang an pragmatische Wege beschritten werden, den Aufwand zu begrenzen.

Aus diesem Grund wurde von vornherein eine Reproduktion mit Hilfe der Scannertechnik ins Auge gefaßt. Die dazu erforderliche Reinzeichnung verdanke ich der Hand von Herrn KIRCHHOFF, der die kolorierte Grundlage auf Karton mit Einfühlung und Geduld erstellt hat. Zweifellos haftet der Karte durch dieses Verfahren sowie durch das vom Autor manuell geschriebene Namensgut etwas Handwerkliches an. Andererseits glauben wir, daß im Zeitalter technischer Perfektion und Professionalität gerade einem historischen Thema eine spezifische kartographische Behandlung durchaus angemessen ist und a priori keinen Nachteil im Aussagewert bedeutet.

Das spontane Angebot von Herrn Regierungsvermessungsdirektor REUMANN, den Druck der Karte im Landesvermessungsamt Schleswig-Holstein durchzuführen, verdient in diesem Zusammenhang besondere Hervorhebung.

Im Hinblick auf die Anfertigung und Korrektur des Textes bin ich Frau I. TOLKMITT zu besonderem Dank verpflichtet. Darüber hinaus danke ich den Herausgebern der Schriftenreihe, daß sie sich trotz der hohen Kosten vorbehaltlos für das Erscheinen dieser Arbeit in der Reihe des Kieler Instituts eingesetzt haben.

Der vorliegende Beitrag kann nur als Versuch gelten, einen Entwicklungszustand an einer entscheidenden wirtschaftlichen Wendemarke zu rekonstruieren. Angesichts der Fülle und Vielseitigkeit der Quellen wird es nicht schwer sein, Lücken, Irrtümer und unstatthafte Verallgemeinerungen aufzudecken. Jedoch einzig in der Beschränkung der Auswahl lag die Möglichkeit, ein so weitgefächertes Themengebiet synoptisch darzustellen.

Kiel, im Dezember 1987

Inhaltsverzeichnis

	Seite
Vorwort	III
Verzeichnis der Tabellen	IX
Verzeichnis der Abbildungen	XI
A. ALLGEMEINER TEIL	1
1. EINLEITUNG UND ZIELSETZUNG	1
2. LAGEAUSSCHNITT UND QUELLENGRUNDLAGEN	5
2.1. Zur Wahl des Kartenausschnitts	5
2.2. Die Frage des Abbildungsmaßstabs	7
2.3. Quellen und kartographische Materialgrundlagen	8
3. AUSWAHL UND DARSTELLUNG THEMATISCHER SACHVERHALTE	13
3.1. Zielsetzungen thematischer Karten	13
3.2. Politische Gliederung und administrative Grenzen	14
3.3. Merkmale der Bodennutzung	20
3.4. Zur Klassifizierung der ländlichen Siedlungen	22
3.5. Verkehr und Kommunikation	25
3.6. Das Problem der städtischen Wirtschaftsfunktionen	28
3.7. Wirtschaftliche Einzelerscheinungen	30
4. LEITLINIEN DER SCHLESWIG-HOLSTEINISCHEN WIRTSCHAFTSENTWICKLUNG BIS ZUR MITTE DES 19. JAHRHUNDERTS	33
4.1. Die Herzogtümer im politischen Spannungsfeld des 19. Jahrhunderts	33
4.2. Die Wirtschaftsentwicklung der adligen Güterbezirke	37
4.3. Reformen und Innovationen im bäuerlichen Wirtschaftsraum	46
4.4. Gewerbe- und Verkehrsentwicklung	52
B. REGIONALER TEIL	57
Vorbemerkung	57
5. DIE ADLIGEN GÜTERDISTRIKTE	58
5.1. Der Oldenburger Güterdistrikt	60
5.2. Die Großherzoglich Oldenburgischen Fideikommißgüter	74

	Seite
5.3. Der Preetzer Güterdistrikt	80
5.4. Der Kieler Güterdistrikt	91
5.5. Der Dänisch-Wohlder Güterdistrikt	98
5.6. Schwansen	108
6. KÖNIGLICHE LANDDISTRIKTE	115
6.1. Das Amt Bordesholm	115
6.2. Die Gebietsteile der Ämter Neumünster, Rendsburg und Segeberg	125
6.3. Die Ämter Kronshagen und Kiel	133
6.4. Das Amt Cismar	141
6.5. Das Amt Plön	147
6.6. Das Amt Ahrensbök	152
6.7. Die Landschaft Fehmarn	158
7. DAS ADLIGE KLOSTER PREETZ	171
8. DAS FÜRSTENTUM LÜBECK	183
9. STÄDTE UND FLECKEN	193
9.1. Kiel	195
9.2. Eckernförde	206
9.3. Heiligenhafen	211
9.4. Neustadt	214
9.5. Burg auf Fehmarn	217
9.6. Oldenburg	219
9.7. Lütjenburg	221
9.8. Plön	223
9.9. Eutin	225
9.10. Neumünster	230
9.11. Preetz	235
9.12. Ahrensbök	240
10. ERGEBNISSE UND ZUSAMMENFASSUNG / SUMMARY	241
11. Literatur- und Quellenverzeichnis	249
12. Orts- und Personenregister	269

Verzeichnis der Tabellen

		Seite
Tab. 1 -	Landnutzung und Produktion im Adligen Güterdistrikt Oldenburg im Jahresmittel 1841-45	68
Tab. 2 -	Die wichtigsten Produktionsgebiete für Weizen in den Herzogtümern Schleswig und Holstein nach dem Durchschnittsertrag 1841-1845 in Tonnen	69
Tab. 3 -	Die wichtigsten Erzeugungsgebiete für Raps in Schleswig-Holstein nach dem Durchschnittsertrag 1841-1845 in Tonnen	71
Tab. 4 -	Statistische Angaben zu den Großherzoglich Oldenburgischen Fideikommißgütern	79
Tab. 5 -	Pflugzahl der Adligen Güter und Klöster 1832	84
Tab. 6 -	Steuertaxationswerte je Steuertonne in den Adligen Güterdistrikten Schleswigs und Holsteins	87
Tab. 7 -	Agrarbevölkerung 1845 nach Verwaltungsbezirken	89
Tab. 8 -	Gutsbezirke mit hohen Handwerkeranteilen im Distrikt Preetz 1845	90
Tab. 9 -	Besitzergruppen in den adligen Güterdistrikten und Klöstern 1832	103
Tab. 10 -	Flächenverhältnis von Hofland und Bauernland in Schleswig	104
Tab. 11 -	Kennziffern zur Agrarproduktion der Güterdistrikte	107
Tab. 12 -	Zeitliche Abfolge der freiwilligen Aufhebung der Leibeigenschaft auf den Gütern Schwansens	113
Tab. 13 -	Entwicklung der Hufenzahlen im Amt Bordesholm	118
Tab. 14 -	Bevölkerung nach Nahrungszweigen im Amt Bordesholm 1845	119
Tab. 15 -	Besitzstruktur in den Dörfern des Amtes Bordesholm	121
Tab. 16 -	Grundsteuer-Reinertrag vom ha in Mark im Bereich Neumünster (um 1905)	127
Tab. 17 -	Durchschnittsertrag und Viehbestand in den drei Geest-Ämtern Neumünster, Rendsburg und Segeberg um 1845	129
Tab. 18 -	Die wichtigsten Schafhaltungsgebiete in den Herzogtümern Holstein und Schleswig 1845	130
Tab. 19 -	Bevölkerung im Kirchspiel Nortorf nach ausgewählten Nahrungszweigen 1845	131
Tab. 20 -	Besitzstruktur in den Dörfern des Amtes Kronshagen nach den Agrarreformen	135

		Seite
Tab. 21	- Bevölkerungsgliederung im Amt Kiel nach Erwerbszweigen 1845	139
Tab. 22	- Größenstruktur im parzellierten Amtsvorwerk Cismar um 1845	145
Tab. 23	- Erwerbsgliederung im Amt Cismar 1845	147
Tab. 24	- Ackerfrüchte in den Ämtern Ahrensbök, Cismar und Plön 1841-1845 in Tonnen	157
Tab. 25	- Bevölkerung nach Erwerbszweigen auf Fehmarn 1845	168
Tab. 26	- Handwerker mit Gehilfen auf Fehmarn 1845	169
Tab. 27	- Besitzgrößenstruktur in ausgewählten Dorfschaften es Amtes Eutin um 1880	189
Tab. 28	- Warenumschlag mit Agrargütern in Kiel 1845	197
Tab. 29	- Die Bevölkerung Kiels nach Nahrungszweigen	201
Tab. 30	- Gewerbezweige mit mindestens 15 Beschäftigten in Kiel 1845	204
Tab. 31	- Warenverkehr in Heiligenhafen 1845	213
Tab. 32	- Warenverkehr im Neustädter Hafen 1845	217
Tab. 33	- Handwerksstruktur in den Städten Oldenburg und Lütjenburg 1845	220
Tab. 34	- Zolleinnahmen des dänischen Staates aus der Wareneinfuhr in das Fürstentum Lübeck 1841	228
Tab. 35	- Wichtige Ausfuhrgüter aus dem Fürstentum Lübeck nach Bestimmungsorten 1841	229
Tab. 36	- Beschäftigte in der Textilindustrie in Neumünster	234
Tab. 37	- Das Schuhmacherhandwerk in Städten und Flecken Schleswig-Holsteins 1845	237
Tab. 38	- Wichtige Handwerkszweige im Flecken Preetz 1840-1864	239

Verzeichnis der Abbildungen

		Seite
Abb. 1	Territorialverhältnisse im Untersuchungsgebiet um 1845	6
Abb. 2	Ausschnitt aus der Preußischen Erstausgabe der Meßtischblätter Blatt Oldenburg	10
Abb. 3	Milchkuhbestände im östlichen Schleswig-Holstein um 1845	43
Abb. 4	Erzeugung von Butter und Speck im Fünfjahresmittel um 1845	44
Abb. 5	Warenverkehr durch den Schleswig-Holsteinischen Kanal nach Warenwert 1844	54
Abb. 6	Bodengüte nach Steuertaxationswerten im Güterdistrikt Oldenburg um 1845	64
Abb. 7	Bodennutzung und pflanzliche Produktion in den Adl. Güterdistrikten Oldenburg und Preetz sowie auf den Ghzgl. Oldbg. Fideikommißgütern um 1845 (nach SCHRÖDER/BIERNATZKI)	66
Abb. 8	Bodengüte nach Steuertaxationswerten im Güterdistrikt Preetz um 1845	82
Abb. 9	Teichflächen im Gut Rixdorf auf der Varendorfschen Karte	88
Abb. 10	Bodengüte nach Steuertaxationswerten im Güterdistrikt Kiel um 1845	92
Abb. 11	Der Flemhuder See mit dem angrenzenden Schleswig-Holsteinischen Kanal auf der Varendorfschen Karte (1787-1796)	97
Abb. 12	Bodengüte nach Steuertaxationswerten im Güterdistrikt Dänischer Wohld um 1845	100
Abb. 13	Bodennutzung und pflanzliche Produktion in den Adligen Güterdistrikten Kiel, Dänischer Wohld und Schwansen um 1845 (nach Angaben von SCHRÖDER/BIERNATZKI)	106
Abb. 14	Die Seebatterie Friedrichsort und die Besitzungen des Gutes Seekamp vor der Parzellierung (Varendorfsche Karte 1789-1796)	108
Abb. 15	Bodengüte nach Steuertaxationswerten im Güterdistrikt Schwansen um 1845 (nach SCHRÖDER/BIERNATZKI)	110
Abb. 16	Das Amt Bordesholm nach der Darstellung von F. GEERZ 1842	116
Abb. 17	Bodennutzung und pflanzliche Produktion in den Ämtern Bordesholm, Kiel und Kronshagen sowie im Adl. Kloster Preetz um 1845	124

			Seite
Abb. 18	-	Bodennutzung und pflanzliche Produktion in den Ämtern Rendsburg, Segeberg, Neumünster um 1845	128
Abb. 19	-	Bodennutzung und pflanzliche Produktion in den Ämtern Ahrensbök, Cismar sowie in der Landschaft Fehmarn um 1845	142
Abb. 20	-	Die Lage von Plön nach der Varendorfschen Karte	148
Abb. 21	-	Die Insel Fehmarn im Darstellungsbild der trigonometrischen Aufnahme der Kgl. Gesellschaft der Wissenschaften 1825	159
Abb. 22	-	Kloster und Flecken Preetz nach der Varendorfschen Karte	173
Abb. 23	-	Karte der Probstei mit ihren 20 Bauerndörfern, Ausschnitt aus der Karte der Umgebung von Kiel von A.C. GUDME, 1822	177
Abb. 24	-	Die überschwemmungsgefährdeten Salzwiesen mit dem Barsbeker See auf der Varendorfschen Karte	180
Abb. 25	-	Die Umgebung von Eutin mit dem Bauhof als Krongut auf der Varendorfschen Karte	188
Abb. 26	-	Wareneinfuhr und -ausfuhr in den Häfen des östlichen Schleswig-Holstein 1844	194
Abb. 27	-	Die Altstadt von Kiel mit dem Schloß und der angrenzenden Brunswiek nach der Thalbitzerschen Karte von 1853	196
Abb. 28	-	Schiffsbestand in den wichtigsten Häfen des dänischen Gesamtstaats 1844	199
Abb. 29	-	Schiffsbestand in den Häfen des östlichen Schleswig-Holstein nach Schiffsgrößen 1844	200
Abb. 30	-	Die Vorstadt von Kiel mit dem Bahnhof nach der Thalbitzerschen Karte von 1853	205
Abb. 31	-	Die Lage der Stadt Eckernförde zwischen Windebyer Noor und Eckernförder Bucht (1851)	207
Abb. 32	-	Plan der Stadt Plön aus dem Jahr 1860 mit der projektierten Chaussee nach Preetz	224
Abb. 33	-	Plan der Stadt Eutin und ihrer Umgebung von M. KAUFMANN aus dem Jahre 1836 (Osthälfte)	226
Abb. 34	-	Plan des Fleckens Neumünster von 1836	231

A. ALLGEMEINER TEIL

1. Einleitung und Zielsetzung

Es ist eine unbestrittene Tatsache, daß die räumliche Ausweitung der technischen Zivilisation und die Vereinheitlichung der Lebensbedingungen im Industriezeitalter die historisch gewachsenen Elemente der mitteleuropäischen Kulturlandschaften in grundlegender Form verändert oder gar ausgelöscht haben.

Die Ursachen für das flächenhafte Vordringen zeitgebundener Zweckeinrichtungen sind mannigfaltiger Art. Sie liegen am stärksten in der Revolution der Erwerbsformen und des Verkehrsgeschehens der letzten 200 Jahre begründet. Kostengünstige Raumüberwindung hat zum formlosen Ausufern der städtischen Siedlungskörper geführt und die Beseitigung ländlicher Kulturlandschaften sowie natürlicher Ergänzungsräume bewirkt. Uniformität und Anonymität als Kennzeichen der Konsumgesellschaft unserer Tage ergreifen Besitz von individuellen Kulturlandschaften und funktionieren diese zu normierten Siedlungs- und Wirtschaftsarealen um.

Seit Bekanntwerden regelhafter Zusammenhänge zwischen materiellem Aufwand und ökonomischem Ertrag, wie sie die französischen Physiokraten unter der Führung von TURGOT[1] erstmals erkannt und zur wirtschaftlichen Grundlage des aufgeklärten Absolutismus erhoben haben, hat die volkswirtschaftliche Entfaltung der europäischen Nationalstaaten nicht aufgehört, einen permanenten Wandel in Produktion, Verteilung und Konsum hervorzurufen.

Am stärksten hat die Stadt in Größe, Gestalt und Funktion eine Veränderung, ja Auflösung ihrer historischen Gestalt erfahren. Die jahrhundertealte Trennschranke zwischen Stadt und Land existiert heute nicht mehr. Mit Hilfe des modernen Verkehrs greifen urbane Siedlungsachsen weit in ländliches Umland hinein und erzeugen typische Mischzonen unterschiedlichster Flächennutzung. Die Revitalisierung der Stadt als Gegenaktion zum vorschreitenden Verlust von Bevölkerung, ökonomischer Attraktivität und Lebensqualität ist ein ernstes Problem unserer wie zukünftiger Tage.

Vom Bild älterer ländlicher Kulturlandschaft als Erbe aus früherer Zeit ist nur dort ein breiteres Spektrum erhalten geblieben, wo in verkehrs- und absatzferner Lage die zeitgebundenen Veränderungen sich abschwächen oder wo das Vorherrschen gesunder landwirtschaftlicher Betriebe als stabilisierendes Element gewirkt und zur ökonomischen Persistenz kulturlandschaftlicher Merkmale beigetragen hat.

Beide Kennzeichen, die Absatzferne wie auch das Vorherrschen größengünstiger Unternehmen, treffen auf die agraren Produktionsräume Schleswig-Holsteins, vor allem seiner Osthälfte, zu. Stellt man zudem in Rechnung, daß der stadtgesteuerte Funktionswandel des flachen Landes in Schleswig-Holstein im wesentlichen auf die expansiven Fördenstädte, auf die Wirtschafts- und Verkehrszentren des

---

[1] Anne-Robert-Jacques TURGOT (1727-81) war Schüler von QUESNAY, der als erster eine geschlossene ökonomische Kreislauftheorie entwickelt hat (vgl. W. ZORN, 1967, S. 26). TURGOT ist ebenso als Theoretiker wie als Finanzminister Ludwigs XVI. eine führende Persönlichkeit des vorrevolutionären geistigen Frankreich.

Mittelrückens sowie auf die Randzone der Agglomeration Hamburg konzentriert ist, so wird der arealmäßig hohe Anteil landwirtschaftlichen Wirtschafts- und Lebensraums bis in die Gegenwart leicht erklärlich.

So spiegeln sich im heutigen Regionalgefüge der wirtschaftlichen Aktivitäten in Schleswig-Holstein gleichermaßen die beharrenden Kräfte älterer kulturlandschaftlicher Entfaltungsstufen wider wie auch jene Umgestaltungen, die durch die allgemeinen Neuentwicklungen im Bereich von Erwerbsleben und Kommunikation ins Land getragen wurden.<2>

Die Rekonstruktion älterer wirtschaftlicher Tatbestände und Ausgangsbedingungen ist aus dem Blickwinkel mehrerer wissenschaftlicher Disziplinen außerordentlich bedeutsam und wünschenswert. Für den Historiker dokumentiert sich in der wirtschaftlichen Ausstattung und Bedeutung eines Raumes ein zentraler Ausschnitt zeitgebundener Territorialentwicklung, die in den geschichtlichen Werdegang des gesamten Gemeinwesens eingebettet ist. Für den Sozialwissenschaftler sind vergangene wirtschaftliche Entwicklungsabschnitte in erster Linie Ergebnis und Ausdruck gesellschaftlicher Kräfte und Schichtungen, die in spezifischer Weise Innovationen und Beharrungen steuern.

Für die Geographie schließlich besteht der Wert der Rekonstruktion wirtschaftlicher Entwicklungsphasen in der Gewinnung räumlicher Aussagen über Anordnung und Ablauf ökonomischer Erscheinungen. Der primäre Aspekt ist auf Ursachen, Merkmale und Folgen regionaler Diversität gerichtet. Aus der Ungleichartigkeit von Betrachtungsräumen erwächst ein differenziertes Strukturbild, das den Einzelregionen spezifische Rollen - je nach volkswirtschaftlichem Entwicklungsstand - zukommen läßt.

Der Blickwinkel der historischen Wirtschaftsgeographie erwächst aus einer doppelten Fragestellung: Zum ersten gilt es zu prüfen, in welchem Ausmaß wirtschaftliche Erscheinungen den individuellen Eigenschaften eines jeweiligen Raumes entstammen und maßgeblich für dessen innere Gliederung geworden sind. Darüber hinaus steht die Frage im Mittelpunkt, welche historischen Ausgangsbedingungen noch bis in die Gegenwart hinein als Standortkriterien ökonomischer Aktivitäten direkt oder abgewandelt fortwirken.

Historische Wirtschaftskarten für Teilgebiete des mitteleuropäischen Kulturraums besitzen bislang noch ausgesprochenen Seltenheitswert. Einzig für die Rheinlande in frühpreußischer Zeit ist von H. HAHN und W. ZORN (1973)<3> eine differenzierte Darstellung der wirtschaftlichen Raumgliederung vorgelegt worden.

So unterschiedlich die Bedingungen im jeweiligen Untersuchungsbeispiel sein mögen, in fast allen Fällen spielen Art und Vollständigkeit der historischen Quellen eine entscheidende Rolle. Nur auf entsprechender Materialbasis kann sich die Grundlage für eine korrelierende Beurteilung und flächenhafte Typisierung eines zusammenhängenden Staats- oder Verwaltungsgebietes bilden.

---

2 R. STEWIG, 1982^2, S. 81 bezeichnet Schleswig-Holstein aus gegenwärtiger Sicht zusammen mit anderen peripheren Wirtschaftsräumen als Rezeptionsraum des Industrialisierungsprozesses.

3 H. HAHN u. W. ZORN, Historische Wirtschaftskarte der Rheinlande um 1820, Bonn 1973

Monographische Einzeldarstellungen und kleinräumige Rekonstruktionen überwiegen bei weitem gegenüber mittel- oder großmaßstäbigen Zusammenstellungen wirtschaftlicher Sachverhalte. Auch ist eine sektorale Behandlung, z.B. von Landwirtschaft, Handwerk oder frühgewerblicher Tätigkeit, für die meisten der behandelten Räume bezeichnender als eine breiter gefächerte Untersuchung raumtypischer Wirtschaftszweige.

Neben dem Entstehen der modernen Wirtschaftsstatistik, welche die quantitativen und qualitativen Grundlagen zur Charakterisierung administrativer Gebietseinheiten liefert, ist es vor allem die neuere amtliche Kartographie, welche die Basis einer flächendeckenden Rekonstruktion wirtschaftlicher Tätigkeiten ausmacht.

Während in Schleswig-Holstein die amtliche Statistik des dänischen Gesamtstaates im Hinblick auf Wirtschafts- und Bevölkerungsdaten<4> der Teilgebiete relativ früh und verhältnismäßig umfassend Einblicke erlaubt, steht die kartographische Bestandsaufnahme auf einer weniger günstigen Ausgangsbasis.

Zwar existieren aus früheren Zeitabschnitten ältere Landeskartenwerke, aber sie erweisen sich hinsichtlich der dargestellten Inhalte sowie der schwierigen Korrelation mit den noch unvollkommenen amtlichen statistischen Angaben als ungeeignet für eine Grundlage als historische Wirtschaftskarte. Sowohl das Kartenwerk des Majors von VARENDORF<5>, welches das Herzogtum Holstein in 68 Blättern für die Zeit von 1789-1797 im Maßstab 1:20.000 wiedergibt, als auch die zu Beginn des 19. Jahrhunderts aufgenommene Darstellung des Herzogtums Schleswig von DU PLAT<6> liefern nur begrenzte Aussagen im Hinblick auf die wirtschaftliche Raumgliederung.

Zu beachten ist auch, daß die für die Herzogtümer so bedeutsame Neuordnung der agraren Produktionsverhältnisse - meist unter dem Begriff der Verkoppelung zusammengefaßt - zum Zeitpunkt der Entstehung beider Kartenwerke noch nicht abgeschlossen ist<7>. Es würde sich folglich bei einer Bezugnahme auf die genannten Kartenwerke ein äußerst heterogenes Bild der wirtschaftlichen Entwicklung ergeben, das lediglich vorübergehenden Aussagewert besitzt und nicht für eine längere Phase kennzeichnend ist.

---

4 vgl. I.E. MOMSEN, 1974, S. 12
5 VARENDORF stand zusammen mit 4 Leutnants im Dienst des dänischen General-Quartiermeisterstabs. Das Kartenwerk weist Ähnlichkeit mit der Kurhannoverschen Landesaufnahme (1764-86) und dem Braunschweiger Kartenwerk auf. Auch in Preußen entstand nach dem siebenjährigen Krieg mit der Schmettau'schen Karte ein für damalige Verhältnisse modernes Kartenwerk; der gleiche Sachverhalt gilt für die Josephinische Karte in den Habsburger Landen. Nähere Angaben zur Varendorf'schen Karte bei F. GEERTZ, 1859, S. 71-72 und H.J. KAHLFUSS, 1969, S. 102-124. Seit 1984 läßt das Landesvermessungsamt Schleswig-Holstein dank der Initiative von Herrn K. REUMANN regelmäßig Karten - eingepaßt in den Maßstab 1:25.000 - nachdrucken.
6 Nachdruck 1982 durch das Landesvermessungsamt Schleswig-Holstein in 8 Teilblättern im verkleinerten Maßstab von 1:57.600 auf 1:100.000. Oberst Josua DU PLAT hatte vorher die Kurhannoversche Landesaufnahme, die das Herzogtum Lauenburg einschloß, geleitet (G. HAKE, 1978, S. 54).
7 vgl. zusammenfassend zum Phänomen der Verkoppelung und Agrarreformen I. AST-REIMERS, 1965 und W. PRANGE, 1971.

Da die Landwirtschaft in den gewerbearmen Gebieten Schleswig-Holsteins, wie weiter Teile Norddeutschlands generell, die tragende Säule des Wirtschaftslebens darstellt, muß der Zeitpunkt der Darstellung bewußt in jenen Abschnitt gelegt werden, in dem die Agrarreformen beendet und ein genügend breites Fundament amtlicher Quellen entwickelt ist, auf denen eine flächendeckende Darstellung wichtiger Merkmale der wirtschaftlichen Produktionsstrukturen aufbauen kann.

Neben dem Wunsch nach verläßlicher und räumlich zusammenhängender Information muß einer historischen Wirtschaftskarte auch ein angemessen vielseitiges Spektrum an Aussagen zugrundeliegen. Angesichts der territorialen Vielfalt im alten Schleswig-Holstein verstehen wir unter dieser Absicht sowohl Angaben, die sich auf die wirtschaftliche Leistungskraft und Eigenart der Gebietsteile beziehen, als auch solche Aussagen, die Merkmale der Bevölkerungs- und Sozialstruktur umfassen und somit für die innere Gliederung der ländlichen Lebensräume von erstrangiger Bedeutung sind.

Wenn der vorliegenden Karte die Mitte des 19. Jahrhunderts als Bezugszeitpunkt zugrundegelegt wird, so geschieht dies in der Absicht, die wirtschaftliche Differenzierung des Landes auf dem Hintergrund der territorialen Vielgestaltigkeit und historisch-juristischen Vielgliedrigkeit, wie sie vor allem für Holstein so bezeichnend war, aufzuzeigen.

Mit der Kreiseinteilung und neuen Gemeindeordnung in preußischer Zeit vollzieht sich der Untergang des schleswig-holsteinischen Sonderlebens<8>. Mit den genannten Verwaltungsmaßnahmen werden die historisch gewachsenen und miteinander durch Recht und Gewohnheit verbundenen Landesteile einer neuen administrativen Gleichschaltung und amtlich-statistischen Erfassung unterzogen, so daß das wahre Ausmaß regionaler Eigenständigkeit verdeckt oder in manchen Fällen gar nicht mehr zum Ausdruck gelangt.

Ziel der Karte soll es daher sein, einen möglichst weitreichenden Einblick in die Wirtschaftsstruktur in jener Phase zu gewährleisten, als Schleswig-Holstein noch nicht unter die rechtliche und administrative Vereinheitlichung des Preußischen Staates gestellt war und die wirtschaftliche Situation des Landes noch nicht jenem raschen und weitreichenden Umformungsprozeß im Produktionsgeschehen wie im Absatz der Waren unterzogen war.

Es gilt, die Schlußphase der Einbettung der Herzogtümer in den dänischen Staatsverband unter wirtschaftlich regionalisierenden und typisierenden Gesichtspunkten zu beleuchten. Es handelt sich dabei um einen Zustand, der sich über viele einzelne Abschnitte hinweg kontinuierlich entwickelt hat und in der Mitte des 19. Jahrhunderts ein ebenso reiches Spektrum ererbter Vielgestaltigkeit wie auch neuer wirtschaftlicher Erscheinungen am Vorabend des technischen Zeitalters aufweist.

---

8 P. v. HEDEMANN-HEESPEN, 1926, S. 734

2. Lageausschnitt und Quellengrundlagen

2.1. ZUR WAHL DES KARTENAUSSCHNITTS

Das dargestellte Gebiet umfaßt einen zentralen Ausschnitt aus den östlichen Landesteilen Schleswig-Holsteins (Abb. 1). Die Abgrenzung ist so gewählt, daß innerhalb der Blattbegrenzungen eine möglichst große Vielfalt natur- und kulturräumlicher Gebietstypen erfaßt wird. Diese repräsentieren ein relativ vollständiges Spektrum der wirtschaftlichen Vielgestaltigkeit in der Mitte des letzten Jahrhunderts.

Neben der Absicht, die Verzahnung von natürlicher Ausstattung und ökonomischer Inwertsetzung vor Augen zu führen, spielt auch die Intention eine Rolle, die wirtschaftlichen Gegensätzlichkeiten von Stadt und flachem Land in die Darstellung einzubeziehen. Es gilt die bedeutsame Frage zu prüfen, in welchem Ausmaß bereits die Stadt als Dienstleistungsträger vorindustriellen Typs in Erscheinung tritt und auf welcher Basis spezifische Austauschbeziehungen mit dem sie umgebenden Lande ausgebildet sind.

Der Zeitpunkt unserer Darstellung liegt nur wenige Jahrzehnte später als die Veröffentlichung des Lehrgebäudes von Johann Heinrich von THÜNEN (1783-1850) zurück<9>. Dieser hatte auf der Basis der lageabhängigen Transportkosten zum nächstliegenden größeren Markt eine spezifische Abfolge von Bodennutzungsformen postuliert und somit die erste Raumwirtschaftstheorie entwickelt. Das periphere Schleswig-Holstein mit den randlichen Zentren Hamburg, Altona und Lübeck bot günstige Voraussetzungen zur Ausbildung solcher marktorientierter Wirtschaftsformen.

Unter historischen Gesichtspunkten ist der Untersuchungsraum so gewählt, daß eine möglichst große Zahl struktureller Gebietseinheiten erfaßt oder berührt wird, um die Beziehungen zwischen wirtschaftlicher Ausrichtung und territorialer Herrschaft bzw. Obrigkeit näher beleuchten zu können. Gerade diese Erscheinung, nämlich das kleinräumige Nebeneinander unterschiedlicher Herrschaftsstrukturen, ist bis zum Ende der Einbettung der Herzogtümer in den dänischen Gesamtstaat ein fundamentales Charakteristikum der politischen und somit auch der wirtschaftsräumlichen Gliederung Schleswig-Holsteins gewesen.

Adlige Güterdistrikte, königliche Amtsbezirke, Landbesitz der Adligen Klöster, Großherzoglich Oldenburgische Fideikommißgüter, Gemarkungen der Städte und ländliches Besitztum der Lübecker Stadtstiftungen sind in buntem räumlichen Wechsel beredter Ausdruck der politischen Vielgliedrigkeit im Ostteil der Herzogtümer (vgl. Abb. 1). Dazu tritt im Süden des Darstellungsgebietes als politisch autonomes Gebilde das Fürstentum Lübeck hinzu, das 1803 im Zusammenhang mit dem Reichsdeputationshauptschluß als weltliches Fürstentum die Nachfolge des ehemaligen Bistums Eutin angetreten und später eine Gebietsabrundung erfahren hat<10>. Dieses zweigeteilte Gebiet, das sich in das Amt Eutin und das Amt Schwartau aufspaltet, konnte in seiner gesamten Ausdehnung nach Süden hin allerdings nicht einbezogen werden.

---

9 J.H. von THÜNEN, Der isolierte Staat in Beziehung auf Landwirtschaft und Nationalökonomie. Erstveröffentlichung des 1. Teils Berlin 1826. Das Kernelement der Theorie, nämlich die Differentialrente als Konsequenz der Lage, wird hier bereits entwickelt.
10 SCHRÖDER/BIERNATZKI, 1855, Bd. 1, S. 129

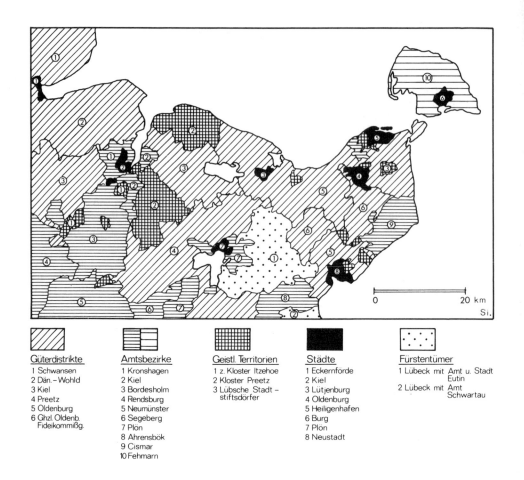

Abb. 1: Territorialverhältnisse im Untersuchungsgebiet um 1845

Güterdistrikte
1 Schwansen
2 Dän.-Wohld
3 Kiel
4 Preetz
5 Oldenburg
6 Ghzl. Oldenb. Fideikommißg.

Amtsbezirke
1 Kronshagen
2 Kiel
3 Bordesholm
4 Rendsburg
5 Neumünster
6 Segeberg
7 Plön
8 Ahrensbök
9 Cismar
10 Fehmarn

Geistl. Territorien
1 z. Kloster Itzehoe
2 Kloster Preetz
3 Lübsche Stadt-stiftsdörfer

Städte
1 Eckernförde
2 Kiel
3 Lütjenburg
4 Oldenburg
5 Heiligenhafen
6 Burg
7 Plön
8 Neustadt

Fürstentümer
1 Lübeck mit Amt u. Stadt Eutin
2 Lübeck mit Amt Schwartau

Um Unterschiede in der Wirtschaftsstruktur zwischen den Herzogtümern erkennen zu können, ist der Kartenausschnitt so gewählt, daß er im Norden die Stadt Eckernförde, Südschwansen, den Dänischen Wohld und Fehmarn als Bestandteile des Herzogtums Schleswig einbezieht. Im Südwesten wurde bewußt das frühindustrielle Wirtschafts- und Verkehrszentrum Neumünster in die Darstellung aufgenommen, um damit die Vielseitigkeit der ökonomischen Aussagen zu erhöhen.

Von diesen westlichen Begrenzungspunkten ergibt sich auf natürliche Weise die Grenzziehung nach Osten hin. Diese wird durch die Umrißgliederung des Festlandes gegen die Ostsee bestimmt und schließt die gesamte Wagrische Halbinsel bis zur Lübecker Bucht sowie Fehmarn ein. Die bearbeitete Fläche umfaßt etwa 20 % des Gebietsterritoriums des Bundeslandes Schleswig-Holstein. Die äußeren Grenzen wurden den Schnittkanten der heutigen Meßtischblätter angepaßt.

Neben der politischen Gliederung mit ihrer bezeichnenden Verteilung von Gutsdistrikten, königlichen Amtsbezirken, Klosterbesitz und sonstigen Obrigkeiten sind es vor allem die natürlichen Gliederungsprinzipien des Landes, die ein verhältnismäßig weites Ausgreifen nach Westen nahegelegt haben. Umschließt der Osten mit seinen Förden und Buchten das landwirtschaftlich privilegierte Gebiet des letzteiszeitlichen Moränenlandes, so ist der Zentralteil erheblich ungünstigeren Standort- und Entwicklungsbedingungen unterworfen.

Im Gegensatz zu den nährstoffreichen und tiefgründigen Böden des Ostens herrschen hier auf der Geest vielfach magere Sandaufschüttungen oder Ablagerungen aus älteren Vereisungen vor, deren Produktionswert und landwirtschaftliche Nutzbarkeit von der Gunstzone der Ostseite erheblich abweicht.

Während Vorgeest oder Sandergeest sowie ausgedehnte Schmelzwasserrinnen und Moore im Kartenbild miterfaßt sind, fehlt der weiter westlich gelegene Landschaftstyp der Hohen Geest und der ihm vorgelagerte Marschensaum.

Zusammenfassend kann gesagt werden, daß die durch den Blattschnitt begrenzte Landfläche ebenso in naturräumlicher wie kulturgeographischer Hinsicht einen charakteristischen Ausschnitt aus wesentlichen landschaftlichen Bausteinen Schleswig-Holsteins erfaßt. Die Größe des Ausschnitts gewährleistet auf dem Hintergrund hinreichender typologischer Breite einen umfassenden Einblick in das Ausmaß innerer Differenzierung in der Mitte des 19. Jahrhunderts.

2.2. DIE FRAGE DES ABBILDUNGSMASSSTABS

Generell wird die Wahl von Abbildungsmaßstäben in gleicher Weise von der Größe der darzustellenden Landfläche wie von der Absicht des Autors bestimmt, thematische Sachverhalte in räumlicher Anordnung und typologischer Differenzierung mit hinreichender Deutlichkeit zum Ausdruck zu bringen. Darüber hinaus spielen gerade bei historischen Karten die als Grundlage dienenden Ausgangsmaßstäbe eine ausschlaggebende Rolle, da sie die Basis für die spätere thematische Umsetzung und Aufgliederung der Tatbestände bilden.

Da in unserem Fall die Absicht bestand, keine vereinfachende Klassifizierung nach Gebietskategorien vorzunehmen, sondern das dörflich-bäuerliche Siedlungsgefüge ebenso zum Ausdruck zu bringen wie die großbetriebliche Anordnung der Güter, erwies sich der Maßstab 1:75.000 als günstigste Grundlage für den Druck. Alle Sachverhalte, die die endgültige Karte enthält, wurden zunächst im Maßstab 1:25.000 mit Hilfe der Erstausgabe der Preußischen Meßtischblätter in ihrer räumlichen Fixierung und Ausdehnung festgelegt. Die Ergebnisse wurden sodann auf Karten im Maßstab 1:50.000 umgezeichnet, die wiederum die Grundlage für die endgültigen Karten für den Druck abgaben.

Bewußt wurde darauf geachtet, im endgültigen Zustand eine Karte in einem solchen Maßstab zu erstellen, wie er auch heute als amtliche Karte im Handel erhältlich ist.

Die Zugrundelegung eines aktuellen Kartenbildes zur topographischen Orientierung - beispielsweise als durchscheinender Graudruck - schied aufgrund sachlicher Erwägungen und praktischer Gesichtspunkte schließlich aus. Trotz aller Orientierungserleichterungen, die mit einem der Gegenwart entsprechenden Verkehrsnetz und Siedlungsbild verbunden sind, wäre die innere Diskrepanz der Karte zwischen historischem Zustand um 1850 und realer Weiterentwicklung bis zur Gegenwart so groß geworden, daß darunter das eigentliche Ziel der Darstellung gelitten hätte. Dieses bestand darin, mit kartographischen Ausdrucksmitteln die Vielgestaltigkeit der schleswig-holsteinischen Wirtschaftsräume in Form eines Querschnitts für die Mitte des 19. Jahrhunderts evident zu machen.

In vielen Fällen wäre eine Bezugnahme auf das heutige Kartenbild auch überhaupt nicht statthaft gewesen. So entsprechen weder manche Küstenabschnitte noch Umrißgestaltungen von Seen (z.B. Plöner See mit der künstlich geschaffenen Prinzeninsel) dem damaligen Gliederungsgefüge der Naturlandschaft. Auch Wasserflächen, wie der Gruber See im Oldenburger Graben oder der Barsbeker See in der Probstei, gehörten damals noch zum Inventar der Natur- und Kulturlandschaft und waren noch nicht der meliorierenden und technisierenden Hand späterer Jahrzehnte zum Opfer gefallen.

Die Verwendung der sog. Geerz'schen Generalkarte der Herzogtümer aus dem Jahre 1858[11] als topographische Grundlage wäre theoretisch denkbar gewesen. Da die Karte aufgrund ihres ungünstigen Ausgangsmaßstabs von 1:450.000[12] aber hätte erheblich vergrößert werden müssen, wären sämtliche Generalisierungen und Ungenauigkeiten des Ausgangsmaßstabs um ein Vielfaches gesteigert worden. Da der Karte die Aufnahmen von VARENDORF und DU PLAT sowie eigene Recherchen zugrundeliegen, schied sie als topographisch exakte Grundlage aus. Dagegen erwies sie sich von hohem Wert hinsichtlich ihrer sachlichen Aussagen, welche vor allem die Organisation des Verkehrswesens und die Klassifizierung der Siedlungen betreffen.

2.3. QUELLEN UND KARTOGRAPHISCHE MATERIALGRUNDLAGEN

Unter den Quellen, die der Karte zugrundeliegen, sind an vorderster Stelle die Erstausgaben[13] der Preußischen Meßtischblätter zu nennen. Sie sind nach Gründung der Preußischen Landesaufnahme am 1.1.1875 in dichter Folge[14] für das gesamte Darstellungsgebiet in einheitlicher Form erschienen. Der Zeitpunkt ihrer Veröffentlichung verteilt sich auf die geringe Spanne von nur zwei Jahren zwischen 1879 und 1881. Der Schnittplan der Erstaufnahme ist bis heute identisch mit den aktuellen Landeskartenwerken gleichen Maßstabs (vgl. Abb. 2).

---

11 Als Nachdruck in verkleinerter Form vom Landesvermessungsamt Schleswig-Holstein 1981 wieder herausgegeben.
12 F. GEERZ, 1859, S. 5
13 Diese konnten als photographische Reproduktion vom Landesvermessungsamt Schleswig-Holstein beschafft werden.
14 K. REUMANN 1983, S. 3

Trotz des durchschnittlich 25jährigen Abstandes zwischen dem Erscheinen der amtlichen statistischen Quellen aus dänischer Zeit und der Herausgabe der Meßtischblätter läßt sich mit nur wenigen einzelnen Ausnahmen eine räumliche und sachliche Übereinstimmung zwischen amtlich beschreibender Angabe und späterer topographischer Dokumentation herstellen.

Von großer Bedeutung ist, daß Preußen zwar 1867 eine den altpreußischen Gebieten entsprechende Kreiseinteilung einführte, nicht aber mit gleicher Konsequenz im Bereich nachgeordneter ländlicher Gemeinschaften oder Rechtskörperschaften<15> regulierend vorging<16>. So wurden zwar die Adligen Güter und Besitzungen der Klöster in die neuen Kreisaufteilungen einbezogen, nicht aber deren juristische und polizeiliche Gewohnheitsrechte angetastet. Diese wurden lediglich der Oberaufsicht des zuständigen Amtmanns als Organ des Staates in den jeweiligen Kreisen unterstellt.

Auf dem Lande galt der alte Grundsatz, daß der Besitz einer ländlichen Gemeinde oder eines selbständigen Gutes von allen denjenigen Grundstücken gebildet wird, welche demselben bislang zugehört haben<17>. Diese Feststellung ist für die Rekonstruktion der Kulturlandschaft von grundlegendem Wert.

Das Ergebnis dieser Maßnahmen ist, daß sich beispielsweise das Hofland eines Gutes, der ihm zugehörige Meierhof oder die Fluren der gutsabhängigen oder freien Bauerndörfer aufgrund der Angaben in den Preußischen Karten in ihrer realen Ausdehnung gegeneinander abgrenzen lassen (Abb. 2).

Die erstaunliche Übereinstimmung beider Angaben trotz des verhältnismäßig großen zeitlichen Abstandes und trotz des politischen Wechsels, dem Schleswig-Holstein mit dem Jahr 1864 unterzogen wurde, macht es überhaupt möglich, eine flächendeckende Rekonstruktion wirtschaftsräumlicher Sachverhalte vorzunehmen. Eine noch so exakte Bezugnahme auf die quantitativen und qualitativen Merkmale der wirtschaftlichen Differenzierung würde ohne zuverlässige topographische Abgrenzung und Festlegung der räumlichen Dimensionen wesentlich lückenhafter und unvollkommener bleiben. Ja es erscheint zweifelhaft, ob ohne die Aussage des amtlichen Kartenwerks eine Gesamtbeurteilung auf synoptischer Basis für diese Zeit überhaupt realisierbar gewesen wäre.

Der Wert des preußischen Kartenwerkes und der hier verwendeten 38 Blätter liegt vor allem in der gleichbleibenden Exaktheit und wirklichkeitsnahen Darstellung von Sachverhalten, die physiognomisch im Landschaftsbild in Erscheinung treten.

Eine große Errungenschaft ist die Darstellung des Höhenbildes, dessen Ausmessungen sich im feingliedrigen Moränenrelief als äußerst schwierig gestaltet haben. Für unsere Belange bleiben die hypsometrischen Angaben weitgehend außer Betracht. Sie sind lediglich hilfreich für die Abgrenzung der Grünlandareale.

Von größter Bedeutung sind die in den Karten enthaltenen Begrenzungen besitz- und obrigkeitsrechtlicher Art. Sie erlauben beinahe mit der Genauigkeit der erst später entstandenen Katasterpläne eine Limitierung und Klassifizierung des ländlichen Bodenbesitzes. Dieser Sachverhalt ist im vielgestaltigen Teilbereich der Güterdistrikte von besonderer Aussagekraft.

---

15 Es ist auffallend, daß sich die Gebietsreform des Jahres 1970 die gleichen Prinzipien zu eigen gemacht hat.
16 vgl. O. HAUSER 1966, S. 58/59
17 O. HAUSER 1966, S. 74

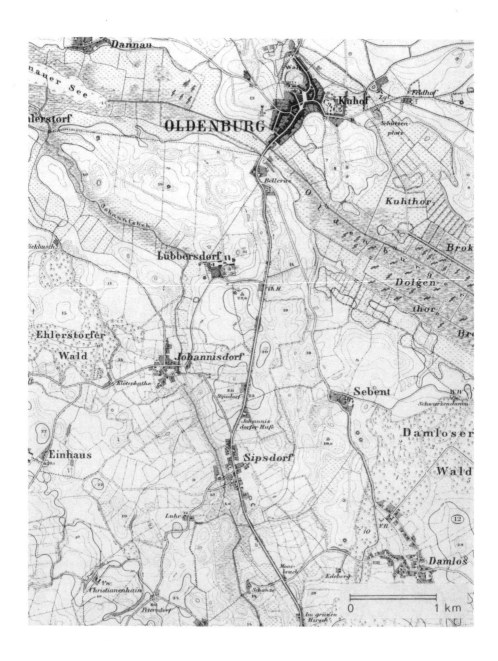

Abb. 2: Ausschnitt aus der Preußischen Erstausgabe der Meßtischblätter, Blatt Oldenburg. Anhand der verzeichneten Grenzen zwischen Gutsland, Meierhöfen, Dorf- und Stadtgemarkungen kann die Administrativgliederung für die Zeit um 1850 rekonstruiert werden.

In gleicher Weise ist die topographische Karte die Grundlage für die Festlegung und vielfach auch Klassifizierung der Verkehrsverbindungen. Im Hinblick auf die Eisenbahnen sowie die in preußischer Zeit rasch vorangetriebenen Ausbauten von Chausseen ist allerdings größte Vorsicht geboten, da sich das Netz moderner Verkehrseinrichtungen nach dem politischen Wechsel als erstes grundlegend gewandelt hat. In der historischen Wirtschaftskarte ist der Entwicklungsstand von 1855 zugrundegelegt worden. Er entspricht der Beschreibung bei SCHRÖDER/ BIERNATZKI und stimmt mit der Wiedergabe des Verkehrsnetzes in der sog. GEERTZ'schen Karte von 1856 überein.

Gleichrangig im wirtschaftshistorischen Aussagewert für die Mitte des 19. Jahrhunderts ist die zweite flächendeckend verwertbare Quelle einzustufen, nämlich die von Johannes von SCHRÖDER 1854 in der 2. Auflage neu bearbeitete Topographie des Herzogtums Schleswig[18] sowie die nach gleichen Prinzipien in zwei Bänden (1855/56) herausgegebene Topographie der Herzogtümer Holstein und Lauenburg, des Fürstentums Lübeck und des Gebietes der freien und Hanse-Städte Hamburg und Lübeck aus der Feder von Johannes von SCHRÖDER und Hermann BIERNATZKI[19].

Neben dem "speziellen Repertorium", das eine alphabetisch angeordnete Lage-, Zustands- und Entwicklungsbeschreibung aller Orte, Güter und wichtigen landschaftlichen Einzelobjekte enthält, erweisen sich auch die im Vorspann enthaltenen Regionaldarstellungen von großer Aussagekraft, sowohl im Hinblick auf die Beurteilung von Gesamtentwicklungen wie auch von Singulärerscheinungen in einzelnen Naturräumen oder Territorialdistrikten.

Fußend auf den Angaben von SCHRÖDER/BIERNATZKI ist die nach Besitzstand gegliederte Typisierung der schleswig-holsteinischen Dörfer vorgenommen worden. Zusammen mit dem Rechtsstatus des Bodens in den einzelnen Dörfern kann diese Unterscheidung als eine Art der sozialen Klassifizierung der ländlichen Siedlungen gelten.

Diese erweist sich als außerordentlich aussagekräftig und bedeutsam, da sie fortlaufend für alle Orte vorhanden ist und auch innerhalb der Gutsbezirke oder der Dörfer in gemischtem Besitz Angaben liefert. Demgegenüber sind die Aussagen über die Bevölkerungsmengen und dorfweisen Verteilungen gerade in den Gutsbezirken nur mit Einschränkungen zu gebrauchen, da in den meisten Fällen nur ein Totalwert für den gesamten Wirtschafts- und Jurisdiktionsbezirk eines Gutes aufgeführt ist. Auf diese Vorbehalte hat schon I.E. MOMSEN (1974) bei seinen Studien mehrfach verwiesen[20].

Bei der Auswertung der statistischen Angaben für die wirtschaftliche Gliederung der Bevölkerung in den Herzogtümern wurde darüber hinaus auf die in dänischer Zeit durchgeführten Volkszählungen zurückgegriffen. Vor allem das Statistische Tabellenwerk der gedruckt vorliegenden Volkszählung von 1845[21] bildet in seiner differenzierten Material- und Gebietsgliederung die dritte Grundlage der Darstellung im Kartenbild.

---
18 Auch auf die ältere 1. Auflage (1837) wird in vielen Fragen vergleichend zurückgegriffen.
19 Zukünftig als SCHRÖDER/BIERNATZKI zitiert.
20 In ihrer Gesamtaussage hält I.E. MOMSEN, 1974, S. 135 die Angaben zu den Gütern jedoch für die exaktesten der gesamten Volkszählungen.
21 Statistisches Tabellenwerk, hrsg. von der Allerhöchst ernannten Commission. Zweites Heft (Volkszahl und Nahrungszweige), Kopenhagen 1846.

Die Bezugnahme auf die Zählung von 1845 geschieht einerseits wegen der Vollständigkeit und Vielfalt der publizierten Gesamt- und Regionaldaten<22>, andererseits wegen der Parallelisierungsmöglichkeit mit den bei J. v. SCHRÖDER anzutreffenden Angaben. Diese beziehen sich zwar gelegentlich auf die jüngere Zählung von 1855, greifen aber doch in den meisten Fällen auf den 10 Jahre älteren Zensus zurück.

Aus den genannten Gründen der Korrelation und Ergänzung wird durchlaufend auf die ältere Zählung von 1845 zurückgegriffen. Das noch in deutscher Sprache von einer amtlichen Kommission veröffentlichte Datenmaterial ist für die drei Herzogtümer Holstein, Schleswig und Lauenburg mit großer Sorgfalt und Differenziertheit, vor allem im gewerblichen Bereich, zusammengetragen worden. Es dient auch als Grundlage für die sektorale Darstellung der Wirtschaftszweige in den Städten<23>.

Äußerst vielseitige Quellenangaben enthalten auch die Sondernummern des Statistischen Tabellenwerks aus dänischer Zeit im Hinblick auf den Warenverkehr zur See und die Hafenumschläge. Auch der Schiffsbestand ist genauestens nach Größentypen erfaßt worden. Bei der Behandlung der Städte sind einige Merkmale des Seeverkehrs graphisch zusammengefaßt worden.

Als weitere Quelle von besonderer Bedeutung erweisen sich die Beiträge zur land- und forstwirtschaftlichen Statistik der Herzogtümer Schleswig und Holstein, welche von E. REVENTLOW-FARVE und H.A. v. WARNSTEDT<24> als Festschrift zur elften Mitgliederversammlung Deutscher Land- und Forstwirte herausgegeben worden sind. Die hierin enthaltenen Angaben stellen eine bedeutsame Erweiterung der wirtschaftlichen Aussagen und Entwicklungen dar. Von besonderem Wert sind die praktischen Erfahrungen und betrieblichen Maßnahmen eines aufgeschlossenen Gutsbesitzers.

Nach Landschaften und Distrikten geschieden wird dort auf breiter, sachkundiger Basis ein aktuelles Bild der ländlichen Kulturlandschaften der Herzogtümer entworfen. Wichtige tabellarische Angaben begleiten die unternehmerischen Empfehlungen zur Organisation einer auf Modernisierung und Marktöffnung auszurichtenden Landwirtschaft. Nicht nur die Bewirtschaftung des Produktionsfaktors Boden innerhalb der Landwirtschaft, sondern auch Forst- und Teichwirtschaft sind in die Darstellungen einbezogen.

Zusammenfassend läßt sich festhalten, daß die entscheidende Materialbasis zur Rekonstruktion der Kulturlandschaft in der Mitte des 19. Jahrhunderts durch die topographischen Karten des preußischen Generalstabs sowie die äußerst gründlichen und vielseitigen Informationen in den Topographien von SCHRÖDER/BIERNATZKI gebildet wird. Beiden Quellen muß in ihrer wechselseitigen Ergänzung und auch sachlichen Bestätigung der entscheidende Beitrag für die Materialsammlung mit dem Ziel flächenhafter kartographischer Umsetzung zugesprochen werden. Trotz des zeitlichen Abstandes im Erscheinungsdatum läßt sich mit nur wenigen Ausnahmen aus beiden Quellen eine übereinstimmende Beschreibung und räumliche Festlegung entnehmen. Als dritte gleichrangige Informationsquelle sind die Akten der Volkszählung 1845 zu nennen.

22 Nur die Zählung von 1850 ist noch detaillierter gewesen (I.E. MOMSEN, 1974, S. 165)
23 Entnommen der Rubrik 11: über die Verteilung der Bevölkerung nach den Nahrungszweigen. Art der Darstellung in Kap. 3.6. erläutert.
24 E. REVENTLOW-FARVE und H.A. von WARNSTEDT, Beiträge zur land- und forstwirtschaftlichen Statistik ..., Festgabe für die Mitglieder der XI. Versammlung deutscher Land- und Forstwirthe. Altona 1847.

3. Auswahl und Darstellung thematischer Sachverhalte

Dem Hauptteil der Arbeit, nämlich der Beschreibung des Karteninhalts, werden zwei Kapitel vorangestellt, die sich mit der methodischen Grundlage einerseits und mit dem generellen Stand wirtschaftlicher Entwicklungen in den Herzogtümern Schleswig und Holstein in der Mitte des 19. Jahrhunderts befassen.

Auf beiden Voraussetzungen aufbauend, kann dann zur inhaltlichen Behandlung der Karte vorgeschritten werden. Die nachfolgenden Ausführungen zur Auswahl der thematischen Sachgruppen und Einzelobjekte beschränken sich auf diejenigen Angaben, die zum Verständnis und zur Gliederung der Karte unerläßlich sind.

3.1. ZIELSETZUNGEN THEMATISCHER KARTEN

Gegenüber Text und Statistik besitzen thematische Karten den Vorzug, ein größeres Spektrum realer Erscheinungen in einem abgegrenzten Darstellungsraum gleichzeitig zum Ausdruck bringen zu können. Die wissenschaftliche Kartographie der praxisorientierten Gegenwart<25> wertet die Funktion moderner Karten bewußt unter dem Gesichtspunkt kommunikativer Ausdrucks- und Reaktionsformen.

Unter Zugrundelegung eines maßstabsgerechten Generalisierungsgrades werden bei thematischen Bearbeitungen ausgewählte Sachverhalte in ihrer räumlichen Verbreitung dargestellt. Die Karte deckt damit ebenso Beziehungen zu qualitativen Eigenschaften eines Raumes wie auch Relationen der Objekte untereinander auf.

Da das Auge eine größere Zahl von Eindrücken flächenhaft aufzunehmen vermag, stellen thematische Karten wissenschaftlichen Inhalts besonders geeignete Formen der Präsentation von solchen Erscheinungen und Ergebnissen dar, für die die Frage der Verteilung und Anordnung im Raum ein zentrales Kriterium ihrer Existenzbedingungen und strukturellen Eigenschaften ist.

Die thematische Karte ist mit anderen Worten ein unentbehrliches Hilfs- und Ausdrucksmittel aller Wissenschaften, für die Verbreitungsmuster und raumabhängige Standortbedingungen von Erscheinungen im Mittelpunkt ihrer Forschungen stehen.

Wirtschaftliche Sachverhalte eignen sich in besonderem Maß zur Dokumentation auf arealbezogener Grundlage. Da vor allem die Landwirtschaft in den meisten Fällen auf der Basis zusammenhängender Nutzflächen größerer Ausdehnung beruht und durch deren Bewirtschaftung die Erwerbsdeckung in verschiedenen Betriebszweigen realisiert, sind agrargeographische Dokumentationen auf flächenhafter Basis von hochrangigem Ausdrucks- und Dokumentationswert<26>. Sie können unter den verschiedensten Absichten und Maßstäben zur ökonomischen Charakterisierung von Räumen eingesetzt werden.

Der Fülle amtlichen Grundlagenmaterials der heutigen Zeit stehen unter historischen Gesichtspunkten starke Einschränkungen gegenüber. Um flächenhaft füllende Darstellungen auf qualitativer und quantitativer Basis aufbauen zu können, bedarf es ebenso der topographischen Grundlagen der jeweiligen Zeit wie auch

---

25 G. HAKE, I, 1975, S. 15
26 vgl. H. ACHENBACH 1976 zum Problem thematischer Karten agrargeographischer Zielsetzung in Entwicklungsländern

der mengenmäßigen Angaben unter Bezugnahme auf definierte Areale und hinreichend breit gefächerte Sachgebietsgliederungen. Auf der Vollständigkeit, Vielseitigkeit und Richtigkeit des Ausgangsmaterials basiert in entscheidendem Maß der Ausdruckswert historischer Wirtschaftskarten.

Auswahl und Anordnung der Sachverhalte auf der historischen Wirtschaftskarte haben ebenso auf die allgemeine Quellenlage wie auf die Besonderheiten der historischen Entwicklung Schleswig-Holsteins Rücksicht zu nehmen. Der Zeitpunkt der Darstellung ist bewußt so gewählt, daß die Materialbasis eine befriedigende Behandlung des Themas erlaubt und einen umfassenden Einblick in die territoriale und von ihr wirtschaftlich gesteuerte Vielfalt des alten Schleswig-Holstein gewährt.

Unter diesen Gesichtspunkten wird ein ausgewähltes Spektrum von Erscheinungen und Elementen in die Karte aufgenommen. Die Darstellung bedient sich sowohl der Farbe als auch der Signaturen und der spezifischen Schrifttypen. Zur Charakterisierung der Städte und ihres Erwerbslebens wurden Diagramme als Ausdrucksmittel gewählt.

Ein einzelnes Prinzip kartographischen Ausdrucks, wie sie E. ARNBERGER (1966) in seinem Handbuch der thematischen Kartographie klassifiziert hat, herrscht bei der Bearbeitung des Themengebiets nicht vor. Es wurde ein kombiniertes Darstellungs- und Wiedergabeverfahren[27] aus Lageprinzip, bildstatischem Prinzip und Diagrammprinzip angewendet. Auch das bildhafte Prinzip mit entsprechender Symbolik spielt eine gewisse Rolle, z.B. bei der Darstellung einzelner Wirtschaftsobjekte.

Eine entscheidende Zielsetzung der Karte bestand darin, ebenso die übergeordneten und beherrschenden Strukturlinien des wirtschaftsräumlichen Gliederungsprinzips zum Ausdruck zu bringen wie auch die Feinheit der Differenzierung in einem für den Betrachter vertretbaren Maßstab hervortreten zu lassen. Auch die ästhetische Wirkung wurde von Anfang an in die Überlegungen und Ausarbeitungen einbezogen.

3.2. POLITISCHE GLIEDERUNG UND ADMINISTRATIVE GRENZEN

Angesichts der politischen Vielfalt in den Herzogtümern ist es erforderlich, einige Bemerkungen über die der Karte zugrundeliegenden Unterscheidungen voranzustellen. Diese betreffen ebenso die Grenzziehungen wie die Grundstruktur der obrigkeitlichen Gliederung. Die Ausführungen beziehen sich nicht primär auf die Bedingungen der historischen Entwicklungen, sondern auf die Gründe der spezifischen Hervorhebung von Sachverhalten im Kartenbild.

Die Gliederung des Territoriums im Rahmen seiner politischen, administrativen und obrigkeitlichen Einzelstrukturen erfolgt in der Karte mit Hilfe von Liniensignaturen sowie einer zusätzlichen farblichen Charakterisierung der politischen Teilgebiete.

Dabei sind bestimmte Grundfarben den politischen Gebietstypen mit ihren Sonderrechten und ihrem wirtschaftlichen Eigenleben zugeordnet worden. So wurde die Farbe rot als Grundlage der Hervorhebung der königlichen Amtsbezirke gewählt. Der differenzierte Aufbau der Gutsdistrikte wurde durch abgestufte Farb-

---

27 vgl. G. HAKE, II, 1970, S. 41

töne von braun und gelb darzustellen versucht. Blaue Flächen charakterisieren Gebiete geistlicher Herrschaft. Sie sind gerade im östlichen Landesteil noch sehr verbreitet. Schließlich ist mit einer lila Grundfarbe das selbständige Fürstentum Lübeck hervorgehoben. Ein grüner Farbton wurde den städtischen Gemarkungen beigelegt.

Die politischen Grenzen erster Ordnung umfassen im Kartenbild die historische Trennlinie zwischen den Herzogtümern Schleswig und Holstein sowie die Abgrenzung des eigenständigen Fürstentums Lübeck mit seiner Hauptstadt Eutin. Dieses ist aus den Abmachungen des Wiener Kongresses als Bestandteil des neu geschaffenen Großherzogtums Oldenburg[28] hervorgegangen[29]. Die im Jahr 1842 vereinbarten Grenzkorrekturen durch Gebietstausch mit Holstein sind berücksichtigt worden. Das Amt Ahrensbök, das erst 1866 an das Fürstentum Lübeck abgetreten wird, bildet dagegen noch einen königlichen Amtsbezirk auf holsteinischem Boden. Vom Schnitt der Karte werden die Hansestädte und ihre exterritorialen Gebietssplitter sowie das Herzogtum Lauenburg nicht berührt.

Als nachgeordnete Grenzen zweiter Ordnung sind die Trennlinien zwischen den verschiedenen Landdistrikten innerhalb der Herzogtümer ausgewiesen. Von den insgesamt 10 Distrikttypen, die SCHRÖDER/BIERNATZKI und die amtliche dänische Statistik unterscheiden, bleiben die Koogdistrikte, die Lübschen Güter und die Wildnisse außerhalb des Kartenschnittes.

Folgende 7 Typen von Jurisdiktions- und Verwaltungsdistrikten entfallen auf das dargestellte Gebiet:

a. Königliche Amtsdistrikte. Diese werden in Holstein wie in Schleswig meist als Ämter bezeichnet. Sie führen in Gebieten mit historischen Sonderrechten, so in Dithmarschen, in Eiderstedt und auf Pellworm den Namen Landschaft. Auch Fehmarn reiht sich in die Landschaften des Herzogtums Schleswig ein.

Unter Einschluß der Herrschaft Pinneberg und der Grafschaft Rantzau sowie der Herrschaft Herzhorn entfallen auf Holstein 21 königliche Landdistrikte. Sie nehmen im Darstellungsgebiet einen wichtigen Platz ein und füllen vor allem die westlichen Gebietsteile der Geest, den Umkreis der Kieler Förde und die Randzonen zum Fürstentum Lübeck aus. Dort erstrecken sie sich über das Territorium des 1762 aufgelösten Herzogtums Plön, das nach der Entscheidung der kaiserlichen Kanzlei in den königlichen Anteil überging[30].

Nicht alle Ämter werden in ihrer vollen Ausdehnung erfaßt. Sie sind von sehr unterschiedlicher Größe und spiegeln in ihrer räumlichen Ausdehnung noch vielfach den Gang ihrer Entstehung und die Grenzen politischer Vorläufer, z.B. von Klosterbesitz, wider. Auf holsteinischem Boden sind nur die Ämter Bordesholm, Plön, Cismar, Kronshagen und Kiel ganz erfaßt. Vom Amt Neumünster ist der größte, vom Amt Rendsburg der kleinere Teil abgebildet. Sieht man von der Landschaft Fehmarn ab, so sind im Herzogtum Schleswig nur sehr kleine Gebietsteile des Amtes Hütten im Umkreis von Eckernförde angeschnitten.

---

28 Durch den Reichsdeputationshauptschluß 1803 wurden das Bistum und Domkapitel Lübeck dem Herzog von Holstein-Oldenburg zur Entschädigung für den Entfall des Elsflether Weserzolls und für sonstige Aufopferungen übertragen (J. GREVE, 1844, S. 356).
29 vgl. A. SCHARFF, 1982, S. 73
30 O. KLOSE, 1960, S. 57

Für das Herzogtum Schleswig ist eine dreigeteilte Unterscheidung in Ämter, Landschaften und Harden kennzeichnend. Innerhalb der 1853 gebildeten Eckernförderharde<31> sind der ehemalige Dänischwohlder und Schwansener Güterdistrikt zu diesem Zeitpunkt administrativ vereinigt worden. Da Polizeigewalt und Hebungswesen aber noch in traditioneller Form von den Gütern ausgeübt werden, ist in der Karte die alte Abgrenzung und Zuordnung zu den Gutsdistrikten beibehalten worden.

b. <u>Adlige Klöster</u>. Diese üben in der Mitte des 19. Jahrhunderts auf ihren Besitzungen noch ihre eigene Administration und Patrimonialgerichtsbarkeit aus. In Holstein entfallen Itzehoe, Preetz und Uetersen unter die Kategorie der Adligen Klöster. Im Kartenausschnitt ist vor allem das Adlige Kloster Preetz mit ausgedehntem Landbesitz in der Nähe der Ostsee sowie im Binnenland vertreten. Seine Besitzungen und Hoheitsrechte erstrecken sich räumlich auf die vier Bestandteile: Klosterhof mit Hoffeld, den Flecken Preetz, die Walddörfer nördlich und westlich von Preetz sowie die Probstei, den wirtschaftlich wertvollsten, dicht besiedelten Anteil mit 20 Dörfern zwischen Ostsee und angrenzendem Kieler und Oldenburger Güterdistrikt.

Auch das mit seinem Landbesitz geringer ausgestattete Kloster Itzehoe ist mit einzelnen Exklaven im Kartenausschnitt vertreten. Zum Eigentum von Itzehoe zählen die Dörfer Meimersdorf und Langwedel sowie ein Teil des Dorfes Klein-Flintbek und des Kirchdorfs Nortorf<32>. Auch das Kloster Preetz weist Splitterbesitz im östlichen Umkreis von Neumünster auf. Für beide Klöster ist Mischbesitz mit königlichen Bauern in einzelnen Dörfern kennzeichnend.

c. <u>Adlige Güterdistrikte</u>. Mit Abstand nehmen die Adligen Güterdistrikte auf unserer Karte den breitesten Raum ein. In ihrer mehrfarbigen inneren Gliederung setzen sie sich deutlich von den relativ homogenen Strukturräumen der königlichen Amtsbezirke oder der Adligen Klöster ab.

Nirgends in Schleswig-Holstein haben die Besitzungen des Adels über 800 Jahre hinweg jemals eine größere Ausdehnung besessen als im jungeiszeitlichen Moränenland im Umkreis der Ostsee, das der Adel durch Rodung und Siedlungspolitik im Hochmittelalter erschlossen und für sich behauptet hatte<33>. Die eigentliche Gutswirtschaft hat sich seit Beginn der frühen Neuzeit herausgebildet.

Als Charakteristikum für Schleswig-Holstein haben die Güter auch nach der endgültigen Aufhebung der Leibeigenschaft mit Beginn des Jahres 1805 ihre Patrimonialgerichtsbarkeit aufrechterhalten können. Neben Jurisdiktion und Polizeigewalt üben die Adligen Güter auch die übrige Verwaltung selbständig aus. Sie stellen ökonomisch einen vollkommen eigenständigen Betriebstypus und Produktionsorganismus dar. Auf diese Merkmale wird später einzugehen sein.

Die Anzahl der immatrikulierten adligen Güter beträgt in der Mitte des 19. Jahrhunderts im Herzogtum Holstein 144. Diese werden seit dem Jahr 1713

---

31 J. v. SCHRÖDER, 1854, S. LXXXIV
32 SCHRÖDER/BIERNATZKI, 1855, S. 99
33 vgl. zu Ablauf und Problemen der Kolonisationsphase O. BRANDT, 1949, S. 63-66; P. HIRSCHFELD, 1974⁴, S. 2-4; von geographischer Seite I. LEISTER, 1952).

gewöhnlich in vier eigenständige Distrikte aufgeteilt: den Oldenburger, Preetzer, Kieler und Itzehoer Güterdistrikt. Der letztgenannte Distrikt ist im Kartenausschnitt nur mit einigen Gebietssplittern (Erfrade) vertreten.

Während der Oldenburger Distrikt mit seinem Hauptanteil auf der Wagrischen Halbinsel vollständig erfaßt ist, fehlen von den beiden anderen Distrikten kleine Gebietsteile. Beim räumlich zweigeteilten Kieler Güterdistrikt ist die äußere Westbegrenzung nicht mehr erfaßt. Auch die südlichsten Anteile des Preetzer Distrikts um den Warder-See konnten nicht mehr berücksichtigt werden.

Nach ihrem absoluten Größenzuschnitt - ohne Abzug von Seeflächen, Ödland und Mooren etc. - sind der Oldenburger, Preetzer und Itzehoer Güterdistrikt etwa gleich ausgedehnt. Hinsichtlich des steuerlichen Taxationswertes und damit auch seiner wirtschaftlichen Leistungskraft steht aber der Oldenburger Distrikt an vorderster Stelle[34].

In seiner Größenausdehnung tritt der Kieler Güterdistrikt ein wenig zurück. Er wird zweigeteilt durch einen Korridor königlicher Amtsbezirke, der bis zur Kieler Förde vorstößt. Vor allem das Amt Bordesholm hat sich durch Konfiszierung von Klosterbesitz nach Einführung der Reformation stark ausgeweitet.

Im Schleswigschen ist der Dänisch-Wohlder Güterdistrikt nahezu vollständig miterfaßt worden. Vom angrenzenden Schwansener Distrikt konnte im Nordteil der Karte nur mehr ein kleiner Ausschnitt einbezogen werden. Etwa 25 % der Gutsdistriktfläche im Herzogtum Schleswig sind somit auf der Karte wiedergegeben. Der entsprechende Anteil in Holstein beläuft sich auf einen Betrag um 70 %.

Die Einbeziehung von Teilen der Schleswigschen Güterdistrikte liefert wichtige Vergleichsangaben für die später zu behandelnde Betriebsstruktur und den einsetzenden Zerfall der klassischen Gutswirtschaft.

Die adligen Güterdistrikte füllen somit den größten Teil der historischen Wirtschaftskarte aus. Sie sind um die Mitte des 19. Jahrhunderts mit ihren spezifischen Wirtschaftsstrukturen das wohl bezeichnendste Kulturlandschaftselement im Ostteil der Herzogtümer. Eine Reihe von Angaben zur Größensituation, zur Rechtsstruktur der dörflichen Besitzungen und zu den Eigentumsverhältnissen der adligen Höfe ergänzen die Informationen auf der Karte.

d. Kanzleigüter. Eine vierte Kategorie von Distrikten wird von den Kanzleigütern gebildet. Diese sind weder den übrigen adligen Güterdistrikten zuzurechnen, noch unterliegen sie den gleichen juristischen Prinzipien.

Die insgesamt 8 Kanzleigüter in Holstein befinden sich meist im Süden und Westen des Herzogtums. Hanerau und Tangstedt haben die größte Ausdehnung und Volkszahl. Sie unterstehen nicht dem adligen Landgericht, sondern direkt dem Obergericht des Landesherrn. Ihre adligen Privilegien sind von Fall zu

---

34 Dessen Größenausdehnung von 91.001 Tonnen Land zu je 260 Quadratruten entspricht annähernd einem Areal von 50.000 ha (SCHRÖDER/BIERNATZKI, 1855, Bd. 1, S. 49). Die Steuertonne, deren Ausdehnung seit 1802 einheitlich mit 260 Quadratruten veranschlagt wird (G. HANSEN, 1861, S. 77), besitzt nunmehr einheitlich ein umgerechnetes Maß von 0,55 ha.

Fall verschieden<35>. Im äußersten Süden der Karte ist das Kanzleigut Kuhlen, das drittgrößte dieses Typus, mit einem Teil seiner Besitzungen dargestellt.

e. Großherzoglich-Oldenburgische Fideikommißgüter. In ihrer gesamten räumlichen Ausdehnung werden auf der Ostseite der Wagrischen Halbinsel die Großherzoglich-Oldenburgischen Fideikommißgüter vom Schnitt der Karte einbezogen. Die 3 Güter der älteren und 8 Güter der jüngeren Linie bilden einen getrennten Distrikt für sich, der rechtlich keinem der übrigen adligen Güterdistrikte zugeordnet ist. Hinsichtlich der internen Verfassung und wirtschaftlichen Ausrichtung unterscheiden sich die Fideikommißgüter nicht von den übrigen adligen Gütern. Die Wahl der Farben und Signaturen ist daher bei ihnen die gleiche wie bei den übrigen adligen Gütern.

Über die Besitzungen der jüngeren Holstein-Gottorfischen Linie hinaus, die als Familien-Fideikommisse dem Großherzog von Oldenburg unter holsteinischer Oberhoheit unterstehen, befinden sich auch innerhalb des Oldenburger Güterdistrikts noch zwei Landgüter im Besitz der Familie. Auf diesen beiden, Güldenstein und Mannhagen, übt der Großherzog von Oldenburg jedoch nur die Rechte eines holsteinischen Gutsbesitzers aus. Diese Güter sind nicht gesondert gekennzeichnet.

f. Lübsche Stadtstiftsdörfer. Als sechster Typus von Landdistrikten bedürfen die Lübschen Stadtstiftsdörfer der Hervorhebung. Es handelt sich um Besitzungen von geistlichen Stiftungen in Lübeck, welche insgesamt 20 Dörfer im östlichen Holstein umfassen. Unter holsteinischer Landeshoheit üben diese milden Stiftungen gutsherrliche Rechte unter Zusicherung eigener Patrimonialgerichtsbarkeit aus.

Unter den Ländereien, die milden Stiftungen zu eigen sind, sind im Darstellungsgebiet das St. Johanniskloster, der St. Clemens-Caland und das Heiligengeist-Hospital zu nennen. Der Reichsdeputationshauptschluß von 1803 hat zwar eine beträchtliche Verkleinerung der Besitzungen, jedoch keine vollständige Beseitigung herbeigeführt.

Die Bauern sind meist zu Eigentümern des Bodens aufgerückt<36>. Hofland ist nur noch in Ausnahmefällen erhalten. Auf dem Gebiet des neu geschaffenen Fürstentums Lübeck ist kein Stiftsland mehr vorhanden.

Die milden Stiftungen mit ihrem Landbesitz tragen in bezeichnender Form zur politischen Vielgestaltigkeit Holsteins unter der Oberhoheit des dänischen Königs bei.

Sie sind in der gleichen blauen Farbe wie die übrigen geistlichen Herrschaftsdistrikte gehalten, in ihrer Zugehörigkeit aber noch durch Symbole kenntlich gemacht.

g. Städtische Distrikte und Flecken. Die städtischen Distrikte unterscheiden sich von den ländlichen Bezirken, da ihnen eigene Verwaltung und Gerichtsbarkeit durch den Magistrat sowie Privilegien im Wirtschafts- und Handelssektor zustehen. In der inneren Verwaltung sowie in der Ausübung der Polizeigewalt

---

35 SCHRÖDER/BIERNATZKI, 1855, Bd. 1, S. 110
36 SCHRÖDER/BIERNATZKI, Bd. 1, 1855, S. 112

und des Hebungswesens sind sie autonom. Die Gerichtsbarkeit erstreckt sich auf Bewohnerschaft und Gemarkung.

Insgesamt weist das Herzogtum Holstein 14 Städte auf, von denen Altona (32.200 E.), Kiel (13.572 E.) und Rendsburg (10.338 E.) im Jahr 1845 mit Abstand die bevölkerungsreichsten sind<37>. Während die mittelgroßen Zentren Glückstadt, Itzehoe und Segeberg nicht vom Blattschnitt erfaßt sind, entfällt eine größere Zahl kleiner Landstädte in das dargestellte Gebiet. Das Herzogtum Schleswig ist mit der Stadt Eckernförde vertreten.

Manche Stadtgemarkungen, wie diejenigen von Kiel, Neustadt und Heiligenhafen, besitzen Ausdehnungen, die über 1000 ha erreichen können. Trotz ihrer wirtschaftlichen Bedeutung - so im Falle von Neumünster - dürfen Flecken und Städte hinsichtlich ihrer Rechtsstellung nicht gleichgesetzt werden. Beiden Typen ist daher nicht die gleiche Art der äußerlichen Kennzeichnung zuteil geworden. Die Gliederung nach Gewerbezweigen und die Auflistung ausgewählter tertiärer Merkmale ist dagegen bei beiden Typen in der gleichen Weise angewendet worden.

In diesen 7 Distrikttypen äußert sich auch in der Mitte des 19. Jahrhunderts noch die ganze Palette politischer und administrativer Vielgestaltigkeit in den Herzogtümern. Während die meisten Staaten auf deutschem Boden sich als Folge der nachnapoleonischen Neuordnung zu einheitlichen Flächenstaaten ohne regionale Sonderrechte zu wandeln beginnen, haben die Herzogtümer als bezeichnendes Merkmal ihrer individuellen und pluralistischen Rechtsverhältnisse sich fast das gesamte Spektrum partikulärer Herrschaftsstrukturen bewahren können.

Mit Recht hebt O. HAUSER<38> bei seiner Behandlung der Einführung neuer Verfassungsstrukturen in preußischer Zeit die Buntscheckigkeit des alten Bildes hervor. Er betont, daß preußische Pressestimmen im Hinblick auf die Vielgestaltigkeit der politischen Landkarte im Bereich der Herzogtümer von einem "deutschen China" gesprochen haben.

Einer kurzen Klarstellung bedürfen noch die nachgeordneten Verwaltungsgrenzen. Während die mit gestrichelten Linien abgegrenzten dörflichen Gemarkungen als kleinste administrative Gebilde fungieren, schieben sich noch zwei Typen von Verwaltungsebenen mittlerer Dimension in das Gliederungsgefüge ein.

Es handelt sich im ersten Fall als Spezifikum der Gutsdistrikte um die Abgrenzung der einzelnen Gutsbezirke untereinander. Im zweiten Fall ist die interne Untergliederung der königlichen Amtsbezirke angesprochen.

Als die üblichen Bestandteile eines Gutsbezirks, die in der Karte getrennt ausgeschieden werden, sind zu nennen: Das Herrenhaus mit seinen zugehörigen Wirtschaftsgebäuden, das Hoffeld als die vom Gut aus bewirtschaftete Produktionsfläche, eine je nach Besitzstand unterschiedliche Zahl von verpachteten Meierhöfen sowie dörfliche Fluren mit Hufenstellen und sonstigen Untergehörigen, deren Rechtsstatus sehr verschiedener Art sein kann.

In den abgegrenzten Bezirken der adligen Güter repräsentiert der Gutsbesitzer die "Commüne"<39> als juristische Institution. Die Gerichtsbarkeit läßt der Guts-

---

37 Stat. Tabellenwerk, Kopenhagen 1846, Tab. 9, S. 101
38 O. HAUSER, 1966, S. 27
39 J. v. SCHRÖDER, 1854, S. LXI

herr in der Regel durch einen Gerichtshalter ausüben. Dagegen obliegen Polizeidienst und Hebungswesen meist dem Inspektor. Als höhere Instanz für die Gutsdistrikte Holsteins ist das adlige Landgericht in Glückstadt zuständig.

Schwieriger als die Gutsbezirke sind mittlere Verwaltungsebenen im Bereich der Ämter zu erfassen. Die Grenzziehung ist identisch mit der alten Gliederung der Kirchspiele, innerhalb deren der Kirchspielvogt die Funktionen der weltlichen Obrigkeit wahrnimmt.

Der Aufteilung des Landes nach Kirchspielen ist auch die am 11. Juni 1854 eingeführte Verordnung für die Wahl der Provinzialstände angelehnt. Auch die Durchführung der Volkszählungen geschah auf der Grundlage der Kirchspiele und wurde zwischen 1835 und 1860 von den Pfarrern verantwortlich geleitet, von den Lehrern aber vermittels Zählung von Haus zu Haus durchgeführt[40].

Unter wirtschaftlichen Kriterien ist indes die Gliederung nach Kirchspielen wenig effektiv. Konstruktiver ist die Erfassung der einzelnen Dörfer und der ihnen zugehörigen Gemarkungen, aus der sich später in preußischer Zeit die Festsetzung der Gemeindegrenzen herleitet. So kann die preußische Erstaufnahme der Meßtischblätter zur Rekonstruktion des alten dörflichen Besitzes Verwendung finden, selbst wenn mit der Grenzziehung eine besondere Rechtsposition als Commune in früherer Zeit nicht verbunden war.

Eine Bedeutung von Kirchspielgrenzen als wichtige Leitlinie der rechtlichen und wirtschaftlichen Raumgliederung ist nur auf der Insel Fehmarn zu erkennen. Hier ist, wie J. v. SCHRÖDER[41] betont und G. HANSSEN[42] in seiner Monographie näher darlegt, durch die tradierten Rechte der Kirchspielversammlungen ein weitreichender Kanon öffentlich-rechtlicher und kirchlicher Befugnisse gegeben. Aus diesem Grunde sind die Kirchspielgrenzen der Landschaft Fehmarn mit einer eigenen Signatur eingezeichnet.

Für die Abgrenzung der dörflichen Gemarkungen untereinander sowie der Meierhöfe vom Hoffeld und des gutsuntertänigen Bauernlandes vom Hofland wird die gleiche Strich-Signatur verwendet.

Zusammenfassend ist festzuhalten, daß die vielgestaltige Differenzierung nach Distrikttypen und spezifischen Einzelelementen hauptsächlich durch Farbgebungen zum Ausdruck gebracht wird. Es ist bezeichnend für das alte Schleswig-Holstein im Rahmen des dänischen Gesamtstaates, daß die wirtschaftliche Bedeutung der einzelnen Räume in entscheidendem Maß von der politischen Gliederung der Herzogtümer beherrscht und gesteuert wird.

3.3. MERKMALE DER BODENNUTZUNG

Eine direkte Bewirtschaftung des Bodens ist für die meisten Flächen des dargestellten Gebietes charakteristisch. Von erstrangiger Bedeutung ist die Ausübung von Ackerbau und Viehwirtschaft, die erheblich größere Areale als Forst- und Teichwirtschaft beanspruchen. Auch der Erwerbsobstbau steckt erst lokal in bescheidensten Anfängen. Nur verhältnismäßig kleine Gebietsteile sind in die wirtschaftliche Nutzung nicht einbezogen und entfallen als Ödland, unkultivierbare Wildnis oder unerschlossenes Moor. Heideflächen im Westen des Kartenausschnitts dienen meist als extensive Schafweiden und Hutungen.

---

40 I.E. MOMSEN, 1974, S. 145
41 J. v. SCHRÖDER, 1854, S. LXXXVII
42 G. HANSSEN, 1832, S. 92-101

Für die Mitte des 19. Jahrhunderts läßt sich die Rekonstruktion von Nutzflächengefügen oder gar von Bodennutzungsregionen nur begrenzt durchführen. Da die Besteuerung nach dem Wert des Bodens und der Besitzgröße erfolgt, ist der Staat an weitergehenden amtlichen Informationen betrieblicher Art nicht interessiert. So liegen Angaben über die Anbau- und Produktionsverhältnisse auch nur auf der Basis der einzelnen Distrikte vor, sieht man von Aufzeichnungen und Buchführungen ab, die einzelne Gutsbezirke betreffen.

Trotz starker naturräumlicher Gegensätze, die vor allem durch die Eigenschaften der Böden in der Landwirtschaft wirksam werden, ist im 19. Jahrhundert ein weitgehend einheitlicher Grundtypus der Bodennutzung außerhalb der Marschen kennzeichnend. Zwar mangelt es nicht an Unterschieden in Ertragsmenge, Qualität und Art der Bodenprodukte, jedoch dominiert ein wenig differenziertes Betriebssystem, das gewöhnlich unter dem Begriff der Koppelwirtschaft zusammengefaßt wird. Dessen Kennzeichen und Entwicklungsmerkmale bedürfen im nächsten Hauptkapitel einer eingehenden Erläuterung.

Als Ergebnis der vorherrschenden Koppelwirtschaft ist festzuhalten, daß eine räumliche Unterscheidung nach Grünland- und Ackerbaugebieten, wie dies heute nach statistischen und topographischen Quellen möglich ist, für die damalige Zeit nicht erfolgen kann. Auf diese Schwierigkeiten weist selbst zu Beginn des 20. Jahrhunderts noch Th.H. ENGELBRECHT<43> bei seiner Bemerkung über die Trennung von Dauer- und Wechselweide hin.

In allen Gebieten, in denen die Koppelwirtschaft zur Anwendung gelangt, wird die Gewinnung von Viehfutter und die periodische Grünlandnutzung mit Weidegang im Rahmen einer festliegenden Anbaurotation praktiziert. Bei einem vielfach zehn- oder elfjährigen Umlaufsystem auf Moränenböden dominiert eine drei- oder vierjährige Einschaltung von Grünland, die hauptsächlich der Regeneration des Bodens dient. Auf der Geest reduziert sich die Rotation auf 7 Jahre. Die topographische Materialbasis gibt wohl die durch Knicks gegliederte Flur zu erkennen, liefert aber keine Hinweise auf die jeweiligen Anteile des Weidelandes.

So ist auf unserer Karte eine Trennung nach bevorzugt ackerbaulicher und grünlandwirtschaftlicher Ausrichtung der Betriebe nicht möglich. Dieser Sachverhalt hat sich trotz weiteren Vorschreitens der Fruchtwechselwirtschaft auch zum Zeitpunkt der Preußischen Landesaufnahme noch nicht geändert. Die betriebstypologische Trennbarkeit einzelner Räume ist eine Erscheinung späterer Jahrzehnte, als Fruchtwechselwirtschaft einerseits und Grünlandwirtschaft andererseits unter dem Einfluß marktwirtschaftlicher Neuorientierungen räumliche Präferenzen zur einen oder zur anderen Seite hin entwickelt haben. Die Spezialisierung der Landwirtschaft unter Preisgabe nachgeordneter Betriebszweige ist eine junge Entwicklung und außerhalb stadtnaher Versorgungsgebiete eine Erscheinung des technischen Zeitalters.

Der weitaus überwiegende Teil des Kulturlandes wird folglich im Rahmen der Koppelwirtschaft genutzt und dient bevorzugt ackerbaulichen Zwecken, und zwar im Hügelland ebenso wie auf der Geest. Dort sind die mit Heide bestandenen Grenzstandorte einer stationären Nutzung im Rahmen der genannten festen Rotation entzogen.

Von den Futtergewinnungsflächen im Rahmen der Koppelwirtschaft sind die natürlichen Grünlandgebiete zu trennen, für die ein hoher Grundwasserspiegel oder

---

43 Th. H. ENGELBRECHT, 1907, S. 15

die Überschwemmungsgefahr im Alluvialbereich kennzeichend ist. Wo immer möglich, hat man das nährstoffreiche fließende Wasser - vor allem im Frühjahr - zur Bewässerung von Wiesen genutzt. Die Möglichkeit der Berieselung und die damit verbundene sichere Futterproduktion werden im Rahmen der landestopographischen Darstellungen des 19. und beginnenden 20. Jahrhunderts von allen Autoren immer besonders betont.

In Küstennähe - so in den Salzwiesen der Probstei, im Umkreis des Großen Binnensees sowie des Gruber Sees und des Kloster-Sees bei Cismar - treten geringerwertige Weideareale mit charakteristischer Florenzusammensetzung auf. Nicht immer sind weide- oder auch mähwirtschaftlich nutzbare Feuchtländereien von Vernässungszonen mit Niedermooren zu trennen. Diese engräumigen Übergänge, die weder den Karten noch den Beschreibungen zu entnehmen sind, treffen vor allem auf die Tieflandgebiete des Oldenburger Grabens zu. In der wirtschaftlichen Nutzbarkeit dürften dort von Jahr zu Jahr große Unterschiede aufgetreten sein.

So ist zusammenfassend festzuhalten, daß die Karte in ihren größten Anteilen die koppelwirtschaftlich genutzten Flächen wiedergibt. Daneben ist das vor allem für die Geest wichtige natürliche Grünland der Senken, Niederungen und fluvialen Überschwemmungsbereiche in die Darstellung aufgenommen worden. Auch Heide- und Krattflächen sind als bezeichnende Elemente der nährstoffarmen Geestgebiete mit eigener Signatur vertreten. Gleichermaßen wurden die Moore, in denen überwiegend Torfstich ausgeübt wird, als charakteristischer Bestandteil der schleswig-holsteinischen Jungmoränenlandschaft und Vorgeest miterfaßt.

Im Gegensatz zur Verteilung von Ackerland und Grünland ist die Darstellung der Waldflächen mit einiger Problematik behaftet. Hier ist nicht auszuschließen, daß die Wiedergabe auf der preußischen Erstausgabe der Meßtischblätter Areale einschließt, die in der Mitte des 19. Jahrhunderts noch nicht existierten. Meist sind aber die Angaben bei SCHRÖDER/BIERNATZKI so genau und klar differenzierend - vor allem für Holstein -, daß sich die Veränderungen deutlich erkennen lassen. Im Bereich der Gutsbezirke sind kaum Arealausweitungen in der zweiten Hälfte des 19. Jahrhunderts festzustellen, wohl aber im Bereich der Geestflächen. Der königliche Forst- und Waldbesitz ist gesondert ausgewiesen worden. Dem Domanialbesitz im waldreichen Fürstentum Eutin wurde die gleiche Signatur beigelegt.

3.4. ZUR KLASSIFIZIERUNG DER LÄNDLICHEN SIEDLUNGEN

Siedlung und Wirtschaftsform sind im ländlichen Lebensraum aufs engste miteinander verbunden. Die Verrichtung regelmäßiger und qualifizierter landwirtschaftlicher Tätigkeit läßt sich bei höherem Organisationsgrad nur von festen Siedlungen mit entsprechenden Zweckeinrichtungen aus bewerkstelligen.

Aussehen und Gliederung der ländlichen Wohnstätten spiegeln ebenso das ererbte Gefüge der Agrarverfassungen wie auch den materiellen Erfolg der Bewirtschaftung des Bodens wider. Größe, Dichte und äußerer Habitus von Ortschaften sind Ausdruck der Tragfähigkeit des Bodens, der ökonomisch-kulturellen Entwicklungsstufe und des Lebensstandards einer Bevölkerung.

Für die Charakterisierung der Siedlungen auf der historischen Wirtschaftskarte existierten nur wenige Möglichkeiten einer flächendeckenden Aussage ökonomischer Relevanz. Sieht man von genetischen Kriterien und von den Unterscheidungsmöglichkeiten nach der Grundrißgestalt ab, so bleiben letztlich nur zwei Merkmale als Ansatzpunkte einer typologischen Differenzierung: Einmal bestehen Angaben zur Bevölkerungsmenge im ländlichen Wirtschaftsraum; zum anderen enthält die Landestopographie von SCHRÖDER/BIERNATZKI zu jedem Dorf oder Ortsteil verhältnismäßig differenzierte Aussagen über die Besitzverteilung innerhalb der Kommunen. Beide Grundlagen wurden zur Darstellung des ländlichen Siedlungsgefüges herangezogen.

Die Bevölkerungsmengen in den ländlichen Siedlungen, die den amtlichen Publikationen des statistischen Tabellenwerks für das Jahr 1845[44] sowie der Topographie von J. v. SCHRÖDER entnommen wurden, sind als Kreise mit verschiedenem Radius wiedergegeben. Die Abbildung erfolgt nach der Kugelmethode - wie auch bei den Städten -, um mit Hilfe der 3. Potenz die Gegensätzlichkeit der Darstellung zu mildern, ohne sie grundsätzlich zu entstellen.

Innerhalb der Gutsbezirke finden sich mit nur wenigen Ausnahmen keine Angaben zur Volkszahl der gutsuntertänigen Siedlungen. Meist existiert nur eine Globalzahl, die in undifferenzierter Form die gesamte Bevölkerungsmenge im Bereich der Gutsobrigkeit umschließt. Diese Personenzahl ist für jeden Gutsbezirk eingetragen worden.

In solchen Fällen mußte die ungefähre Bevölkerungszahl geschätzt und die jeweilige Siedlung auf der Karte durch einen gestrichelten Kreis gekennzeichnet werden. Als Basis diente das Besitzgefüge sowie die Zahl der Familien in ländlichen Unterschichten, die J. v. SCHRÖDER nennt. Eine Bezugnahme auf die ersten Volkszählungen in preußischer Zeit erwies sich als äußerst problematisch, da gerade in der zweiten Hälfte des 19. Jahrhunderts eine von Fall zu Fall stark differierende Bevölkerungsdynamik vorliegen kann. Diese beruht einerseits auf steigenden Geburtenüberschüssen, andererseits auf einer wachsenden Abwanderung, vor allem aus den Gutsdistrikten. Es existiert keine wissenschaftliche Publikation, die diesen bedeutsamen Vorgang näher analysiert, um hier Anhaltspunkte zu liefern.

Weiterreichende Schlüsse über den inneren Aufbau der Dörfer sind den Signaturen zu entnehmen, die die Kreisdiagramme ausfüllen. Diese sind nach der Verteilung des ländlichen Grundbesitzes konstruiert und basieren auf einer Dreiteilung der Besitzklassen. Die bei J. v. SCHRÖDER gemachten Angaben wurden mit denjenigen von H. OLDEKOP (1909) sowie mit dem Handbuch des Grundbesitzes im Deutschen Reich (1912) verglichen. Gerade bei den größeren Höfen ergaben sich trotz der Unterschiede im Berichtszeitpunkt weitgehend übereinstimmende Angaben.

Eine Gliederung des ländlichen Besitzgefüges ist nach den Unterlagen der damaligen Zeit problematisch und kann nicht mit den exakten Möglichkeiten der Quantifizierung auf der Basis heutiger Statistik verglichen werden.

Für die Abgrenzung der obersten Kategorie bäuerlichen Eigentums wird die Hufe zugrundegelegt. Diese ist seit jeher in Schleswig-Holstein die grundlegende Größe freien sowie lehnsherrlich gebundenen Grundbesitzes der Bauern[45] gewesen. Ihre Ausdehnung variiert von Ort zu Ort je nach rechtlichen Traditionen und Ertragsleistungen des Bodens. Die Dimensionen können um 1850 zwischen 40 und

---

44 vgl. I.E. MOMSEN, 1974, S. 174 zum Problem der ortsanwesenden Bevölkerung
45 SCHRÖDER/BIERNATZKI, 1855, Bd. 1, S. 47

100 Tonnen, also etwa zwischen 20 und 50 ha, liegen. Als Durchschnitt können 60-80 Tonnen gelten.

Da die Vollhufe bis heute das Fundament der bäuerlichen Besitzstruktur bildet, wird sie als obere Kategorie der ländlichen Statuspyramide angesehen. Den Vollhufnern - oder hin und wieder auch Doppel- und Anderthalbhufnern - stehen an zweiter Stelle Besitzgrößen mittlerer Ausdehnung gegenüber. Darunter sind Eigentums- oder Pachtbetriebe zu verstehen, die als Halb-, Viertel- oder auch Achtelhufe definiert sind. Diesen beiden Gruppierungen des eigentlichen Bauernstandes steht schließlich der Kleinbesitz der Kätner und Bödner sowie die wechselnde Zahl der Insten oder Besitzlosen gegenüber.

Diese Unterscheidung weicht von derjenigen ab, die in der Mitte des 19. Jahrhunderts üblich war. Damals galt nicht so sehr die absolute Ausdehnung des Besitzes als Merkmal der sozialen Stellung, sondern vielmehr das Alter der Familie und die mit dem Hof verbundene rechtliche Position. So teilt G. HANSSEN[46], der Klassiker der schleswig-holsteinischen Agrargeschichte, die bäuerliche Bevölkerung des Amtes Bordesholm in die 3 Kategorien der Hufner und größeren Erbpächter, der Kätner und Bödner unter Einschluß kleinerer Erbpächter sowie der Insten und Besitzlosen ein[47].

Unter ökonomischen Gesichtspunkten ist diese Differenzierung zu grob und, verglichen mit den Größendimensionen, auch nicht der Realität entsprechend. Es zeigt sich nämlich, daß sich in vielen Dörfern eine mittelgroße Besitzerschicht zwischen Hufnern und Kleinbesitzern bzw. eigentumslosen Arbeitskräften gebildet hat und auf diese Weise für ein stärker aufgefächertes Spektrum sorgt, als dies auf dem Hintergrund der juristisch-soziologischen Einteilung in Erscheinung tritt.

Stellt man diese Kriterien in Rechnung, so läßt sich aus der genannten Dreiteilung des ländlichen Besitzgefüges ein schematisiertes Typenbild der Besitzverteilung ableiten, das auf der Basis von geometrischen Figuren auch der Karte zugrundeliegt. Durch diese Symbole, die teils Dreiecke, teils Vierecke umfassen, werden für jedes Dorf Aussagen über die Größenstruktur der Agrarbetriebe ermöglicht. Dabei wird im Rahmen der Klassenbildung ebenso zwischen solchen Fällen unterschieden, bei denen sich Dominanzen zum oberen, unteren oder mittleren Strukturbereich erkennen lassen wie auch solchen, bei denen ein gemischtes Spektrum über alle Größenklassen hinweg kennzeichnend ist. Die Legende der Karte gibt Auskunft über die Modalitäten der Abgrenzung und Typenwahl.

Zusammenfassend ist für die Siedlungsdarstellung festzuhalten:

a. Die Art der Besiedlung eines Raumes ist ein elementarer Ausdruck seiner kulturellen Tradition und wirtschaftlichen Nutzung.

b. Eine historische Wirtschaftskarte aus der Mitte des 19. Jahrhunderts kann sich die zu diesem Zeitpunkt existierenden Informationen nutzbar machen, um eine Beurteilung des bäuerlichen Wirtschaftsraums auf der Basis der Besitzvertei-

---

46 G. HANSSEN, 1842, S. 124
47 G. HANSSEN, 1842, S. 180 berichtet von der stark zunehmenden Zahl von Kätnern und Bödnern in den 27 Dorfschaften des Amtes Bordesholm, der die konstante Zahl der Hufner - auch nach der Aufhebung der Feldgemeinschaften (vgl. I. AST-REIMERS, 1965) - gegenübersteht.

lung herbeizuführen. Die Kenntnisse und Angaben der Quellen reichen nicht aus, um eine Differenzierung der Nutzflächen oder der bäuerlichen Produktionsleistungen auf kleinräumiger Basis herbeizuführen.

c. Durch eine festliegende Abfolge geometrischer Grundfiguren werden die wichtigsten Verteilungstypen des ländlichen Grundbesitzes und der Pachtbetriebe zum Ausdruck gebracht.

d. In den Adligen Güterdistrikten werden zusätzlich Übersignaturen im bäuerlichen Land verwendet, um die Art der Abhängigkeit vom Grundherrn darzustellen.

e. Ein breiter Fächer von Einzelerscheinungen bestimmt darüber hinaus die Siedlungsstruktur der einzelnen Gebietsteile und Hoheitsdistrikte. Es wurde versucht, der realen Entwicklung hinsichtlich der Auflösung von dörflichen Siedlungen, der Aussiedlung - dem sog. Ausbau - von Hufenstellen aus dem Dorfverband sowie der gezielten Schaffung existenzfähiger Pachthöfe durch entsprechende Signaturen Rechnung zu tragen.

f. Die inhaltliche Interpretation dieser Erscheinungen ist Gegenstand des beschreibenden Regionalteils.

3.5. VERKEHR UND KOMMUNIKATION

In der Mitte des 19. Jahrhunderts ist im Vergleich zu heute die Erschließung der Fläche durch Verkehrseinrichtungen noch äußerst gering. Der Anschluß an die Außenwelt ist ein Privileg der Städte und der Häfen. Die ländliche Bevölkerung nimmt am Verkehrsgeschehen äußerst begrenzt, teilweise überhaupt nicht teil. Wohl die meisten aller Bauern und Hintersassen haben Zeit ihres Lebens die Grenzen ihres Kirchspiels, Marktortes oder ihres Gutsbezirks niemals überschritten.
Trotz dieser Ausgangssituation stellt die Mitte des 19. Jahrhunderts einen entscheidenden Wendepunkt in der Verkehrsentwicklung dar, die neue Bahnen zu beschreiten beginnt und eine Berücksichtigung in der Karte erfordert. Chausseebau, Eisenbahn und Dampfschiff sind die Boten der neuen Zeit, die auch in die Herzogtümer vordringen und die Verbindungen nach außen wie nach innen erleichtern und vermehren.

Die Darstellung des Wegenetzes konnte nicht den preußischen Meßtischblättern entnommen werden. Zu gewaltig sind die Veränderungen, die sich in den dazwischenliegenden 30 Jahren ergeben haben. Stattdessen wird auf die schon mehrfach erwähnte Karte des Hauptmanns F. GEERZ (1858) zurückgegriffen, welche die exakteste Quelle für den Bezugszeitpunkt um 1850 darstellt. Die Abbildung und Typisierung der Landverbindungen sowie die Eintragung der regelmäßig verkehrenden Post-Dienste ist nach seiner eigenen Erklärung (S. 249) sogar ein Hauptzweck der Anfertigung seiner Karte gewesen.

Das grundlegende Prinzip seiner Einteilung bilden Befahrbarkeit und Frequenz, während die vorherrschende offizielle Klassifikation in vielen Fällen offensichtlich von der tatsächlichen Bedeutung der Landverbindungen abwich. F. GEERZ scheut die Anklage nicht, daß die amtlichen Bezeichnungen "von einer mit den wirklichen Verkehrsverhältnissen unbekannten Bureaukratie" erdacht und "für das reisende Publikum von untergeordnetem Wert" sind[48].

F. GEERZ, 1859, S. 248

In Anlehnung an F. GEERZ werden feste Chausseen mit Steinschlag- oder Klinkerbedeckung, gebesserte Landstraßen (Steindämme, Kieswege), gewöhnliche Landstraßen (Sand-, Lehm- und Marschwege) sowie Landwege unterschieden. Mögen die Unterscheidungen der letzten beiden Typen äußerst problematisch sein, so läßt sich doch der Stand der ausgebauten Chausseen sehr genau verfolgen. In einem Kapitel über Wegewesen listen SCHRÖDER/BIERNATZKI[49] die Wegeverordnung von 1842 auf, in der die einzelnen Abschnitte der Haupt- und Nebenlandstraßen - unter Angabe ihrer Länge in Meilen - aufgeführt sind. Im Bereich der chaussierten Landstraßen läßt sich mit den Eintragungen von F. GEERZ ohne Schwierigkeiten Übereinstimmung erzielen. Den Angaben von GEERZ ist auch die postalische Funktion entnommen, die einzelnen Städten oder Ortschaften zukommt. Auch die Lokalisierung der Chausseehäuser und Schlagbäume, an denen Gelder zu entrichten waren, entstammt der gleichen Quelle. Das Netz der sog. Vicinalwege, die als Dorfwege der Benutzung und Unterhaltung durch die bäuerliche Gemeinschaft unterliegen und deren Bedeutung G. HANSSEN[50] insbesondere für das Amt Bordesholm hervorhebt, konnten in der Karte keine Berücksichtigung finden. Dort, wo große Straßen altüberlieferte Namen aufweisen - wie z.B. Alte Hamburg-Kieler Frachtstraße südöstlich von Neumünster -, sind diese Bezeichnungen in die Karte aufgenommen worden.

Neben den Straßen mit ihrem Post- und Güterverkehr spielt die Eisenbahn eine wachsende Rolle. SCHRÖDER/BIERNATZKI[51] nennen sie "das mächtigste Verkehrsmittel", welches Holstein auf 4 Trassen durchzieht oder berührt. An vorderster Stelle steht die Hauptlinie der Altona-Kieler Eisenbahn, die von Christian VIII. im September 1844 dem Verkehr übergeben wurde und nach ihm die Bezeichnung 'König Christian VIII. Ostseebahn' trägt. Ihr ist eine besondere Funktion für den Transithandel zugedacht, die sie von Anfang an erfüllt hat.

Die zweite Bahnlinie bildet eine Zweigbahn nach Norden zur Festung Rendsburg und wird als Rendsburg-Neumünstersche Eisenbahn bezeichnet[52]. Deren Verlauf bis Nortorf ist vom Blattschnitt erfaßt. Die zweite Zweigbahn, nämlich die Glückstadt-Elmshorner Eisenbahn, und die wichtige Berlin-Hamburger Bahn über Bergedorf berühren Gebiete im Süden des Herzogtums. Schon in der Mitte des 19. Jahrhunderts wird die Bedeutung von Neumünster als Drehscheibe des Bahnverkehrs in Holstein erkennbar.

Als drittes verkehrswirtschaftliches Element bedarf gerade in einem Küstenland wie Schleswig-Holstein der Schiffsverkehr einer besonderen Berücksichtigung. Die Darstellung richtet sich auf drei Sachverhalte, die im Aufbau des Landes und in seiner wirtschaftlichen Mittelrolle zentrale Bedeutung besitzen: Den Warenverkehr in den Häfen, die Warenströme auf dem Schleswig-Holstein-Kanal und den Bestand an Schiffen in den Häfen des Kartenausschnitts.

---

49 SCHRÖDER/BIERNATZKI, 1855, S. 53/54
50 G. HANSSEN, 1842, S. 247
51 SCHRÖDER/BIERNATZKI, 1855, Bd. 1, S. 55
52 Mit dem Bau einer Eisenbahn von Flensburg nach Tönning über Husum einschließlich eines Seitenabzweigs nach Rendsburg wurde erst 1852 begonnen (J. v. SCHRÖDER, 1854, S. XXXIX). Nach der GEERZ'schen Karte von 1858 ist diese Linie samt einem Abzweig nach Schleswig schon dem öffentlichen Verkehr übergeben (GEERZ, 1859, S. 246).

Für das Jahr 1844[53] liegen umfassende, die Gesamtfläche der Herzogtümer einbeziehende Angaben der amtlichen Statistik des Königreichs Dänemark vor. Die Materialbasis ist so differenziert, daß durch Diagramme die Wareneinfuhr und -ausfuhr nach Herkunfts- bzw. Zielgebieten aufgeschlüsselt werden kann. Ein gewisser Nachteil ist indes, daß der Beziehungs- und Vergleichshintergrund relativ klein ausfällt, da eine Korrelation mit den Elbhäfen, mit Lübeck, Flensburg und vor allem Kopenhagen nur begrenzt hergestellt werden kann.

Neben dem Umschlag in den Häfen ist auch der Schiffsbestand in den Hafenorten der Ostsee in der Statistik ausgewiesen. Jedoch konnten entgegen der ursprünglichen Absicht weder die Umschläge in den Häfen noch die Schiffsbestände in die Hauptkarte aufgenommen werden, da dies eine inhaltliche Überfrachtung bedeutet hätte.

Mit der Verkehrsstraße des Schleswig-Holsteinischen Kanals bzw. des Eider-Kanals, wie er nach 1850 hieß[54], durchzieht das Gebiet der Herzogtümer eine Wasserstraße von europäischem Rang. 2700 Schiffe haben jährlich im Mittel zum Untersuchungszeitraum diesen Weg benutzt, der die gefährliche Passage um Skagen und durch das Kattegat um rund 300 Seemeilen abkürzte. Die Zahl der Schiffe entspricht einem langjährigen Mittel, obgleich die Eisenbahn allmählich im Transithandel an Boden gewinnt. Generell darf die Transitrolle des Kanals nicht überschätzt werden, da etwa nur 1/4 des Warenverkehrs den Weg über den Kanal nimmt. Kolonialwaren wie Rohrzucker, Tabak und Baumwolle stehen an der Spitze der Werteskala der Produkte, die von West nach Ost den Kanal passieren.

Eine Reihe technischer Angaben wie die Lage der Kammerschleusen mit ihren Brücken sowie die mit Brücken versehenen Übergänge über die Levensau und bei Landwehr ergänzen die Darstellung des Kanals im Kartenbild.

Schließlich bleibt zu erwähnen, daß auch die bedeutsamen Wagenfähren über den Gruber See sowie über den Fehmarn-Sund eingetragen sind. Auch die Personenfähren über die Kieler Förde sowie das Binnenwasser nach Neustadt sind verzeichnet. Ein herausragendes Element für die Schiffahrt der damaligen Zeit stellen auch Leuchttürme, Leuchtfeuer und sonstige weithin sichtbare Seezeichen dar, wie sie im Umkreis des Lübschen Fahrwassers angetroffen werden.

Die 5 regelmäßig verkehrenden Dampfschiffe von Kiel nach Kopenhagen, Apenrade, Fehmarn, Hadersleben und Christiania (Oslo), welche SCHRÖDER/BIERNATZKI[55] nennen, stimmen nicht ganz mit den Angaben der GEERZ'schen Karte (1858) überein. Dort sind Kopenhagen, Christiania, Korsör und Nyborg als Dampfschiff-Ziele eingetragen. Seit 1819 existierte ein Liniendienst mit dem in England gebauten Dampfschiff 'Caledonia' von Kiel nach Kopenhagen[56]. Dieses legte auch in Falster und Mön an[57].

Zusammenfassend ist festzustellen, daß der Verkehr in Schleswig-Holstein als einem klassischen Mittler zwischen Nord- und Ostsee sowie zwischen Mittel- und

---

53 Tabel over de enkelte Toldsteders Skibsfahrt paa Udlandet (V), in Statistisk Tabelvaerk, Tolfte Haefte, København 1847
54 Ch. DEGN, 1960, S. 204
55 SCHRÖDER/BIERNATZKI, 1855, Bd. 2, S. 28
56 Ch. DEGN, 1960, S. 387
57 Stat. des Handels, der Schiffahrt und der Industrie 1835, S. 158

Nordeuropa eine zentrale Rolle in den wirtschaftlichen Funktionen der Herzogtümer spielt. Das Verkehrsgeschehen erstreckt sich auf Landverbindungen, Wasserwege und Schienenstränge und orientiert sich primär nach überregionalen Verkehrsbedürfnissen im Rahmen der Raum- und Wirtschaftsgliederung des Königreichs. Die verkehrliche Erschließung der agraren Produktionsräume, auch derjenigen der ökonomisch fortschrittlichen Güter, hinkt noch stark hinter der Dynamik in der Hauptwirtschaftsachse Kiel-Altona hinterher. Der Verkehr macht sich sehr stark und gezielt die technischen Errungenschaften der Zeit zu eigen.

3.6. DAS PROBLEM DER STÄDTISCHEN WIRTSCHAFTSFUNKTIONEN

Der Darstellungsbereich ist von einem relativ dichten Netz städtischer Siedlungen überzogen, die alle der hochmittelalterlichen Kolonisation entstammen und im Osten vielfach auf ältere, befestigte Vorläufer der Slawenzeit zurückreichen. Ihre Anordnung entspringt strategischen Zwecken und ist ursprünglich ein Instrument zur Organisation und Sicherung der Schauenburgischen Territorialherrschaft gewesen. Wirtschaftliche Motive liegen der Lagewahl primär nicht zugrunde. Absolutistische Gründungen mit merkantilistischen Absichten, wie sie in Glückstadt und Friedrichstadt anzutreffen sind, fehlen im Osten. Eine bescheidene Stadterweiterung des ausgehenden 17. Jahrhunderts ist nur in Plön - auf Veranlassung des Herzogs Hans Adolf (1685) - erfolgt.

Schon dieses Verharren im mittelalterlichen Größen- und Verteilungsmaßstab mag als Hinweis dienen, daß überregionale ökonomische Funktionen auf der Basis gewerblicher Produktion kaum zu erwarten sind. Einzig die Flecken Neumünster und Preetz sowie das aufstrebende Kiel haben sich zu wichtigen Zentren vor- oder frühindustrieller Tätigkeit emporarbeiten können. Auffallenderweise ist unternehmerische Aktivität gerade in den Flecken anzutreffen, die sich die technischen Mittel der Zeit zu eigen machen und eine "fabrikmäßige Industrie"[58] betreiben.

Generell dominiert noch die dezentralisierte Handwerksproduktion auf dem Lande, die teils von echten Handwerkern, teils von nebenberuflich tätigen Kätnern oder Bödnern ausgeübt wird. Die Zahl von 3-4 dörflichen Handwerkern wird in den Topographien für jede größere Ortschaft erwähnt. Auch hindert das Zunftwesen in den Städten noch das Aufkommen neuer bzw. die Expansion und den Wandel traditioneller Wirtschaftszweige. Die bedeutendsten industriellen Orte in Holstein sind Altona, Ottensen, Neumünster, Kiel, Wandsbek und Elmshorn.

Anhaltspunkte für die wirtschaftliche Struktur der Städte und Flecken liefern zwei verschiedene Arten der Darstellung. Einmal ist durch ein Kreisdiagramm die Gliederung der Bewohnerschaft nach Wirtschaftsbereichen vorgenommen worden. Zum anderen wurde eine Schautafel mit Symbolen entwickelt, aus der wichtige Funktionen der Stadt in Kultur, öffentlichem Leben, Handel sowie Administration ersichtlich werden.

Zu den Kreisdiagrammen ist zu bemerken, daß deren Größe - basierend auf der Kugelmethode - die Menge der Wohnbevölkerung darstellt. Auch hier beziehen sich die Angaben auf das Jahr 1845[59] und wurden der amtlichen Rubrik Nr.11, betreffend die Verteilung der Bevölkerung nach den Nahrungszweigen, entnommen.

---

58 SCHRÖDER/BIERNATZKI, 1855, Bd. 1, S. 50
59 Statistisches Tabellenwerk, herausgegeben von der Allerhöchst ernannten Commission, 2. Heft, Kopenhagen 1846.

Aus der Quellenlage ergibt sich, daß die Zahl der hauptamtlich beschäftigten Personen schwer zu ermitteln ist. So werden in die Berechnung der branchenspezifischen Anteile auch die inaktiven Familienmitglieder, die Dienstboten und Hauslehrer bzw. sonstigen Verwandten einbezogen, die insgesamt von den erzeugten und ggf. umverteilten Einkommen leben<60>.

Diese Methode scheint unter wirtschaftlichen Gesichtspunkten die bestgeeignete zu sein, um die Rangstellung und Wirkung unterschiedlich hoher Einkünfte darzustellen. Wo viel verdient wird und eine angesehene Stellung bekleidet wird, hat es im 19. Jahrhundert meist auch eine entsprechende äußere Form der Lebensführung, zumindest im Bereich der Landstädte, gegeben. Die Zahl der miternährten Personen wird als Ausdruck der sozialen Stellung gewertet. Jegliche Angaben über Höhe von Einkommen, Wert von produzierten Gütern oder von steuerlichen Veranlagungen nach Wirtschaftsbranchen fehlen.

Die stark aufgefächerten Wirtschaftsbereiche mußten gelegentlich aus pragmatischen Gründen zusammengefaßt werden. Während die Anteile im gewerblichen Sektor und in der Landwirtschaft unverändert blieben, bedurfte es der Neuordnung bei den Beamten. Hier wurden die Werte für die geistlichen und zivilen Beamten sowie die Anteile der privatisierenden Gelehrten, Künstler etc. zu einem Betrag vereinigt. Zu den Gelehrten werden auch freipraktizierende Ärzte gerechnet. Seefahrt und Militär, z.B. in Kiel, sind bei höheren Anteilen getrennt aufgeführt. Auch hier wurden kleinere Zusammenfassungen vorgenommen. Die äußerst wichtige Gruppe der Tagelöhner, die in noch höheren Anteilen für die ländlichen Distrikte typisch ist, wurde bei der Darstellung aller Städte und Flecken getrennt ausgewiesen. Unter die Kategorie "sonstige" entfallen Almosenempfänger in den Spitälern und milden Stiftungen, Pensionisten und Personen, die von ihrem Kapital leben sowie Personenkreise, die keinen Nahrungszweig angeben können bzw. unter die Arrestanten entfallen. Trotz der strukturellen Heterogenität war eine weitere Unterteilung graphisch nicht möglich.

Die interne Untergliederung der Gewerbe- oder Handwerkszweige richtet sich nach den örtlichen Gegebenheiten. Meist ist das Schuster- und Tischlerhandwerk als typisch städtisches Gewerbe stark vertreten. Demgegenüber besitzt das flache Land sehr viel mehr Weber, Schneider und Grobschmiede, als in den Städten anzutreffen sind. Von einer gewissen Regelhaftigkeit im Spektrum städtischer Gewerbe macht lediglich Neumünster mit seinen hohen Kontingenten an Tuchmachern eine Ausnahme.

Die zweite Informationsquelle zur wissenschaftlichen Beurteilung der zentralen Orte entstammt den sehr genauen und vielseitigen topographischen Angaben von SCHRÖDER/BIERNATZKI. Darüber hinaus wurde die postalische Funktion der Hauptorte der Karte von F. GEERZ aus dem Jahr 1858 entnommen.

Der Katalog der Angaben entspricht der Aufteilung nach tertiären Funktionen in unserem heutigen Sinn. Wichtigste Sachgebiete sind das Zoll- und Postwesen, die Ausstattung eines Ortes mit Ärzten, Apotheken, Tierärzten sowie Advokaten und Notaren, ferner der kulturelle Sektor mit Buchhandlungen, Tages- oder Wochenzeitungen, Schulen und Bibliotheken. Im Hinblick auf den Handel wurden die Arten und Häufigkeiten von Märkten sowie das Vorhandensein von Sparkassen ausgewählt. Eine weitere Auflistung singulärer Erscheinungen hätte die Überschaubarkeit beeinträchtigt. Es wurden nur solche Merkmale aufgenommen, die kenn-

---

60 Siehe Erläuterungen der genannten Quelle Seite X und XI.

zeichnend für ihre Zeit sind, regelhaft wiederkehren und die zentralörtliche Stellung eines Ortes bestimmen.

3.7. WIRTSCHAFTLICHE EINZELERSCHEINUNGEN

Mit Hilfe von Bildsignaturen und Symbolen wurde versucht, ein verhältnismäßig breites Spektrum wirtschaftlicher Einzelobjekte in die Karte aufzunehmen und in seiner räumlichen Anordnung punktuell darzustellen. Auch hier war für die Auswahl ebenso die Vollständigkeit und Verläßlichkeit der Quellen ausschlaggebend wie die Repräsentativität der Aussagen im Rahmen der wirtschaftlichen Gesamtsituation. Da die Karte darauf abzielt, im Sinne von W. WITT[61] selektiv "Faktoren des komplexen räumlichen Wirkungsgefüges" zu einem synoptischen Bild zusammenzutragen, mußte darauf geachtet werden, daß nicht einzelne Phänomene ein optisch und sachlich ungerechtfertigtes Übergewicht erhielten.

Ein relativ weiter Raum ist den Einrichtungen zur Verarbeitung landwirtschaftlicher Rohstoffe zugestanden worden. Hier nehmen die Mühlen in ihren verschiedenen technischen Typen sowie mit unterschiedlicher Aufgabenstellung einen vorrangigen Platz ein.

Da die Aufhebung des Mühlenzwangs für das Herzogtum Schleswig erst im Jahr 1853 vollzogen[62] und für die Herzogtümer Holstein und Lauenburg im folgenden Jahr zum 1. Mai 1854 verfügt wurde[63], spiegelt sich in unserer Darstellung noch das traditionelle Muster der wind- und wassergetriebenen Mühlen wider, deren Existenz auf obrigkeitliche Konzessionen und meist auch Investitionen zurückging. Nach 1854 und vermehrt noch nach Einführung der Gewerbeordnung von 1869 hat sich die Zahl der Mühlen in Schleswig-Holstein sprunghaft erhöht und beispielsweise im Kreis Plön innerhalb kurzer Zeit verdoppelt. Auf den Gütern hat sich die Aufhebung des Mühlenzwanges teilweise verzögert. So berichtet H.P. PETERSEN[64] von dem Fall, daß in Grebin, einem Dorf des Gutes Schönwalde, erst 1861 gegen eine Entschädigung von 1008 Reichstalern eine Privatisierung erfolgen durfte.

Da die typologischen Angaben von SCHRÖDER/BIERNATZKI außerordentlich präzis im Hinblick auf die Ausstattung der Mühlen sind, konnte eine weit gefächerte Unterscheidung erfolgen, aus der noch die obrigkeitlich verfügte und nicht dem freien Wettbewerb entstammende Anordnung der Getreide-, Grütz-, Malz- und Lohmühlen ersichtlich wird. Wassergebundene Papiermühlen sind häufig mit Kornmahlwerken kombiniert.

Unmittelbar an die Fundplätze von Lehm und Ton ist die Verbreitung der Ziegeleien gebunden. Der vordringende Ziegelbau mit fester Dachdeckung, vor allem für Katen- und Instensiedlungen auf den Gütern, ist für die Mitte des 19. Jahrhunderts kennzeichnend. So kommt es zu einem dichten Netz unterschiedlich großer und leistungsfähiger Ziegeleien, die teilweise auch für die Versorgung fremder Gebiete arbeiten. Regelhafte Angaben über technische Unterschiede und

---

61 W. WITT, 1970, S. 30
62 H.P. PETERSEN, 1969, S. 20
63 H.A. HERRMANN, 1983, S. 27
64 H.P. PETERSEN, 1969, S. 88

Produktionsvolumina fehlen indes gänzlich<65>, um eine nähere Unterscheidung herbeiführen zu können. Auch die aus England stammende Erzeugung von Drainagerohren konnte für einige Ziegeleien (z.B. Groß-Nordsee) festgestellt werden.

Die Gewinnung von Raseneisenerz oder heimischem Moorerz, wie die damalige Bezeichnung lautete<66>, beschränkt sich nur noch auf wenige Fundplätze der Vorgeest mit hohem Grundwasserstand. Die quantitative Bedeutung kann im Zeitalter beginnender Eisenimporte aus England nur mehr gering gewesen sein. Ungeachtet dieser Einschränkung wurden die noch erwähnten Abbauplätze in die Karte aufgenommen, da sie noch die herkömmliche Form der Rohstoffgewinnung für die Carlshütte vor den Toren von Rendsburg repräsentieren. Über die zugehörige Gewinnung von Holzkohlen zur Reduktion der Erze sowie von Torf zum Betreiben der Gebläse liegen keine lokalisierbaren Angaben vor. Bei einzelnen Mooren wird gelegentlich die Gewinnung von Torfkohle aus Stubben erwähnt.

Im Bereich gewerblicher Verarbeitungsstätten sind ebenfalls die vorhandenen Angaben in Signaturen umgesetzt worden, sofern damit eine größere wirtschaftliche Bedeutung verbunden ist und es sich um Produktionsstätten handelt, die außerhalb der Städte und Flecken gelegen sind. Bei den größeren Orten ist - wie unter 3.6. erläutert - eine getrennte Darstellung der Gewerbestruktur auf Beschäftigtenbasis zugrundegelegt worden. Zahlreiche namentliche Eintragungen, z.B. im Umkreis der Kieler Förde, ergänzen die Aussagen durch Signaturen.

Auch die wirtschaftliche Nutzung des Wassers - außer für Mühlen - bedarf noch einer Erwähnung. Alle Seeflächen werden nach festen räumlichen Abgrenzungen und Rechtsansprüchen zur Fischerei - meist in Form von Verpachtungen - genutzt. Die reale wirtschaftliche Bedeutung ist allerdings aus den Quellen nicht oder nur in Einzelfällen erkennbar. So blieb keine andere Möglichkeit, als die Binnenseen, Strandseen oder sonstigen Wasserflächen durch schriftliche Eintragungen entsprechend den Angaben in den Landestopographien zu kennzeichnen. Auch die Lage der bedeutsamen Aalwehre an den größeren fließenden Gewässern ist eingetragen. Die Fischerei in der Ostsee wurde außerhalb der Städte durch entsprechende Signaturen kenntlich gemacht.

Die Erfassung der Teichwirtschaft wirft gewisse Probleme auf. Hier weichen die Angaben in den Topographien von denjenigen der Karten manchmal beträchtlich ab. Ein Hauptgrund dürfte in der häufig wechselnden Nutzung der Niederungen als Teichfläche und als Grünland mit dem Ziel der Nährstoffregeneration gelegen haben. Auch der Anbau von Hafer oder Mengkorn geschieht häufig im Rahmen der Rotation<67>, nachdem der Teich 2-3 Jahre unter Wasser gestanden hat. Im Grunde zeigt sich eine bemerkenswerte Kontinuität der teichwirtschaftlichen Nutzung auf den Gütern bis zur Gegenwart.

Der Badeaufenthalt am Meer beginnt sich im Umkreis der Ostsee sowie im Binnenland am Eutiner See<68> zu entwickeln. In diesem Zusammenhang wurden

---

65 Bei einigen Gutsziegeleien wird die Zahl der jährlich produzierten Ziegel genannt. So stellt z.B. die Gutsziegelei Seegalendorf bei Heiligenhafen (SCHRÖDER/BIERNATZKI, 1855, II, S. 438) 200.000 Mauersteine und 120.000 Drainage-Rohre her.
66 Ch. DEGN, 1960, S. 387
67 E. REVENTLOW-FARVE, 1847, S. 314
68 Das Fürstentum Lübeck ist ein Binnenstaat, dem ein Zugang zur Ostsee im Rahmen der Grenzziehungen versagt blieb.

Badeanstalten mit festen Einrichtungen, sei es als Logierhäuser oder als Institutionen für Anwendungen, von solchen Plätzen unterschieden, die lediglich örtliche Bedeutung hatten und zum Baden in der See aufgesucht wurden. Quantifizierende Angaben über die Zahlen der Besucher fehlen völlig.

Die wirtschaftliche Rolle des Waldes ist auf regionaler Basis ebenso schwer zu erfassen. Zwar fehlt es nicht an Angaben zum forstwirtschaftlichen Inventar und Nutzwert der landesherrlichen Gehölze<69>, aber alle Aussagen beziehen sich auf die amtlichen Oberförster-Distrikte bzw. die Beritte der Hegereiter als nachgeordnete Instanz. Eine Übertragung der Größenwerte auf die einzelnen Waldareale läßt sich auch auf korrelativer Basis nicht herstellen. So muß sich die Karte damit begnügen, das Forst- und Waldwirtschaftsareal aufzuzeigen, landesherrlichen und gutsherrlichen Wald zu unterscheiden und die Lage der Wohnungen von Holzvögten, Forstaufsehern sowie Revierförstern oder ähnlichen Amtspersonen kenntlich zu machen.

Am Beispiel des Waldes zeigt sich, daß viele Merkmale zwar in ihrer Lage und Ausdehnung beurteilt werden können, sich jedoch einer wertbezogenen Klassifizierung und quantitativen Wiedergabe weitgehend entziehen.

---

69 E. REVENTLOW-FARVE, 1847, S. 263-279

4. Leitlinien der schleswig-holsteinischen Wirtschaftsentwicklung des 19. Jahrhunderts

Der Erläuterung der sektoralen und regionalen Wirtschaftsstrukturen, wie sie auf der Karte dargestellt sind, soll ein Kapitel vorgeschaltet werden, das sich mit einigen grundlegenden Fakten und Entwicklungen des Wirtschaftslebens bis zur Mitte des 19. Jahrhunderts befaßt. Eine solche Erörterung erweist sich als erforderlich, da viele Eigenarten der ökonomischen Situation nur auf dem Hintergrund der allgemeinen Entwicklungsbedingungen und obrigkeitlichen Vielgestaltigkeit Schleswig-Holsteins einzuordnen sind.

4.1. DIE HERZOGTÜMER IM POLITISCHEN SPANNUNGSFELD DES 19. JAHRHUNDERTS

Der Zeitpunkt der kartographischen Erfassung bedeutet für die Wirtschaftsentwicklung Schleswig-Holsteins keinen Einschnitt, der durch tiefgreifende Umbrüche der bestehenden Produktionsbedingungen oder die sprunghafte Ausweitung neuartiger Wirtschaftszweige gekennzeichnet ist. Bezeichnender für die nordelbischen Lande ist ein Festhalten an bewährten Erzeugungs- und Absatzformen, die in den vorausgehenden Jahrzehnten entwickelt worden sind und auch in der Mitte des 19. Jahrhunderts noch ihre Existenz- und Marktfähigkeit unter Beweis stellen. Vor allem der ländliche Wirtschaftsraum ist durch früh und weitsichtig eingeleitete Agrarreformen im 18. Jahrhundert<70> allgemein auf einen Entwicklungsstand gebracht worden, der lange Zeit eine feste materielle Basis gewährleistete und das Entstehen sozialer Unruheherde vermied.

Wenngleich vielseitige neue Entwicklungen in den verschiedensten Wirtschaftssparten nicht zu übersehen sind, so ist die erste Hälfte des 19. Jahrhunderts noch weitgehend vom Abschlußzustand der landwirtschaftlichen Reformzeit geprägt, die große Veränderungen in der Betriebsgestaltung, Agrarverfassung und in den persönlichen Rechten der ländlichen Arbeitsbevölkerung gebracht hatte. Neue produktionsfördernde Maßnahmen und aufwandsparende Verbesserungen wurden sukzessiv in die Organisation der Unternehmen und der Bodennutzung aufgenommen. Sie führten aber nicht zu einer grundsätzlichen Umkehrung im Betriebssystem und in der Beschäftigungssituation. Das industrielle Fertigungsprinzip beginnt sich nur an wenigen Plätzen mit unternehmerischem Geist und mit entsprechender Kapitaldecke durchzusetzen. Insgesamt haben die ersten Jahrzehnte des 19. Jahrhunderts für die Gebiete nördlich der Elbe eher rezessiven als progressiven Wirtschaftscharakter.

Politisch gesehen ist die Mitte des 19. Jahrhunderts für die Herzogtümer eine unruhige Zeit. Allgemein wird dieser Abschnitt als die Phase der schleswig-holsteinischen Erhebung<71> bezeichnet, in der die Auseinandersetzungen um die verfassungsrechtlichen Grundlagen der Herzogtümer, verstärkt durch die allgemeinen Unruhen der europäischen Revolution von 1848, zu militärischen Auseinandersetzungen zwischen Schleswig-Holstein-Lauenburg und Dänemark geführt haben. Erst durch die Abmachungen des Londoner Protokolls von 1852<72> wurde die strittige Frage der Thronfolge durch die Großmächte geregelt und die Erhaltung der gesamtstaatlichen Souveränität außenpolitisch noch einmal hergestellt.

---

70 W. PRANGE (1971) hat den Anfängen der großen Agrarreformen bis 1771 eine umfangreiche Monographie gewidmet.
71 O. BRANDT, 1949, S. 172
72 A. SCHARFF, 1982, S. 66

Schon die napoleonische Zeit hatte für Dänemark wie die Herzogtümer große politische Ungewißheit und wirtschaftliche Not mit sich gebracht. Da Dänemark bis zum Schluß auf französischer Seite verblieb und seit 1798 die alte Bernstorffsche Neutralitätspolitik aufgegeben hatte, geriet es in zunehmendem Maß in Kontroversen mit England. 1807 erfolgte der englische Überfall auf Kopenhagen, der mit dem Raub der Flotte[73] und einer Blockade endete. Später wurden die Häfen Schleswig-Holsteins in die Kontinentalsperre einbezogen. Da die Franzosen die Hansestädte besetzt hielten, war der Handel mit den traditionellen Partnern im Süden unterbunden.

Einquartierungen von Russen und Schweden, vor allem aber der Staatsbankrott mit seinem totalen finanziellen Zusammenbruch[74] stürzten den dänischen Staat in eine schwere und lang nachwirkende Krise. Der Verlust Norwegens konnte weder psychologisch noch materiell durch den Gewinn des Herzogtums Lauenburg ausgeglichen werden. Der Verfall der Währung, die Festsetzung neuer amtlicher Notierungen, die Schaffung eines neuen zentralistisch geordneten Geldsystems und vor allem die Verfügung des Staates, für den Reichsbankfond sechs Prozent vom Wert alles unbeweglichen Eigentums von jedermann einzufordern[75], führten zu schweren Belastungen für alle Grund- und Gebäudebesitzer.

Die Verarmung der ländlichen Unterschichten und das Fehlen wirtschaftlicher Investitionen in den Städten - nicht zuletzt als Folge des Kaufkraftschwundes auf dem Lande - sind beherrschende Themen in den ersten Jahrzehnten. Dazu treten viele Konkurse bei den landwirtschaftlichen Betrieben, die vor allem die adligen Güter und die großen Pachthöfe erfassen. Bei den Gütern wird sich zeigen (Kap. 5.1.), daß viele ehedem größere Unternehmen durch Verkauf zerfallen oder den Besitzer wechseln, so daß vor allem der finanzkräftige Kaufmannsstand aus den Hansestädten und aus Altona vordringen kann. Die Jahre des Zusammenbruchs brachten manchen an den Bettelstab und machten Spekulanten zu reichen Leuten. Als darüber hinaus 1814[76] die britische Kornbill die Ausfuhrkontingente an Getreide drastisch reduzierte, war eine Umstellung der Agrarproduktion auf viehwirtschaftliche Veredlungsprodukte unerläßlich.

Die Jahrzehnte vor der schleswig-holsteinischen Erhebung sind hauptsächlich durch Verfassungsfragen und das Ringen um gesetzliche Kompetenzen sowie um Wahlmodalitäten für die Ständeversammlungen gekennzeichnet. Auch Sprach- und Kulturfragen im Schul- und Kirchenbereich nehmen einen breiten Raum ein. Wirtschaftliche Entwicklungen treten in der Diskussion in den Hintergrund, seit 1805 per Dekret als letztes Relikt des feudalen Absolutismus die Leibeigenschaft und der Dienstzwang aufgehoben wurden.

Als natürliche Folge der politischen und finanziellen Wirren ist im bäuerlichen Lebensbereich und auch beim Adel ein starkes Festhalten am ländlichen Besitz sowie ein Verharren in den traditionellen Lebens- und Wirtschaftsordnungen kennzeichnend. Mit vielen Mitteln versucht der Gesetzgeber, dem verschuldeten Staat neue Einnahmen zuzuführen. Ein solches Beispiel stellt die 1839 in Kraft getretene Zollverordnung dar, welche die Zollfreiheiten einzelner Distrikte - so der Gutsdistrikte und Dithmarschens - sowie privilegierter Korporationen und

---

73 Ch. DEGN, 1960, S. 306
74 Die Staatsschuld betrug 1/3 vom Wert alles unbeweglichen Eigentums im gesamten Staat nach einer 1802 erfolgten Taxation (J. GREVE, 1844, S. 378).
75 O. BRANDT, 1949, S. 156
76 Ch. DEGN, 1960, S. 389

Personenkreise<77> definitiv aufhob. Der Entzug der bisherigen Sonderstellung vollzog sich allerdings auf Entschädigungsbasis.

Detaillierte Aussagen über das Ausmaß der Staatsschulden und die daraus sich ergebenden Steuerbelastungen für das Jahr 1842 können den auf amtlichen Quellen fußenden Angaben von J. GREVE<78> entnommen werden. Danach betrug die dänische Staatsschuld zu Beginn des Jahres 1843 114 Mio. Reichsbanktaler, davon 43 % auf Anleihen im Ausland entfallend.

So mußten jährlich 5,1 Mio. Reichsbanktaler, d.h. etwa 30 % aller staatlichen Einkünfte, zur Begleichung aufgewendet werden. Auf Verzinsung entfielen dabei etwa 80 %, auf Tilgung 20 % der Zahlungen. Zum gesamten Steueraufkommen der Monarchie trugen die Herzogtümer Holstein und Schleswig 1842 etwa 33 % bei. Auf die dänischen Provinzen entfielen 49 %. Der Rest wurde von Einnahmen aus dem Sundzoll, dem Post- und Kanalwesen sowie von Zinsen aus dem Reservefond gebildet. Die größten Anteile in der Zusammensetzung der Steuern lieferten in den Herzogtümern die Kontribution<79>, die Landsteuer und die Kopfsteuer. Während die Kontribution alt war, wurde die Landsteuer 1802 erlassen und nach dem Taxationswert des Landes auf jährliche Beträge von 1-6 Schilling je Tonne festgesetzt. Hinzu trat ohne Berücksichtigung der natürlichen Bodenfruchtbarkeit noch einmal eine Benutzungssteuer von 3 Schilling je Tonne auf alle landwirtschaftlichen Nutzflächen<80>.

Im Gegensatz zu Preußen, wo der Gewinn der erz- und kohlereichen Westprovinzen einen gewaltigen wirtschaftlichen Aufschwung eingeleitet hatte, blieben Schleswig-Holstein und Dänemark als Verlierer im nachnapoleonischen Europa hinter den raschen Veränderungen im europäischen Wirtschaftsraum zurück. Die Wirtschaftsentwicklung war durch Finanznot, Steuerdruck und Handelserschwernisse lange Zeit stark behindert und vermochte sich nur punktuell und innerhalb der vorgezeichneten Grenzen weiter zu festigen.

So geben die Volkszählungen von 1840 und 1845 zu erkennen, daß noch etwa drei Viertel aller Personen in den 3 Herzogtümern auf dem Lande lebten und im wesentlichen ihren Unterhalt durch Bewirtschaftung des Bodens bestritten. Die Zahl der Tagelöhner ohne eigenen Landbesitz war in den Herzogtümern erheblich höher als im Königreich, wo die bodenbesitzende bäuerliche Schicht im Vergleich zu den Tagelöhnern einen höheren Anteil umfaßte<81>.

Hinter diesen äußeren Bedingungen sind jedoch bemerkenswerte Entwicklungen feststellbar, die sowohl das bäuerliche Leben auf dem Lande wie die gewerbliche Struktur der Städte betreffen.

Auf dem Lande sind Fortschritte in der Bewirtschaftung und Produktivität unverkennbar. Zur Verbreitung besserer Kenntnisse in der Landwirtschaft hat die öffentliche Aufklärung und Bildung einen entscheidenden Beitrag geleistet. Vorrei-

---

77 J. GREVE, 1844, S. 389
78 Gemeint ist die veröffentlichte Rechnungs-Übersicht der Finanz-Deputation in
   J. GREVE, 1844, S. 56-58.
79 Für deren Festlegung nach wie vor die Pflugzahl galt.
80 J. GREVE, 1844, S. 353
81 Die Zählung von 1845 ermittelte für die 3 Herzogtümer einen Tagelöhneranteil von 28,3 %. Der weitaus größte Teil dieses Gesamtwertes entfiel auf landwirtschaftliche Tätigkeit (Statistisches Tabellenwerk, 1846, S. XIII).

ter dieser Förderung der Kenntnisse der Landbewirtschaftung waren das schon 1738 gegründete Ökonomie-Kollegium in Bredstedt, die 1762 von Probst Lüders ins Leben gerufene Ackerakademie Glücksburg und die ökonomische Lesegesellschaft in Cismar gewesen, die lehrreiche Schriften zur Landbewirtschaftung an Bauern verlieh<82>.

Aus diesen Vorreitern für die Verbreitung der Kenntnisse von der rationellen Landwirtschaft gingen in der ersten Hälfte des 19. Jahrhunderts die Gründungen von landwirtschaftlichen Vereinen hervor, so des Wagrischen landwirtschaftlichen Vereins (seit 1828), des Landwirtschaftlichen Vereins am Schleswig-Holsteinischen Kanal (seit 1828) und des Segeberger Landwirtschaftlichen Vereins (seit 1831). Gemeinsam gaben diese Vereine seit 1830 unter der Redaktion des Herrn von Neergaard (Kiel) "Landwirtschaftliche Hefte für die Herzogtümer Schleswig und Holstein" heraus, die zahlreiche Beiträge aus kompetenter Feder zur Verbesserung und Ertragssteigerung der Landwirtschaft enthielten<83>.

Als in den dreißiger Jahren die Produkt- und Landpreise wieder anzogen, erwies sich die Landwirtschaft erneut als tragende Säule des Wirtschaftslebens in den Herzogtümern. Nach England konnte wieder zu guten Preisen Korn ausgeführt werden, und mit der Aufhebung der Einfuhrzölle auf Agrarprodukte setzte auch der Schlachtviehversand von Tönning aus ein. "Bald wurden von Tönning aus jährlich bis zu 50.000 Rinder nach englischen Häfen verschifft. Die Gräserei wurde ein einträgliches Geschäft und damit auf der Geest die Magerviehaufzucht. An der Ostküste hatte sich die Milchwirtschaft entsprechend günstig entwickelt"<84>.

Der Versand von Tönning aus hatte 1846 eingesetzt und umfaßte zunächst nur 910 Fettochsen. Dieser Exportmenge stand noch die Monopolstellung von Hamburg und Altona gegenüber, die etwa 9000 Ochsen in traditioneller Weise versandten<85>. Bereits 1852 gingen von Tönning aus "19.500 Stück Ochsen und 13.600 Stück Schafe" auf die Britischen Inseln<86>.

Etwa 53 % des Exportwertes für landwirtschaftliche Güter aus dem Herzogtum Holstein entfiel 1852 auf Hamburg. Altona und Wandsbek folgten mit 19 %. England als drittgrößter Handelspartner Holsteins vereinigte etwa 11 % auf sich. Mit weitem Abstand folgen Holland mit Belgien sowie Lübeck, wie SCHRÖDER/BIERNATZKI bemerken<87>.

Abschließend ist festzustellen, daß das Tauziehen um die politische Macht den Herzogtümern das ererbte Spektrum ihrer territorialen Vielfalt und damit auch ihrer räumlich-individuellen Wirtschaftsentwicklung bewahrt hat. Die vorschreitende statistische Erfassung personeller und materieller Erscheinungen sowie die regionale Beschreibung in den Landestopographien liefern die Grundlage dafür, daß ein flächenhaftes Bild der wirtschaftlichen Differenzierung um die Jahrhundertmitte nachgezeichnet werden kann. Die frühe Entwicklung der Statistik und der ökonomischen Klassifikation zu Steuerzwecken müssen als Vorteil für die Realisierung eines wissenschaftlichen Vorhabens regionalbezogener Art aufgefaßt werden.

---

82 Th. THYSSEN, 1958, S. 19
83 ders., S. 23
84 ders., S. 18
85 E. v. REVENTLOW-FARVE, 1847, S. 287
86 J. v. SCHRÖDER, 1854, S. XXXIV
87 SCHRÖDER/BIERNATZKI, 1855, I, S. 52

4.2. DIE WIRTSCHAFTSENTWICKLUNG DER ADLIGEN GÜTERBEZIRKE

Untrennbar mit den politischen und wirtschaftlichen Geschicken des Landes verbunden sind Entstehung und Entwicklung der adligen Güter. Der Landbesitz stellt nicht allein den ökonomischen Rückhalt des Adels dar, um ein standesgemäßes Leben führen zu können, er ist ebenso ein Areal rechtlicher Privilegien, die in bestimmter Form Art und Erfolg der wirtschaftlichen Tätigkeit lenken. Jeder Gutsbetrieb bildet einen in sich geschlossenen ökonomischen Organismus, einen oikos im originären Sinne von Max WEBER[88] mit den ihm eigenen Merkmalen autonomen und autokephalen Handelns.

Weit entfernt davon, nur eine Stätte materiellen Schaffens zu sein, ist die klassische Gutswirtschaft in Schleswig-Holstein auch im umfassenderen Sinn zur Grundlage für die Entfaltung einer spezifischen ländlichen Adelskultur geworden, die in den mittleren Jahrzehnten des 18. Jahrhunderts in höchster Blüte stand. Auf die alte Gutswirtschaft in unserem Lande trifft zu, das Jacob BURCKHARDT[89] in seinen weltgeschichtlichen Betrachtungen dahingehend beschrieben hat, daß das wirtschaftliche Schaffen des Menschen zur Geschichtspotenz der Kultur zähle, deren äußere Gesamtform die Gesellschaft darstelle[90].

Bezeichnend wird für das adlige Gut nördlich der Elbe, daß Herrenhaus und Wirtschaftsgebäude nicht räumlich getrennt, sondern in eine architektonische Gesamtheit eingebunden sind, in der die innige Verbindung von Landschaft, praktischen Wirtschaftserfordernissen, Gartenkunst sowie Wohn- und Repräsentationsansprüchen[91] eine einzigartige Wirkung entfaltet. Noch heute kündet manches Beispiel von dieser Symbiose früherer Lebens-, Kunst- und Wirtschaftsformen im Herrschaftsbereich des alten Adels.

Die Wirtschaftsentwicklung der Güter ist zwischen der Mitte des 18. und 19. Jahrhunderts von starken Veränderungen geprägt. Neue Formen der Landbewirtschaftung tragen dazu ebenso bei wie eine völlige Neuorganisation der Arbeitsverfassung. Die vorher von gutsuntertänigen Bauern geleisteten Arbeiten und Dienste werden nunmehr im Lohnarbeitsverfahren an Insten und Kätner vergeben. Dazu tritt ein breites Spektrum qualifizierter Arbeitskräfte, vor allem im Tätigkeitsfeld der Meiereiwirtschaft. Arbeitszerlegung und räumliche Trennung spezifischer Aufgabenbereiche vermittels der Gründung von Meierhöfen beginnen eine wachsende Rolle zu spielen. Nachfolgend sollen einige bedeutsame Stationen und Erscheinungen im Wirtschaftsleben der Güter nachgezeichnet werden, um den in der Mitte des 19. Jahrhunderts erreichten Entwicklungsstand verstehen und einordnen zu können.

Der Aufstieg des schleswig-holsteinischen Adels zur Feudalaristokratie hatte sich verstärkt durchgesetzt, als das oldenburgische Fürstenhaus zur Herrschaft auf den dänischen Thron gelangt war und der Vertrag von RIPEN (1460)[92] eine Reihe von Privilegien festgelegt hatte, die fortan zu einem langwährenden Ringen zwischen Adel und Landesherrn führten.

---

88 M. WEBER, 1972^5, S. 54
89 J. BURCKHARDT, o.J., Kap. II: Von den drei Potenzen, Abschn. 3: Die Kultur, S. 86-88
90 vgl. W. ZORN, 1967, S. 25
91 P. HIRSCHFELD, 1974^4, S. 1
92 unter Einschluß der wenig später in Kiel geschlossenen sog. tapferen Verbesserung (vgl. J. GREVE, 1844, S. 191).

Die Reformationszeit bringt der Ritterschaft als Standesvertretung und somit der Ausübung von Gutsherrschaft erneuten Machtzuwachs. Dazu trägt maßgeblich das Privileg von 1524 bei<93>, das nunmehr dem Adel urkundlich das Recht der Gerichtsbarkeit über die bäuerlichen Hintersassen überträgt. Die bäuerliche Schicht außerhalb der Ämter wird damit dem staatlichen Rechtsschutz entzogen, so daß sich in den folgenden beiden Jahrhunderten daraus die echte Gutsherrschaft entwickeln kann, die von der Grundherrschaft und der sich bildenden Leibeigenschaft bestimmt ist. Für die Wirtschaftsstruktur bedeutsam ist, daß Ausweitungen der Hoffelder durch sog. Bauernlegen gestattet und Zollfreiheiten für Ein- und Ausfuhren garantiert wurden.

Die zweite Ursache der Machterweiterung zeigt sich in den Grenzgebieten zum Landbesitz der Klöster und Stiftungen. Nicht allein den Gottorfer Herzögen gelingt es im 16. Jahrhundert, sich klösterlichen Besitz durch Säkularisation zu eigen zu machen (Amt Bordesholm, Amt Cismar), sondern auch der Adel versucht, Klostergut zu erwerben. Dies geschieht allerdings auf Kaufbasis, da die Konvente und Klöster Geld benötigen, um ihre schwindenden politischen Interessen materiell vertreten zu können.

W. PRANGE<94> hat den mehrfachen Übergang von früherem Kloster- und Kirchenbesitz an Landesherrschaft und Adel in der ersten Hälfte des 16. Jahrhunderts näher untersucht. Danach ist der Säkularisationsgewinn durch den Adel in Schleswig größer als in Holstein gewesen. In Holstein fielen vom Kloster Reinfeld 63 Bauern, vom Kloster Bordesholm 56 und vom Kloster Cismar 44 Bauern mit ihrem Hufenland an den Adel. Die übrigen Besitzwechsel, so der Klöster Uetersen, Ahrensbök und Segeberg, umfassen kleinere Kontingente mit Werten zwischen 26 und 18 Hufenstellen. Vom gesamten Säkularisationsgewinn in den Herzogtümern sind aber mehr als vier Fünftel der Landesherrschaft zugefallen.

Einzig die Nonnenklöster, die mit den Töchtern des Adels als Konventualinnen besetzt waren und die Ritterschaft als Schutzherrn besaßen, behielten ihren Grundbesitz und existierten als reformierte Klöster - in Holstein Itzehoe, Preetz und Uetersen, in Schleswig St. Johannis vor Schleswig - bis in die Zeit der preußischen Verwaltungsreform. Das adlige Gut Bothkamp ist der bekannteste Fall der Ausweitung der Gutsherrschaft durch "wohlfeilen und großartigen Gütererwerb"<95>.

Sieht man von einigen frühen Reformen auf privater Grundlage im Herzogtum Schleswig ab<96>, so entfallen alle entscheidenden Maßnahmen zur Neugestaltung von Gutswirtschaft und Adelsprivilegien in das gesamtstaatliche Jahrhundert, das politisch entscheidend durch die beiden BERNSTORFFs geprägt wurde.

In der zweiten Hälfte des 18. Jahrhunderts werden wegweisende Reformen durchgesetzt, die vom Geist der Aufklärung und des Humanismus getragen sind, aber auch den Aspekt ökonomischen Pragmatismus' und die ausländischen Erfahrungen der Ertragssteigerung und der physiokratischen Wirtschaftsdoktrin - wie sie A.R. TURGOT (1727-1781) in ihrer Bedeutung für die französischen Staatsfinanzen aufgezeigt hatte - berücksichtigen.

---

93 A. SCHARFF, 1982, S. 44
94 W. PRANGE, 1983, S. 71
95 SCHRÖDER/BIERNATZKI, 1855, Bd. 1, S. 19
96 A. SCHARFF, 1982, S. 51

Generell kann man sagen, daß sich das offizielle Dänemark damals sehr empfänglich gezeigt hat für die Lehre vom aufgeklärten Absolutismus und von der physiokratischen Staatsauffassung im Sinne von François QUESNAY (1694-1774)<97>. Danach ließen sich Macht und Ansehen eines Staatswesens letztlich auf die Nutzung natürlicher Ressourcen, vor allem von Bodenschätzen und Agrarproduktion, zurückleiten. Der Produktionsfaktor Boden besaß die natürliche Kraft jährlicher Regeneration, sofern ihm Pflege und rationelle Bewirtschaftung unter Beachtung der TURGOT'schen Ertragsgesetze zuteil wurden.

Dieses Gedanken- und Erfahrungsgut fällt in Dänemark auf fruchtbaren Boden und wird von A.P. BERNSTORFF<98> ebenso zur Höherentwicklung des allgemeinen Lebensstandards wie auch zu einer Reformierung der gutsherrschaftlichen Abhängigkeitsverhältnisse genutzt. Auf diese Weise werden die Güter allmählich gezwungen, ihre Produktionsstruktur und Regelung der Arbeitsverhältnisse den gewandelten gesetzlichen Grundlagen anzupassen. Die erste Berührung BERNSTORFFs mit fortschrittlicher Landwirtschaft war in Norfolk im Rahmen seiner Kavalierstour erfolgt, daneben war er in der Schweiz dem aufgeschlossenen Geist freier Bauern und des städtischen Bürgertums begegnet<99>. Auch die frühen Reformen von Hans RANTZAU auf Ascheberg dürften wesentlich durch seinen Aufenthalt als dänischer Gesandter am englischen Hof (1731/32) angeregt und gesteuert worden sein<100>. Schließlich blieb die allgemeine Entwicklung im Königreich und die höhere Aufgeschlossenheit der Gutsbesitzer in Schleswig nicht ohne Einfluß auf die Bereitschaft zu Veränderungen in Holstein.

Innerhalb der weitgefächerten Maßnahmen, die unter dem Sammelbegriff der Agrarreformen in der Regel zusammengefaßt werden, sind diejenigen zu unterscheiden, die die bäuerliche Wirtschaft in den königlichen Amtsbezirken und Landschaften betreffen und solche, die im Bereich der Güter mit ihren angestammten Privilegien wirksam werden. Die Reformen im landesherrlichen Bauernland greifen nicht automatisch auf das gutsuntertänige Bauerntum über, sondern bedürfen der gesetzlichen Anordnung zur Aufhebung der Leibeigenschaft (1805) und Neuordnung der Arbeitsverfassung. Auch um die Mitte des 19. Jahrhunderts sind die Unterschiede in beiden bäuerlichen Lebensbereichen trotz der inneren Reformen noch sehr ausgeprägt.

Was die Güter betrifft, so sind die Verkoppelung der bäuerlichen Fluren und die Aufhebung der Leibeigenschaft der Anlaß zu tiefgreifenden betrieblichen Umstellungen geworden. Die dörfliche Gemeinschaft blieb in Holstein und in Schleswig gewahrt und wurde nicht - wie im Königreich Dänemark - durch einen Spezialfond dazu ermuntert, sich aus dem alten Siedlungsverband zu lösen und einer Vereinödung auf arrondierter Flur zuzustimmen<101>.

Die Einkoppelung auf den Gutsdörfern vollzog sich meist erst später als auf den Domänen und in den Amtsbezirken. Zu stark waren die Widerstände und Vorbe-

---

97 Hofarzt Ludwigs XVI. und Entdecker des menschlichen Blutkreislaufs, der aus seiner medizinischen Anschauung das erste Modell eines volkswirtschaftlichen Kreislaufs ableitete.
98 1773-1780 und 1784-1797 dänischer Außenminister und Leiter der Deutschen Kanzlei
99 Ch. DEGN, 1960, S. 166
100 W. PRANGE, 1971, S. 205
101 Ch. DEGN, 1960, S. 241

halte der Gutsherren, die vor allem um den Verlust ihrer Arbeitskräfte fürchteten. Wahrscheinlich haben erst die blutigen Unruhen in Frankreich letztlich die Zustimmung zur Auflösung von Schollenband und tradierter Gerichtsbarkeit gegeben.

Die leibeigene Bevölkerung eines Gutes bildete nach Meinung von G. HANSSEN<102> ursprünglich 3 Klassen, nämlich Hufner, Insten und Gesinde. Die Hufner, zu denen auch die spannfähigen Halb- und Viertelhufner gerechnet wurden, besaßen die Nutznießung der bäuerlichen Landstellen des Gutes, allerdings unter der Bedingung, daß Hofdienste auf dem Hofland des Gutes geleistet sowie bestimmte Naturallieferungen und Geldabgaben erbracht wurden. Es existierte kein Eigentumsrecht an den Hufen, die Bauern waren keine Zeitpächter im Rahmen von Verträgen, sondern nur "Wirte bis weiter". Unfähige oder abgesetzte Hufner<103> wurden zu Insten degradiert. Eine gewisse Art von Erbfolge war allerdings üblich geworden, indem der älteste Sohn des Hufners oder ein männlicher Verwandter die Bewirtschaftung übernahm.

Der Hufner und seine Frau waren nicht persönlich dienstpflichtig, sondern es konnte in den meisten Fällen auch Gesinde delegiert werden. Ein gesetzliches Maximum der Belastung durch Dienste und Fronden existierte nicht, so daß die Bewirtschaftung des eigenen Hufenlandes unter diesen Bedingungen extrem litt. "Auf den meisten Gütern mußte der Vollhufner täglich in der Woche 8 Pferde nebst 5 Leuten im Sommer und 4 Leuten im Winter (der Halbhufner 4 Pferde und 3 Leute) zur Disposition des Hofes für die Feldarbeiten, für Holz-, Korn-, Dünger-, Reisefuhren usw. stellen, in der Erntezeit auch noch mit extraordinärer Arbeits- und Spannkraft aushelfen"<104>. In der Regel bestand das Gespann aus 4 Pferden und bedurfte des Führers und des Antreibers.

Die Insten als ebenfalls leibeigene Familien waren in gutseigenen Katen untergebracht und hatten keinen Anteil am Hufenland. Sie ergänzten sich aus den Knechten und Mägden und erhielten oftmals erst sehr spät die gutsherrliche Heiratslizenz. Die Erlaubnis von Heiraten wurde generell flexibel gehandhabt, um über die Zahl der Kinder, die schon im frühen Alter zur Arbeit herangezogen wurden und das Gesinde bildeten, die Versorgung des Gutsbetriebes mit heranwachsenden Arbeitskräften zu gewährleisten<105>.

Die gesetzliche Aufhebung der Leibeigenschaft, sofern nicht in der achtjährigen Übergangszeit von 1797-1805 schon geschehen, leitete eine ganze Abfolge tiefgreifender Veränderungen in der Bewirtschaftung der Güter und des gutsherrlichen Bauernlandes ein. Dieser Zustand der nunmehrigen getrennten ökonomischen Entwicklung in beiden Wirtschaftsbereichen ist in die Darstellung der Karte eingegangen und bedarf hinsichtlich der entscheidenden Veränderungen noch einiger Erklärungen.

Die bislang im Gemengeverband liegenden Gemarkungsteile, die unter Flurzwang höchst unvollkommen bewirtschaftet wurden, erfahren im Zusammenhang mit der Beseitigung der Leibeigenschaft eine vollkommen neue Aufteilung und Bearbeitungsmöglichkeit. Vorher bestanden die Ländereien einer Feldmark aus 6-8 Koppeln und wurden unter schlagmäßiger Feldgraswirtschaft im Zelgensystem gehal-

---

102 G. HANSSEN, 1861, S. 17
103 ders., S. 18
104 ders., S. 19
105 G. HANSSEN, 1861, S. 21 und H. DRÄGER, 1927, S. 26

ten<106>. Dabei konnte es geschehen, daß die Betriebsfläche eines Vollhufners über 100-150 Stellen in sämtlichen Koppeln verteilt war.

Dieser unrationellen Bewirtschaftungsmöglichkeit, die zudem unter den Dienstpflichten auf dem Hofland extrem litt, machte die Einkoppelung<107> ein Ende. Eine Arrondierung der Betriebsflächen wurde vorgenommen, eine möglichst gleichmäßige Größenstruktur der einzelnen Hufenparzellen herbeigeführt und die generelle Einhegung der Flur und der Wege durch Knick und Redder behördlich angeordnet<108>. Betriebswirtschaftlich konnte damit hier ebenso die bäuerliche Koppelwirtschaft Einzug halten, wie dies in den königlichen Amtsbezirken geschehen war. Das Prinzip der Individualwirtschaft mit freier Verfügung über Arbeitskraft und Betriebsmittel, nicht jedoch über Grund und Boden, begann auch in den Güterdistrikten des holsteinischen Ostens Fuß zu fassen.

Am Anfang stand die Vermessung des alten Hufenlandes, die Kodifizierung der Ergebnisse in Erdbüchern und eine möglichst gleichmäßige Verteilung des Hufenlandes. Obgleich die Verhältnisse von Gut zu Gut stark abwichen, gewannen die nunmehrigen Hufenländereien in der Regel an Land dazu, da die sog. Gemeinheiten, d.h. die früheren Allmenden, in die Aufteilung einbezogen wurden. G. HANSSEN<109> nennt als unteres Maß 50-60 Tonnen, als häufigste Dimension aber 70-80 Tonnen à 240 Quadratruten, was im letzten Fall einer Fläche von etwa 40 ha entspricht.

Im Gegensatz zu Preußen, wo diese Schutzbestimmung nicht bestand, hat der Hufner für die Arrondierung nicht zu zahlen, weder in Geld, noch in Land<110>. Das alte Besitzgefüge bis hinab zum Viertelhufner bleibt in den Dörfern unangetastet. Die Insten, auf die sich jetzt das Potential der Arbeitskräfte der Güter zu stützen hat, werden nunmehr im Gegensatz zu vorher vielfach mit Pachtland bedacht.

Die sog. Landinsten erhalten auf den Gütern<111> Kate und Garten im Dorf, dazu außerhalb des Dorfes zu einem geschlossenen Komplex vereinigt jeweils 6-10 Morgen Ackerland (1,5-2,5 ha). Diese Stellen werden unter der Bedingung vergeben, daß sich der Inste regelmäßig mit Ausnahme von Sonn- und Festtagen sowie seine Frau zu bestimmten Zeiten gegen festabgemachte Lohnsätze auf den Gutshof zur Arbeit begeben. Hausinsten und Kuhinsten bilden eine weitere Variante innerhalb der sich bildenden Lohnarbeiterschicht, die in Katenkolonien außerhalb der Güter angesiedelt wird. Die Ziegeleien der Güter liefern zum Bau der Wohnstätten die notwendigen Mauersteine. Die Initialen des Grundherrn dokumentieren an jeder Kate das Pachtverhältnis. Ziegeleien und sog. Lange Reihen als Bezeichnung für Katenkolonien sind in der Karte verzeichnet, soweit die Quellen Hinweise darauf liefern<112> und die Darstellung technisch möglich war.

---

106 G. HANSSEN, 1861, S. 70
107 Im Königreich Hannover Verkoppelung, in Preußen Separation, in anderen deutschen Ländern Konsolidation oder Kommassation genannt.
108 vgl. G. MARQUARDT, 1950, zur Entstehung der Knicklandschaft
109 G. HANSSEN, 1861, S. 78/79
110 Eine für die Herzogtümer sehr weitsichtige Schutzbestimmung, da sie eine Verarmung der Gutsbauern und eine Ausweitung der Gutsflächen zu echten Latifundialbetrieben verhütet hat.
111 H. DRÄGER, 1927, S. 26
112 Die Darstellung der Katenkolonien mußte aus Platzgründen verschiedentlich entfallen bzw. generalisiert werden.

Die frühere Regelung der Hofdienste bei den Hufnern entfällt. Der Gutsbetrieb behält allerdings sein Hofland weiterhin in Besitz und schreitet nicht, wie dies in Schleswig vielfach geschieht, zu einer Parzellierung und Vergabe in Erbpacht bzw. Eigentum. Wahrscheinlich im Hinblick auf den Verfall der Währung und aus der Befürchtung heraus, den Hufner wirtschaftlich zu überfordern, entschließt sich der größte Teil der Angehörigen der Ritterschaft nicht zum Verkauf oder zur Vererbpachtung des dörflichen Hufenlandes.

Grundlage des Kontraktes ist die Überführung des Hufenlandes in ein Zeitpachtverhältnis. Auch die Zeitpacht bleibt für den Grundherrn ein Risiko, da er als Rest aus den früheren Verpflichtungen der Konservation noch die Pflicht der Altenversorgung für ausscheidende Hufner behält, auch für solche, die er selbst entläßt. Hofdienste, sofern sie noch bestehen bleiben, bedürfen eines Kontraktes und unterliegen den Prinzipien der Angemessenheit. Armenpflege und Schulwesen liegen in der Hand des Gutsbesitzers. Die patrimoniale Gerichtsbarkeit bleibt dem Gutsherrn zwar erhalten, aber er muß sie durch eine amtliche Rechtsperson ausüben lassen. Das zentrale Element der neuen Gutsverfassung ist die Umwandlung alter Privilegien an Boden und Personen in nunmehrige Geldleistungen[113], die durch Pacht abgegolten werden. Dabei hat die Pacht den Vorteil, daß die Sätze dem Kurs der Währung angepaßt werden können und daraus langfristige Einnahmen für den Bodeneigner erwachsen. Georg HANSSEN[114], der wohl profundeste Kenner der schleswig-holsteinischen Landwirtschaft im 19. Jahrhundert, betont, daß ein Jahressatz von etwa 150-200 Reichsbanktalern je Hufe von 60-70 Tonnen (30-35 ha) als angemessen und nicht drückend zu gelten hat. Der Betrag brauchte meist nicht zu einem einzigen Termin gezahlt zu werden.

Ebenso bedeutsam wie die Veränderungen im Bereich der bäuerlichen Wirtschaftsflächen sind die Umstellungen bei den Gutsbetrieben selbst. Diese hatten sich schon über viele Jahrzehnte hinweg - unter Ausnutzung ihrer obrigkeitlichen Rechte hinsichtlich des Einsatzes billiger Arbeitskraft - der Marktproduktion und betrieblichen Neugestaltung zugewandt.

Zentrales Element der Gutswirtschaft ist das Hofland, dessen Entstehung von Fall zu Fall verschieden ist, vielfach aber auf niedergelegtes bäuerliches Hufenland zurückgeht. Dieses Hofland bedarf einer gewissen Größenausdehnung, um darauf eine Unterteilung in meist 11 Schläge vorzunehmen, die teils als Ackerfläche, teils als Grünland in einer festliegenden Rotation nacheinander genutzt werden. Auf die Phase des Grünlands folgt immer die Einsaat des anspruchsvollsten Getreides, z.B. von Weizen oder Gerste, um die Nährstoffvorräte im Boden optimal zu nutzen. Auf den Weiden wird Sommergräsung mit Milchkühen durchgeführt, deren Milchertrag zu Butter und Käse verarbeitet wird. Auch Rapsbau tritt im Osten auf.

Dieses Meiereiwesen (vgl. Abb. 3), das schon in der Mitte des 18. Jahrhunderts den Gütern zu Wohlstand verholfen hat, geht auf die Einstellung holländischer Pächter zurück, die Viehstapel und Milchverarbeitung pachteten und damit das sog. Holländereiwesen einführten. Diese Wirtschaftsweise löste die alte extensive Ochsenmast sowie die Schweinemast in den Walddistrikten der Güter ab[115].

---

113 Georg HANSSEN (1861, S. 95) vermerkt mit Recht, daß das nunmehrige Pachtgeld als Dienstgeld bezeichnet wird, weil es an die Stelle der früheren Hofdienste getreten ist.
114 G. HANSSEN, 1861, S. 96
115 Vermutlich liegen betriebliche Vorbilder des gutswirtschaftlichen Meiereiwesens in den Marschen.

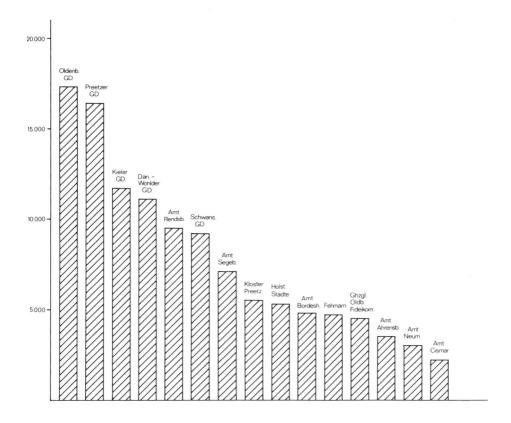

Abb. 3: Milchkuhbestände im östlichen Schleswig-Holstein um 1845
Stat. Quelle: SCHRÖDER/BIERNATZKI

Neben der Butter- und Käseproduktion zu Exportzwecken<116> spielte auch die Erzeugung von Schweinespeck (vgl. Abb. 4) eine wichtige Rolle. Die Ernährung der Schweine basierte hauptsächlich auf der Verwendung der entrahmten sauren Milch<117>. Auf einigen Gütern konnten in Ausnahmen noch kleine Mengen Schrot und Kartoffeln hinzutreten. Besaß ein Gut die Brennereigerechtsame, wurden im Winter die Brennrückstände mitverfüttert. Auch Mühlenabfälle wurden herangezogen. Die Grundlagen der Mast bildeten aber Buttermilch und Molke, da sie besonders festen Speck liefern und nicht zur Zunahme von Fleisch führen. Nach Steigerung der Milcherträge je Kuh rechnete man in der Mitte des 19. Jahrhunderts in der Regel auf 100 Milchkühe 13 Mastschweine anstelle von früheren 10<118>.

So bildete der Absatz von ungemästeten Schweinen im Fall von hohen Verkaufspreisen, von Mastschweinen vorzüglich nach Hamburg sowie der Verkauf von Speck - grün oder geräuchert je nach Marktlage - eine weitere wichtige Einnah-

---

116 Hamburg und Lübeck waren die Hauptexportmärkte
117 J.D. MARTENS, 1850, S. 316
118 ders., S. 319

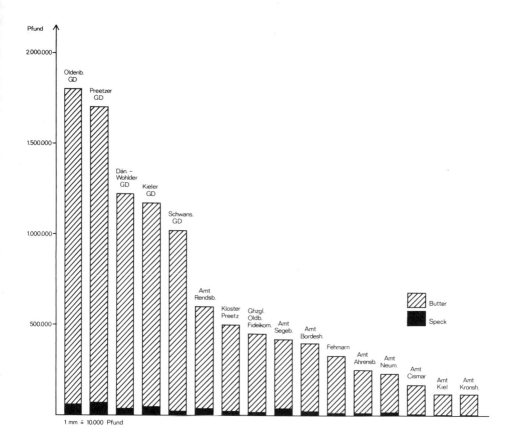

Abb. 4: Erzeugung von Butter und Speck im Fünfjahresmittel um 1845
Stat. Quelle: SCHRÖDER/BIERNATZKI

me auf den adligen Höfen. Die Bindung an den Markt vollzog sich folglich über die Produkte Butter, Käse, Speck bzw. Mastschweine, Weizen, Gerste, Raps und gelegentlich Druschleguminosen. Die Behandlung der adligen Güter im Regionalteil wird weitere Spezifika der betrieblichen Organisation und marktwirtschaftlichen Ausrichtung aufzeigen.

Die Aufhebung der Leibeigenschaft hat die Güter zu weitreichenden Umstellungen in ihrem bisherigen Betriebsgefüge genötigt. Dazu zählt nicht allein der Ersatz der bäuerlichen Dienste durch die Lohnarbeit der Insten. Ein entscheidender Eingriff in die Betriebsstruktur wird auch dadurch erzeugt, daß die Güter nunmehr ihre Zugkräfte, Wagen und Geräte selber stellen müssen. Für den gutsuntertänigen Bauern bedeutet diese Befreiung einen gewaltigen Gewinn an Zeit, Kraft und vor allem an Futter für das Vieh, das für ihn nunmehr in stärkerem Maß aus Kühen bestehen kann.

Auf den Gütern jedoch beginnt die Pferdehaltung zu Arbeitszwecken und auch die Pferdezucht in den Marschendistrikten eine wachsende Rolle zu spielen. Als Arbeitstiere kommen nicht mehr jene verkrüppelten, kleinen Tiere in Frage, die selbst im Winter nicht oder nur bei äußerstem Frost eingestallt wurden, so daß man zur Arbeit 4 Pferde, einen Treiber und einen Pflüger benötigte<119>. Nach der Umstellung hielt man nunmehr je Gut meist einen Hengst und 4-5 Stuten, deren Nachwuchs auf den Meierhöfen aufgezogen wurde. E. REVENTLOW-FARVE<120> nennt bei der näheren Beschreibung seines Beispiels aus dem ostholsteinischen Raum für ein Hofland von 1187 Tonnen Ackerland (etwa 600 ha) einen Besatz mit 44 Baupferden und 16 Zugochsen. Letztere werden hauptsächlich zum Pflügen verwendet und arbeiten ausdauernder als Pferde.

Ein bedeutendes Merkmal der Gutswirtschaft, das in der Karte seinen Niederschlag gefunden hat, ist die Zugehörigkeit von Meierhöfen zur Betriebsorganisation großer adliger Höfe. Es handelt sich dabei um Flächen, die vom Hofland abgetrennt sind und auf denen ursprünglich im Zuge des alten Holländereiwesens ein selbständiger Pachtbetrieb<121> existierte.

Auch um die Mitte des 19. Jahrhunderts werden die Meierhöfe in ihrer entfernten Lage vom Hauptkof noch als Pachtbetrieb geführt. Sie werden allerdings vielfach auch schon vom Gutshof aus mitbewirtschaftet. Sie widmen sich bevorzugt dem Futterbau für die Pferde und Milchkühe und treiben nur noch gelegentlich Jungviehaufzucht für die Meierei des Haupthofs. Weitaus das meiste Vieh wird zwei- oder dreijährig als Starken von den Bauern - hauptsächlich aus Angeln - gekauft. Da die Nutzung des Milchviehs in der Regel 10 Jahre dauert, muß jährlich etwa 1/10 des Bestandes ersetzt werden.

Mit der Umstellung der gutswirtschaftlichen Arbeitsorganisation und der steigenden Ertragslage auf den Feldern werden in zunehmendem Maß jedoch Meierhöfe verkauft und entwickeln sich bei genügender Größe zu eigenen Gütern. Vor allem in Schwansen, im Dänischen Wohld und an der Südgrenze des Preetzer Güterdistrikts sind solche Fälle auf der Karte verzeichnet. Vielfach verbleibt die Jurisdiktion noch beim Muttergut.

Vor allem die Jahre zwischen 1798 und 1806 sind eine Zeitspanne, in der aus der Finanznot heraus viele Verkäufe stattfinden. Zum letzten Mal vergibt damals die Krone gegen Geld auf alten Meierhofflächen die Privilegien von adligen Höfen, die vor allem bei vermögenden Personen der bürgerlichen Klasse sehr begehrt sind. Die Karte weist in Schleswig, im Gebiet zwischen Fehmarn und Cismar sowie in den Kontaktzonen zwischen Amtsbezirken und Gutsdistrikten viele Beispiele auf, bei denen es sich um die genannten Veräußerungen und Umwandlungen von Meierhofland in mit Privilegien ausgestattetes Hofland - unter Anerkennung der aufgehobenen Leibeigenschaft - handelt. Die erste Verleihung adliger Privilegien an Bürgerliche hatte im Jahre 1735 stattgefunden, als der erfolgreiche Eckernförder Unternehmer Otte das Gut Krieseby am Südufer der Schlei erwarb<122>. In der Mitte des 19. Jahrhunderts können die Rechte adliger Güter sogar ohne Hofland vergeben sein, wie dies in Großenbrode oder auch bei den Dörfern Wankendorf und Stolpe - unter Beibehaltung der Jurisdiktion im Gut Depenau - der Fall ist.

Kennzeichnend ist, daß sich zwischen der Bauernbefreiung und der Mitte des 19. Jahrhunderts entscheidende Neuentwicklungen im bisherigen gutswirtschaftlichen System vollziehen. Zusammenfassend verdienen folgende Gesichtspunkte besondere Beachtung:

---

119 G. HANSSEN, 1861, S. 25
120 E. REVENTLOW-FARVE, 1847, S. 307
121 in die Pacht war der Viehstapel einbezogen
122 H. v. RUMOHR, 1979, S. 188

1. Die Arbeitsorganisation muß vom Spann- und Frondienst der Bauern auf bezahlte Dauerarbeitskräfte (Insten) umgestellt werden.
2. Der Gutsbetrieb wird gezwungen, die Futterversorgung für das Zug- und Arbeitsvieh selbst zu übernehmen.
3. Bei der Marktware der Güter stehen Milchprodukte und Speck an der Spitze. Verarbeitungszentrum ist der Hof mit seinen Wirtschaftsgebäuden. Der periphere Meierhof versieht subsidiäre Funktionen.
4. Die vermehrte Viehwirtschaft bringt vergrößerte Düngerproduktion mit sich, die den Hoffeldern zugute kommt. Das Wort "Viel Dung, viel Korn" erweist seine Richtigkeit. So kann eine Umstellung auf Fruchtwechselwirtschaft erfolgen und die Körnerproduktion erheblich gesteigert werden, sofern genügend Grasland für die Sommerweide der Milchkühe verbleibt. Das Mergeln der Fluren wird allgemein üblich.
5. Die Auflösung der Herrschaft über "Hals und Hand" durch die Beseitigung der Leibeigenschaft legt die Grundlage zur Einführung der bäuerlichen Individualwirtschaft im dörflichen Hufenbestand.
6. Die Einkoppelung oder Verkoppelung bedeutet Aufhebung des Flurzwanges, arrondierte Neuvergabe von Betriebsparzellen, Einhegung der Gemarkungsteile mit Knick und Redder sowie Aufteilung der Allmenden (Gemeinheiten).
7. Der Hufner kann planvolle Koppelwirtschaft mit regelmäßiger Feldgras-Wechselwirtschaft, später mit Fruchtwechselwirtschaft nach Vorbild der Güter, betreiben. Die Umstellung auf Milchwirtschaft setzt sich auch hier durch und erlaubt vermehrte Düngerproduktion sowie eine Abstimmung von Viehbesatz und Arbeitsanspruch. Das aus der Probstei stammende Mergeln hält in allen bäuerlichen Betrieben des Ostens Einzug<123>.
8. An die Stelle der alten Dienstverpflichtungen treten Geldzahlungen im Rahmen von Zeit- oder Erbpacht. Grundherrschaft und Schollenband sind somit ökonomisch in eine andere qualitative Beziehung auf vertraglicher Basis gehoben worden.
9. Auf der Seite der gutsherrlichen Pflichten bleiben Reste der alten Konservation gewahrt. Unfähige oder entlassene Zeitpächter unterliegen der gutsherrlichen Armenkasse, so daß die für je eine Feldrotation geschlossene Zeitpacht doch mehr und mehr zu einer familiären Dauerinstitution hintendiert.
10. Die Verselbständigung gutswirtschaftlicher und bäuerlicher Betriebsausrichtung führt zu Ansätzen sektoraler Arbeitsteilung. So übernehmen die bäuerlichen Gehöfte für die Güter die Jungviehaufzucht, während Mast und Meiereiwirtschaft bei den adligen Höfen verbleiben. Auf kleinem Maßstab ähnelt dieses Verbundsystem der sich entwickelnden Arbeitsteilung zwischen Geest und Marsch.

4.3. REFORMEN UND INNOVATIONEN IM BÄUERLICHEN WIRTSCHAFTSRAUM

Den Neuerungen in den Güterdistrikten gehen weitgefächerte und zielstrebige Maßnahmen des Staates voraus, das Bauerntum in den Amtsbezirken in Zahl und Leistung zu stärken. Hier zeigt sich am ehesten die Absicht der aufgeklärten absolutistischen Obrigkeit, einerseits die Wohlfahrt zu heben und die Freiheit zu

---

123 Auch auf Teilen der Neumünsterschen Geest, wo unter der Sandauflage glaziale Lehme aufgeschlossen werden können.

mehren, andererseits aber auch durch sog. Setzung<124> die Einnahmen der Kammer zu steigern und über Gesetz und Administration die Bindungen der Untertanen an Fürstenhaus und Staat zu festigen. Beide Aspekte müssen bei einer Würdigung der Reformen gleichermaßen Berücksichtigung finden. Hinzu tritt bis zur Gründung des Gesamtstaates (1773) eine Art Konkurrenzsituation zwischen der königlichen und großfürstlichen Obrigkeit.

Nicht alle Maßnahmen haben im Ausschnittbereich der Karte ihren Niederschlag gefunden. Es fehlt beispielsweise die erste Versuchsperiode der Heidekolonisation, da keine Teile der Schleswiger Geest einbezogen sind. So beschränkt sich nachfolgende Darstellung auf diejenigen Phänomene und Veränderungen, die das Gebiet innerhalb der zugrundeliegenden Grenzen erfaßt haben.

Von großer Ausstrahlungskraft auf das Gesamtwerk der inneren Reformen ist die Parzellierung und der Verkauf von Domänen und Vorwerken geworden. Es handelt sich dabei um ehemaligen Besitz der dänischen Krone, der Gottorfer Herzöge, vor 1761 der Plöner Herzöge sowie der Bischöfe von Lübeck. Deren Besitzungen wurden im Prinzip genauso oder ähnlich bewirtschaftet wie die Güter des Adels. Man unterschied Hofland und bäuerliches Hufenland und ließ die Wirtschaftsflächen der Obrigkeit durch Dienste und Fronen der Untertanen bearbeiten. Leibeigenschaft war vielfach vorhanden.

Vom Kartenausschnitt werden mehrere Beispiele erfaßt, bei denen eine Aufteilung, Einhegung und Erbpacht- bzw. Eigentumsvergabe erfolgt ist. Im gottorfischen Bereich handelt es sich um Besitz in den Ämtern Kiel, Bordesholm und Neumünster sowie Cismar<125>.

Während die königlichen Vorwerke, die bevorzugt auf Alsen, in Angeln sowie im nordschleswigschen Raum liegen, vom Blattschnitt nicht berührt werden, entfallen die ehedem Plöner Vorwerke der Ämter Plön und Ahrensbök in den Betrachtungsraum. Im Bereich des ehemaligen Hochstifts Lübeck gab es um 1730 insgesamt acht herrschaftliche Vorwerke<126>, davon sechs im Amt Eutin. Im Gegensatz dazu standen die sog. älteren Schleswig-Holsteinischen Fideikommißgüter Lensahn, Mönchneverstorf und Stendorf samt ihren leibeigenen Untertanen, welche unter holsteinischer Oberhoheit standen und lediglich von Eutin aus verwaltet wurden. Auch um 1850 existieren noch im Fürstentum Eutin nebeneinander in Erbpacht gegebene Parzellistenkommunen auf ehemaligem Vorwerksland (Rotensande) und fortbestehende Krongüter, die auf Zeitpachtbasis vergeben sind.

Ein starker Antrieb für die Überführung von Kronland in bäuerliches Eigentum geht von Caspar von Saldern (1710-1786), Großfürstlicher Geheimrat und Staatsminister der Zarin<127>, aus. Durch seine Initiative wird das Gut Kronshagen vor den Toren Kiels parzelliert und in ein Amt umgewandelt. Von Saldern verwirklicht im großfürstlichen Holstein Vorstellungen von der Emanzipation der Bauern, die Katharina II. in Schriften nach außen hin vertreten hatte. W. PRANGE<128> glaubt indes, daß diese Einstellung der Zarin stärker außenpolitisch motiviert als auf die Änderung der realen Zustände im zaristischen Rußland zugeschnitten

---

124 Unter Setzung wird ganz allgemein die Neufestsetzung von Abgaben, d.h. Steuerveranlagung (W. PRANGE, 1971, S. 615), verstanden.
125 W. PRANGE, 1971, S. 279
126 ders., S. 100
127 J. GREVE, 1844, S. 335
128 W. PRANGE, 1971, S. 336

war, um im Konzert der europäischen Mächte als aufgeklärte, human denkende Herrscherin zu gelten.

Die Zerschlagung der ehemaligen Vorwerke erweist sich wirtschaftlich überwiegend als Erfolg. Sowohl die früher gutsuntertänigen Dörfer - im Fall von Kronshagen sind es Ottendorf und Russee - erhalten Neuordnungen der Besitzstrukturen als auch die Vorwerksländereien selbst, auf denen v. Saldern bevorzugt die hier tätigen Dienstpflichtigen anzusiedeln sich bemüht. Da aber schließlich die Erbpachtverträge auf meistbietender Versteigerungsbasis - wie auf Ascheberg durch Hans Rantzau - geschlossen werden, erwerben auch Kieler Bürger Besitzrechte im neu gegründeten Amt Kronshagen. Kleinere Höfe auf herrschaftlichem Besitz, wie Hammer und Kielerhof (Greverkate), unterliegen keiner Parzellierung, sondern werden unter Überführung von Zeitpacht in Erbpacht ohne Zerlegung übergeben.

Den Wald beginnt man früh aus dem Werk der Parzellierung herauszunehmen und ihn als königliches Forstrevier zu reservieren und gegenüber der Feldflur abzusichern. Offensichtlich besaß der damalige Bauer noch keinerlei Verhältnis zur Waldpflege. Es waren mehrere Fälle bekannt geworden, wo Parzellisten die vorhandenen Holzungen gerodet und aus dem verkauften Holz ihre Schulden bezahlt hatten.

Die Vorwerke der Ämter Kiel und Bordesholm, deren Niederlegung bereits 1731-1738 erfolgte, wurden vorher überwiegend ohne bäuerliche Hofdienste bewirtschaftet. Kronshagen und die Vorwerke des Amtes Cismar dagegen waren im gutswirtschaftlichen Sinne mit vollen Hofdiensten konzipiert. Auf diesen teilweise früh parzellierten Ländereien läßt sich verschiedentlich ein sehr heterogenes neues Besitzgefüge feststellen. Die definitive Aufteilung erfolgte z.T. erst sekundär, nachdem sich - wie in Sprenge und auch Bordesholm - ein einziger Erbpächter für das gesamte Vorwerk nicht hatte finden lassen. So schritt der Amtmann zur Aufteilung und parzellierte mit Zustimmung der Kammer in sehr unterschiedliche Größen. An den schon 1726 vererbpachteten Heidkrug kamen 130 To Ackers, je eine Stelle hatte 40, 34, 32, 28, 26, 25, 22 To, 13 Stellen weniger als 10 To. Einige Koppeln kamen an die Beamten und den Pastor des neu eingerichteten Kirchspiels Bordesholm"[129]. Auch im 19. Jahrhundert ist dort noch wenig an Änderung eingetreten. SCHRÖDER/BIERNATZKI[130] erwähnen in ihrer Topographie, daß 23 Stellen sehr unterschiedlicher Größe vorhanden sind und sich durch verstreute Lage auszeichnen. Jegliche Veräußerung von Grund und Boden bedurfte der Zustimmung der Kammer.

In Schleswig-Holstein wurden auf diese Weise etwa 100.000 ha aufgeteilt und aufgesiedelt[131]. Die diesem Werk zugedachte zündende Wirkung auf Veränderungen im Besitz- und Rechtsgefüge der Güter ist mit wenigen Ausnahmen - wie auf Ascheberg - allerdings nicht eingetreten. Dort konnte nur auf dem Wege der ultimativen Anordnung die entscheidende Wende erzielt werden.

Im Herrschaftsbereich des Klosters Preetz hatte man sich schon früh zur Vermeidung des gutswirtschaftlichen Systems entschlossen. So waren dort zwar die 7 Dörfer Pohnsdorf, Sieversdorf, Raisdorf, Postfeld, Schellhorn, Wakendorf und Honigsee auf dem Klosterhof dienst- und spannpflichtig[132], eine Entstehung

---

129 W. PRANGE, 1971, S. 302
130 SCHRÖDER/BIERNATZKI, 1855, I, S. 238
131 Ch. DEGN, 1960, S. 234
132 W. PRANGE, 1971, S. 598

von echten Vorwerken und herrschaftlichen Höfen unter Ausnutzung von Dienst und Fron hat es jedoch nicht gegeben. So wurde ein ehemaliger klösterlicher Meierhof in die 3 Pachtstellen Neuwühren umgewandelt und damit ein Weg beschritten, der nicht mit dem sonst üblichen Verfahren der Schaffung neuen bäuerlichen Eigentums identisch war. Auch im bischöflichen Amt Eutin sowie im Amt Plön kommt nicht die gänzliche Überführung in Parzellistenkommunen zur Anwendung, sondern eine gewisse Zahl von geschlossenen Pachthöfen bleibt erhalten. Beide Varianten sind auf der Karte getrennt dargestellt.

Von größerer und flächenmäßig weiterreichender Folgewirkung sind die Verkoppelungen der bäuerlichen Fluren in den Ämtern und geistlichen Herrschaften gewesen. Über die Besonderheit der Bedingungen in den ostholsteinischen Güterdistrikten war bereits im vorausgehenden Kapitel berichtet worden. Dort konnte die Verkoppelung erst nach der Aufhebung der Leibeigenschaft (1805) in Angriff genommen werden, als die Überführung der Dienste und Fronen in Geldzahlungen auf Pachtbasis eine Neuordnung von Flur und Betriebssystem unumgänglich machte und gesetzlich vorgeschrieben war.

Die historischen Wurzeln des Koppelmachens sind unklar und nicht mit einer bestimmten zeitlichen oder räumlichen Kontaktstelle in Verbindung zu bringen. Ebenso viele Hinweise auf die Gewohnheit der Abgrenzung von Nutzland durch Hecken verweisen seit altersher auf das eigene Land wie auch auf Holland und England, wo das enclosure system sich seit dem 16. Jahrhundert - vor allem auf den Ländereien des Adels und den Allmenden - durchgesetzt hatte. Es muß hier unterschieden werden zwischen der Verwendung von Wallhecken generell und ihrem Einsatz zur Errichtung eines neuen Betriebssystems, das auf ozeanischen Standortbedingungen aufbauend die Erzielung höherer wirtschaftlicher Produktivität zum Zwecke hat. Da die Güter nach holländischen Vorbildern in der Einhegung und Ausrichtung auf Meiereiwirtschaft voranschreiten, ist anzunehmen, daß Impulse von außen eine wichtige Rolle für die Verbreitung dieser betrieblichen Innovation gespielt haben. W. PRANGE[133] ist der Meinung, daß schon am Ende des 16. und zu Beginn des 17. Jahrhunderts das Hoffeld nahezu aller Güter in Koppeln gelegen hat.

Die Ausbreitung der Verkoppelung hat im Frühstadium verschiedene Ansatzpunkte gehabt. Diese liegen hauptsächlich im Süden Holsteins und erstrecken sich häufig auf solche Fälle - wie im Umkreis von Lübeck oder Pinneberg[134] -, wo die stadtnahe Ochsenmast auf eingehegten Weiden eine zentrale Rolle in der Bodennutzung spielte. Meistens scheint die Bewegung des Einkoppelns von den Bauern ausgegangen zu sein, die in der Aufhebung der Feldgemeinschaft, der Arrondierung des Besitzes und der Einführung der Individualwirtschaft mit Hilfe der Einkoppelung eine bedeutende ökonomische Verbesserung ihrer Situation erblickten. Sehr früh schreitet auch das Herzogtum Lauenburg zur Verkoppelung, die hier offensichtlich unter englischem Einfluß von Hannover aus initiiert wurde.

Erst nach der Eingliederung der Plönischen Lande und nach der Entfaltung reformerischer Tätigkeit im großfürstlichen Teil entschließt sich Kopenhagen durch das General-Landes-Oeconomie- und Commerz-Collegium zu amtlichen Tätigkeiten und Verordnungen, die im Jahr 1766 zunächst die Aufhebung der Feldgemeinschaften im Bereich des Herzogtums Schleswig betreffen[135]. Aus den dort zu-

---

133 W. PRANGE, 1971, S. 610
134 Es handelt sich hier um die alten Schauenburger Besitzungen
135 I. AST-REIMERS, 1965, S. 213

grundegelegten Anordnungen und Erfahrungen erwachsen 1771 diejenigen Beschlüsse, die die Aufhebung der Feldgemeinschaften und die 'Beförderung der Einkoppelungen' im Herzogtum Holstein umfassen. Da freiwillige Aufrufe wenig nutzen, bedarf es auch hier der gesetzlichen Richtlinien und der obrigkeitlichen Aufsicht bei der Abwicklung<136>.

Die Verkoppelung der Dorffluren kommt dann zustande, wenn auf flächenbezogener Basis in Schleswig für zwei Drittel, in Holstein für die Hälfte der Gemarkung eine Zustimmung vorliegt. Die Aussiedlung von Höfen außerhalb des Dorfes auf arrondiertem Besitz, der sog. Hufenausbau, kommt nur gelegentlich in Gang und ist nicht wie in Dänemark die Regel. Tritt er ein und kann der ausgebaute Hof auch um 1850 noch identifiziert werden, so ist er mit einer eigenen Signatur in der Karte versehen.

Das amtliche Organ, welches die gesamten Maßnahmen plant, überwacht und genehmigt, ist die Land-Kommission in Gottorf, die wöchentlich tagt und mit Vollmachten versehen ist. Die Grundlage jeglicher Auflösung des alten Besitzgefüges und der Neuaufteilung in Koppeln ist eine exakte Vermessung der Gemarkung, auf der alle Rechtsfragen aufbauen.

Vielfach stimmen die Hufner aber keiner großzügigen und für alle Zeit gültigen Flurneuordnung zu, wie so manches Flurbereinigungsverfahren dieses Jahrhunderts beweist. Engstirnigkeit und Angst vor zukünftigen Nachteilen<137> sind ebenso an der Tagesordnung wie die Scheu vor Kosten, die ein Ausbau aus der Gemeinschaft mit sich bringt. So beklagt bereits 1842 Georg HANSSEN<138> den geringen Grad der Arrondierung im Amt Bordesholm, der sich auf den Sandböden der Geest, wo die Gemarkungen besonders groß sind, umso nachteiliger auswirkt. Nicht überall scheinen indes die Entwicklungen so dramatisch und kontrovers verlaufen zu sein. Im Herrschaftsbereich des adligen Klosters Preetz, vor allem in der Probstei, wurden Übereinstimmungen vielfach ohne Vermessungen auf mündlicher Basis unter Rechtsaufsicht von Klostervogt und Bauernvogt erzielt.

Schwierigkeiten entstehen auch durch die generelle Umstellung auf Koppelwirtschaft und die damit verbundene Einfriedung der Gemarkung durch Knick und Redder. Vor allem die Geest mit ihren Sandaufschüttungen erweist sich als ungeeignet, Wall und Graben anzulegen, die notwendigen Findlinge zur Befestigung aufzutreiben und dort ein Gehölzwachstum zu erzielen, das auf den Umtrieb auf den Koppeln im Turnus eingestellt ist. Für die Einführung der Knicks als Feldbegrenzung bedarf es regelrechter Kurse und Handbücher, wie jener Schrift, die N. OEST (1767) zur Einfriedung der Ländereien herausgegeben hat. Trotz der schnell sich einstellenden Erfolge und Betriebserleichterungen war auch 1818 die Stimme der Kritik aus fachlichem Munde noch nicht verstummt, wie die Schrift von N.A. BINGE (1818) aus dem Raum Sachsen-Gotha verrät.

Große Schwierigkeiten im Zuge der Neuordnung entstehen durch die Frage der Kätner. Ch. DEGN kommt zu dem Schluß<139>, daß sie eindeutig auf der Schattenseite der Reform verbleiben. Der Hufner sieht in ihnen hauptsächlich den bereitstehenden Tagelöhner für die Bewältigung der Arbeiten zu Spitzeneinsätzen, z.B. während der Ernte. Vom dorfnahen Hufenland wird ihnen meist kein Anteil

---

136 Ch. DEGN, 1960, S. 236
137 ders., S. 237
138 G. HANSSEN, 1842, S. 74
139 Ch. DEGN, 1960, S. 239

zugesprochen, selbst wenn die entsprechenden Anteile an der früheren Allmende in Land abgegolten werden. So kommt es, daß die Kätner vielfach außerhalb des Dorfes am Rande der Flur auf mageren Böden oder an der Grenze zum Holz abgefunden werden und dort ihre Wohnstätte errichten. Die Karte verzeichnet viele Beispiele dieser Art. Die Schutzbestimmung, daß der Hufner das Land der Kätner nicht aufkaufen darf, hat immerhin prohibitiv auf eine potentielle Abwanderung gewirkt. Sie hat zudem dazu beigetragen, daß das dörfliche Handwerk über die Nebentätigkeit der Kätner auf dem Lande verblieb.

Große Differenzen entstanden ebenfalls durch die Frage, ob die Hufner durch die sog. Egalisierung mit gleichen Landanteilen zwischen 50 und 100 Tonnen bedacht werden sollten oder ob der alte Besitzstand auch der neuen Flurauftteilung wieder zugrundegelegt werden sollte. Obgleich die Gottorfer Kommission von der Vorschrift der Egalisierung ausging, konnte doch keine einheitliche Norm erzielt werden.

Generell zeigt sich, daß die Agrarreformen im bäuerlichen Wirtschaftssystem große Fortschritte mit sich bringen, obgleich manche Probleme ungelöst bleiben. Freiheit und Eigentum sind die zentralen Begriffe, unter denen sich die Individualwirtschaft und die Steigerung der Einkommen zusammenfassen lassen. Die Größe der Besitztümer und die fortschrittliche Bewirtschaftungstechnik schaffen für viele Jahrzehnte die Grundlage einer Wirtschaftsentwicklung im Agrarbereich, die sich als krisenfest und anpassungsfähig erweist. Die bäuerliche Marktwirtschaft kann sich somit allmählich neben der Gutswirtschaft zur zweiten Säule der schleswig-holsteinischen Agrarproduktion herausbilden.

Als wesentliche Bestandteile der Agrarreformen sind im bäuerlichen Lebensraum besonders folgende Erscheinungen hervorzuheben:

1. Die Parzellierung und der Verkauf von Domänen üben innerhalb der königlichen Ländereien eine allgemeine Schrittmacherfunktion aus.

2. Die Auflösung der Feldgemeinschaften und die Aufteilung bisherigen dörflichen Gemeinschaftsbesitzes ebnen den Weg zur Einführung der Individualwirtschaft unter Anwendung eines neuen Betriebssystems.

3. Verkoppelung und Einhegung der Fluren mit Knicks bilden die Grundlage einer verbesserten Agrarproduktion, Arbeitswirtschaft und Düngerversorgung.

4. Die fortschrittliche Agrarbewegung des 18. und 19. Jahrhunderts ist nicht allein staatlich initiiert, sondern ebenso von vielen Privatinitiativen und der allgemeinen Verbreitung bäuerlicher Bewirtschaftungsverbesserungen begleitet, so z.B. des Mergelns entsprechend der Bodenart.

5. Alle Neuordnungen fußen verfassungsrechtlich auf dem alten Hufensystem und sichern auch für die Zukunft dessen Fortbestand als Grundelement der Besitzstruktur. Bäuerliche Bodenmobilität durch Verkäufe, Spekulation und Teilungen im Zusammenhang mit Erbfällen treten zunächst noch nicht auf. Sie werden aber in einigen Räumen, wie auf Fehmarn und teilweise in der Probstei, in einem zweiten Entwicklungsschritt bedeutsam und führen zu einer bezeichnenden Erscheinung der Besitzkonzentration durch Aufkauf kleiner Stellen, vornehmlich in preußischer Zeit.

4.4. GEWERBE- UND VERKEHRSENTWICKLUNG

Die starke Förderung, die die Landwirtschaft in den verschiedenen territorialen Bezirken erfahren hat, wird nicht in vergleichbarer Intensität und räumlicher Geschlossenheit der Entfaltung von Gewerbe und Verkehr zuteil. Vielgestaltig sind die Gründe, die dem technischen Zeitalter in Form von Manufakturen und Fabriken einen zögernden Einzug gewährt haben. Generelle wie regional-spezifische Standortbedingungen sind hier als hemmende Elemente gleichermaßen ins Feld zu führen.

Aus der Gesamtsituation der dänischen Monarchie lassen sich fünf entscheidende Standort- und Entwicklungsbedingungen ableiten, die einer frühen Entfaltung technischer Produktions- und Verarbeitungsstätten im Wege gestanden haben: 1. Dänemark samt den zugehörigen Herzogtümern besitzt kaum Rohstoffe, die eine Kette standortgebundener Industrien hätten entstehen lassen können. 2. Die Größenordnung der dänischen Volkswirtschaft ist hinsichtlich Bevölkerungszahl und Kaufkraft gering. Auch fehlen - sieht man von einigen Westindischen Inseln ab - Rohstofflieferanten und Absatzgebiete außerhalb des Gesamtstaates. 3. Dänemark ist bis zur Mitte des 19. Jahrhunderts kein Staat, der sich der Industrialisierung und der Förderung technischer Forschung verschrieben hat. Auf diesem Feld besitzen England, Preußen, Böhmen, Sachsen und Holland einen weiten Vorsprung auf dem Kontinent. Was die Metallerzeugung und Verarbeitung betrifft, so beherrscht Schweden den Export im Ostseeraum. Bis 1814 war Norwegen ein bedeutender Lieferant von Gußeisen gewesen. Diese Rolle fällt seitdem der Carlshütte bei Rendsburg zu. 4. Der Zusammenbruch und die angespannte Finanzsituation der nachnapoleonischen Jahrzehnte erlauben nicht das Entstehen einer Investitions- und Kapitaldecke, die als Grundstock einer Industrialisierung dienen konnte. Auch sind die Gewinne aus dem Handel nicht so groß, daß sie eine Anlage in neuen Wirtschaftszweigen suchen. Nur wenige Beispiele von Industriegründungen in vorpreußischer Zeit sind von dauerhaftem Erfolg begleitet. 5. Zollschranken zwischen Dänemark und den Herzogtümern erschweren in den ersten Jahrzehnten des 19. Jahrhunderts den Warenaustausch.

Zu diesen einschränkenden Faktoren tritt der Umstand hinzu, daß der gewerbliche Bedarf der Herzogtümer noch in großem Umfang durch die Erzeugung des ländlichen Handwerks abgedeckt werden kann. Auch die Städte zeigen zu dieser Zeit nur wenige Ansatzpunkte zu einer Änderung ihrer wirtschaftlichen Ausrichtung. Sie sind durch die herkömmliche Zunftordnung noch ganz in das tradierte Branchen- und Auftragsspektrum eingebunden und besitzen daher vor der Einführung der Gewerbefreiheit<140> kaum Möglichkeiten einer unternehmerischen Neuorientierung. So kommt die Industrialisierung in Schleswig-Holstein<141> nur zögernd und an einigen privilegierten Plätzen in Gang, ohne jedoch zu einem wirtschaftlichen Phänomen aufzusteigen, das zusammenhängende Räume erfaßt und in der Gliederung der Erwerbsbevölkerung ein neues Strukturbild herbeiführt. Noch immer finden in der Mitte des 19. Jahrhunderts reichlich 50 % der Bevölkerung in den Herzogtümern ihr Auskommen in der Landwirtschaft.

---

140 Die Gewerbefreiheit wird in den Herzogtümern erst 1867, also 3 Jahre nach der Loslösung von Dänemark, eingeführt. Frühere Petitionen an die Ständeversammlung, die gewerblichen Freiheiten wie in den übrigen deutschen Ländern zuzulassen, sind abschlägig beschieden worden.
141 J. BROCKSTEDT, 1983, S. 20

Zu dieser Zeit stellen die Städte Altona, Kiel, Rendsburg und Flensburg sowie der Flecken Neumünster die wichtigsten Knotenpunkte der frühen Industrialisierung dar. Rendsburg mit der vor seinen Toren gegründeten Carlshütte (1827)[142] ist ganz auf die Eisenerzeugung und technologische Weiterverarbeitung des Metalls zu Gußprodukten und mechanischem Instrumentarium eingestellt. Die Rohstoffe werden bereits zu hohen Anteilen eingeführt, vornehmlich aus England und Schweden. Aber auch einheimisches Raseneisenerz, Torfkohle und Holzkohle werden, soweit möglich, verwendet. Um 1835 wird eigens zur Verhüttung heimischer Erze ein Hochofen errichtet, in dem zur Erhitzung zumindest teilweise gepreßter Torf eingesetzt werden soll[143]. Die Schmelzhütte ist jedoch gezwungen, zunehmend Importeisen, das man unverzollt beziehen darf, sowie Alteisen zu verwenden. Die Zahl der Beschäftigten beläuft sich nach den Angaben von SCHRÖDER/BIERNATZKI[144] auf die erstaunliche Größenordnung von 500 Personen. Neben gewöhnlichen Gußeisenwaren hat sich die Hollersche Carlshütte relativ schnell[145] auch auf die Erzeugung von landwirtschaftlichen Geräten, von Dampfmaschinen sowie von metallenem Zubehör für die Schiffahrt, das Bau- und Mühlenwesen sowie mit einer breiten Palette auf den Kunstguß spezialisiert[146]. Es besteht kein Zweifel, daß sich die Auftragslage der Carlshütte nach dem Verlust Norwegens von Anfang an günstig gestaltet hat.

Die frühen Ansatzpunkte der Industrialisierung sind weitgehend durch die Territorialgliederung und die Verkehrsentwicklung vorgezeichnet. Die Wirtschaftspolitik des dänischen Gesamtstaates ist hauptsächlich darauf gerichtet, die dominierende Rolle von Hamburg und Lübeck zu schwächen und den Warenverkehr über eigene Häfen zu leiten. In diesem Zusammenhang kommt den Umschlagplätzen Altona und Kiel sowie Flensburg als traditionellem Im- und Exporthafen mit großer eigener Flotte besondere Bedeutung zu - nicht zuletzt im Westindien- und Überseehandel. Keine zweite Zollstätte in den Herzogtümern verzeichnet so hohe Einnahmen wie Flensburg.

Bezeichnend sind daher frühe Anstrengungen des dänischen Staates, den Handel zwischen Nordsee und Ostsee mit Hilfe neuer Verkehrseinrichtungen in günstige Bahnen zu lenken. Neben dem Schleswig-Holstein-Kanal (Abb. 5), der 1784 eröffnet wurde, ist vor allem der Bau der Chaussee von Altona nach Kiel[147] her-

---

142 Nur ein Jahr nach Errichtung der Kruppschen Hütte in Essen
143 Statistik des Handels, 1835, S. 45
144 SCHRÖDER/BIERNATZKI, 1855, I, S. 235
145 P. WULF, 1983
146 Das differenzierte Fertigungsprogramm der Carlshütte (STATISTIK DES HANDELS, 1835, S. 46-58) gliederte sich in folgende Hauptabteilungen: Landwirtschaftliche Gegenstände, Gegenstände des Hauswesens, Bauwesen, Wasserbau, schöne Baukunst (Geländer, Treppen, Kolonnaden, Brunnen etc.), Mühlenwesen, Seewesen, Gegenstände für Kommunen und Behörden (Druckpumpen, Spritzen), Objekte für Begräbnisplätze und Kirchen, Kriegsbedürfnisse und Geräte für Arsenale, Geräte für Gärten, Bedarf von Chemikern und Apotheken, Objekte für Brau- und Brennwesen und viele sonstige Berufe. Dazu tritt der Kunstguß und die Herstellung kleiner Dampfmaschinen, vornehmlich um damit Moore und Niederungen entwässern zu können.
147 Erbaut 1830-1832, Eröffnung 1832. Die Finanzierung wurde durch einen Kredit eines Altonaer Handelshauses begünstigt. Auch Neumünster trug mit einer Summe von 20.000 Reichsmark zum raschen Bau dieser Chaussee bei (STAT. DES HANDELS, 1835, S. 180).

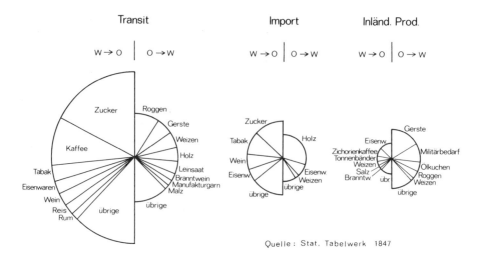

Abb. 5: Warenverkehr durch den Schleswig-Holsteinischen Kanal nach Warenwert 1844

vorzuheben, welche gezielt den Verkehr von den Hansestädten ablenken und dem Hafen Kiel zuführen sollte<148>. Das Konzept einer neuen Verkehrsachse in den Ostseeraum hinein wird noch dadurch unterstrichen, daß bereits früh (1819)<149> auf der Linie Kiel-Kopenhagen der Einsatz des Dampfschiffes "Caledonia" eingeführt wird. Erst etwa 10 Jahre später folgen die Linien Glückstadt-Hamburg (1827) und Flensburg-Kopenhagen (1829).

Dem Chausseebau von 1832 schließt sich bereits 1844 die Eröffnung der Altona-Kieler-Eisenbahn an, die als leistungsfähigeres und schnelleres Transportmittel den Warenstrom auf sich ziehen sollte. Da die Hansestadt Lübeck vom Bahnanschluß vorläufig abgeschnitten war und der dänische Staat erst 1851 die Konzession zum Bau eines Anschlusses an die Berliner Bahn durch das Herzogtum Lauenburg nach Büchen erteilte, war die Achse Hamburg-Lübeck im Hinblick auf den Bahnverkehr bis zur preußischen Zeit stark benachteiligt. Erst 1865 konnte die direkte Verbindung zwischen den Hansestädten über Oldesloe hergestellt werden. Die Bahnverbindung Altona-Kiel war die älteste des dänischen Gesamtstaates, innerhalb dessen der Schiffsverkehr zwischen den zahlreichen Häfen noch lange Zeit und mit weitem Abstand das Übergewicht im Warenaustausch behielt.

Innerhalb des Kartenausschnitts sind Kiel und Neumünster als Zentren früher Industrialisierung erfaßt. Während für Neumünster allein das Tuchmachergewerbe sowie ihm zugeordnete Seitenzweige typisch sind, beginnt sich in der Stadt Kiel und an einigen Plätzen im Umkreis der Förde ein gemischtes Spektrum industrieller Niederlassungen anzusiedeln. Während die Wurzeln des Textilgewerbes in

---
148 J. BROCKSTEDT, 1983, S. 49
149 Zum Vergleich sei angeführt, daß auch von London aus regelmäßige Dampfschiffahrtsverbindungen nach Rotterdam und Amsterdam erst wenig früher, nämlich 1816, eingeführt wurden.

Neumünster alt sind, entstehen die Kieler Betriebe erst im Zuge des wirtschaftlichen Aufschwungs, der neuen Verkehrsbeziehungen und der Anwendungen überlegener Technologien.

Das Tuchmachergewerbe Neumünsters ist in seinen ersten Anfängen zeitlich und räumlich nicht genau zurückzuverfolgen. Möglicherweise leitet es sich auf eine Standortverlagerung von Segeberg nach Neumünster zurück, da der neue Platz durch Verkehrswege und Fuhrwesen bessere Voraussetzungen bot. Zu den günstigen Standortbedingungen zählen kalkfreies Wasser auf der Geest, Wollerzeugung im Bereich der mageren Geestheiden und Walkerde zum Bleichen in der Nähe des Verarbeitungsplatzes. Schließlich spielt eine Art von Verlagssystem offensichtlich früh eine Rolle, da die bäuerliche Bevölkerung auf den armen Böden von Geest und Vorgeest auf einen Zuerwerb durch Heimarbeit angewiesen war. Schon im 17. und 18. Jahrhundert wurde zusätzlich importierte Wolle aus Mecklenburg verarbeitet. Auch Jütland lieferte Rohware. Nähere Einzelheiten des Textilgewerbes sind dem Regionalkapitel über Neumünster zu entnehmen.

Der sektoralen und zeitlichen Geschlossenheit der Industrieentwicklung im Raum Neumünster steht in der Stadt Kiel ein eher heterogenes Bild von Einzelentwicklungen gegenüber. Immerhin haben sich auch hier deutliche erste Ansätze einer Frühindustrialisierung gebildet, wenngleich diese mit Neumünster oder auch der Entwicklung im Elbhafen Altona nicht vergleichbar sind.

Die lange Prosperität auf der Basis des Handels, die sich in großfürstlicher und gesamtstaatlicher Zeit ergeben hatte, hält auch im ersten Jahrzehnt des 19. Jahrhunderts noch an. Die Elbblockade wird zu einem Gewinn für Kiel, da per Achse zahlreiche Warensendungen von Hamburg aus an die Förde geleitet und dort auf dänische Schiffe verladen werden. Auch der Getreidehandel sowie der Warenversand auf amerikanischen Schiffen, die bis 1810 von der Kontinentalsperre ausgenommen sind, beginnen sich auf Tönning an der Westküste und später auch auf Kiel zu konzentrieren. Schließlich wird aber auch den Amerikanern der Handel untersagt.

In der späteren Zeit können die alten Beziehungen nur schleppend wieder aufgebaut werden, da Kopenhagen und Flensburg die dominierende Rolle spielen. Von Nachteil ist, daß Kiel rings von Güterdistrikten umgeben ist, denen bis 1838 der Bezug zollfreier Waren aus dem Ausland gestattet war. So spielen im Export nur der Versand von Getreide, Raps, Butter und Speck eine bedeutende Rolle, während im Wareneingang Holzladungen aus Schweden und Finnland, Salz und Kohlen aus England sowie Stangeneisen aus Schweden und England überwiegen.

Nur so ist zu verstehen, daß die STATISTIK DES HANDELS[150] schon die besondere Rolle der Universität sowie weiterer bedeutsamer überörtlicher Einrichtungen hervorhebt. Auf deren Funktion sowie die Anfänge der Industrialisierung wird im Regionalkapitel über Kiel einzugehen sein.

Versucht man, die gewerbliche Differenzierung in der ersten Hälfte des 19. Jahrhunderts zu überblicken, so läßt sich eine beachtliche Breite neuer wirtschaftlicher Erscheinungen feststellen:

1. Die dominierende Rolle in der Wirtschaftsdynamik fällt der Verkehrsentwicklung auf der Achse Altona-Kiel zu, die gezielt so angelegt ist, daß mit ihrer Hilfe die ökonomische Attraktivität der Hansestädte geschwächt wird.

---

150 STATISTIK DES HANDELS, 1835, S. 156

2. Die Kopfpunkte dieser Achse sowie die Verkehrszentren der Geest, Neumünster und Rendsburg, werden früh und dauerhaft in den Prozeß industrieller Verarbeitung und Veredlung einbezogen.
3. Es fehlt erstaunlicherweise nicht an unternehmerischen Talenten, die in diesen Zentren erfolgreiche Produktionsstätten errichten.
4. Die Standortstruktur der Unternehmen ist durch Verkehrsgunst, hauptsächlich unter dem Gesichtspunkt der Rohstoffbeschaffung, bestimmt. Daneben spielt bei energieintensiven Verarbeitungsprozessen, so bei Eisen- und Glaserzeugung und bei der Befeuerung von Dampfmaschinen, das Vorhandensein von Torf eine wichtige Rolle.
5. Der Einsatz der Dampfkraft, den J. BROCKSTEDT[151] im Jahr 1846/47 für Holstein und Lauenburg mit etwa 200 PS angibt, bewegt sich im gleichen Rahmen wie in Hamburg, im Großherzogtum Hessen oder auch in Mecklenburg. Stellt man diesen Größenordnungen aber die 21 714 PS gegenüber, die zum gleichen Zeitpunkt schon in Preußen installiert waren, so zeigt sich die Unterschiedlichkeit des Ausgangsniveaus mit aller Deutlichkeit.
6. So wird ohne Schwierigkeiten verständlich, daß viele industrielle Ansatzpunkte in Schleswig-Holstein nach der Eingliederung in Preußen und dem Fortfall von Zollgrenzen der Konkurrenz und vorgeschrittenen Technologie erlagen. Nur einzelne Branchen an ausgewählten Plätzen konnten sich halten oder aufsteigen, nicht selten von der wirtschaftspolitischen und militärstrategischen Rolle gestützt, die der neu gewonnenen Provinz zugedacht war.

---

151 J. BROCKSTEDT, 1983, S. 45

B. REGIONALER TEIL

Vorbemerkung

Den Kausalitäten räumlicher Erscheinungen und Entwicklungen hat seit jeher die besondere Aufmerksamkeit der Wirtschaftsgeographie gegolten[152]. Lage im Verkehrsgeschehen, Marktbeziehung und Verflechtungsmöglichkeit sind Standortbedingungen, denen ein Produzent jederzeit und unmittelbar unterworfen ist und die zu einem zentralen Moment seines wirtschaftlichen Handelns werden.

In der Mitte des 19. Jahrhunderts gelten diese Prämissen wegen der ungünstigen Verkehrsbeziehungen in viel stärkerem Maß als heute. Damals ist eine Aufteilung der Betriebe in zwei Kategorien kennzeichnend: In solche, die mit einem Markt im eigentlichen Sinne überhaupt nicht oder nur partiell verbunden sind. Ihr ökonomischer Entwicklungs- und Effizienzgrad ist so gering, daß daraus eine konkurrierende Marktbeziehung nicht erwächst. Die bäuerlichen Unternehmen entsprechen noch weitgehend diesem traditionellen Typus der vorwiegenden Selbstversorgung. Die zweite Kategorie umfaßt dagegen solche Betriebe, die mit spezifischen Produkten an Absatzgebiete gebunden sind und die innere Organisation ihres Unternehmens gezielt auf die Erzeugung marktfähiger Ware ausrichten.

Angesichts des damals wenig entwickelten Transportwesens kann die Konkurrenz auf dem Markt nur durch einen hohen Veredlungs- und gleichbleibenden Qualitätsgrad - insbesondere bei Agrarprodukten - erreicht werden. Diese THÜNENschen Standortkategorien gelten in besonderem Maß für diejenigen Wirtschaftsgüter, die aus den Herzogtümern nach Süden in die großen Handelsstädte abgesetzt werden. Die traditionelle Standortbindung ist durch die neuen Verkehrswege, wie die Chausseen und die Bahn Kiel-Altona, noch nicht in veränderte Kanäle gelenkt worden.

Die regionale Darstellung der wirtschaftlichen Differenzierung folgt im wesentlichen der damaligen Gliederung nach Hoheitsgebieten und Verwaltungseinheiten. So wenig eine solche Unterscheidung einer heutigen funktionalen und dynamischen Klassifikation entsprechen mag, für die Mitte des 19. Jahrhunderts läßt sich wegen der Quellenlage und der Bezugnahme auf amtliche Angaben kaum ein anderer Weg finden. Auch sollte die schriftliche Erläuterung übereinstimmen mit derjenigen Konzeption, die der Karte und ihren typologischen Aussagen zugrundeliegt.

---

152 vgl. G. VOPPEL, 1970, S. 12

5. Die adligen Güterdistrikte

Die adligen Güterdistrikte bilden ein charakteristisches Element der ostholsteinischen Kulturlandschaft. Sie nehmen meist zusammenhängende Flächen auf den mittelalterlichen Rodungsländereien der östlichen Moränenzone ein. Nur im Umkreis der strategisch und verkehrswirtschaftlich bedeutsamen Förden werden sie von königlichen Amtsbezirken unterbrochen. Dieser Sachverhalt tritt am deutlichsten im Bereich der Kieler Förde in Erscheinung, wo die Amtsbezirke wie ein Korridor den Eingriff der Ostsee umschließen. In abgeschwächter Form trifft dieser Sachverhalt auch auf die Eckernförder Bucht zu, wo das Dorf Borby als Vorposten des Amtes Hütten an die Förde heranreicht.

Ein Kennzeichen der neuzeitlichen Territorialentwicklung ist es, daß die adligen Güterbezirke, deren Aufgliederung in Distrikte bis zum Jahr 1713 zurückreicht, nicht in die früheren Landesteilungen einbezogen wurden. Auch die Schaffung des dänischen Gesamtstaates vermochte es nicht, die Privilegien des Adels im Hinblick auf Jurisdiktion, Arbeitsverfassung und Polizeiwesen abzuschaffen. Erst die Aufhebung der Leibeigenschaft stellt einen entscheidenden Einschnitt dar.

Im Jahr 1853 wurde durch eine Verwaltungsreform im Herzogtum Schleswig die bestehende Gliederung nach adligen Güterdistrikten aufgehoben. Die Güter und das adlige St. Johanniskloster vor Schleswig wurden hinsichtlich der Gerichtsbarkeit und Administration den angrenzenden Harden oder sonstigen ländlichen Gebietskörperschaften unterstellt. In der hier vorgenommenen Darstellung werden die genannten Gebiete aber noch als eigenständige Güterdistrikte entsprechend der alten Aufteilung geführt. Vom Blattschnitt ist der Dänische Wohld sowie der Südteil von Schwansen erfaßt.

In allen Güterdistrikten gelten weitgehend übereinstimmende Merkmale hinsichtlich der Organisation der landwirtschaftlichen Einzelunternehmen. Da die Güter bevorzugt auf den guten und tiefgründigen Böden der Jungmoränenzone gelegen sind, können sie sich ohne wesentliche Unterschiede das gleiche Betriebssystem zu eigen machen. Sie wenden auf den großen Schlägen ihrer Hoffelder nach Möglichkeit die Koppelwirtschaft auf der Basis eines elfgliedrigen Rhythmus an. Die klassische Koppelwirtschaft beginnt in der Mitte des 19. Jahrhunderts aber schon in zunehmendem Maß einer geregelten Fruchtwechselwirtschaft zu weichen. Auch bei einer Umstellung bleibt allerdings gewöhnlich eine dreijährige Weidephase in die Rotation eingeschaltet, wie es E. REVENTLOW-FARVE[153] bei der Beschreibung eines adligen Gutes im östlichen Holstein[154] dargestellt hat.

Auf den adligen Höfen stellen Hoffeld, Bauernland und Flächen von Meierhöfen eigenständige Elemente des Gutsbezirks dar. Viele Meierhöfe sind bis zur Mitte des 19. Jahrhunderts durch Konkurs oder Verkauf zu eigenen, oftmals adligen Gütern aufgerückt. In ihrer neuen Form stehen sie bisweilen noch unter der Jurisdiktion des alten Stammguts, obgleich sie auf ihrem eigenen Hoffeld nunmehr frei wirtschaften können. Im Herzogtum Schleswig rückten 1806 35 Meierhöfe, in Holstein 24 Meierhöfe in den Rang autonomer adliger Güter auf[155]. Im allgemeinen fiel der Verkauf in die Phase wirtschaftlicher Schwierigkeiten der napoleonischen Zeit und diente vielfach der Finanzierung der betrieblichen Neuord-

---

153 E. REVENTLOW-FARVE, 1847, S. 297
154 gemeint ist sein eigenes Gut Farve
155 A.C. GUDME, 1833, S. 180

nung nach Aufhebung der Leibeigenschaft. Es ist dies der letzte Zeitpunkt, zu dem der Titel adliges Gut durch die Krone verliehen wurde.

Von besonderer Bedeutung ist das Rechtsverhältnis zwischen Gutsobrigkeit und Untergehörigen. Durch die vom Staat verfügte Aufhebung der Leibeigenschaft zum 1. Januar 1805 wurde die Grundlage zur Entstehung einer neuen Arbeitsverfassung auf den Gütern gelegt. Die Bauern wurden aus ihren herkömmlichen Pflichten des Spanndienstes und der Hofarbeiten entlassen und erhielten das im Rahmen der Verkoppelung und Einhegung arrondierte dörfliche Hufenland zur Bewirtschaftung zugeteilt. An die Stelle der früheren Realleistung und des Produktionsfaktors Arbeit trat nunmehr eine Geldzahlung, die im Rahmen der jeweiligen Zeit- oder Erbpachtverträge gegenüber dem Landeigentümer zu erbringen war. Die Gutsarbeit wurde fortan von Insten und Tagelöhnern erledigt, die teils in den Dörfern wohnen blieben, teils aber auch außerhalb des Gutes in Instenkolonien (sog. Lange Reihen oder Vorstadt) angesiedelt wurden. Hufenbesitz und Hufenbestand sind unveräußerlich und können auch nicht über Umwege geteilt oder in die Hand des Gutsherrn[156] gelangen.

Einheitlich gilt für die Güter, daß sie primär auf Milchwirtschaft ausgerichtet sind. Drei Marktprodukte stehen im Mittelpunkt ihrer betrieblichen Erzeugung: Butter, Käse und Speck, der von Schweinen stammt, die mit der entrahmten sauren Milch gefüttert werden. Auf guten Böden treten Körnerprodukte und Raps hinzu. Jedes adlige Gut strebt danach, in seiner Arbeitsbewältigung und im Einsatz der übrigen Produktionsfaktoren autark zu sein. Bäuerliche Dienste sind nurmehr für Spitzeneinsätze zulässig. Der Bezug von betriebsfremden Produktionsmitteln ist - mit Ausnahme der Geräte - gering. Eine neuere Erscheinung ist, daß das Jungvieh bei den Bauern aufgekauft und nicht mehr auf dem eigenen Hofe nachgezogen wird.

Bis zur Mitte des 19. Jahrhunderts konnten bereits beträchtliche Ertragssteigerungen erzielt werden. Diese beruhen teils auf dem Mergeln, teils auf der regelmäßigen Verwendung von Naturdung, der aufgrund der umfangreichen Viehhaltung in größerem Maß anfällt. Auch das Ausstreuen von Knochenmehl auf die Felder wird von fortschrittlichen Gütern berichtet[157]. Daneben haben aber ebenso zur Hebung der Produktivität die vermehrte Zugkraft der Pferde und Ochsen, der Übergang auf dauerbeschäftigte Arbeitskräfte, bessere Geräte sowie die Einführung geeigneter Fruchtfolgen geführt. Der Absatz der Waren nach Hamburg und Lübeck und die bis 1838 zu den Adelsprivilegien zählende Möglichkeit des zollfreien Einkaufs auf den dortigen Märkten haben bereits früh zur Entstehung fest eingefahrener Absatzbeziehungen zwischen den Hansestädten und den Herzogtümern beigetragen.

---

156 Wie dies in Preußen der Fall war, wo viele Bauern den finanziellen Verpflichtungen bei der Ablösung der gutsherrlichen Dienste nicht nachkommen konnten und mit Grund und Boden für ihre Schulden hafteten (vgl. W. GÖRLITZ, 1956, S. 197).
157 Von den Gütern auf der Ostseite der Wagrischen Halbinsel erwähnt A.C. GUDME (1833, S. 125) noch das Sammeln von Seetang und dessen Einsatz zur Düngung.

5.1. DER OLDENBURGER GÜTERDISTRIKT

Nach Steuerfläche und Einwohnerzahl stehen in der Mitte des 19. Jahrhunderts der Itzehoer, Preetzer und Oldenburger Distrikt an vorderster Stelle der adligen Güterdistrikte in den Herzogtümern. Rechnet man dem Adligen Güterdistrikt Oldenburg noch die Großherzoglich Oldenburgischen Fideikommißgüter hinzu, wie es A.C. GUDME<158> tut, so bildet der Oldenburger Bereich mit Abstand die bedeutungsvollste Konzentration adliger Besitztümer. Entsprechend der bei SCHRÖDER/BIERNATZKI (1855) vorgenommenen amtlichen Distriktgliederung werden nachfolgend jedoch die Besitzungen der vormals Holstein-Gottorfischen jüngeren Fürstenlinie oder des späteren Großherzoglich Oldenburgischen Hauses nicht in die Darstellung des Oldenburger Güterdistriktes einbezogen, obgleich sie unter holsteinischer Landeshoheit stehen.

Der Oldenburger Distrikt umfaßt unter Einschluß der Hessensteinschen Fideikommißgüter ein Areal von 91.001 Tonnen (49.741 ha oder 497,4 km²)<159> und schließt eine Wohnbevölkerung von 22.484 Personen (1845) ein. Die vorherrschende Lage der Untergehörigen ist die Zeitpacht. Ausnahmen hinsichtlich eines Übergangs auf Erbpacht und Eigentum weisen nur die Güter Großenbrode und Oevelgönne auf. Mischformen aus Erb- und Zeitpacht werden in Testorf und Mannhagen angetroffen.

Die Distriktfläche dehnt sich in nicht zusammenhängender Form über große Teile der Wagrischen Halbinsel aus. Am geschlossensten ist sie im Nordwesten zwischen Selenter See und Hohwachter Bucht sowie im Umkreis der Neustädter Bucht ausgebildet. Dort herrschen große Gutsbezirke, vielfach als Fideikommiß geführt, vor.

Im wagrischen Bereich wird der Güterdistrikt von vielen eingesprengten Amtsenklaven und Lübschen Stiftsdörfern unterbrochen. Auch die Lage der Großherzoglich Oldenburgischen Güter<160> im kuppigen Zentralteil der Halbinsel trägt erheblich zur unregelmäßigen Anordnung bei. Nach Westen bilden teils das Amt Ahrensbök, teils die Großherzoglichen Güter, teils das Fürstentum Lübeck die Begrenzung. Im Nordwesten stößt das Gebiet an den Preetzer- und Kieler Güterdistrikt an und wird zur Ostsee hin von der Probstei gesäumt. Der Distrikt setzt sich aus 43 Gutsbezirken zusammen, von denen Panker, Schmool<161>, Clamp und Hohenfelde zum Hessensteinschen Fideikommiß im Besitz der Landgrafen von Hessen-Kassel zusammengeschlossen sind.

In der räumlichen Gliederung des adligen Güterdistrikts Oldenburg spiegelt sich die jahrhundertelange Rivalität zwischen König, Herzog und Adel wider.

In einem so bedeutungsvollen Durchgangsgebiet wie der wagrischen Halbinsel, gelegen zwischen der Freien Reichsstadt Lübeck und dem königlichen Amt Feh-

---

158 A.C. GUDME, 1833, S. 305-307
159 Alle Angaben nach SCHRÖDER/BIERNATZKI (1855)
160 Auf den sog. älteren Gütern, die sich auf das Testament des Herzogs Hans 1654 zurückleiten und Stendorf, Mönchneverstorf und Lensahn umfassen, übt der Großherzog nur die Rechte eines holsteinischen adligen Gutsbesitzers aus. Die jüngeren Fideikommißgüter entstammen zur Mehrzahl den ursprünglichen Domänen des herzoglichen Amtes Oldenburg und wurden 1769 vertraglich übereignet.
161 Später in preußischer Zeit Schmoel geschrieben

marn, zeichnet die Art und Aufteilung der Obrigkeiten selbst im 19. Jahrhundert noch die Auseinandersetzungen um die politische und wirtschaftliche Vorherrschaft im östlichen Holstein nach. Ritterschaft, sonstige adlige und nicht-adlige Gutserwerber, Großherzöge als Rechtsnachfolger der Gottorfer, der König als Grundherr der Amtsbezirke und schließlich die Kirche in Form von milden Stiftungen treten als Inhaber von Besitz- und Rechtstiteln in unmittelbarer räumlicher Nachbarschaft auf. Lediglich die Klöster nicht-ritterschaftlicher Zugehörigkeit sind am Landbesitz nicht mehr beteiligt. Das ehemalige Benediktinerkloster Cismar war 1560 nach der Reformation in ein landesherrlich-gottorfisches Amt umgewandelt worden. Ganz ähnlich verlief die Entstehung des benachbarten Amtes Ahrensbök, das aus einem Karthäuser-Kloster hervorging und im Rahmen der Landesteilungen in fürstlich-plönischen (1564), später königlichen (1761) Besitz geriet.

Zur landwirtschaftlichen Nutzung eignet sich der abgegrenzte Raum in vorzüglicher Weise. Über weite Strecken wird der Boden von hochwertigen und wenig reliefierten Grundmoränenplatten eingenommen. Sieht man vom Oldenburger Graben und von Küstenniederungen ab, so enthält das gesamte wagrische Gebiet wenig natürliches Grünland in Senken und glazialen Rinnen. So kann eine sichere Nahrungsquelle für das Milchvieh der Güter nur auf der Basis der Koppelwirtschaft aufgebaut werden. Der Oldenburger Graben ist in seinem Nord- wie Südteil noch von großen Seeflächen und unpassierbaren Mooren erfüllt.

Die Güter weisen einen sehr unterschiedlichen Größenzuschnitt auf. Neben der aus 4 Einzelgütern zusammengesetzten Herrschaft Hessenstein ist das adlige Gut Neuhaus mit Abstand der größte Gutsbezirk. Neuhaus umfaßt allein 1/10 der gesamten Distriktfläche und zählt neben Bothkamp, Emkendorf, Rixdorf und Salzau zu den größten Gütern Holsteins. Es setzt sich außer dem Hoffeld aus 5 Meierhöfen sowie 6 Dörfern mit zugehöriger Gemarkung zusammen, weist ausgedehnte Waldungen auf und hat Anteil am Selenter See. Weitere große Besitzungen mit einer Gesamtausdehnung von mehr als 2000 ha sind die in einer Hand vereinigten beiden Güter Klethkamp und Grünhaus sowie Sierhagen und Helmstorf. Ausgedehnte Gutsbezirke mit mehr als 1500 ha Wirtschaftsfläche bilden darüber hinaus Futterkamp, Testorf, Brodau, Waterneverstorf, Weißenhaus und Farve. Nur 10 Besitzungen im Rang von adligen Gütern weisen Areale von weniger als 500 ha auf. Während auf die 10 größten Gutsbezirke ein Landanteil von 55 % entfällt, vereinigen die 10 kleinsten Besitzungen nurmehr 6,8 % der Distriktfläche auf sich.

Auffallend ist die Erscheinung, daß die größten Güter<162> juristisch mit Fideikommissen belegt sind. Vielfach ist die Eigentumsweitergabe an Primogenituren geknüpft. Eine Ausnahme macht die Herrschaft Hessenstein. Bei ihr ist verfügt, daß der Chef des Hauses Hessen nicht zugleich der Inhaber von Schmool, Panker, Clamp und Hohenfelde sein darf. Meist ist daher der Bruder des Landgrafen der Besitzer und Nutznießer von Hessenstein.

Mit Hilfe von Fideikommissen wurde der Landbesitz alter Familien treuhänderisch geschützt. Grund und Boden konnten hypothekarisch nicht belastet werden und mußten ungeteilt in der Hand der Familie verbleiben, geführt von der durch Vertrag - meist testamentarisch - bestimmten Person. Das Fideikommiß konnte sich nur auf die immobilen Bestandteile eines Familienbesitzes erstrecken.

---

162 Es handelt sich dabei um die Hessensteinschen Besitztümer, um Neuhaus, Klethkamp, Grünhaus und Sierhagen.

So sicherte man sich gegen Schuldenaufnahme, Besitzzersplitterung und Verlust der materiellen Basis. Das Recht, landwirtschaftliche Besitzungen mit Fideikommissen zu verbinden, wurde erst durch neue Gesetzgebungen in der Weimarer Zeit aufgehoben.

Die differenzierten Einzelschicksale der adligen Güter im Oldenburger Distrikt können hier nicht nachgezeichnet werden, da nur diejenigen Gesichtspunkte von Interesse sind, die mit den wirtschaftlichen Funktionen in Verbindung stehen<163>. Dazu zählen die in der Mitte des 19. Jahrhunderts vorherrschenden Besitzverhältnisse, besonders unter dem Aspekt des einsetzenden Zerfalls der klassischen Gutsherrschaft.

Für die Wagrische Halbinsel ist kennzeichnend, daß vor allem entlang der Ostküste eine Reihe von neuen Besitzungen in bürgerlicher Hand entstanden ist. Eine große Rolle spielt in diesem Zusammenhang die Familie Schwerdtfeger, in deren Händen sich seit 1786 Seegalendorf mit Bankendorf, seit 1800 Wensin und Travenort, seit 1803 Wahrendorf, seit 1805 Bürau und seit 1842 Großenbrode, Löhrstorf und Claustorf befinden. Vorübergehend gehörten auch die Güter Müssen und Kniphagen zum Eigentum der Familie Schwerdtfeger<164>.

Nicht immer ist kaufmännisches Kapital, das eine reale Anlage sucht, die Ursache des Erwerbs adligen Gutes gewesen. Auch singuläre private Entscheidungen haben das Vordringen bürgerlichen Besitzes mitbestimmt. So berichtet H. v. RUMOHR<165> davon, daß im Jahr 1786 ausgedehnte Teile des ehedem großen Gutes Löhrstorf von Wulf Hinrich v. Thienen in hohem Alter an ein ihm nahestehendes Fräulein Schwerdtfeger überschrieben worden sind. Neben singulären Übereignungen dieser Art treten aber auch verschiedene andere Ursachen für den Erwerb von gutsherrlichem Eigentum in Erscheinung, meist im Zusammenhang mit Konkursen. Auch Eheschließungen mit Kaufmannstöchtern spielen eine wichtige Rolle. Häufige Käufer bürgerlichen Standes sind Notare, Justitiare, Amtmänner und sonstige Personen des öffentlichen Dienstes, z.T. nach Niederlegung ihrer Ämter.

Einige Sonderentwicklungen besitzrechtlicher Art sind im Güterdistrikt Oldenburg konstatierbar. So stellt Großenbrode zwar nominell ein adliges Gut dar, besteht aber nur aus den bäuerlichen Besitzungen des gleichnamigen Dorfes, welches sich in der Hand der Familie Schwerdtfeger befindet. Die preußische Verwaltung hat diese Kuriosität später abgeschafft und eine freie Landgemeinde aus Großenbrode gebildet. Eine Merkwürdigkeit repräsentiert ebenfalls das Gut Kuhof, das zu den Großherzoglich Oldenburgischen Fideikommißgütern zählt. Es ist aus den ehemaligen Vorwerksländereien des Schlosses zu Oldenburg hervorgegangen, die später zusammen mit abgetretenen Stiftsbesitzungen das Amt Oldenburg mit Sitz in Kuhof gebildet haben. Durch die Konvention von 1769 wurde das Amt Oldenburg dem Gottorfer Hause als immerwährendes Familienfideikommiß zugewiesen.

---

163 Im Hinblick auf die bedeutsamen Herrenhausanlagen sowie auf die historischen Entwicklungsphasen und Einzelschicksale der adligen Güter sei auf die grundlegende, dreibändige Monographie von H. v. RUMOHR (1979-82) verwiesen.

164 Die Familie Schwerdtfeger stammt aus Sievershausen bei Einbeck, von wo Jost Hinrich Schwerdtfeger als 'Holzförster' auf das Gut Güldenstein kam und zur Entwicklung planmäßiger Waldwirtschaft einen großen Beitrag leistete (W. LEMKE, 1963, S. 123-131).

165 H. v. RUMOHR, 1982, S. 331

Teile des zerstreuten Besitzes von Kuhhof<166> befinden sich innerhalb der Stadtflur von Oldenburg. Die Dörfer Dannau und Wandelwitz mit ihren Zeitpachtbauern liegen dagegen abseits und isoliert vom eigentlichen Gut. Die Signatur der Stadtgemarkung von Oldenburg versucht der Tatsache des Mischbesitzes Rechnung zu tragen.

Wesentlich für den wirtschaftlichen Wert der Güter in der Mitte des 19. Jahrhunderts sind die Qualitäten, die dem Boden beigemessen werden. Für diese Zeit existiert natürlich noch keine Bodenklassifikation entsprechend dem Bewertungssystem unserer Tage, aber die Quellen liefern doch Anhaltspunkte für eine Beurteilung des Produktionswertes.

In den meisten Fällen weisen die Gutsbeschreibungen aus der Feder von SCHRÖDER/BIERNATZKI (1855/56) Hinweise auf die natürlichen Eigenschaften des Standorts auf. So wird bei nahezu allen Gütern des Distrikts Oldenburg hervorgehoben, daß der Anbau von Weizen möglich und in vielen Fällen sehr einträglich ist. Der größte Teil des Bodens gilt nach dem sachkundigen Urteil von E. REVENTLOW-FARVE<167> als schwer und mittelschwer. Nur ein geringer Teil wird leicht und daher zum Anbau von Weizen und Raps ungeeignet genannt. In kuppigem Gelände herrscht gelegentlich sog. Grandboden vor, so in den Moränen von Panker. Eine weitergehende Möglichkeit der Beurteilung der agraren Ertragsleistung beruht auf den damals geltenden Grundlagen der Steuerveranlagung. Diese basiert für jeden Gutsbezirk auf der Festlegung eines Steuerareals, das nicht mit der tatsächlichen Ausdehnung des jeweiligen Gutes identisch ist. In die Steuerfläche werden Seeflächen, Teiche, Moore, Heiden, Wälder, Sümpfe, Strandanteile und Salzwiesen nicht einbezogen, so daß die Bezugsfläche zu Steuerzwecken<168> immer kleiner als das Gesamtareal eines Gutsbezirks ist. So weist das schon erwähnte Gut Neuhaus ein Steuerareal von 6.577 Tonnen à 260 Quadratruten (3.617ha) gegenüber einer realen Ausdehnung von 9.208 Tonnen (5064 ha) auf. Auch in Waterneverstorf mit seinen Anteilen am Großen Binnensee und an versumpften Küstenniederungen sind die Abschläge verhältnismäßig hoch und verringern das wirkliche Areal um 27 % von 3039 Tonnen auf 2216 Steuertonnen.

Bedeutsamer als die Reduktionen sind die Veranlagungen zum Steuertaxationswert, der in Reichstalern der dänischen Nationalbank<169> angegeben und auf die ermittelten Steuerflächen angewendet wird. Für die Flächen von Geest und Hügelland galt bei Hoffeldern, klösterlichem Vorwerksland, Domänen und Parzellistenkommunen ursprünglich ein allgemeiner Bewertungsspielraum von 50-100 Talern. Adliges und klösterliches Bauernland sowie die Gemarkung der Landschaften und Ämter wurden je Tonne mit 25-100 Reichstalern taxiert. Für die Marschen galten auf der Basis von Demath (zu je 220 Quadratruten) Sonderbedingungen mit Einschätzungen von 50-150 Talern. Bis zur Mitte des 19. Jahrhunderts ist der steuerliche Bemessungssatz<170> mehrfach prozentual erhöht und gesenkt worden<171>. Auf die bemerkenswerte Tatsache, daß die neue Taxation

---

166 Kuhhof liegt in 26 Abteilungen verstreut im Umkreis der Stadt Oldenburg (SCHRÖDER/BIERNATZKI, 1856, II, S. 64).
167 REVENTLOW-FARVE, 1847, S. 234
168 Diese wird gebildet aus Ackerland und Wiesen.
169 Seit 1818 ist die Bezeichnung Nationalbank anstelle von Reichsbank eingeführt (J. GREVE, 1844, S. 379).
170 Vergleichbar dem heutigen System des Einheitswertes
171 A.C. GUDME, 1833, S. 442

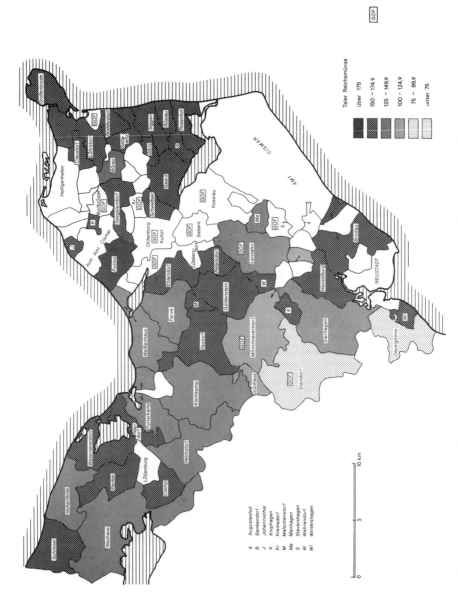

Abb. 6: Bodengüte nach Steuertaxationswerten im Güterdistrikt Oldenburg um 1845 (nach Angaben von SCHRÖDER/BIERNATZKI)

vielfach den älteren Prinzipien der Setzung gefolgt ist, macht G. HANSSEN<172> anhand der Dörfer im Amt Bordesholm aufmerksam.

Bei den Angaben von SCHRÖDER/BIERNATZKI (1855) zeigt sich, daß große Teile der oldenburgischen Güter hohe Steuerschätzungswerte je Tonne Land (Abb. 6) aufweisen. Von den 43 adligen Bezirken des Distrikts werden 17 Güter oder 22 % des Steuerareals in eine Kategorie von mindestens 160 Talern Reichsmünze je Steuertonne eingestuft. Den Spitzenwert von 177 Talern erreicht das Gut Putlos. Weitere 23 Güter mit 68 % der Steuerfläche werden der zweithöchsten Klasse von 140-159,9 Talern zugeordnet. Nur 10 % des Taxationsareals wird niedriger angesetzt, da sich hier hohe Anteile an kuppigem Gelände mit sandigen oder geröllreichen (grandigen) Aufschüttungen befinden. An keiner Stelle fallen aber die Bemessungswerte so tief ab, wie dies am Rande der Geest der Fall ist, wo der Steuersatz beispielsweise für das Gut Emkendorf auf 77 Taler absinkt. Im Oldenburger Distrikt weist das Gut Oevelgönne im kuppenreichen Hinterland der Neustädter Bucht mit 90 Talern den niedrigsten Betrag auf. Auch die Güter Klethkamp (128) und Grünhaus (119) fallen wegen der Oberflächengliederung vom allgemeinen Niveau etwas ab.

Die Werte der damaligen Bodentaxation stehen in erstaunlicher Übereinstimmung mit der heutigen amtlichen Einstufung im Rahmen der Bodenschätzung. Die Steueransätze des dänischen Gesamtstaates sind in den Angaben der amtlichen Topographien leider nicht so arealdeckend vorhanden, daß daraus ein flächenhaftes Urteil über die natürliche Produktionskraft abgeleitet werden könnte<173>.

Ebenso bedeutsam wie die Einstufungen des Bodenwertes sind die zur Verfügung stehenden quantitativen Angaben zur Landnutzung und Produktionsgliederung. Im adligen Oldenburger Güterdistrikt entfallen 74,4 % des Areals auf Ackerland. In keinem zweiten holsteinischen Güterdistrikt wird ein so hoher Anteil erreicht. Nur in Schwansen und im Dänischen-Wohld liegen die Beträge noch höher und gehen teilweise über 80 % hinaus. Die Restfläche des Oldenburger Distrikts entfällt zu 9,9 % auf Wiesen und Grasland, zu 7,9 % auf Holzland und zu 7,8 % auf unbebautes Areal, womit Moore, Sümpfe und Seeflächen gemeint sind (Abb. 7).

Die Erträge auf den bäuerlichen Ländereien sind vermutlich geringer als auf den Hofländereien der Güter gewesen. Für die adligen Höfe galt die Regel, daß bei Getreide das zehn- bis vierzehnfache Korn, auf Spitzenböden und in guten Jahren auch mehr geerntet wurde<174>. Die Differenzen in der ackerbaulichen Flächenleistung der Guts- und Hufenländereien dürften in der Größenordnung dem Unterschied entsprechen, der bei der Erzeugung von Butter, Käse und Speck feststellbar ist. Auf den Haupt- und Meierhöfen rechnete man je Milchkuh mit einer Erzeugung von 110 Pfund Butter und 120 Pfund Käse jährlich, in den Dörfern dagegen nur mit 70 bis 80 Pfund, d.h. etwa mit 1/3 weniger. In der Butterproduktion sollen auf den Gütern Leistungen bis 125 oder 135 Pfund und beim Käse bis 150 Pfund erreicht worden sein. Als Faustwert galt, daß auf jeweils 9-10 Milchkühe ein Mast- oder Kobenschwein gehalten wurde, welches mit saurer Milch und al-

---

172 G. HANSSEN, 1842, S. 205
173 Der Interpretation gegenüber ist eine gewisse Kritik angebracht, auf die schon SCHRÖDER/BIERNATZKI (1855, I, S. 103) verweisen; sie betonen, daß auch ihre Quellen mitunter Steuerwert und Areal unterschiedlich hoch veranschlagen. Für die Amtsbezirke und Adligen Klöster existieren nur Gesamtwerte.
174 Heutzutage wird das 30- bis 40fache Korn auf den gleichen Böden geerntet.

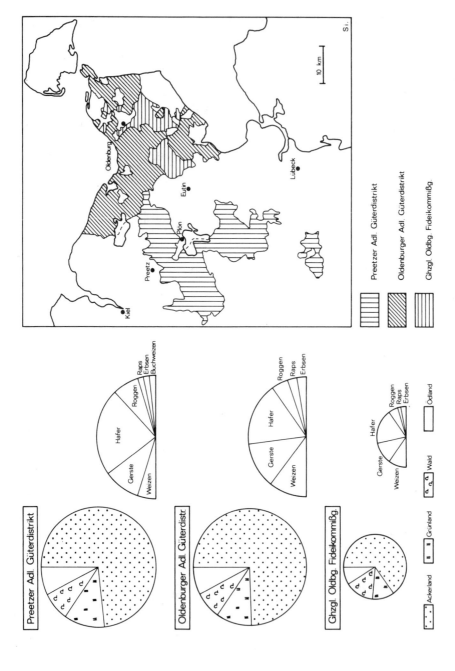

Abb. 7: Bodennutzung und pflanzliche Produktion in den Adligen Gutsdistrikten Oldenburg und Preetz sowie auf den Ghzgl. Oldbg. Fideikommißgütern um 1845 (nach Angaben von SCHRÖDER/BIERNATZKI)

ter Buttermilch, d.h. mit den Abfallprodukten der Meiereiwirtschaft ernährt werden konnte<175>.

Der von E. REVENTLOW-FARVE (1847) dargestellte Musterbetrieb Farve erreichte den guten Durchschnittswert von 130 Pfund Butter und 135 Pfund Käse. An Speck wurden jährlich ca. 1000 Lübsche Pfund<176>, die nicht ganz unserem heutigen Pfund entsprechen, erzeugt. Die Aufzucht der Kälber wurde im Gegensatz zu den meisten adligen Höfen selbst übernommen, allerdings etwa die Häfte des Jungviehs verkauft. Nur etwa 30 Tiere wurden jährlich an den Meierhof zu zweijähriger Pflege und Zucht bis zum ersten Kalben im dritten Jahr abgegeben. Der Meierhof hatte 130 Jungtiere, während der Haupthof 240 Milchkühe zählte.

Die Menge der Milchkühe ist im Verhältnis zur Güte des Bodens und zur Größe der Ackerfläche nicht hoch. Legt man die von A.C. GUDME<177> genannten Richtwerte von 1,5 - 2 ha Ackerland je Milchkuh zugrunde, so müßte die Koppelwirtschaft auf dem Gut Farve damals eigentlich höhere Besatzzahlen erlaubt haben. Der Grund für den niedrigen Wert ist indes darin zu sehen, daß ein Teil der erzeugten Viehnahrung und der Weideflächen für die Aufzucht der Kälber abgezweigt werden mußte.

Als Milchrasse herrschte das robuste Hadersleber Vieh vor, während sonst gewöhnlich das Angler Rind auf den adligen Höfen dominierte. Zur Bearbeitung der etwa 600 ha Ackerland auf dem Haupthof und der 120 ha auf dem Meierhof wurden 44 Baupferde und 16 Zugochsen gehalten. Da man auf jeweils 11-14 ha die Haltung eines Baupferdes rechnete, lag der näher untersuchte adlige Hof hinsichtlich der Zugkräfte ganz im Bereich der allgemeinen Relationen.

Gedüngt wurde nach REVENTLOW-FARVE mit Naturdünger wie auch mit Knochenmehl, das in eigener Mühle gestampft zu etwa 70-80.000 Pfund<178> jährlich ausgebracht wurde, vor allem zum separat von der Hauptrotation betriebenen Rübenbau. Das Mergeln war auf Farve seit Beginn des 19. Jahrhunderts bekannt. Zum Zeitpunkt der Berichterstattung hatte eine zweite Mergelkampagne begonnen.

Wesentliche Merkmale der Bodennutzung werden aus Tab. 1 ersichtlich. Sie weist die gutswirtschaftlichen Flächen und die bäuerlichen Hufenländereien innerhalb des Oldenburgischen Güterdistrikts getrennt aus. Da dies der einzige Fall in der Statistik der adligen Distrikte ist, wo beide Produzentengruppen separat aufgeschlüsselt sind, verdienen die Angaben eine nähere Interpretation.

Hufenland und Hofland mit Meierhöfen verhalten sich hinsichtlich der Größenausdehnung etwa 1 : 2. Die ehedem spann- und dienstpflichtige Bauernbevölkerung mußte folglich vor der Aufhebung der Leibeigenschaft eine doppelt so große Fläche wie ihr eigenes Betriebsareal mitbewirtschaften. Die Befreiung von den Diensten konnte folglich eine erheblich gesteigerte Bewirtschaftungsintensität in die Wege leiten.

Während der Rapsbau im bäuerlichen Anbaugefüge eine geringe Rolle spielt, nimmt stattdessen der Weizenbau auf den hochwertigen Produktionsflächen des

---

175 J.D. MARTENS, 1850, S. 316
176 100 Pfund Holsteinisch = 100 Pfund Lübsch = 96,745 Pfd. Dänisch = 99,79 Pfd. Hamburgisch (A.C. GUDME, 1833, S. 368).
177 A.C. GUDME, 1833, S. 144
178 Über die Herkunft der großen Menge wird keine Auskunft erteilt.

Tab. 1: Landnutzung und Produktion im Adligen Güterdistrikt Oldenburg im Jahresmittel 1841 - 45

	81 Güter und Meierhöfe	77 Gutsdörfer mit 1655 bäuerlichen Stellen
A Nutzland		
Ackerfläche	23.938 ha	16.290 ha
Wiesenfläche	3.529 ha	1.816 ha
Holzland	4.294 ha	-
unbebautes Areal (Moore, Sümpfe, Seefläche)	4.196 ha	-
Total	35.967 ha	18.106 ha
B Produktion		
Raps	10.360 Tonnen Hohlmaß<179>	1.390 Tonnen
Weizen	38.870 "	17.370 "
Roggen	11.860 "	13.570 "
Gerste	42.780 "	23.730 "
Hafer	63.520 "	27.860 "
Erbsen	6.500 "	4.550 "
Buchweizen	910 "	450 "
Kleesaat	7 "	300 "

Quelle: E. v. REVENTLOW-FARVE, 1847, S. 234

---

179 Nach GUDME (1833, S. 367) gilt für die Tonne Getreidemaß eine Umrechnung auf 8 Scheffel oder 4 1/2 Kubikfuß. Da 1 Kubikfuß 62 Pfund dänisches Handelsgewicht (bezogen auf Süßwasser) aufweist, errechnet sich die Tonne auf ein Hohlmaß von etwa 280 Pfund. Da 100 Pfund dänisch mit 103 Pfund holsteinisch bzw. hamburgisch und 106 Pfund preußisch gleichzusetzen sind, ergibt sich somit für das Getreidehohlmaß der Tonne die Summe von etwa 150 Litern im heutigen Sinne.

Tab. 2: Die wichtigsten Produktionsgebiete für Weizen in den Herzogtümern Schleswig und Holstein nach dem Durchschnittsertrag 1841 - 1845 in Tonnen (Hohlmaß)

Distrikt	Weizen	Roggen	Gerste	Hafer
Oldenburger Güterdistrikt	56.240	28.430	66.510	91.380
Landschaft Eiderstedt	40.000	4.000	24.000	72.000
Amt Steinburg	34.800	6.850	35.600	62.350
Landschaft Norderdithmarschen	33.060	22.010	18.010	79.000
Landschaft Fehmarn	29.670	6.070	28.210	13.460
Landschaft Süderdithmarschen	28.750	31.200	16.750	90.000
Preetzer Güter-Distrikt	27.830	40.500	52.730	129.820
Kieler Güter-Distrikt	27.020	26.660	43.560	71.760
Itzehoer Güter-Distrikt	24.890	45.660	31.590	113.320
Dänisch-Wohlder Güter-Distrikt	19.400	21.800	32.000	78.500
Ghzgl. Oldbg. Fideikommißgüter	13.380	7.460	15.230	24.110
Kloster Preetz	12.180	16.350	21.400	42.270
1. Angler Güter-Distrikt	12.060	15.300	19.400	40.000
Koogdistrikte u. Wildnisse	11.900	3.830	8.010	18.880
Schwansener Güter-Distrikt	11.500	20.600	30.700	65.900
Holsteinische Städte	11.450	14.500	15.750	22.700
Amt Ahrensbök	9.960	10.940	18.210	28.310
Amt Cismar	9.900	5.200	10.100	10.000
Lübsche Stadtstiftsdörfer	8.840	5.110	9.870	11.460
Fürstl. Augustenburger Distrikt	8.460	11.870	22.200	29.040
Amt Reinfeld	8.080	8.310	9.360	26.050
Restl. Gebiete in Holstein	32.330 (6%)	259.155 (28%)	50.580 (6%)	408.730 (20%)
Restl. Gebiete in Schleswig	51.950 (10%)	324.520 (35%)	263.780 (31%)	535.190 (26%)
Gesamterzeugung Holstein	350.610 (67%)	532.165 (57%)	423.260 (50%)	1.230.140 (60%)
Gesamterzeugung Schleswig	173.040 (33%)	404.160 (43%)	420.290 (50%)	834.090 (40%)
Gesamterzeugung	523.650 (=100%)	936.325 (=100%)	843.550 (=100%)	2.064.230 (=100%)

Quellen: J.v.SCHRÖDER, 1854, S. XXXVII; J.v.SCHRÖDER u. H. BIERNATZKI, 1855, S. 44-45.

1 Tonne Weizen und Roggen entspricht etwa 122 kg.
1 Tonne Gerste 90-91,5 kg (W. LEMKE, 1970, S. 171)

1 Tonne = 8 Scheffel = 32 Viertel = 144 Potter
= 4 1/2 Kubikfuß à 62 Pfd. Dän. Handelsgewicht
= 279 Lübsche oder Dän. Pfund (A.C. GUDME, 1833, S. 367)

östlichen Holstein eine bedeutende Stellung ein. Bei den übrigen Getreidearten entsprechen die relativen Anteile ungefähr der Produktionsgliederung auf den adligen Höfen. Lediglich der Roggen tritt im bäuerlichen Hufenland stärker hervor, da er als Brotkorn für die ländliche Bevölkerung dient. Der Anbau von Hafer ist weniger ausgeprägt, da die Pferdehaltung nicht so stark wie auf den Gütern ausgebildet ist. E. REVENTLOW-FARVE (S. 297) erwähnt von seinem eigenen Gut Farve, daß bei einer elfgliedrigen Rotation eine zweimalige Einschaltung von Weizen möglich ist. Die dortige Anbaufolge lautet: 1. gedüngte Sommerbrache 2. Rauhfutter (Magdeburger Erbsen, Pferdebohnen und Wicken als Gemenge) 3. brauner Weizen 4. Erbsen 5. Hafer 6. Mähklee 7. Weizen oder Roggen 8. Gerste 9., 10., 11. Weide. Gründüngung ist durchaus bekannt. Auf die Vorfrucht des Weizens wird besonders geachtet.

Welche Rangstellung dem Oldenburger Güterdistrikt im Rahmen der Getreideproduktion der Herzogtümer zukam, vermag Tab. 2 aufzuzeigen. An vorderster Stelle ist dabei der Weizen zu nennen, von dessen Erzeugung in den Herzogtümern allein 10,7 % (1841-1845) auf den Oldenburger Distrikt entfallen. Rechnet man diesem Wert noch die Produktionsleistung der benachbarten Distrikte Fehmarn, Cismar, Ahrensbök, der Lübschen Stadtstiftsdörfer und der Großherzoglich Oldenburgischen Fideikommißgüter hinzu, so vereinigt die Wagrische Halbinsel sowie die Insel Fehmarn etwa 25 % der jährlichen Weizenerzeugung in den Herzogtümern auf sich.

Geht man vom Darstellungsgebiet der historischen Wirtschaftskarte aus, so erhöht sich der Anteil der Weizenproduktion sogar auf den Betrag von etwa 43 %. Als gleichgewichtiger Schwerpunkt steht den östlichen Moränengebieten die westliche Seite der Herzogtümer gegenüber, wo auf den fruchtbaren Böden der See- und Flußmarschen etwa 33 % der Gesamterzeugung eingebracht werden. Auch in der Erzeugung von Gerste nimmt der Oldenburger Güterdistrikt, gefolgt vom Amt Hadersleben und dem Preetzer Güterdistrikt, die Spitzenstellung ein.

Im Bereich der schweren Ackermarschen liegt um die Mitte des 19. Jahrhunderts noch eindeutig der Schwerpunkt der Rapserzeugung in den Herzogtümern (Tab. 3). Etwa 50 % der Gesamterzeugung entstammt den Fluß- und Seemarschen der Herzogtümer. Demgegenüber fällt der Produktionsanteil der östlichen Güterdistrikte sowie des Adligen Klosters Preetz mit 28 % bescheidener aus. Mit 6 % vereinigt allerdings der Oldenburger Distrikt den höchsten Wert von allen östlichen Landesteilen auf sich. Die Ölkuchen als Preßrückstände stellen in damaliger Zeit ein äußerst wertvolles Viehfutter dar, das über die Grenzen der Herzogtümer hinaus verkauft wurde.

Einer Erläuterung bedarf auch die Verteilung der gutsbäuerlichen Siedlungs- und Wirtschaftsareale. Jenseits des Oldenburger Grabens weisen die vorwiegend kleinen Gutsbezirke nur eine geringe Zahl von Dörfern auf. Zwischengeschaltet sind dort jedoch Stiftsdörfer, deren Kätner- und Instenbevölkerung möglicherweise auf den Hofländereien mitbeschäftigt ist.

Bei den großen Gütern im Binnenland fällt auf, daß die dörflichen Hufengebiete regelrechte Zellen im ausgedehnten Eigenbesitz der Gutsherrschaften bilden. Manchmal formen 6-7 Dörfer eine solche Insel bäuerlicher Besiedlung, wie beispielsweise südlich der Hohwachter Bucht oder auch im Bereich der Hessensteinschen Besitzungen. Diese Erscheinung geht mit Sicherheit auf die Phase der Herausbildung der klassischen Gutswirtschaft im 17. und 18. Jahrhundert zurück und hängt mit der räumlichen Ausdehnung und Abrundung des Hoflandes durch Bau-

Tab. 3: Die wichtigsten Erzeugungsgebiete für Raps in Schleswig-Holstein nach dem Durchschnittsertrag 1841 - 1845 in Tonnen (Hohlmaß)

Distrikt	Tonnen
Eiderstedt	24.000
Norder-Dithmarschen	23.550
Süder-Dithmarschen	19.300
Amt Steinburg	16.060
Oldenburger Güterdistrikt	11.750
Koogdistrikte u. Wildnisse	9.170
Itzehoer Güterdistrikt	8.795
Preetzer Güterdistrikt	8.030
Kieler Güterdistrikt	7.240
Dänisch-Wohlder Güterdistrikt	6.500
Kloster Preetz	5.310
Amt Hadersleben	5.100
Amt Sonderburg	4.660
Amt Norburg	4.580
Fürstl. Augustenburger Distrikt	4.060
Oktroyierte Köge	4.000
Landschaft Nordstrand	3.500
1. Angler Güterdistrikt	3.000
Sonstige Produktion im Herzogtum Schleswig	11.990
Sonstige Produktion im Herzogtum Holstein	12.575
Gesamtproduktion im Herzogtum Schleswig	71.390
Gesamtproduktion im Herzogtum Holstein	121.780

Quellen: J. v. SCHRÖDER, 1854, S. XXXVII; J. v. SCHRÖDER u. H. BIERNATZKI, 1855, S. 44-45.

ernlegen und Beseitigung von Dorfschaften zusammen. Es ist nicht auszuschließen, daß auch die vor der Aufhebung der Leibeigenschaft immer drückende Frage der Sicherung von Arbeitskräften zur Beibehaltung einzelner zusammenhängender dörflicher Gemarkungen beigetragen hat. So wurden einerseits die wirtschaftlichen Sicherheiten der Bauern vermehrt, andererseits aber auch die Reserven an Arbeitskräften für die Belange der Gutswirtschaft erhöht. Auch vergrößerten sich die Heiratskreise.

Welche Leistungen hatte der in Zeitpacht stehende Hufner, wie es für den Oldenburgischen Güterdistrikt kennzeichnend war, zu erbringen? Die Zahlung von Pachtgeldern war seit 1805 definitiv an die Stelle früherer Spann- und Frondienste getreten.

G. HANSSEN[180] als bester Kenner der Agrarprobleme des 19. Jahrhunderts nennt als normalen Pachtsatz nach Aufhebung der Leibeigenschaft den Wert von 2 - 2 1/2 Taler schleswig-holsteinischen Courantgeldes je Tonne Land. Somit war für eine Vollhufe von 60-70 Tonnen jährlich ein Betrag von 150-200 Talern - meistens gestaffelt nach mehreren Fälligkeitsterminen - gegenüber dem Grundherrn zu entrichten. Dieser behielt sich die Festlegung der Pachtdauer, die Auswahl des Pächters und die Bestimmung der Anbaurotation vor. Ein Pachtcanon dieser Höhe ist nach G. HANSSEN als nicht drückend anzusehen.

E. v. REVENTLOW-FARVE[181] berichtet von seinem Gut, daß von den Hufnern etwa 40 Jahre später 3-4 Reichstaler Courant je Tonne Land an Pachtcanon zu entrichten sind[182]. Bei 982 Steuertonnen in den beiden Dörfern Wangels und Gramdorf erzielte der Gutsherr somit eine etwaige Einnahme von 3.500 Talern. Diesem Betrag stehen die jährlichen Kosten für das auf dem Haupthof befindliche Wirtschaftspersonal in Höhe von 1750 Talern gegenüber. Rechnet man diesem Betrag noch die Kosten für Knechte und Mägde (25 bzw. 18 Taler jährlich) und die Auslagen für 60-70 Tagelöhner (8-10 Schilling täglich) hinzu, so ergibt sich ein Wert, der ungefähr der oben genannten Pachteinnahme gleichkommen dürfte.

Die Steuern an den Staat, die sich im Fall von Farve auf 1240 Taler belaufen, und die Gemeindeabgaben für Kirche, Schule und Armenwesen, welche etwa 1600 Taler ausmachen, werden vom Grundherrn unter Einschluß seiner dörflichen Untergehörigen entrichtet. Stellt man daher Einnahmen und Ausgaben abwägend gegenüber, so können aus der Größenrelation beider Posten heraus die Pachtgelder der Zeitpächter keinesfalls als übertriebene Forderung und Quelle gutsherrlichen Reichtums eingestuft werden. Die Höhe der alljährlichen Zahlungen[183] ist vor allem auf dem Hintergrund der noch weiterbestehenden Konservationspflicht des Grundherrn gegenüber seinen Untergehörigen zu sehen. Wenn die Zeitpacht in Schleswig-Holstein trotzdem äußerst zögernd wich und die letzten Zeitpachtverhältnisse erst nach dem 2. Weltkrieg aufgelöst wurden, so dürfte der Hauptgrund im Erhalt des grundherrlichen Rechtsanspruchs über Grund und Boden zu suchen sein.

---

180 G. HANSSEN, 1861, S. 96
181 E. v. REVENTLOW-FARVE, 1847, S. 294
182 1 Reichsbanktaler ist nach A.C. GUDME (1833, S. 373) mit 1 7/8 Courant gleichzusetzen. Die Pachtsätze hätten sich somit - ohne Korrelation mit der Kaufkraft des Geldes - etwa verdreifacht.
183 vgl. G. HANSSEN, 1861, S. 96

Der vorherrschende Typus der Sozialstruktur ist im gutsherrlichen Hufenland des Oldenburger Distrikts geprägt durch das starke, manchmal mehrfache Überwiegen von Insten und Kätnern gegenüber den Vollhufnern. Die ländlichen Unterschichten stehen den Hufenpächtern entweder diametral ohne eine landbewirtschaftende Mittelschicht gegenüber oder bilden das zahlenmäßig größte Fundament mit eingeschalteten Zwischenschichten von Halb- und Viertelhufnern. Die Spitze der ländlichen Sozialpyramide wird aber immer von Vollhufnern eingenommen, deren Zahl sich in der Regel zwischen 5 und 8 bewegt.

Besitzlose Kirchdörfer finden sich im Oldenburger Güterdistrikt an zwei Stellen, nämlich in Giekau und Hohenstein. Auf einzelnen Gutsbetrieben, die über keine Dörfer oder nur über unzureichende Arbeitskräfte verfügen, sind reine Katen- und Instensiedlungen in dorfähnlicher Ausprägung entstanden, so Goel auf Schwelbek und der Ort Petersdorf auf dem Gut Petersdorf. Diese Katensiedlungen ohne Landbesitz dürfen nicht mit den "Langen Reihen" vor den Torhäusern der Haupthöfe verwechselt werden.

Die übrigen wirtschaftlichen Elemente zeigen im Bereich der Oldenburgischen Gutsherrschaften weitgehend übereinstimmende Merkmale. Auf den größeren Besitzungen werden Ziegeleien angetroffen, deren Existenz aber immer auf das Vorhandensein von Lehm sowie von Torf oder Holz zum Heizen angewiesen ist. Da auf den Grundmoränenplatten der wagrischen Ostküste Torf und Holz weithin fehlen, sind dort auch kaum Ziegeleien anzutreffen. Größere Betriebe scheinen nur Seegalendorf und Brodau zu besitzen. In ihnen werden mehr als 100.000 Mauersteine und Drains hergestellt. Auch Brennereien treten zurück. Das Mühlenwesen ist im gesamten Raum im üblichen gutsobrigkeitlichen Schema ausgebildet, wobei nach Möglichkeit Wassermühlen entlang regelmäßig fließender Gerinne angelegt werden.

In den stärker reliefierten Teilen, so um den Bungsberg, wird in Senken und Niederungen Teichwirtschaft betrieben. Das Gut Klethkamp ist ein bekanntes Beispiel für ausgeprägte und ergiebige Karpfenzüchtung. Die Anlage der Teiche ist nicht immer an fließendes Wasser und Quellen gebunden. Oft befinden sich die Wasserflächen inmitten von Ackerarealen und sammeln den Oberflächenabfluß der umgebenden Hänge. Als allgemeine Regel gilt, daß Teiche zwei bis drei Jahre genutzt werden und ein Jahre trocken liegen. In den Ruhejahren wird die frühere Teichfläche je nach örtlicher Situation zur Heugewinnung, Weide oder zum Getreidebau genutzt. Karpfen bedürfen einer vierjährigen Haltung, bis sie zur sog. Kaufmannsware herangewachsen und marktfähig geworden sind<184>. Schon zu Beginn des 19. Jahrhunderts ist die Teichwirtschaft als Anleitung für den praktizierenden Landwirt dargestellt worden<185>. Der Verkauf der Karpfen, Hechte und Barsche erfolgt hauptsächlich auf den Hamburger und Lübecker Märkten.

Im Gegensatz zu den königlichen Waldgebieten der Amtsbezirke, welche einer zentralen und einheitlichen Forstinspektion unterstehen, entzieht sich Waldpflege und Holzertrag auf den Gütern einer vergleichenden qualitativen Beurteilung. Generell gilt, daß der Westteil Wagriens relativ viel Waldflächen besitzt, während der Ostteil wie auch Fehmarn beinahe waldlos sind und wegen des Vorherr-

---

184 E. REVENTLOW-FARVE, 1847, S. 314
185 S. GUDME - Anweisung zur Anlegung einer Teichfischerei und zur Fischzucht. Altona 1827. Siehe auch: A.C. GUDME, 1833, S. 204/205 und E. REVENTLOW-FARVE, 1847, S. 312-315

schens von Gutsfluren kaum Knicks zur Gewinnung von Brennholz aufweisen. So bietet der Verkauf von Bau- und Brennholz in die waldlosen Areale gelegentlich eine zusätzliche Einnahme. Hier kommt den holz- und waldreichen Besitzungen der Großherzoglich Oldenburgischen Fideikommißgüter eine ungleich bedeutendere Stellung zu.

P.F.L. TISCHBEIN[186] macht bei der Kalkulation des Holzbedarfs auf ostholsteinischen Gütern mit Recht darauf aufmerksam, daß sehr zurückhaltend mit der Anlage von Wäldern umgegangen werden sollte, da der Boden durch Getreidebau eine unvergleichlich höheren Ertrag abwirft. Auch ist der Abbau von Torf, vor allem von hochwertigem Baggertorf mit großem Heizwert, dem Verkauf von Holz aus Knicks und Niederwald kostenmäßig um ein Vielfaches überlegen. Der Waldbestand soll daher bei Neuanlage auf den realen Bedarf kalkuliert sein und nur die schlechten Böden ausfüllen. Interessant ist der Vorschlag, einen Waldmantel entlang der See zu schaffen, um die austrocknende Wirkung von Ostwinden zu vermindern.

Bei einer Gesamtbewertung zeigt sich, daß der Oldenburger Güterdistrikt aufgrund seiner vorzüglichen Böden ganz auf Getreidebau und Meiereiwirtschaft ausgerichtet ist. Der bäuerliche Hufenbereich, der im Vergleich etwa die halbe Fläche der Haupt- und Meierhöfe einnimmt, hinkt in der Produktionsleistung um etwa 1/3 nach. Es dominiert dort ganz überwiegend die Zeitpacht.

Der West- und Zentralteil ist durch große und alte Güter, meist im Besitz von Angehörigen der Ritterschaft, bestimmt, während der Ostteil durch kleine Güter in vielfach bürgerlicher Hand charakterisiert ist. Der Oldenburger Distrikt ist wie auch die übrigen Gutsdistrikte durch Straßen schlecht erschlossen. Die obrigkeitliche Autonomie der vielen Einzelbezirke wirkt sich nicht fördernd auf eine verkehrswirtschaftliche Erschließung aus.

Die Koppelwirtschaft beherrscht noch gänzlich das ländliche Betriebssystem. Allerdings werden bemerkenswerte Formen der Arbeitsteilung sichtbar, die nicht allein die Meierhöfe betreffen, sondern auch auf die gutsbäuerlichen Hufnerbetriebe übergreifen. Gegenüber den Versuchen, eine Stallfütterung nach englischem Vorbild im östlichen Wagrien einzuführen[187], erweist sich die holsteinische Schlagwirtschaft als überlegen. Vor allem bei den körnerstarken Fruchtfolgen auf hochwertigen Böden der Wagrischen Halbinsel fällt genügend Dünger an, um damit Ertragssteigerungen im herkömmlichen Betriebssystem herbeizuführen.

5.2. DIE GROSSHERZOGLICH OLDENBURGISCHEN FIDEIKOMMISSGÜTER

Vor allem der räumlichen Nachbarschaft wegen sollen die holsteinischen Besitzungen des Großherzoglichen Hauses Oldenburg an dieser Stelle behandelt werden. Sie ähneln im Aufbau und in der Bewirtschaftung den übrigen Gutsbezirken der Wagrischen Halbinsel, weisen aber doch eine größere Zahl von Merkmalen auf, die auf eine stärker koordinierte, in Ansätzen arbeitsteilige Aufgabenstellung hinweisen.

---

186 P.F.L. TISCHBEIN, 1842, S. 427 u. 429
187 So auf dem Mustergut Rantzaufelde, von dem englischen Baron von Selby nach 1811 eingeführt. Die dort praktizierte englische Wirtschaft intendierte eine gänzliche Umstellung auf Wechselwirtschaft sowie ganzjährige Stallfütterung und Aufhebung der Weidewirtschaft. Daneben treten vielseitige agrartechnologische Neuerungen (W. LEMKE, 1963, S. 128 u. 134).

Die Besitzungen der jüngeren Linie des Gottorfer Hauses bilden keinen räumlich arrondierten Bezirk. Sie sind in zwei Hauptflügel aufgespalten, deren einer im Westen an das Fürstentum Lübeck angrenzt und die beiden großen Güter Stendorf und Mönchneverstorf umfaßt. Der zweite Komplex stößt an das Amt Cismar und erstreckt sich nach Norden parallel zum Oldenburger Graben. Streubesitz im Nordteil der Wagrischen Halbinsel und auf der Stadtflur von Oldenburg, wo das Gut Kuhof 26 Einzelparzellen bildet, treten hinzu<188>.

Das Haus Holstein-Gottorf hatte in nachreformatorischer Zeit immer die fürstliche Gewalt bei der Besetzung des Lübecker Bischofsstuhls inne<189>. Seit dem 17. Jahrhundert wurde versucht, in der Nähe von Eutin liegende adlige Güter als Privateigentum aufzukaufen. Aus dieser ersten Phase stammen die sog. drei älteren Fideikommißgüter Lensahn, Mönchneverstorf und Stendorf, welche vom Gottorfischen Bischof Hans erworben und 1654 testamentarisch zu einem immerwährenden Fideikommiß zusammengefaßt worden waren.

Demgegenüber sind die jüngeren Fideikommißgüter, die 1769 in die Hand des Gottorfischen Hauses und der späteren Großherzöge von Oldenburg (seit 1815) gelangt waren, in der Mehrzahl auf die Existenz früherer Domänen des Amtes Oldenburg zurückzuführen. Diese wiederum waren vielfach aus ursprünglich klösterlichem Besitz von Cismar und Reinfeld hervorgegangen. Auch Mönchneverstorf und das benachbarte Testorf hatten ehedem zum Besitz des Klosters Cismar gehört, wurden aber schon 1460 vor Einführung der Reformation gegen die Dörfer Grube und Dahme eingetauscht.

Noch vor Gründung des dänischen Gesamtstaates und vor der Abtretung der großfürstlichen Landesteile an die dänische Krone<190> kommt es 1769 zu einem förmlichen Vertrag. Durch ihn wird die Auflösung des ehedem gottorfischen, später großfürstlichen Amtes Oldenburg beschlossen und seine Überführung in das Eigentum der jüngeren Holsteinisch-Gottorfischen-Linie als Fideikommiß vollzogen. Nutznießer des insgesamt etwa 18.000 ha<191> umfassenden Familienbesitzes ist der jeweilige Großherzog von Oldenburg persönlich.

Die juristische Leitung der Besitzungen erfolgt durch den Regierungspräsidenten in Eutin. Auch die ökonomische Direktion übt die dortige großherzogliche Administration aus. Die Gerichtsbarkeit dagegen wird von einem Gerichtshalter im

---

188 Das Gut Kuhof, ehemals östlich der Altstadt gelegen, ist heute im Stadtbild nicht mehr zu erkennen. Das Herrenhaus wurde 1971 abgerissen und die verkauften Liegenschaften in Sport- und Freizeitgelände umgewandelt. Der Name Kuhtorstraße in der Oldenburger Altstadt verweist noch auf die alte Situation.
189 Seit 1607 war der Brauch eingehalten worden, den Bischofsstuhl von Lübeck mit einem nachgeborenen Prinzen des Hauses Holstein-Gottorf zu besetzen (H. v. RUMOHR, 1982, S. 371).
190 O. KLOSE, 1960, S. 81-83
191 Ohne die adligen Güter Güldenstein und Mannhagen sowie das Kanzleigut Tangstedt (nördlich Hamburg), in denen lediglich die Rechte eines holsteinischen Gutsbesitzers ohne sonstige Privilegien ausgeübt werden. 1839 kaufte der Großherzog Paul Friedrich August von den Exekutoren des "von Selbyschen Fideikommisses" das Gut Güldenstein. 1865 wurden aus der Erbmasse Schwertfeger das Gut Wahrendorf und 1885 Teile von Löhrstorff erworben. Die beiden letztgenannten Erwerbungen sind auf der historischen Wirtschaftskarte noch in alter Besitzzugehörigkeit verzeichnet (H. MICHAELSEN, 1971, S. 37).

sog. Amt in Lensahn wahrgenommen. Der Ausbau der Administration war nach Aufhebung der Leibeigenschaft erfolgt, in deren Rahmen die Güter samt Gerichtsbarkeit an einen Pächter (Pensionario) vergeben waren. Nach dem neuen Modus war nur noch Eigenbewirtschaftung und gesetzlich geregelte Jurisdiktion erlaubt.

Die Nutzung der großen Flächen ist bevorzugt ackerbaulich geprägt. Da der Besitz über beträchtliche Höhenunterschiede mit kleingekammertem Relief verteilt ist, spielt auch der Wald<192> eine bedeutende Rolle. Er ist nach SCHRÖDER/BIERNATZKI<193> in 48 Gehege geteilt und umfaßt etwa 2000 ha.

Teils herrschen vorzügliche Weizenböden vor, teils leidet die Qualität am groben Material der Moränenaufschüttungen im Umkreis des Bungsbergs. So belaufen sich die Steuertaxationswerte von Stendorf, Mönchneverstorf und Lensahn nurmehr auf Beträge von 93,5, 114,7 und 126. Die Ackerflächen dieser älteren Güter stellen also keinesfalls Spitzenstandorte im Vergleich zu den Grundmoränenplatten weiter im Osten dar. Für die jüngeren Güter liegen keine vergleichbaren Werte vor, da diese entsprechend dem Abfindungsvertrag nicht zur Landsteuer herangezogen werden.

Im Hinblick auf den allgemeinen Entwicklungsstand macht das Großherzogliche Gütergebiet in der Mitte des 19. Jahrhunderts einen ausgesprochen fortschrittlichen Eindruck. Merkmale der besonderen Entwicklung sind ebenso auf ökonomischem und verkehrsstrukturellem Gebiet wie auch im Bereich von Volksbildung und sozialer Fürsorge zu erkennen.

Im Rahmen der bestehenden Verkehrsanschlüsse fällt auf, daß bereits in der Mitte des 19. Jahrhunderts die Chaussee Eutin-Oldenburg, wie auch entsprechende Macadam-Straßen im Fürstentum Lübeck, ausgebaut sind. Die Strecke Eutin-Lensahn<194> ließ der Großherzog aus eigenen Mitteln bauen und sorgte dafür, daß sie bereits bis zum Jahr 1846 nach Oldenburg verlängert werden konnte. Ganz im Gegensatz zu den übrigen Güterbezirken wird also die verkehrswirtschaftliche Erschließung gezielt in den Dienst des allgemeinen Landesausbaus gestellt. Ein Frachtfuhrmann konnte nunmehr auf der neuen Straße das Dreifache der bisherigen Last mit gleicher Gespannkraft fortbewegen. Allerdings mußten alle Last- und Personenfahrzeuge sowie passierende Reiter und Viehherden nach einheitlichem Wegegeld-Erlaß aus dem Jahr 1842 ihren Chausseegeld-Tarif entrichten<195>.

Im landwirtschaftlichen Sektor sind vor allem die drei älteren Fideikommißgüter durch Sonderentwicklungen gekennzeichnet. Auf Mönchneverstorf fällt dem Vorläufer des Meierhofs Bungsberghof (Füllenhof) die Rolle zu, Pferde von veredelter Rasse zu züchten und Füllen sowie Beschäler für die Stuten der Untergehörigen in den Gutsdörfern heranzuziehen.

---

192 Auch auf Güldenstein spielt der Wald eine besondere Rolle. Diese Tatsache geht noch auf die Thienensche Zeit zurück, als Güldenstein die Holzversorgung für die waldlosen Mitbesitzungen Löhrstorff, Seegalendorf, Satjewitz und später auch Gaarz übernahm (H. v. RUMOHR, 1982, S. 372).
193 SCHRÖDER/BIERNATZKI, 1855, 1, S. 109
194 W. LEMKE, 1969, S. 90
195 H. MICHAELSEN, 1968, S. 148

Neben diesen frühen Wurzeln der Pferdezucht, die auf Betreiben der Staatsregierung nur an wenigen Stellen der königlichen Amtsbezirke in vergleichbarer Form feststellbar sind<196>, verdienen diejenigen Einrichtungen Beachtung, die zur Vermehrung landwirtschaftlicher Kenntnisse im Bereich der Fideikommißgüter errichtet worden sind. Neben den gewöhnlichen Schulen sind es vor allem sog. Industrieschulen, die in fast allen größeren Dörfern dieses bevölkerungsreichen Landesteils gegründet wurden. In ihnen werden speziell auch die Mädchen in handwerklichen Fertigkeiten unterrichtet. In Casseedorf und Schönwalde sind zur Unterweisung der Knaben Obstbaumschulen angelegt worden, um diesen im allgemeinen wenig entwickelten Agrarzweig weiter zu verbreiten<197>. Auch der Anbau von Rotklee wird auf den Fluren der Hufner bewußt gefördert und in die Anbaurotation, welche der Grundherr seinen Zeitpächtern vorschreiben kann, einbezogen. Lensahn ist der Sitz des Wagrischen Landwirtschaftlichen Vereins, der dort vierteljährlich seine Sitzungen und Vortragsveranstaltungen abhält. Die große Zahl von Handwerkern in den volkreichen Dörfern - vor allem in Schönwalde mit 868 Einwohnern - wird in den Quellen mehrfach hervorgehoben.

Zu den besonderen Kennzeichen des großherzoglichen Wagrien zählen auch die frühe medizinische Betreuung durch Distriktarzt und Krankenhaus in Lensahn. Vorschriften über Impfungen werden schon zu Beginn des 19. Jahrhunderts erlassen, woraus sich möglicherweise Rückschlüsse auf die verhältnismäßig hohen Bevölkerungsüberschüsse ableiten lassen. Die zahlreichen Arbeitskräfte können auf den Gütern z.T. nicht ausreichend beschäftigt werden und suchen Nebenerwerbstätigkeiten wie im Chaussee- und Bahnbau. Auch die saisonale landwirtschaftliche Beschäftigung als Erntearbeiter und Bauknechte in Fehmarn und anderen Teilen des Landes hat offensichtlich eine wichtige Rolle gespielt<198>. Nach der Herkunft kommen die meisten dieser Personen aus Schönwalde. Es zeigt sich somit, daß die Großherzoglich Oldenburgischen Fideikommißgüter im Rahmen der Wagrischen Gütergebiete eine gewisse Sonderstellung einnehmen, die die verschiedensten Einflußbereiche gutsobrigkeitlicher Landesentwicklung betrifft.

Kennzeichnend für die Arbeitsbewältigung auf den Gütern selbst ist die frühe Einführung mechanischer Erleichterungen und technischer Erfindungen. Dazu zählt auf Lübbersdorf die Verwendung einer gußeisernen Windmühle (1854) mit sich selbstregulierenden Holzflügeln. Mit ihrer Hilfe werden per Transmission Häckselmaschinen, Kornquetsche, Wasserpumpe, Dreschmaschine, Sägewerk und schließlich der Schleifstein angetrieben. Auch auf den Feldern des Gutes Kuhof ist Mitte des 19. Jahrhunderts<199> eine technische Neuerung installiert, indem dort Drainagerohre aus gepreßtem Backtorf<200> hergestellt werden. Vermutlich ist die Anlage selbst auch mit Torf aus dem Oldenburger Graben betrieben worden.

---

196 An fünf Stellen der Herzogtümer wird je 1 Beschäler gehalten, um die Pferdezucht zu verbessern, davon dreimal englisches Halbblut in den Marschen (E. REVENTLOW-FARVE, 1847, S. 36)
197 Der Obstbau hat zu dieser Zeit nur im Sundewitt und auf Alsen eine stärkere Stellung. Vor allem die Gravensteiner Äpfel der Insel Alsen (J. G. KOHL, 1846, I, S. 154) sind hier hervorzuheben. Sie scheinen als Exportware nach Rußland eine wichtige Rolle gespielt zu haben.
198 W. LEMKE, 1970, S. 165
199 SCHRÖDER/BIERNATZKI, 1856, II, S. 64
200 ähnlich den heute verwendeten Drainagerohren mit Kokosummantelung

Ein besonderes Kennzeichen der Großherzoglichen Güter ist auch der Waldreichtum im Umkreis von Güldenstein, Mönchneverstorf, Lensahn, Stendorf, Sebent und Sievershagen. Der Reichtum an Wald und Hölzungen ist teilweise noch ein Relikt aus der Zeit der klösterlichen Landbesitzungen im zentralen Wagrien. Von Mönchneverstorf wie Testorf ist bekannt, daß sich dort ehemals große Waldungen des Klosters Cismar befanden. Bevor sie einer geordneten forstlichen Bewirtschaftung unterzogen wurden, dienten sie neben der Holzentnahme für Bau- und Heizzwecke vor allem der herbstlichen Schweinemast. Auch spielte die Laubheugewinnung als Einstreu eine große Rolle. Daneben mag die geringere Bodenqualität im Umkreis des Bungsberges zu ihrer Erhaltung beigetragen haben.

Um die Mitte des 19. Jahrhunderts ist der gesamte Waldbesitz in Gehege geteilt und mit Förstereien überzogen. Der Sitz der aufsichtführenden großherzoglichen Oberförsterei befindet sich in Lensahn. Im 19. Jahrhundert kommt die Aufforstung mit Nadelgehölzen auf, die meist aus Skandinavien bezogen werden. Diese Neuanlagen werden besonders für das Gut Stendorf erwähnt. Auch die Jagd nahm in den Oldenburgischen Waldgebieten eine bedeutungsvolle Stellung ein, wie der Bau eines wenig proportionierten, seiner Bestimmung nie zugeführten Jagdschlosses in Stendorf (1876) verdeutlicht.

Versucht man abschließend, einige Strukturmerkmale der Großherzoglich Oldenburgischen oder Schleswig-Holsteinischen Fideikommißgüter quantitativ zu beleuchten (Tab. 4), so geht aus den vorhandenen Quellen hervor, daß die pflanzliche Erzeugung auf den Gütern und auch auf den Bauernländereien im Ergebnis nicht sehr unterschiedlich gewesen zu sein scheint. Die Menge des erzeugten Weizens entspricht vollkommen der Relation der Ackerflächen bei beiden Produzentengruppen. Rapsbau wird bei den Bauern faktisch nicht betrieben.

Bemerkenswert sind die hohen Zahlen von Pferden und sonstigem Hornvieh in den gutsbäuerlichen Wirtschaftsbereichen. Hier dürfte sich die von den Guts- und Meierhofpächtern veranlaßte Arbeitsteilung widerspiegeln, die den Bauern die Nachzucht der Tiere überläßt. Auf diese Weise wird das Gut von zusätzlichen Arbeitsbelastungen befreit und nutzt den Vorteil, sich für seine eigenen Belange den besten Nachwuchs aus dem Angebot der Untergehörigen auszuwählen. Daß bei diesem Verfahren für die Bauern eine Art negativer Selektion unvermeidbar ist, liegt auf der Hand. Der Nachteil dieses Verfahrens sind in den Dörfern höhere Besatzzahlen an Baupferden und geringere Leistungen der Milchkühe[201], der Vorteil die Erlöse aus dem Verkauf der Jungtiere und die erhöhte Düngerproduktion, die der Körnererzeugung wiederum zugute kommt.

Im Hinblick auf die Bevölkerungszahlen weist der Großherzoglich Oldenburgische Güterdistrikt anteilmäßig mehr Personenzahlen im Bereich der Dorfländereien auf als der benachbarte Oldenburger Güterdistrikt. Dieser ist 3,3fach größer, aber nur mit der 2,8fachen Menge an Untergehörigen bevölkert. Die Unterschiede können nicht der Tagelöhnerzahl zugeschrieben werden, die in beiden Fällen bei 56 % liegt. Viel stärker dürfte ins Gewicht fallen, daß im Gebiet der Fideikommißgüter eine stärkere natürliche Bevölkerungszunahme herrscht und daß in den größeren Dörfern Lensahn und Schönwalde eine höhere Zahl von Handwerkern ansässig ist.

---

201 Dies hat auch andere Gründe, die mit der Art der Pflege, der Fütterung und der Düngung der Felder verbunden sind (J.D. MARTENS, 1850, S. 129-142).

Tab. 4: Statistische Angaben zu den Großherzoglich Oldenburgischen Fideikommißgütern nach E. REVENTLOW-FARVE, 1847, S. 236/237 (Stendorf, Mönch-Neverstorf, Lensahn, Coselau, Sievershagen, Lübbersdorf, Kuhof, Kremsdorf, Bollbrügge, Sebent sowie das Freidorf Sütel)

Merkmale	Haupt- und Meierhöfe (15)	Gutsdörfer (20)	
A. LANDNUTZUNG			
Ackerland	4824 ha	5919 ha	
Wiesen	999 "	785 "	
Holzland	2388 "	-	
unbebautes Land	1459 "	-	
B. BAUERNLÄNDEREIEN		539 "	Eigentum
		5930 "	Zeitpacht
		229 "	Land der Kirchen- und Schulbediensteten
		6 "	Zuordnung unklar
C. VIEHBESTAND			
Pferde und Füllen	471 Stück	1030 Stück	
Milchkühe	2486 "	2062 "	
sonst. Hornvieh	276 "	947 "	
Schweine	824 "	1351 "	
Schafe	2580 "	1800 "	
Ziegen	-	194 "	
Bienenstöcke	29 "	336 "	
D. ERZEUGUNG			
Raps	1720 Tonnen Hohlmaß	150 Tonnen Hohlmaß	
Weizen	6220 " "	7160 " "	
Roggen	2190 " "	5270 " "	
Gerste	7830 " "	7400 " "	
Hafer	12560 " "	11550 " "	
Erbsen	990 " "	2650 " "	
Buchweizen	250 " "	-	
Kleesaat	-	120 " "	
Butter je Kuh	110 Lübsche Pfund	70-80 Lübsche Pfund	
Käse je Kuh	120 " "	-	
Knochenspeck	7000 " "	12850 " "	
E. BEVÖLKERUNG	1161 Personen	6232 Personen gesamt	
	davon	1868 Landbau treibende Personen	
		3493 Tagelöhner	

So ergab die Volkszählung von 1845[202], daß im Gebiet der Oldenburgischen Fideikommißgüter allein 10 % der Dorfbevölkerung, d.h. insgesamt 627 von 6262 Personen, als Schuster, Schneider oder Weber tätig waren bzw. als Angehörige miternährt wurden. 69 Schneider, 61 Weber und 54 Schuster waren als Hauptpersonen mit ihren Gehilfen und Lehrlingen in diesen 3 Handwerkssparten beschäftigt. Eine vergleichbare Konzentration tritt in keinem zweiten Güterdistrikt des Untersuchungsraumes auf.

Versucht man, einige Merkmale der Großherzoglich Oldenburgischen Fideikommißgüter zu resümieren, so verdienen folgende Gesichtspunkte besondere Beachtung:

1. Die Gutswirtschaft auf den Oldenburgischen Gütern unterscheidet sich in den grundlegenden Betriebsstrukturen kaum von den übrigen adligen Gütern. Die gutsuntertänige Hufnerschicht steht auch hier zum ganz überwiegenden Teil im Zeitpachtverhältnis.

2. Dagegen lassen sich in der technischen Ausstattung und in der Einbeziehung neuer Einzelzweige Merkmale rationaler Unternehmensorganisation und Arbeitsteilung erkennen. Die Waldwirtschaft nimmt eine herausragende Stellung ein und erfüllt ergänzende Funktionen für die waldlosen Güter des östlichen Wagrien.

3. Generell ist festzustellen, daß das Gebiet im Hinblick auf kommunikative und soziale Infrastrukturen weit vorgeschritten ist.

4. Ein weiterer Indikator fortschrittlicher Entwicklung ist ein recht differenziertes Schulsystem, das die Vermittlung von technischen und agraren Fertigkeiten einbezieht.

5. Das Gebiet der Großherzoglich Oldenburgischen Fideikommißgüter ist verhältnismäßig bevölkerungsreich und kennt erste Formen von Unterbeschäftigung, die zu Saisonarbeit und Nebenbeschäftigung führen.

5.3. DER PREETZER GÜTERDISTRIKT

Der Preetzer Adlige Güterdistrikt steht dem Oldenburger an Ausdehnung und wirtschaftlicher Bedeutung nur wenig nach. Er ist räumlich ebenso wenig geschlossen ausgebildet wie dieser und unterliegt einer Zweiteilung in einen Nord- und Südflügel. Im Hinblick auf die periphere Lage des namengebenden Klosters stellt der Preetzer Güterdistrikt ein besonders gering arrondiertes Territorium dar.

Der Preetzer Distrikt dehnt sich von Westen her in hufeisenförmiger Ausbildung um die Plöner Seenplatte aus. Bedeutende Teile der Binnengewässer wie auch der angrenzenden Randbereiche werden jedoch von der Plöner Stadtgemarkung und den Ländereien des Amtes Plön eingenommen. Die Besitzgrenze verläuft in dominierender Nord-Süd-Richtung mitten durch den Großen Plöner See. Den Gutsbezirken fällt der kleinere Anteil an der Seefläche zu.

Den größten Abschnitt der ostseitigen Begrenzung machen das Fürstentum Lübeck und das königliche Amt Ahrensbök aus. Nach Norden stößt der Preetzer

---

202 Stat. Tabellenwerk, hrsg. v. d. allerhöchst ernannten Commission, Heft 2, Kopenhagen 1846, Tab. 13

Güterdistrikt an die Walddörfer des Adligen Klosters Preetz sowie an den Kieler Güterdistrikt. Die gesamte Westflanke wird von Amtsbezirken gebildet, unter denen Bordesholm und Neumünster den ausgedehntesten Raum einnehmen. Eine Exklave des Amtes Segeberg mit Bornhöved als wichtigster Siedlung stößt keilartig von Südwesten in den Preetzer Distrikt vor. Zur Aufteilung in einen Nord- und Südflügel trägt auch ein isolierter Bestandteil des Amtes Plön bei, welcher die vier Dörfer Stocksee, Damsdorf, Tensfeld und Tarbek umfaßt. Die Verbindung zwischen beiden Distriktteilen wird durch den Gutsbezirk Nehmten auf dem Westufer des Großen Plöner Sees hergestellt.

Nicht die gesamte Ausdehnung des Preetzer Güterdistrikts ist vom Schnitt der Historischen Wirtschaftskarte erfaßt. Die südlichsten Bestandteile im Umkreis des Wardersees und des oberen Travetals mit den Gütern Prohnstorf, Wensin, Rohlsdorf und Müssen konnten nicht einbezogen werden. Auch ein losgelöster Gebietsteil mit den Gütern Nütschau und Fresenburg, nordwestlich von Oldesloe, bleibt außerhalb der kartographischen Darstellung.

Im Gegensatz zum Oldenburger besitzt der Preetzer Güterdistrikt eine reine Binnenlage. Häfen zum Versand von Weizen, Roggen, Meiereiprodukten und sonstigen gutswirtschaftlichen Agrarerzeugnissen fehlen. Auch die Anbindung an das bestehende Straßennetz entspricht nicht denjenigen Bedingungen, die im wagrischen Gebiet angetroffen werden.

Sieht man von Plön ab, so entfallen auf den Preetzer Distrikt keine städtischen Siedlungen. Demgegenüber ist der Oldenburger Distrikt mit den Kleinstädten Lütjenburg, Heiligenhafen, Oldenburg und Neustadt geradezu städtereich zu nennen.

Die Böden (Abb. 8) erreichen im kuppenreichen Preetzer Distrikt nicht ganz die Qualität der Standorte auf den ostholsteinischen Grundmoränenplatten. Vor allem die Südwestseite des Großen Plöner Sees weist hohe Sandanteile auf. Demzufolge liegt der Steuertaxationswert des Gutes Nehmten nur mehr bei 62 Talern Reichsmark. SCHRÖDER/BIERNATZKI[203] kennzeichnen den Typus als grandigen Mittelboden, auf dem noch an vielen Stellen mit Erfolg Gerste angebaut werden kann. Zum Roggenanbau eignet sich indes der Boden in Nehmten vorzüglich, und auch die Kultur von Rot- und Weißklee[204] liefert gute Ergebnisse.

Ausgesprochen magere Böden werden auch im äußersten Südwesten des Gebietes angetroffen. Hierbei handelt es sich um die Flächen des Gutes Erfrade, welches zum Itzehoer Güterdistrikt gehört, sowie um einen kleinen Anteil des Kanzleiguts Kuhlen. Die leichte Beschaffenheit des Geländes und des Bodens[205], der aber noch kulturfähig ist, wird auch dort hervorgehoben. Beide Güter liegen im Bereich eiszeitlicher Sandaufschüttungen, die dem glazialen Abflußsystem über die Tensfelder Au entspringen[206] und in ihrem weiteren Verlauf in die großen Sanderzonen im Umkreis von Segeberg einmünden. Teile der Gutsflächen grenzen im Norden an die Gönneberker Heide.

---

203 SCHRÖDER/BIERNATZKI, 1856, II, S. 176
204 Der Anbau von Klee stellt eine Neuerung in der Futtergewinnung dar. In dieser Maßnahme zeigt sich eine beginnende Umstellung von der Koppel- auf die Fruchtwechselwirtschaft.
205 SCHRÖDER/BIERNATZKI, 1855, I, S. 368
206 O. FRÄNZLE, 1983, S. 16

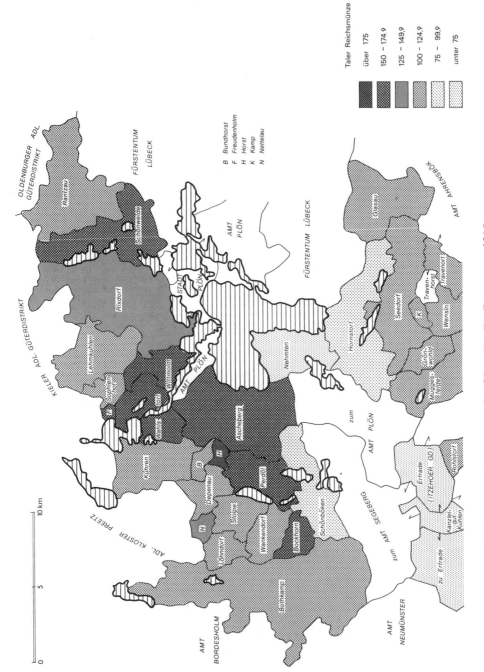

Abb. 8: Bodengüte nach Steuertaxationswerten im Güterdistrikt Preetz um 1845 (nach Angaben von SCHRÖDER/BIERNATZKI)

Generell gilt für den Preetzer Güterdistrikt, daß das Gebiet mehr natürliches Grünland in glazialen Tiefenrinnen und Moore enthält als die Wagrische Halbinsel. Auch ist der Wald in ausgewogenerem Maß auf die einzelnen Gutsbezirke verteilt.

Die Größenstruktur der insgesamt 30 Güter weist starke Gegensätze auf. Mit Abstand ist das Adlige Gut Bothkamp, am äußersten Westflügel des Distrikts gelegen, die größte Besitzung. Mit seinen insgesamt 9 Meierhöfen und 10 Dörfern steht es in der Landesmatrikel mit 41 Pflügen verzeichnet. Es erstreckt sich über annähernd 20 km in Nord-Süd gerichteter Ausdehnung in direkter Nachbarschaft zum Amt Bordesholm.

Bothkamp gilt außer der Herrschaft Breitenburg als einziges erfolgreiches Beispiel der Gutsausweitung in großem Stil durch Aufkauf klösterlicher Ländereien und Dörfer kurz vor der Reformation. Den Grundbesitz der Kirche und Klöster haben sich in allen übrigen Fällen die rivalisierenden Landesherren geteilt. Im Fall Bothkamp ist nicht allein Besitz des benachbarten Klosters Bordesholm erworben worden, sondern ebenfalls verstreut liegendes Eigentum der Klöster Uetersen und Segeberg. Der Landerwerb geht auf den Feldmarschall Johann Rantzau zurück und fällt in die Zeit von 1531 bis 1538. Dem aufgekauften Klosterbesitz wurde zum Schluß noch das Land des Pogwisch'schen Rittersitzes Bistikesse hinzugefügt. Zu Beginn des 18. Jahrhunderts wurden in der Ahlefeldtschen Zeit[207] das Dorf Dudendorf und Hufenteile von Schiphorst niedergelegt, um neue Meierhöfe errichten und die Gutswirtschaft dem Stil der Zeit anpassen zu können. In der Rumohrschen Zeit wurde das Gut in ein Fideikommiß umgewandelt.

"Mit seinen 6000 ha, die bis ins 20. Jahrhundert in einer Hand blieben, war Bothkamp das größte Einzelgut, das es in Holstein gab. Größer waren die Herrschaften wie Breitenburg[208] oder die Herrschaft Hessenstein, aber sie bestanden aus mehreren Einzelgütern. An Größe vergleichbar waren nur Emkendorf und Neuhaus"[209]. Erst in diesem Jahrhundert verlor Bothkamp die Einheit, die ihm Johann Rantzau gegeben hatte, indem es in drei Gemeinden aufgeteilt wurde[210].

Nicht allein Bothkamp tritt als außergewöhnlich große Besitzung hervor, sondern ebenfalls Rixdorf, Ascheberg, Depenau und die in einer Hand vereinigten Güter Seedorf und Hornstorf. Für sie gilt, daß die Haupthöfe sehr viel günstiger inmitten ihres Landbesitzes plaziert sind, als dies in Bothkamp mit der äußerst peripheren Lage des Herrenhauses der Fall ist. Auf die genannten sechs Gutsbezirke entfallen allein 40 % des Gesamtareals des Preetzer Adligen Distrikts.

Ein großer Teil der übrigen Güter - es handelt sich um 14 von den insgesamt 30 - nimmt mit Flächengrößen zwischen 1000 und 2600 ha immer noch eine gehobene Position im Hinblick auf die Größe des Grundbesitzes ein.

---

207 Bothkamp kam im Erbgang aus Rantzauischer Hand an die Familien v. Brockdorff, v. Ahlefeldt, v. Rumohr und v. Bülow (letztere seit 1812).
208 Ebenfalls aus altem Bordesholmer Besitz hervorgegangen und vom Feldmarschall Johann Rantzau am Unterlauf der Stör erworben. Die Herrschaft Breitenburg übernimmt sein ältester Sohn Heinrich Rantzau, während für den jüngeren Sohn Paul das Gut Bothkamp errichtet wird.
209 H. v. RUMOHR, 1981, S. 38
210 H. POEHLS, 1977, S. 49-51

Das Merkmal jahrhundertelanger ritterschaftlicher Besitzkontinuität ist im Preetzer Distrikt auf Bothkamp beschränkt. Während im Oldenburger Distrikt die adligen Güter Kletkamp (v. Brockdorff) und Helmstorf (v. Buchwaldt) sowie im Kieler Distrikt die Besitzungen Rastorf (zu Rantzau) und Wittenberg (Reventlow) seit dem 17. Jahrhundert in einer Hand unverändert geblieben sind[211], herrscht im Preetzer Distrikt eine stärkere Mobilität des adligen Grundeigentums vor.

Tab. 5: Pflugzahl der Adligen Güter und Klöster 1832 (nach Distrikten)

Güterdistrikte und Klöster	Anzahl der Güter	Pflugzahl* der Güter	
		im Besitz der Ritterschaft oder Klöster	sonstiger Besitz**
A. Holstein			
Oldenburger Distrikt	44	371	178
Preetzer Distrikt	34	282	184
Kieler Distrikt	33	234	142
Itzehoer Distrikt	30	424	164
B. Schleswig			
Dänisch-Wohlder Distrikt	35	133	170
Erster Angler Distrikt	24	81	137
Zweiter Angler Distrikt	23	63	221
Schwansener Distrikt	30	151	154
C. Klöster			
St. Johannis vor Schleswig		50	
Preetz		268	
Itzehoe		169	
Uetersen		29	

* Werte aufgerundet
** ohne königliche und fürstliche Besitztümer

Quelle: A.C. GUDME 1833, Stat. Tabellenband XVI

Wie Tab. 5 zu erkennen gibt, ist bereits 1832 der nicht-ritterschaftliche Anteil an der Pflugzahl mit ca. 40 % weiter vorgeschritten als in den übrigen holsteinischen Distrikten. Die Ursachen für den Zerfall alter Güter können nur bedingt aus der Lage und Größenstruktur abgeleitet werden. Viel stärker haben auch im Preetzer Distrikt die allgemeinen Zeitumstände, die individuellen Entscheidungen der Besitzer und das wirtschaftliche Fortune der einzelnen Familien zusammengewirkt.

---

211 A. GALETTE, 1976, S. 36

Bedeutende Güter, die in den Strudel ökonomischer Umbrüche hineingezogen werden, sind u.a. Lehmkuhlen, Perdöl und Depenau. Lehmkuhlen ist ein beredtes Zeugnis des Gutszerfalls an der Wende vom 18. zum 19. Jahrhundert. Es kontribuierte ehedem für 40 Pflüge, wurde aber durch den Verkauf der Meierhöfe Rethwisch, Bredeneek, Sophienhof und Freudenholm - die beiden letztgenannten im Preetzer Güterdistrikt - 1793 auf 27 Pflüge reduziert. Der Verkauf war durch die Familie v. Hahn auf Neuhaus aus finanziellen Erwägungen zwecks Erhalt des Muttergutes erfolgt. Bis 1842[212] wechselte das Gut viermal den Besitzer und gelangte nunmehr in die Hand des Residenten Carl Godeffroy, dessen Frau - eine geb. Jenisch - später zur Besitzerin aufrückte. Die angesehene Hamburger Familie Jenisch hatte an mehreren Stellen in Holstein - so auch in Fresenburg im Süden des Preetzer Distrikts - Landgüter erworben.

Eine partielle Auflösung, die allerdings vorübergehend wieder rückgängig gemacht wird, betrifft auch das Gut Depenau. 1783 aus dem Besitz der Grafen von Cosel in die Hand der Grafen Luckner gelangt, werden in der Zeit der Napoleonischen Wirren Teile des Gutes abgestoßen, bleiben aber unter der alten Jurisdiktion bestehen.

Nach Rückkehr in die Hand des Hauses Luckner zerfällt das Gut 1843 definitiv, indem die Meierhöfe Löhndorf und Nettelau zu eigenständigen Gütern aufrücken. Die Auflösung schreitet sogar soweit vor, daß die beiden Dörfer Stolpe und Wankendorf getrennt abgestoßen werden, allerdings juristisch im Gutsverband bleiben. Sie wurden aus der Hand des Ersterwerbers Scheel - einem Gerichtsadvokaten aus Itzehoe - bereits 1823 von dem Hamburger Senator Jenisch für seine auf Lehmkuhlen und Perdöl verheirateten Töchter ersteigert. 1815, so geht aus den Gutsbeschreibungen für das zum Verkauf anstehende Dorf Stolpe hervor[213], standen den bäuerlichen Zahlungen für die vererbpachteten Hufenländereien in Höhe von 3302 Reichsbanktalern - dem sog. Canon - insgesamt Abgaben an das Muttergut für Pflug- und Grundsteuer im Wert von 865 Talern gegenüber. Für 70.000 Taler waren die Dörfer Stolpe und Wankendorf vormals in den Scheelschen Besitz übergegangen[214]. Stolpe und Wankendorf weisen in der Mitte des 19. Jahrhunderts eine auffallende Flur- und Bevölkerungsgröße sowie einen starken Besatz mit Handwerkern auf.

Einem ähnlichen Schicksal unterliegt auch das ehedem ausgedehnte Gut Perdöl. Es wird 1795 von dem Hamburger Notar und Licentiaten Bokelmann erworben. Dieser stößt die Meierhöfe Bockhorn und Schönböken als selbständige Güter ab, um einen aufwendigen klassizistischen Herrenhausbau durch den Baumeister C.F. HANSEN erstellen zu lassen[215]. Nach mehrfachen Konkursen gelangt auch Perdöl in die Hände des Hamburger Großkapitals - der Familie Rücker -, die neben den Familien Jenisch und Donner am erfolgreichsten in den adligen Landbesitz zwischen Kiel und Segeberg einsteigt. Obgleich eine vergleichbar starke Besitzkonzentration, wie sie mit dem Namen Schwerdtfeger auf der Ostseite der Wagrischen Halbinsel verbunden ist, im Preetzer Distrikt nicht festgestellt werden kann, so sind doch nachhaltige Änderungen im Besitz- und Größengefüge un-

---

212 vgl. Beschreibung des im Herzogthum Holstein und zwar im Preetzer adelichen Güterdistrikt belegenen adelichen Gutes Lehmkuhlen cum pertinentiis ..., 1826 und 1842; Landesbibliothek Kiel.
213 Gutsbeschreibung aus Anlaß des Verkaufs (Landesbibliothek Kiel)
214 SCHRÖDER/BIERNATZKI, 1856, II, S. 499
215 Die nach einem Brand noch existierenden Teile wurden später abgerissen und wichen einem nochmaligen Neubau im Stil der Jahrhundertwende.

übersehbar. Sie betreffen vor allem die Grenzgebiete zwischen Güterdistrikt und Amtsländereien unter königlicher Obrigkeit.

Eine besondere Rolle in der Entwicklung der frühen Agrarreformen spielt auch das Gut Ascheberg. In keinem adligen Herrschaftsbezirk Holsteins wurden so zeitig und so erfolgreich Agrarreformen im Bereich der gutsuntertänigen Bauern eingeführt, wie dies auf Ascheberg der Fall war. Der Stern der Aufklärung, der kulturellen Ausstrahlung und des wirtschaftlichen Reformgeistes leuchtete lange über diesem Gut, wie W. KLÜVER[216] eingehend dargestellt hat. Selbst um die Mitte des 19. Jahrhunderts spiegeln sich die 1739 von Hans Rantzau begonnenen Reformmaßnahmen im kartographischen Darstellungsbild noch deutlich wider.

Dem verhältnismäßig kleinen Hoffeld von Ascheberg[217] stehen drei ausgedehnte bäuerliche Gemarkungen gegenüber, die als Bestandteile der Gutsobrigkeit Erbpachtdistrikte bilden und sich durch ein Streusiedlungsbild bei weitgehender Auflösung der alten Dorfkerne auszeichnen. Beide Maßnahmen - nämlich die Schaffung einer Einödflur mit Errichtung neuer Höfe inmitten arrondierter Fluren und das Rechtsstatut individueller Bewirtschaftung auf der Grundlage des Erbpachtkontraktes - gehen auf Hans Rantzau (1693-1769) zurück, der seine entscheidenden Anstöße zur Einführung einer modernen, rationalen Landwirtschaft vermutlich aus England mitgebracht hat, wo er als Gesandter im Dienst der dänischen Krone stand.

Trotz des häufigen Besitzwechsels, der von 1769 - 1853 achtfach erfolgte, sind grundsätzliche Änderungen in der Bewirtschaftung, Größe und Rechtsstruktur nicht eingetreten, sieht man von der Überleitung in ein Familienfideikommiß ab, welches Conrad Christoph Graf von Ahlefeld - Herr auf Ascheberg seit 1825 - begründet hat. Außerdem wurde 1784 der etwa 110 ha große ehemalige Meierhof Lindau in Erbpacht verkauft.

In allen drei Erbpachtdistrikten - die den Namen Langenrader, Calübber und Dersauer Distrikt führen - ist die von H. Rantzau geschaffene heterogene Besitzstruktur noch weitgehend erhalten. Eine Auflösung von Stellen, wie sie W. KLÜVER[218] in insgesamt vier Fällen feststellen konnte, hat bis zum Untersuchungszeitpunkt noch nicht eingesetzt. Auch der Zustrom von Käufern aus Ostfriesland, aus dem oldenburgischen Jeverland und aus Dithmarschen setzt erst in preußischer Zeit ein. Um 1850 überwiegt nach Darlegung von SCHRÖDER/BIERNATZKI[219] noch ganz der bäuerliche Besitz im Umfang der traditionellen Hufen. So besteht z.B. der Langenrader Erbpachtdistrikt aus 12 Stellen mit mehr als 60 Steuertonnen, aus 5 Stellen von 40-60 Steuertonnen, aus 8 Stellen von 20-40 Steuertonnen und 1 kleinen Stelle unter 20 Tonnen. Dazu treten diverse Katen, die meist zu Eigentum gegeben sind und sich gelegentlich zu Kolonien (z.B. Vogelsang, Preetzerredder) verdichten. Insgesamt weist das Gut 118 Erbpachtstellen auf, die pro Tonne Land einen festen Steuersatz (Kanon) von 4 oder 6 Talern zahlen. Darüber hinaus wird den 35 größeren Stellen noch ein Zusatzbetrag, die sog. Steigerung, abverlangt. Diese kann vom Gutsherrn alle 10 Jahre neu

---

216 W. KLÜVER, 1952, S. 32
217 Der Haupthof umfaßt 739 Tonnen = 406 ha, davon 290 Tonnen = 159 ha Ackerland. Der Rest umfaßt hauptsächlich Wald. Von geringerer Bedeutung mit 31 bzw. 24 Tonnen sind Wiesen und Moor (SCHRÖDER/BIERNATZKI, 1855, I, S. 180).
218 W. KLÜVER, 1952, S. 75
219 SCHRÖDER/BIERNATZKI, 1855, I, S. 179/180

festgesetzt werden und trägt in der Mitte des 19. Jahrhunderts etwa 4000 Taler jährlich ein. Steigerung und regulärer Steuersatz machen in der Größenordnung etwa den gleichen Betrag aus.

Im Hinblick auf die wirtschaftliche Situation des Preetzer Güterdistrikts treten außer dem Zerfall alter Güter im Kontaktgebiet zu den Amtsbezirken keine gleichbedeutenden individuellen Merkmale mehr hervor. Jedes Gut stellt einen eigenen ökonomischen wie sozialen Organismus dar, dessen jeweiliger Entwicklungszustand entscheidend von der Person des Gutsinhabers und der Kontinuität des Besitzstandes bestimmt wird.

Tab. 6: Steuertaxationswerte je Steuertonne in den Adligen Güterdistrikten Schleswigs und Holsteins

Distrikt	Taler Reichsmark
Angeln (I u. II)	158
Oldenburger	145
Dänisch Wohlder	137
Preetzer	132
Itzehoer	131
Schwansener	127
Kieler	125

Quelle: SCHRÖDER, 1854, LXXXV und SCHRÖDER/BIERNATZKI, 1855, I. S. 103-108

Generell ist festzustellen, daß die Erträge der Böden (Tab. 6) nicht ganz so hoch (vgl. Abb. 6 und 8) zu veranschlagen sind, wie dies im Distrikt Oldenburg und im Dänischen Wohld der Fall ist[220]. Die stärkere Reliefierung schafft lokal stark wechselnde Boden- und Standortverhältnisse. Die Folge sind häufige Einschübe von sog. Grandböden und sog. Sichten, die unter Staunässe leiden und um 1850 nur erst z.T. durch eine Entwässerung mit Hilfe von Rohren aus Ton oder Backtorf melioriert worden sind.

Das Vorschreiten der Entwässerung und die Herstellung von sog. Drains in einer gutseigenen Ziegelei wird besonders von Depenau erwähnt. Auch eine zunehmende Bewässerung der Wiesenländereien wird bei verschiedenen Gütern hervorgehoben. Neben Depenau haben die Güter Seedorf, Prohnstorf, Kühren, Nehmten in der Tensfelder Au und Bundhorst Rieselungsmaßnahmen im Bereich des Dauergrünlandes eingeführt. Die Größe des Milchviehbestandes wird von der Futterversorgung aus den Mähwiesen entscheidend bestimmt.

Das lebhafte Relief, die Häufigkeit von Grundwasseraustritten und die natürliche Anordnung der Oberflächenabflüsse bewirken bei manchen Gütern eine besondere

---

220 Die höchste Güteklasse wird in Angeln erreicht.

Betonung der Teichwirtschaft. Am stärksten ist dieser Wirtschaftszweig - wie auch heute noch - im ausgedehnten Gutsbezirk Rixdorf ausgebildet. Auch hier ist aber die Teichfläche wie im Nachbargut Lehmkuhlen in Abnahme begriffen, da eine Umwandlung in Wiesen und Äcker erfolgt. Die Varendorfsche Karte vom Ende des 18. Jahrhunderts zeigt vor allem in den Trammer Fluren nördlich von Plön noch einen höheren Anteil von Teichflächen (Abb. 9), als dies um 1850 der Fall ist<221>.

Abb. 9: Die Varendorfsche Karte (1789-1796) zeigt nördlich Plön im Bereich des Gutes Rixdorf den hohen Anteil von Teichen und natürlichen Wasserflächen (sog. Sichten)

---

221 Nachdruck Kiel 1986, Blatt Plön (34). Der gleiche Sachverhalt gilt auch für das nördliche Nachbarblatt Kiel-Ost/Preetz (22), wo viele Teiche im Bereich der Güter Wittenberg, Rastorf, Dobersdorf und Lehmkuhlen verzeichnet sind.

Der Preetzer Güterdistrikt zeichnet sich durch verhältnismäßig ausgedehnte und gleichmäßig verteilte Waldareale aus (vgl. Abb. 7). Bei einzelnen Gütern kann sich der Waldanteil an den Ländereien des Haupthofes überdurchschnittlich steigern. Am höchsten fällt der Betrag in Ascheberg aus, wo 50 % erreicht werden. Das Gut Nehmten hat mit knapp 25 % noch nicht seinen großen Anteil von Holzland erreicht, der heute vorherrscht. Dort bringen damals auch die leichten Böden noch vorzügliche Ergebnisse im Roggenbau ein, und mit Erfolg kann auch lokal Gerste angebaut werden. Mit 8 % der Gesamtfläche fällt der Waldanteil im Preetzer Güterdistrikt vergleichsweise hoch aus. Auch der Bestand an Wiesen- und Weideland weist mit 11,5 % einen auffallend großen Betrag aus. 73 % des Territoriums sind koppelwirtschaftlich genutzte Ackerländereien in Form von Hofland, Meierhofland und gutsbäuerlichen Fluren. Der Restbetrag von 7 % umfaßt sog. unbebaute Flächen, unter denen Gewässer und Moore zu verstehen sind. Die Moorflächen sind meist stark zersplittert, besitzen aber hohe Bedeutung für die häusliche Brennstoffgewinnung und die Befeuerung der Ziegeleien. Auch die Meiereien haben hohen Feuerungsbedarf zwecks Herstellung heißen und kochenden Wassers, um die Geräte und Bütten regelmäßig und gründlich reinigen zu können<222>.

Von Fall zu Fall stark unterschiedlich sind die Arbeitsstrukturen auf den adligen Höfen ausgebildet. Der adlige Güterdistrikt Preetz zählt zu jenen Gebieten des Landes, in denen die Agrarbevölkerung (78 %) und mit ihr der Anteil der Tage-

Tab. 7: Agrarbevölkerung 1845 nach Verwaltungsbezirken

Distrikte, Verwaltg.-Gebiete	Gesamt-bevölk.	Von der Landwirtsch. lebende Personen (mit Familien)	Tagelöhner (mit Familien)	Gesamt-Agrarbev. %	Tagelöhner %	Bäuerliche und sonstige Agrarbevölkerung %
Adl. Güterdistrikte Holstein	133 079	43 857	48 857	70	37	33
Adl. Güterdistrikte Schleswig	63 391	25 290	16 740	66	26	40
Güterdistrikt Preetz	21 112	7 244	9 157	78	43	35
Güterdistrikt Oldenburg	22 484	7 302	10 007	77	45	32
Oldenburger Fideikommißgüter	7 423	1 868	3 493	72	47	25
Güterdistrikt Kiel	14 549	4 526	5 684	70	39	31
Güterdistrikt Itzehoe	32 199	11 152	9 636	65	30	35
Güterdistrikt Dänisch-Wohld	12 998	4 570	4 741	72	36	36
Güterdistrikt Schwansen	10 234	3 737	3 315	69	32	37
Güterdistrikt Angeln (I)	12 887	5 196	2 409	59	19	40
Güterdistrikt Angeln (II)	11 006	5 244	2 505	70	23	47
Holst.Kgl. Ämter, Landsch. u. Köge	209 723	75 806	62 047	66	30	36
Schles.Kgl. Ämter, Landsch. u. Köge	227 429	96 399	50 973	65	22	43
Amt Bordesholm	8 821	3 283	1 693	56	19	37
Amt Neumünster	3 721	1 570	974	68	26	42

Quelle: Statistisches Tabellenwerk, 2. Heft, Kopenhagen 1846, Tab. XI - XII, S. 120-191

---

222 J.D. MARTENS, 1850, S. 187

löhner (43 %) einen besonders hohen Wert aufweisen. Aus Tab. 7 kann ein vergleichender Einblick in die unterschiedlichen Situationen in den Herzogtümern Schleswig und Holstein gewonnen werden.

Eine nähere Analyse der Tagelöhnerzahlen zeigt, daß deren Anteile besonders bei kleinen Gütern und solchen, die dem Zerfallsprozeß unterliegen, ansteigen. So erhöht sich der Prozentanteil der Tagelöhner in Bockhorn auf 77 %, in Depenau auf 50 % oder in Lehmkuhlen auf 56 %. Die großen alten Güter wie Bothkamp (37 %), Rixdorf (40 %), Seedorf-Hornstorf (44 %) oder Ascheberg (32 %) zeigen Werte, die sich um den Durchschnittsbetrag gruppieren.

In Ergänzung zur Landwirtschaft bedarf auch das Handwerk einer kurzen Berücksichtigung. In Tab. 8 sind einige Berufsbranchen nach einzelnen Gutsbezirken zusammengestellt worden. Dabei zeigt sich, daß verschiedene Güter relativ hohe Kontingente an Webern aufweisen. Daß bis zu 20 Hauptpersonen und Gehilfen in großen Gutsbezirken handwerklich tätig sind, ist keine ausschließliche Eigenart des Preetzer Distrikts. Auch in Neuhaus, Emkendorf, Sierhagen und Saxtorf werden ähnliche Dimensionen angetroffen. Einzig die ausgedehnte Herrschaft Breitenburg im Umkreis der Störmarschen zeigt noch stärkere Konzentrationen.

Tab. 8: Gutsbezirke mit hohen Handwerkeranteilen im Distrikt Preetz 1845

Gutsbezirk	Hauptpersonen mit Gehilfen			
	Schuster	Schneider	Weber	Tischler
Ascheberg	10	16	13	-
Bothkamp	6	16	6	7
Prohnstorf	6	5	4	1
Seedorf/Hornstorf	10	8	4	1
Depenau	7	9	20	5
Muggesfelde	3	3	18	2
Ranzau	2	6	14	1
Rixdorf	3	12	20	4
Schönweide	2	5	21	2
Gesamtzahl im Gutsbezirk Preetz	88	120	171	48
Anteil der genannten 9 Gutsbezirke	56 %	69 %	70 %	48 %

Quelle: Statistisches Tabellenwerk, Heft 2, Kopenhagen 1846, Tab. XIII, S. 164/165.

Die meisten Handwerker dürften für die Bedürfnisse innerhalb der Gutsherrschaft gearbeitet haben. Zur Tatsache, daß ein verhältnismäßig breites Spektrum an Gutshandwerkern im Preetzer Distrikt angetroffen wird, hat zweifellos der geringe Anteil an Städten und somit an Marktmöglichkeiten beigetragen. Andererseits wird durch das sog. Bannmeilengesetz, das eine Ansiedlung von Handwerkern in einem bestimmten Abstand um eine Stadt untersagte, die Ansiedlung im stadtarmen Preetzer Distrikt begünstigt. Neben den Schneidern, Schustern und Tischlern, die in manchen Bezirken gehäuft auftreten, sind die sonstigen handwerklichen Sparten im Bereich der Güter normal repräsentiert. Hierbei handelt es sich vor allem um Grobschmiede, Müller, Radmacher und Böttcher, die für den gutsherrschaftlichen, gutswirtschaftlichen und gutsbäuerlichen Bedarf arbeiten.

Viele Güter verfügen über alteingefahrene direkte Absatzkanäle für ihre Waren in die Hansestädte. Diese haben sich auch nach Aufhebung der Zollpräferenzen des Adels (1838) in alter Form erhalten.

5.4. DER KIELER GÜTERDISTRIKT

In zwei nach ihrer Fläche etwa gleich große Teile aufgespalten, erstreckt sich der Kieler Güterdistrikt in einiger Entfernung westlich und östlich der Kieler Förde. Der westliche Teil, der die 22 Güter Emkendorf, Quarnbek, Westensee, Bossee, Deutsch-Nienhof, Pohlsee, Schierensee, Annenhof, Marutendorf, Blockshagen, Hohenschulen, Klein- und Großnordsee, Neunordsee, Klein-Königsförde, Osterrade, Cluvensiek, Georgenthal, Cronsburg, Steinwehr, Projensdorf und Schwartenbek umfaßt, dehnt sich im Umkreis des Westensees nach Norden bis zum Kanal bzw. zum alten Eiderverlauf aus. Der Kieler Distrikt grenzt dort an den Dänisch-Wohlder Güterdistrikt.

Da die Grenzziehung der Güterdistrikte aus dem Jahr 1713[223] stammt und somit in die Zeit vor dem Kanalbau zurückreicht, sind die Trassierung des Schiffahrtsweges und die Abgrenzung der Distrikte nicht immer identisch. So liegt beispielsweise Osterrade nördlich des Kanals im Bereich eines alten Eiderbogens. Umgekehrt springt ein kleiner Teil der Gutsflur von Groß-Königsförde in einer alten Flußschlinge auf die Südseite des Kanals vor. Projensdorf, aus einem ehemaligen Lehensgut hervorgegangen, liegt zusammen mit dem kleinen Gut Schwartenbek abseits des geschlossenen westlichen Teilbereichs. An keiner Stelle stößt der westliche Güterkomplex bis zur Kieler Förde vor.

Getrennt durch die königlichen Amtsbezirke Bordesholm, Cronshagen und Kiel sowie die Walddörfer der Preetzer Probstei (vgl. Abb. 10) erstreckt sich der Ostflügel des Kieler Güterdistrikts zwischen Förde, Selenter See und Schwentine-Verlauf. Insgesamt werden 12 Adlige Bezirke diesem Ostteil zugerechnet. Schrevenborn ist das einzige Gut, welches direkten Zugang zur Kieler Förde besitzt. Die Ausmündung der Schwentine verläuft nicht durch den Bereich der Güter, sondern denjenigen Teil des Amtes Kiel, der sich auf dem Ostufer der Förde erstreckt und die sechs Orte Wellingdorf, Ellerbek, Neumühlen, Dietrichsdorf, Mönkeberg und das Kirchdorf Schönkirchen umfaßt. Der Ostabschnitt umfaßt insgesamt 12 Adlige Güter, von denen einige den gleichen Besitzer haben, in der Landesmatrikel aber als eigenständige Obrigkeiten fungieren.

---

223 Seit 1713 werden ritterschaftliche Distriktdeputierte entsandt (P. v. HEDEMANN-HEESPEN, 1926, S. 941).

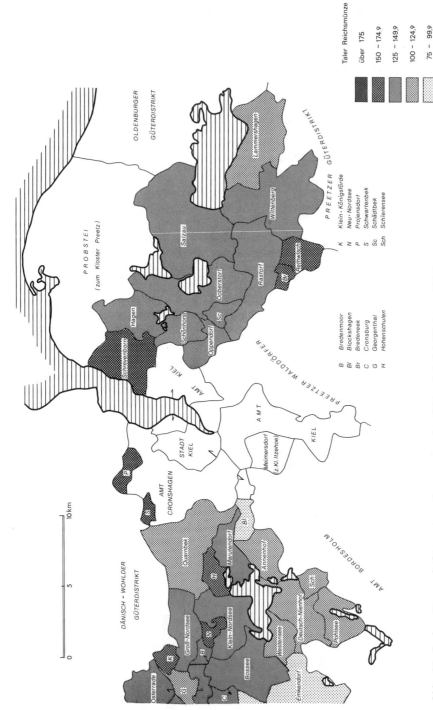

Abb. 10: Bodengüte nach Steuertaxationswerten im Güterdistrikt Kiel um 1845 (nach Angaben von SCHRÖDER/BIERNATZKI)

Die Größenstruktur weist starke Unterschiede auf. Das Schicksal eines jeden Gutes und nicht zuletzt die Häufigkeit der Besitzwechsel haben auch im Kieler Distrikt zu ausgeprägten individuellen Entwicklungen geführt. Generell herrschen im Ostteil größere Besitzungen als im Westbereich vor. Im Osten hat sich das Gut Schädtbek aus seinem ehemaligen Status als Meierhof von Rastorf herausgelöst und ist 1804 durch Verkauf zu einem eigenständigen Gut aufgerückt. Auch die kleinen Güter Rethwisch und Bredeneek sind junger Entstehung. Rethwisch war ursprünglich ein Meierhof von Lehmkuhlen, wurde aber durch Verkauf wieder zu einem selbständigen Gut, aus dessen Besitzungen 1797 die drei kleinen Güter Bredeneek, Freudenholm und Sophienhof hervorgingen. Das uralte Recht der Ritterschaft auf freien und unbeeinflußbaren Grundstücksverkehr hat auch im Kieler Güterdistrikt lokal zu starken Aufsplitterungen geführt.

Während sich der Ostteil noch durch einen vorherrschenden Zusammenhalt der alten Bezirke und Obrigkeitsstrukturen auszeichnet, sind im Westabschnitt Zerfall, Aufteilung und Singulärentwicklungen häufiger anzutreffen. Einen speziellen Grund für diese Erscheinung anzugeben, ist äußerst schwierig. Das Eindringen bürgerlicher Spekulanten mag durch die Nähe der königlichen Amtsbezirke sowie den Verlauf der Chaussee von Kiel nach Rendsburg mitbeeinflußt sein. In erster Linie dürften sich die Gründe aber aus den Schicksalen der einzelnen Höfe und der besitzenden Familien ableiten lassen, da viele Meierhöfe um die Wende zum 19. Jahrhundert zu eigenständigen Gütern aufgestiegen sind. Nur Schwartenbek erreichte bereits 1776 die Freiheiten und Gerechtigkeiten eines adligen Hofes, nachdem es vorher als Meierhof in das Gut Cronshagen integriert war.

Sog. abgelegte Höfe sind beispielsweise Neu-Nordsee, das 1800 von Klein-Nordsee[224] getrennt wurde, und Hohenschulen, das sich 1801 vom gleichen Muttergut löste. Auch das Gut Georgenthal ist - wie der Name bereits vermuten läßt - aus einem Meierhof von Osterrade hervorgegangen. Das Gut Cronsburg wurde ebenfalls einer Aufspaltung unterzogen. Während der Haupthof dem Desmercièrschen Fideikommiß beigelegt wurde[225], blieben die Meierhöfe Bredenbek und Bredenmoor sowie einige Erbpachtstellen in Schacht und Audorf beim alten Besitzer. 1843 wurde Bredenmoor wieder mit Cronsburg vereinigt.

Ebenso differenziert wie die Größenstrukturen sind die Eigentumsverhältnisse. Auch hier läßt sich wenig Übereinstimmendes für den gesamten Distrikt sagen. Während im Ostteil viele alte Familien der Ritterschaft Inhaber der Güter blieben, ist im Westen stärker bürgerlicher Besitz eingedrungen. Der stärkere Zerfall hat diese Umschichtung zweifellos begünstigt.

Trotz der Nachbarschaft zum Herzogtum Schleswig herrscht auch südlich des Kanals die Zeitpacht vor. Nur wenige Güter sind zur Erbpacht, zu Mischformen oder gar zur vollen Eigentumsübertragung an die Bauern übergegangen.

Eine Sonderstellung im Besitzgefüge der gutsuntergehörigen Bauern nimmt Schrevenborn an der Kieler Förde ein. Dort gehen frühe Versuche der Umstellung der Gutswirtschaft und sogar der Auflösung der Hoffelder[226] auf den Besitzer Mevius zurück. Seine 1757 eingeleitete Umgestaltung hatte sich jedoch aus ver-

---

224 Die Verwendung des Namens Nordsee für drei Güter im Kieler Distrikt wird vom Flemhuder See abgeleitet, welcher in seiner Lage nördlich des Westensee ursprünglich diese Bezeichnung geführt hat.
225 Der Inhaber war der Fürst Heinrich XLIII. Reuß
226 W. PRANGE, 1983, S. 74

schiedenen Gründen nur teilweise behaupten können. So mußten im Zusammenhang mit einem Konkurs Teile des Hoffeldes zurückgekauft werden, und auch die Überleitung in Erbpacht konnte nicht abgeschlossen werden. Die nachfolgenden bürgerlichen Besitzer, die Gebrüder Eitzen aus Itzehoe, lösten die noch bestehenden Bindungen der Leibeigenschaft bis 1798, also sieben Jahre vor der gesetzlichen Beseitigung, auf.

Mischformen in den Rechtsverhältnissen gegenüber den Untergehörigen sind auch für das große, wegen seiner kulturgeschichtlichen Ausstrahlung bedeutsame Gut Emkendorf kennzeichnend. Neben dem Haupthof existieren dort zum Untersuchungszeitpunkt 2 Meierhöfe und drei Dörfer (Haßmoor, Höbek, Klein-Vollstedt) sowie Besitzanteile an den Dörfern Groß-Vollstedt, Warder, Eisendorf, Borgdorf, Seedorf und Schülp. Dazu treten der parzellierte Meierhof Mühlendorf und eine Reihe weiterer Stellen. Die vorherrschende Lage der Untergehörigen ist die Erbpacht, die sich dort seit der Übernahme des Gutes durch J. Graf v. Reventlow-Criminil[227] durchgesetzt hat. In Emkendorf ist wie bei den meisten übrigen Gütern seit etwa 1830 ein Ansteigen der wirtschaftlichen Leistungskraft nach langen Jahren der Depression und Mißernten feststellbar[228].

Eine gänzlich eigenständige Position nimmt das Dorf Felde auf der Nordseite des Westensees ein. Juristisch gehörte es zum Gut Klein-Nordsee; es ging aber 1806 beim Verkauf des Gutes nicht an den neuen Eigentümer Wulff über, sondern verblieb bei der Familie Neergard. 1817 kam das Dorf an die Gräfin Moltke und 1827 an die Kammerherrin von Neergard auf Eckhof, die 15 Vollhufen sowie 23 Halbhufen und Großkaten in das Eigentum der Bauern überführte. Es besteht kein Zweifel, daß der frühe Übergang in Privathand den späteren Verkauf von Grund und Boden beschleunigt hat. Auf diese Weise ist die auffallende Heterogenität der Siedlung, die heute in Seenähe vorherrschend ist, mitgestaltet worden.

Der Anteil der mit Fideikommissen belegten Güter ist nicht höher als in den übrigen Distrikten. Auffallend ist aber eine besondere Tendenz zu Mehrfachbesitzungen, nach Möglichkeit in Nachbarschaftslage. Ein vielsagendes Beispiel der Besitzkonzentration sind die beiden Güter Salzau und Lammershagen, die beide in der Hand des Grafen Otto von Blome vereinigt sind. 1818 war diesem im Erbgang das große Gut Salzau zugefallen, dem er 1829 aus der Hand der Familie Baudissin noch Lammershagen hinzufügte. Durch Tätigkeit im diplomatischen Dienst[229] erwachten bei ihm gleichermaßen Ehrgeiz und Phantasie, die mit besonderer Baulust auf seinen Besitzungen einherging. Sein Ziel war, seinen 7000 ha umfassenden Besitz - ähnlich wie die Herrschaft Hessenstein - in den Rang einer Grafschaft aufsteigen zu lassen. Diesem Wunsch hat sich die dänische Krone aber versagt und es bei dem persönlichen Titel eines Lehnsgrafen belassen.

Auch der zweite Ast der Familie Blome, gewöhnlich als Blome-Hagen bezeichnet, besitzt im Kieler Distrikt eine Konzentration von drei adligen Gütern, die aneinander grenzen. Alle drei Besitzungen - die adligen Höfe Hagen, Doberstorf und das 1804 erworbene Schädtbek - sind seit 1814 mit einem immerwährenden

---

227 Ein Adoptivsohn des vormaligen Besitzers Friedrich Graf v. Reventlow, in dessen Ehe mit Julia von Reventlow der Aufstieg Emkendorfs zu einem geistigen Zentrum der Herzogtümer fällt. 1837 rezipierte die Ritterschaft den neuen Besitzer.
228 P. v. HEDEMANN, 1966, III, S. 139
229 H. v. RUMOHR, 1982, S. 187

Fideikommiß zusammengeschmiedet, welcher aber für die spätere wirtschaftliche und autonome Entwicklung der Güter in höchstem Maße hinderlich gewesen ist. Der Rechtsstatus ist stark von der eigenwilligen Gestalt des Christoph Blome bestimmt, der mit seinen Verfügungen den Erben mehr Schaden als Vorteil zugefügt hat<230>.

Diejenigen Besitzungen, die im Westteil miteinander verbunden sind, bestehen aus kleineren Flächen. Dort ist Schierensee zu nennen, das noch in der großfürstlichen Ära unter Caspar von Saldern durch Annenhof erweitert und mit einem Fideikommiß belegt wurde. Schierensee, Annenhof und das hinzugetretene Blockshagen wurden 1806 aus der Jurisdiktion des adligen Grundherrn entlassen und der Rechtsprechung und Rechtsaufsicht des Amtes Bordesholm unterstellt. Es ist dies der einzige Fall, daß eine Übertragung adliger Privilegien an ein Staatsorgan festgestellt werden kann.

Auch die Güter Deutsch-Nienhof und Pohlsee, letzteres aus einem Meierhof hervorgegangen, sind unter einem Besitzer verbunden. P. v. HEDEMANN gen. v. HEESPEN (1906) hat beiden adligen Höfen eine umfang- und kenntnisreiche Monographie gewidmet, die viel Wissen um die Entwicklungen auf den Nachbargütern und auf den adligen Höfen im allgemeinen zusammenträgt<231>.

Die Ausübung der landwirtschaftlichen Tätigkeit weist im Kieler Distrikt nur wenige Sonderentwicklungen und veränderte Standortbedingungen auf. Zwischen Ost- und Westteil bestehen allerdings Unterschiede hinsichtlich der Klassifizierung der Bodenfruchtbarkeit.

Während im Osten mit Ausnahme des kuppigen und vielfach sandigen Lammershagen relativ hohe und übereinstimmende Steuerschätzwerte angetroffen werden, weist der Westabschnitt größere wertmäßige Abstufungen auf. Starke Abfälle in der Einordnung entfallen vor allem auf das Gut Emkendorf, das bereits ausgedehnte Besitzanteile in der sandigen Vorgeest aufweist. Auch die Güter südlich des Westensees sowie entlang der Eider-Rinne fallen in der Ertragsleistung ab. Das starke Relief und die örtlich wechselnden Aufschüttungen lassen nicht mehr jeden Anbau zu. So berichtet P. v. HEDEMANN<232> in seiner Gutsmonographie, daß noch im Jahre 1812 die Fluren von Deutsch-Nienhof kein Weizenland umfaßten. Man teilte damals das Ackerland in vier Kategorien ein, nämlich in Sand-, Roggen-, Gersten- und Weizenland. Erst durch das Mergeln, Drainieren und Düngen der späteren Jahrzehnte wurde die Ertragsleistung angehoben und der Boden der Weizenkultur zugeführt.

SCHRÖDER/BIERNATZKI<233> kennzeichnen die Gebiete um den südlichen Westensee als Mittelböden guten bis sehr guten Untertyps (vgl. Abb. 10). Die Emkendorfer Böden werden als leichte Mittelböden eingestuft. Höchstes Lob ernten die Besitzungen von Marutendorf, Hohenschulen und auch Quarnbek, die durchweg gute bis sehr gute Eigenschaften aufweisen. Sie sind für Weizenbau geeignet.

---

230 H. v. RUMOHR, 1982, S. 30
231 Sie stellt trotz Tendenz zu Heterogenität und Weitschweifigkeit eine generelle Informationsquelle ersten Ranges dar.
232 P. v. HEDEMANN gen HEESPEN, 1906, III, S. 54
233 So wird für Deutsch-Nienhof (1856, II, S. 215) sehr guter, für Bossee (1855, I, S. 245) guter und für Emkendorf (1855, I, S. 365) leichter Mittelboden genannt. Die Böden des Gutes Westensee (1856, II, S. 587) gelten als teils sandig, teils lehmig.

Großer Wert wird in den Topographien des 19. Jahrhunderts auf die qualitative Kennzeichnung des Wiesenlandes gelegt. Bei nahezu allen Gütern im Umkreis des Westensees werden die Wiesen als moorig, in ihren Eigenschaften aber als nicht ungünstig hervorgehoben. Wichtig ist vor allem, daß auf vielen Gütern Teile der Wiesen bewässert und somit Erträge durch zweimaliges Mähen erzielt werden können.

Während die Wiesen des oberen Eidertals im Bereich des Amtes Bordesholm, so bei Flintbek und Brügge, als ungeeignet und häufig überschwemmt gelten, tragen die Eiderniederungen zwischen dem Westensee und der Gemarkungsgrenze von Meimersdorf reichlichen und gesunden Graswuchs. Der Schulensee als Ausgleichsbecken reduziert die Häufigkeit und das Ausmaß von Überschwemmungen. Besondere Leistungsfähigkeit wird den Wiesen von Marutendorf und Hohenschulen zugesprochen. Beim Gut Annenhof liegen die Wiesen zerstreut und sind nicht bewässerbar. Oftmals verhindert auch zu tiefe Lage des Geländes, vor allem in den Übergangsgebieten zur Vorgeest, die Möglichkeit ergänzender Wiesenbewässerung.

Eine besondere Rolle im wirtschaftlichen Fortschritt der Güter spielt Groß-Nordsee zwischen Flemhuder See und Kanal (vgl. Abb. 11). Dieses Gut war 1819 in die Hände von Wilhelm Hirschfeld gelangt, der 1795 in Hamburg geboren war und als Pflege- und Schwiegersohn von Albrecht Thaer[234] in die Fortschritte der Agrikultur eingeführt wurde. Er legte von seinem Gut einen Meierhof mit dem Namen Möglin ab, um dort ganz im Sinne seines Lehrmeisters und Vorreiters der rationellen Landwirtschaft eine moderne Fruchtwechselwirtschaft zu praktizieren, die ganz auf der Thaerschen Humustheorie und der Anwendung organischer Düngemittel basierte[235].

Zahlreich sind die Merkmale, die die Betriebsführung und Anbauverbesserung des Hirschfeldschen Gutes bestimmen. So ist den Bauern von Krummwisch, das aus 6 Voll-, 4 Dreiviertel- und Halbhufen, 7 Katen mit Land und 15 Instenstellen besteht, weitgehend das volle Eigentumsrecht zugestanden. SCHRÖDER/BIERNATZKI[236] berichten, daß die vorher geleisteten Pachtsummen seitens des Grundherrn kapitalisiert worden sind und daß aus den Erträgen die Ablösung bezahlt wurde. Die Eigentumsübergabe betraf bis zum Jahr 1845/46 acht Hufner und wurde rechtskräftig durch ein Protokoll des Patrimonialgerichts[237].

Daneben führte W. Hirschfeld, der bis 1874 seinen Betrieb leitete, forschte und publizierte, auf seinem Hof sehr früh die vollständige Drainage ein. Ein solches Vorhaben war damals äußerst gewagt, da keinesfalls sicher war, daß der gewünschte Effekt eintrat. Drainagen waren damals sehr störanfällig und konnten leicht verstopfen. Es galt als sicherer, eine völlig neue Anlage zu errichten, als eine schon verlegte zu reparieren.

Hirschfeld ging über die bloße Installation hinaus. Er erbaute 1847 auf seinem Hof die erste Drainröhrenpresse englischer Art in Deutschland. Daneben legte er Linden- und Obstbaumalleen an, die sowohl der Zierde des Anwesens als auch der wirtschaftlichen Verbesserung dienen sollten. Auch eine große Spritfabrik trat

---

234 P. v. HEDEMANN-HEESPEN, 1926, S. 799
235 V. v. KLEMM u. G. MEYER, 1968, S. 111-115
236 SCHRÖDER/BIERNATZKI, 1856, II, S. 57
237 Es ist dies der einzige Fall im Untersuchungsgebiet, wo eine agrare Sozialpolitik dieser Art auftaucht.

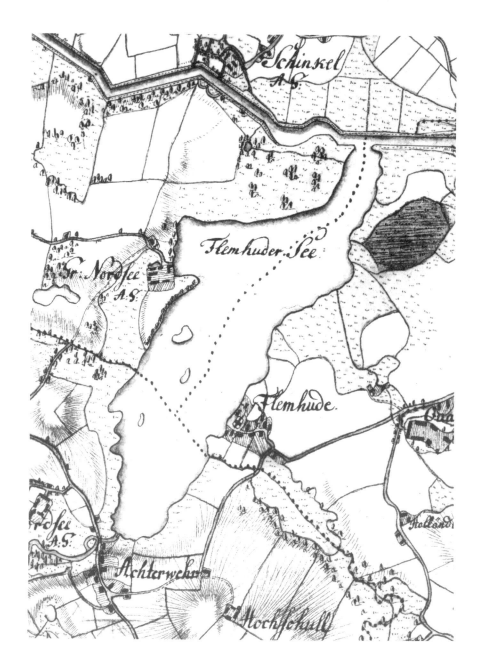

Abb. 11: Der Flemhuder See mit dem angrenzenden Schleswig-Holsteinischen Kanal auf der Varendorfschen Karte von 1789-1796. Westensee und Flemhuder See liefern über die Eider das Wasser für die Spiegelhaltung des Kanals. Der Name Nordsee, den noch einige Güter tragen, leitet sich aus der älteren Bezeichnung des Flemhuder Sees - im Gegensatz zum Westensee - ab.

auf dem Hofgelände dazu. Die Person von W. Hirschfeld hat eine führende Rolle im Landwirtschaftlichen Verein am Kanal gespielt<238>.

Zusammenfassend zeigt sich, daß der Kieler Güterdistrikt das typische Nebeneinander technisch fortschrittlicher und beharrender Unternehmen aufweist, die das klassische System der Koppelwirtschaft unverändert praktizieren. Da verhältnismäßig viel Grünland vorhanden ist, scheint die Wiesenkultur mit ergänzender Berieselung relativ weit vorgeschritten zu sein. Der Weizenbau weist nicht ganz so hohe Anteile auf, wie das im Oldenburgischen Distrikt der Fall ist.

Inwieweit besondere Formen der Arbeitsteilung auf solchen Gütern eine Rolle spielen, die sich in gleicher Hand befinden und aneinander angrenzen, vermag nicht mit Klarheit erkannt zu werden. In der Lage der Untergehörigen dominiert die Zeitpacht.

An den größeren Flüssen - so der Schwentine und der Eider - spielen Aalwehre eine wichtige Rolle. Darüber hinaus wird das fließende Wasser, wo immer dies möglich ist, zum Antrieb von Korn- und Papiermühlen genutzt. Die fischreichen großen Seen sind ebenfalls ganz in die Ökonomie der Güter einbezogen. An den flachen Ufern ist der Reetschnitt zudem ein bedeutsames Privileg der adligen Höfe.

5.5. DER DÄNISCH-WOHLDER GÜTERDISTRIKT

Zwischen dem tief ins Land eindringenden Eckernförder Meerbusen, der Kieler Förde und dem Kanal<239> dehnt sich halbinselartig der Dänisch-Wohlder Güterdistrikt aus. Er ist nicht wie die vorher behandelten Gebiete in mehrere Teile aufgespalten und erfährt auch nicht durch den Einschub von Amtsdörfern oder kirchliche Besitzungen eine Unterbrechung. Er erstreckt sich vielmehr als geschlossenes Areal im südöstlichen Bereich des Herzogtums Schleswig. Einzig das auf der Südseite des Windebyer Noors gelegene Gut Windebye erfährt durch den Verlauf der Stadtgemarkung von Eckernförde eine räumliche Loslösung.

Der Name erklärt sich aus der ehedem geschlossenen Waldbedeckung dieses küstennahen Jungmoränengebietes. In alter Zeit soll das Waldland Krongut gewesen sein und den Namen Jarnwith getragen haben. Die deutsche Bezeichnung Dänischenwohld taucht bereits im 13. Jahrhundert<240> in Quellen auf. Nach und nach hat fast der gesamte Adel der Herzogtümer hier Eigentum erworben und durch Rodung des Waldes seine Rittersitze und späteren adligen Höfe errichtet. A. NIEMANN<241> berichtet, daß nur die Mitte Überreste der alten Waldungen trägt und daß auch der Schnellmarker Wald, der sich bis nach Eckernförde erstreckt und die Hochufer der südlichen Fördenumrahmung säumt, "neuerlich mehr und mehr verhauen" ist.

Drei alte Kirchspiele - Dänischenhagen, Krusendorf und das fleckenartige Gettorf - umfassen als weitmaschiges Netz den größten Teil des Güterdistriktes. Das Gut Altenhof und seine verselbständigten Meierhöfe sind nach Eckernförde,

---

238 1828 in Gettorf gegründet
239 Ehedem war die Levensau die Trennschranke (A.F. BÜSCHING, 1752, S.111). Sowohl BÜSCHING als auch noch A. NIEMANN (1799) benutzen den Begriff Dänischenwald.
240 J. v. SCHRÖDER, 1854, S. LXXXIV
241 A. NIEMANN, 1799, S. 616

das Gut Windebye ist nach Borbye - dem Amt Hütten zugehörig - eingepfarrt. Grünhorst, Hohenlieth und Harzhof gehören zum Kirchspiel Sehestedt.

Die Anteile von bäuerlichem Wirtschaftsland und Hofländereien unter Einschluß der Meierhöfe halten sich in der Ausdehnung nicht die Waage. Das Wirtschaftsareal der Guts- und Meierhöfe übersteigt um etwa 60 % (vgl. Tab. 10) das dörfliche Hufenland. Die gutsbäuerlichen Fluren und Siedlungszellen sind relativ ungleichmäßig über den Dänischen Wohld gestreut. Die Ursache ist wohl in erster Linie in den Größenstrukturen der adligen Besitzungen zu suchen. Große Güter von der Dimension eines Neuhaus, Bothkamp oder Salzau werden hier im Schleswigschen nicht angetroffen. Kleine und mittlere, wirtschaftlich aber sehr einträgliche adlige Höfe überwiegen.

Da der adlige Distrikt Dänisch-Wohld zwei Deputierte stellte[242], die die Anordnungen und Mitteilungen an die einzelnen Gutsobrigkeiten weiterzuleiten hatten, war der Dänische Wohld mit seinen 35 Gütern in einen 1. und 2. Distrikt geschieden. Diese Unterscheidung spielt bei J. v. SCHRÖDER (1854) keine Rolle mehr, da seit 1853 die neue Hardenverfassung eingeführt ist und nunmehr die alten Güterdistrikte Dänisch-Wohld und Schwansen in die Verwaltungsstruktur der neu gebildeten Eckernförderharde einbezogen sind[243]. Die gutsherrliche Jurisdiktion ist damit abgeschafft und auf den Hardesvogt und seine nachgeordneten Organe übergegangen[244].

In seiner Gesamtheit bietet der Dänische Wohld hervorragende landwirtschaftliche Nutzungsmöglichkeiten (Abb. 12). Besonders im nördlichen Abschnitt herrscht die flachwellige Grundmoräne mit gleichbleibend guten Böden und verhältnismäßig wenigen Vernässungszonen vor. Binnenseen fehlen im gesamten Gebiet. Die Besitzarrondierung und die innere Verkehrslage sind daher im allgemeinen vorteilhaft. Im Norden erreichen die Böden in der Regel Steuertaxationswerte, die über den Betrag von 150 Reichsbanktalern hinausgehen. Nach Süden und zur Mitte hin werden die Standorte in ihrem Bodenwert von Fall zu Fall unterschiedlich. Auch nehmen vermoorte und vernäßte Tiefenrinnen einen größeren Anteil ein. An der Küste fehlen ausgedehnte Niederungsgebiete und Strandseen, wie sie für Angeln kennzeichnend sind. Der Zertalungsgrad ist gering. Der flachwellige Charakter mit weitgespannten Kuppen und Senken herrscht im Landschaftsbild vor[245]. Ackerbau und Koppelwirtschaft treffen auf ungewöhnlich günstige Voraussetzungen.

Nahezu alle Güter der küstennahen nördlichen und östlichen Zone werden in den Topographien des 19. Jahrhunderts aufgrund ihrer hervorragenden und einträglichen Böden besonders hervorgehoben. In diesem Abschnitt des Dänischen Wohld ist ein begrenzter Mangel an natürlichem Grünland und an Wiesen feststellbar. Waren Niederungen vorhanden - wie es in Neu-Bülck der Fall war -, so sind diese wegen der besseren Erträge meist in Ackerland umgewandelt. Größere Niederungsflächen und Grünland besitzt noch das Gut Uhlenhorst im Umkreis des Fuhlensees. Auch Fischteiche, die auf quellenreichem Untergrund wie auf Dänisch-Nienhof eine Rolle spielten, sind in der Mitte des 19. Jahrhunderts in mehr einbringendes Ackerland umgewandelt. Nach Westen hin werden die Bodenqualitäten

---

242 A. NIEMANN, 1799, S. 517
243 Der historischen Wirtschaftskarte liegt noch die ältere Distriktaufteilung ohne die genannte Eingliederung in die Eckernförder Harde zugrunde.
244 W. HAHN, 1972, S. 143
245 U. BONSEN, 1972, S. 19

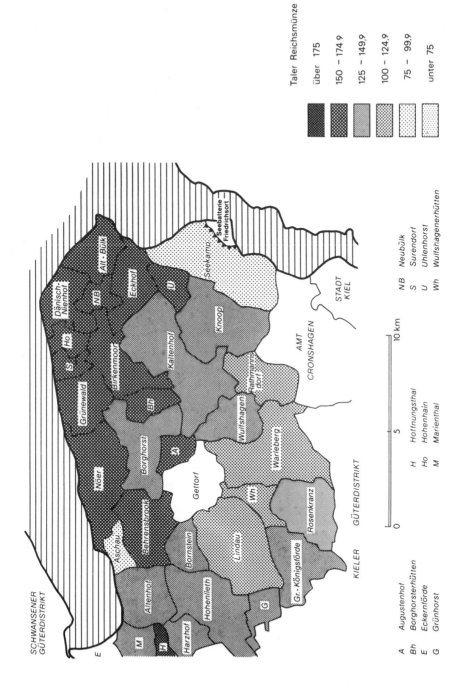

Abb. 12: Bodengüte nach Steuertaxationswerten im Güterdistrikt Dänischer-Wohld um 1845

differenzierter. So weist Altenhof einen guten Mittelboden und das von Windebye getrennte Marienthal einen grandigen Boden auf. Aber selbst diese etwas geringer bewerteten Standorte wurden von der preußischen Bodenertragsschätzung noch in die 3. und 4. Klasse eingestuft<246>.

Der Dänische Wohld weist ähnlich wie das benachbarte Schwansen eine Reihe eigenständiger Merkmale auf, die weniger den wirtschaftlichen Zustand betreffen als vielmehr die juristische und soziale Seite der Gutswirtschaft. Besitzstrukturen, Größenverhältnisse, Lage der Untergehörigen und Auflösung von ehemaligen Hofländereien sind die wesentlichen Kennzeichen, die in den Güterdistrikten des Herzogtums Schleswig eine eigenständige Entwicklung erfahren haben. Ein direkter politischer Eingriff seitens der Krone ist nicht erkennbar. So ist der königliche Erwerb der vier Güter Seekamp, Knoop, Bülck und Rathmannsdorf zwecks Errichtung der Seefestung Christianspries nach dem Sieg der Schweden wieder rückgängig gemacht worden. Die Güter gingen nach der Schleifung der Festung in die Hand des Adels über - meist 1648 - und wurden im Zusammenhang mit der Errichtung von Friedrichsort (seit 1663)<247> nicht erneut für die Krone reklamiert.

In der Größenstruktur herrschen mittlere und kleinere adlige Höfe vor. Einzig Kaltenhof, Hohenlieth, Sehestedt, Seekamp und Königsförde überschreiten die Zahl von 15 Pflügen. Es ist nicht allein der spätere Zerfall, der zur Entstehung vieler kleiner Obrigkeiten geführt hat. Auch die Tatsache, daß der schleswigsche Raum in einem anderen politischen Verhältnis zur dänischen Krone stand, hat zu historisch weit zurückreichenden Eigenständigkeiten geführt. Das mit Abstand größte Gut ist ehedem Sehestedt<248> gewesen, das zusammen mit Hohenlieth für 55 Pflüge kontribuierte. In der Mitte des 19. Jahrhunderts steht es in der Landesmatrikel für nur mehr 19 1/2 Pflüge, nachdem sich die Güter Steinrade, Grünhorst und Schirnau verselbständigt haben. Auch das alte Gut Lindau war ausgedehnter, bevor Behrensbrook mit 11 Pflügen 1705 davon getrennt wurde.

Im Dänischen Wohld wie auch in Schwansen gab es nur wenige Güter, die nicht in der Hand der weitverzweigten und an der Wende vom 17. zum 18. Jahrhundert auf ihrem Höhepunkt stehenden Familie Ahlefeld gewesen sind. Im Jahre 1727 brach der große Konkurs - ausgehend von dem umfangreichen Besitztum Seegard bei Apenrade - über die Ahlefeldschen Güter herein und trug erheblich zur Veränderung im Besitz- und Größengefüge der schleswigschen Güterbezirke bei.

Zahlreich sind im Dänischen Wohld die Fälle, wo abgelegte Meierhöfe zu autonomen adligen Gütern aufgestiegen sind. Allein im Jahre 1806 wurden noch 35 Güter im Herzogtum Schleswig zu adligen Höfen ernannt. Auf den Dänischen Wohld entfallen davon 11 Beispiele. Der letzte Fall der Erhebung in den Rang eines adligen Gutes datiert sogar noch aus dem Jahr 1814, als der Landgraf Carl zu Hessen Hoffnungsthal erwarb, das vom Gut Marienthal abgesondert worden war. Steinrade ist nicht in der üblichen Form aus einem Meierhofe hervorgegangen, sondern aus einzelnen Hufen und sonstigen Stellen, die das Gut Sehestedt sukzessiv verkauft hat. Auch hier erfolgte die Anerkennung als adliger Hof im Jahre 1806. Eine größere Welle der Entstehung neuer Adelssitze fällt auch in das Jahr 1765, als Schirnau, Steinrade und Grünhorst vom Muttergut Sehestedt getrennt werden. 1750 lösen sich Neu-Bülck und Eckhof vom alten Gut Bülck<249>.

---

246 H. OLDEKOP, 1906, II, S. 18
247 J. GREVE, 1844, S. 301
248 J. v. SCHRÖDER, 1854, S. 475
249 Alle Angaben nach J. v. SCHRÖDER (1854) zu den jeweiligen Artikeln

Vielschichtig und engräumig wechselnd gestalten sich nördlich des Kanals die Besitzverhältnisse. Sie sind früher in diesen heterogenen Zustand eingetreten, als dies im Herzogtum Holstein der Fall ist. Es fällt auf, daß im Dänischen Wohld generell eine starke Mobilität des Besitzes erkennbar ist und daß jahrhundertealter Familienbesitz die Ausnahme darstellt. Einzig Altenhof, das sich seit 1692 in der Hand der Familie Reventlow befindet, und die adligen Güter Lindau und Königsförde, die im Eigentum der Ahlefelds verblieben sind, stellen Besitzungen mit langer Tradition dar, unberührt vom Getriebe rasch wechselnder Spekulationen.

Als Konsequenz ist festzustellen, daß bürgerlicher Besitz früh und häufig in den Dänischen Wohld eingedrungen ist. Die neuen Eigentümer entstammen vielfach Kaufmannskreisen, die im Landbesitz ihr Geld anlegen, sich die Zollfreiheit der adligen Höfe zunutze machen und ihre Töchter in den Land- oder Dienstadel der Herzogtümer einheiraten lassen. Gelegentlich steigen auch unternehmerische Talente, wie in Schwansen die Familie Otte aus Eckernförde, in den Kreis der Gutsbesitzer auf.

Typische Beispiele des Eindringens bürgerlich-kaufmännischer Schichten sind der Senator Adami aus Bremen, der sich die Nachbargüter Dänisch-Nienhof, Hohenhain und Birkenmoor angeeignet hat, sowie der Senator Jenisch aus Hamburg, der das kleine Gut Augustenhof - ein ehemaliger Meierhof von Borghorst - seinen weiteren umfangreichen Besitzungen in den holsteinischen Gutsdistrikten hinzugefügt hat.

Innerhalb der adligen Besitzerschichten sind Angehörige der alten Familien, der Rezipierten, des nicht einheimischen Adels und sonstiger Fürstenhäuser vertreten. Häufig sind die Beispiele, wo nicht aus den Herzogtümern stammende Adelsfamilien nördlich des Kanals Landbesitz erwarben. Unter den Fürstenhäusern ist der Landgraf von Hessen auf dem schon erwähnten Hoffnungsthal sowie die Herzogin Louise Auguste von Augustenburg auf Noer und Grünewald (heute Grönwohld) hervorzuheben. Ebenfalls der Linie der Augustenburger gehört das Gut Behrensbrook zu. Höhere Landanteile in der Hand fürstlicher und reichsgräflicher Häuser finden sich noch in den Gutsbezirken Schwansens nördlich des Eckernförder Meerbusens.

Einen Einblick in die Besitzverhältnisse der adligen Güterdistrikte vermittelt Tab. 9 für das Jahr 1832. Für die damals noch existierenden beiden Distrikte des Dänischen Wohld errechnen sich Pfluganteile nicht-ritterschaftlicher Gutsbesitzer von 61 und 44 %. Diese Beträge steigen zwar noch nicht auf diejenige Höhe, die nördlich der Schlei in Angeln erreicht wird. Sie liegen aber bereits mit deutlichem Abstand vor denjenigen Werten, die in den holsteinischen Distrikten vorherrschen. Dort geht der nicht-ritterschaftliche Anteil an den Gütern nirgendwo über 38 % hinaus.

Die Wirkungen und strukturellen Begleiterscheinungen der Agrarreformen sind in den schleswigschen Güterdistrikten anderer Art als in den holsteinischen. Zu den wesentlichen eigenständigen Merkmalen zählen dort die Parzellierungen, das Flächenverhältnis von Zeitpacht und Erbpacht im gutsbäuerlichen Wirtschaftsland und der Verkauf von Hufen als Eigentum. Im Hinblick auf die Freiheiten und Entfaltungsmöglichkeiten des Bauerntums sind die Entwicklungen im Dänischen Wohld quantitativ und qualitativ nicht so positiv verlaufen, wie dies vor allem auf die Gutsherrschaften Angelns zutrifft.

Tab. 9: Besitzergruppen in den adligen Güterdistrikten und Klöstern 1832 (Pflugzahlen gerundet)

Güter- und Klosterdistrikt	Zahl der Güter	Pflugzahlen der Güter im Besitz von		
		König und Fürsten	Ritterschaft und Klöstern	nicht-ritterschaftlichen Personen
A. Holstein				
Oldenburger Distrikt	44	87	370 1/2	177 1/2 (28 %)
Preetzer Distrikt	34	48	282	184 (36 %)
Kieler Distrikt	33	-	233 1/2	142 (38 %)
Itzehoer Distrikt	30	12	424	164 (27 %)
Kloster Itzehoe	-	-	169	-
Kloster Preetz	-	-	268	-
Kloster Uetersen	-	-	28 1/2	-
B. Schleswig				
1. Dänisch-Wohlder Distrikt	15	-	57 1/2	90 1/2 (61 %)
2. Dänisch-Wohlder Distrikt	20	25	75 1/2	79 1/2 (44 %)
1. Angler Distrikt	24	43	81	136 1/2 (52 %)
2. Angler Distrikt	23	-	63	221 (78 %)
Schwansener Distrikt	30	56	151	154 (43 %)
Kloster St. Johannis	-	-	50	-

Quelle: A.C. GUDME, 1833, Tabellenanhang XVI

G. RAWITSCHER<250> hat in einer eingehenden Studie den Pachtverhältnissen auf den adligen Gütern des schleswigschen Landesteils besondere Aufmerksamkeit geschenkt. Er kommt zu dem Schluß, daß im Güterdistrikt Dänisch-Wohld von 28 747 ha Gesamtfläche im Zuge der Agrarreformen nur 11 035 ha - also 38 % - als Bauernland ausgelegt wurden. Der übrige Teil verblieb Hofland (22 %) bzw. wurde als Meierhof (40 %) genutzt. Diese stiegen seit 1765 häufig in den Rang eigenständiger Gutshöfe auf.

Die Gegensätze zu Angeln und Schwansen treten aus der Tab. 10 deutlich hervor. Im Dänischen Wohld verhält sich die Fläche der Hofländereien und Meierhöfe zum gutsbäuerlichen Land wie 1,6 : 1, während sich das Verhältnis in Schwansen mit 1,2 : 1 stärker angleicht. In Angeln kehrt sich die Proportion um, und die Hofländereien und Hufenflächen stehen in einer Relation von 0,3 : 1.

---

250 G. RAWITSCHER, 1912, S. 63

Tab. 10: Flächenverhältnis von Hofland und Bauernland in Schleswig

Güterdistrikt	Verhältnis von		
	Hofland zu gutsbäuerlichem Land	Erbpacht- zu Zeitpacht-Ländereien	Hofland zu bäuerlichem Eigentum (inkl. Erbpacht)
Angeln	0,3 : 1	-	0,3 : 1
Schwansen	1,2 : 1	2,2 : 1	2 : 1
Dänisch-Wohld	1,6 : 1	0,21 : 1	9 : 1

Quelle: G. RAWITSCHER, 1912, S. 63/64

Auch die Beziehung von Zeit- und Erbpacht zeigt eine bezeichnende Größenordnung. Im Dänischen Wohld übertreffen die Zeitpachtflächen diejenigen der Erbpacht im Verhältnis von 1 : 0,21, also etwa um das fünffache. Während in Angeln die Zeitpacht gänzlich fehlt, überwiegt in Schwansen das vererbpachtete Land bei weitem. Hofland und bäuerliche Erbpacht- oder Eigentumsflächen stehen im Dänischen Wohld folglich in einem so ungünstigen Verhältnis zueinander, daß sich der Betrag von 9 : 1 errechnet. In keinem Teil Schleswigs wird eine vergleichbar ungünstige Relation erreicht.

Aus diesen Angaben resultiert, daß der Dänische Wohld hinsichtlich der obrigkeitlichen Verhältnisse noch viele Eigentümlichkeiten der holsteinischen Güterdistrikte aufweist. Die entscheidende Hinwendung zu Eigentum und Erbpacht, wie in Schwansen und vor allem Angeln, ist auch in der Mitte des 19. Jahrhunderts noch nicht feststellbar. Nur einzelne Güter sind zu einem großzügigen und liberalen Verhältnis übergegangen, indem sie Vererbpachtungen und Parzellierungen einführten.

Am weitesten sind die Verhältnisse auf den Gütern Seekamp und Rosenkranz gediehen. In beiden Fällen ist die Zeitpacht gänzlich abgeschafft. Seekamp, das sich im Zusammenhang mit der Errichtung von Christianspries[251] zweimal in königlicher Hand befand, wurde 1679 von Christian V. zunächst an den Oberjägermeister v. Hahn verschenkt. Nachdem es durch Heirat an die Familie Reventlow gefallen war, kam es seit 1758 in die Hand der gräflichen Linie Schackenborg, die der alten Ritterschaft angehört. Der Erwerber Graf Hans v. Schack zu Schackenborg war Stiftsamtmann zu Ripen.

Im Jahre 1791 ging man über die Vererbpachtung der Dorfländereien hinaus und teilte auch das Hoffeld in Parzellen. Aus dem alten Gut Seekamp wurde nunmehr ein gleichnamiger Parzellistenhof, dem man insgesamt 400 Tonnen Land, davon 360 Ton. Ackerland und 30 Ton. Wiesen, beilegte. Der Parzellenstelle Seekamp sind 6 Instenstellen zugeordnet. Eine erste Aufteilung des Hoffeldes in 14 Par-

---

251 1632 wurde von Christian IV. die Festung Christianspries errichtet. Zu diesem Zweck wurden trotz Widerspruchs des Gottorfischen Hauses die Güter Seekamp, Bülck, Holtenau und Knoop erworben. Die Güter wurden später wieder privatisiert.

zellen wurde revidiert und in eine Neuaufteilung mit 10 Höfen umgewandelt. Das Parzellistenland umfaßt insgesamt 890 Tonnen. Um 1850 ist der ehemalige Meierhof Stift mit seinen 698 Tonnen Land zum Stammhof des Gutes aufgerückt, auf dem der Inspektor wohnt. Als Zeichen der noch gültigen Patrimonialgewalt erwähnt J. v. SCHRÖDER[252], daß sich in der Nähe des Gebäudes das Gefangenenhaus befindet. Auf der Varendorfschen Karte von 1789-1796 finden sich im Bereich der Hoffelder zwei isolierte Doppelgebäude[253] verzeichnet. Die Parzellierung von Seekamp scheint zum Aufnahmezeitpunkt der Karte in Gang gewesen zu sein.

Ähnlich gestalten sich die Verhältnisse auf dem Gut Rosenkranz - vormals Schinkel - am Kanal. Nach vielfachen Veräußerungen war das Gut 1828 von dem aus Elberfeld stammenden Advokaten Dr. Weber erworben worden, der es nach dem Namen seiner Frau, Axeline Rosenkranz aus altem dänischen Geschlecht, benannte[254]. 1844 wurde auch Rathmannsdorf hinzugekauft und ein Fideikommiß begründet, 1850 aber wieder annulliert. Auf Rosenkranz wurde schon 1786 von dem damaligen Besitzer Jensen die Vererbpachtung eingeführt. Die zum Gut gehörenden beiden Dörfer Schinkel und Schinkeler-Hütten wurden mit ihren Fluren in 54 Erbpachtstellen umgewandelt. Im Gegensatz zu Seekamp blieb hier aber die Ökonomie des Haupthofes mit 408 Ton. erhalten. Nach H. OLDEKOP[255] ist in den folgenden Jahrzehnten eine Neuordnung im Besitzgefüge eingetreten, da viele Stellen zu klein ausgelegt waren.

Bei den Gütern Borghorst (39 Ton.), Eckhof (31 Ton.), Hohenlieth (47 Ton.), Warleberg (57 Ton.), Windebye (32 Ton.), und Wulfshagenerhütten (39 Ton.) handelt es sich - wie die genannten Zahlen zu erkennen geben - jeweils nur um kleine Anteile an den Dorfländereien, die in Erbpacht vergeben wurden. Die Landflächen sind häufig mit Mühlen, Brennereien, Ziegeleien, Holzvogtstellen oder Wirtshäusern verbunden, deren Vergabe auf längerfristiger Basis damals allgemein üblich war.

Selbst wenn die Zeitpacht auf den Gütern unverändert erhalten bleibt, so zeigen sich daneben doch Anzeichen für eine strukturelle Verbesserung der Produktionsbedingungen im gutsbäuerlichen Bereich. In diesem Zusammenhang fällt vor allem die Auflösung alter Dorfkerne und der damit einhergehende sog. Ausbau von Hufen oder kleineren Stellen auf. Diese Erscheinung ist im Dänischen-Wohld häufiger als in den holsteinischen Distrikten anzutreffen, wo die geschlossene Erhaltung der alten Siedlungskörper die Regel ist.

Die Zusammensetzung der Nutzzweige (Abb. 13) weicht prinzipiell nur wenig von den Verhältnissen in den übrigen Distrikten ab. Bei näherer Betrachtung fallen jedoch einige individuelle Merkmale ins Auge, die die Agrargebiete nördlich des Kanals auszeichnen.

In Schwansen wie im Dänischen Wohld ist der Anteil der Ackerflächen erheblich größer als in Holstein, da Wiesen, Wald und Ödland zurücktreten. Stellt man anhand der Statistischen Quellen die Größe des Acker- und Wiesenlandes der Zahl der Milchkühe gegenüber[256], so läßt sich daraus - zumindest annähernd - eine

---

252 J. v. SCHRÖDER, 1854, S. 511
253 westlich von Seekamp, Nachdruck 1984, Blatt 1
254 H. v. RUMOHR, 1972, S. 206
255 H. OLDEKOP, 1906, II/S. 105
256 J. v. SCHRÖDER (1854) und E. REVENTLOW-FARVE (1847)

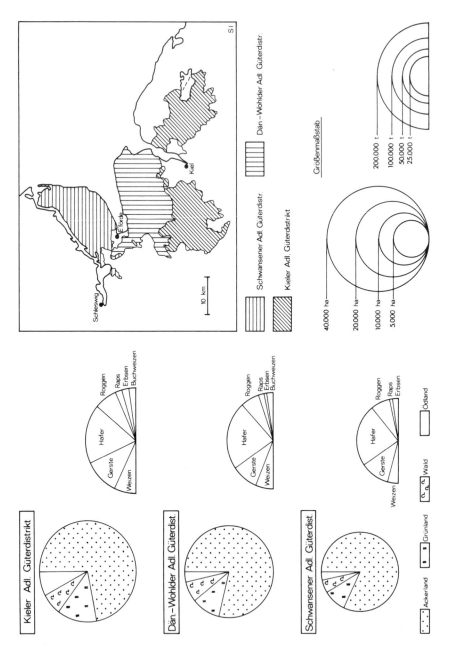

Abb. 13: Bodennutzung und pflanzliche Produktion in den Adligen Güterdistrikten Kiel, Dänischer Wohld und Schwansen um 1845 (nach Angaben von SCHRÖDER/BIERNATZKI)

Besatzziffer mit Milchvieh errechnen. Die hohe Bodenfruchtbarkeit in Schwansen und im Dänischen Wohld zeigt sich in den kleineren Futterflächen, die dort im Rahmen der Koppelwirtschaft je Milchkuh erforderlich sind (Tab. 11). Die Ertragsleistung je Kuh scheint nach den Angaben von E. REVENTLOW-FARVE (1847) demgegenüber kaum unterschiedlich gewesen zu sein.

Tab. 11: Kennziffern zur Agrarproduktion der Güterdistrikte

Güterdistrikte	Acker- und Wiesenland (ha)	ha Land je Milchkuh	Butter je Milchkuh in Pfund	Käse je Milchkuh in Pfund	Zahl der Milchkühe je Schwein
Itzehoer	51 612	3,9	100	100	2,21
Kieler	33 951	2,89	100	120	3,19
Preetzer	46 815	2,85	100	120	2,73
Oldenburger	45 574	2,62	110	120	2,63
Schwansen	22 027	2,4	110	125	3,69
Dänisch-Wohld	27 880	2,5	110	120	3,6
Angeln 1	16 164	2,45	100	120	3,3
Angeln 2	30 728	3,0	100	100	5,42

Quelle: J. v. SCHRÖDER (1854) u. J. v. SCHRÖDER/BIERNATZKI (1855)

Der dichtere Besatz, der in Schwansen und im Dänischen Wohld möglich ist, erlaubt daher für die Distrikte nördlich des Kanals eine hohe Butter- und Käseproduktion. Die Schweinehaltung - ebenfalls ein fester Bestandteil der Meiereiwirtschaft auf den adligen Höfen - wird dagegen im Dänischen Wohld wie in Schwansen nicht mit der gleichen Intensität betrieben wie im Holsteinischen. Die Verteilung der Knochenspeckerzeugung fällt eindeutig zugunsten der südlichen Güterdistrikte aus. Es kann kein Zweifel bestehen, daß auch die Nähe zu den großen Märkten hier eine entscheidende Rolle spielt.

Trotz seiner vielgerühmten Böden nimmt die Weizenerzeugung im Dänischen Wohld nicht die gleiche Position wie im Oldenburger Distrikt ein. Nach den Fünfjahresmitteln 1841-45, die den Topographien zugrundeliegen[257], macht der Weizen im Dänischen Wohld 12 % der erzeugten Körnerfrüchte aus. Im Oldenburger Güterdistrikt steigt der Wert auf 23 %. Die Haferproduktion ist demgegenüber recht bedeutend. Dieser Sachverhalt deutet auf die schweren Böden hin, die angesichts des hohen Bearbeitungswiderstandes eine starke Pferdehaltung erfordern.

---

257 SCHRÖDER, 1854, S. XXXVII und SCHRÖDER/BIERNATZKI, 1855, I, 44/45

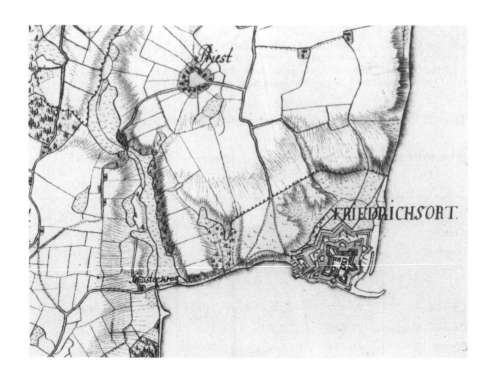

Abb. 14: Die Seebatterie Friedrichsort und die Besitzungen des Gutes Seekamp vor der Parzellierung (Varendorfsche Karte 1789-1796)

Kennzeichnend ist für den Dänischen Wohld, daß er eine günstige Verkehrslage besitzt. Dazu trägt die Nähe der beiden Häfen Kiel und Eckernförde sowie die große Chaussee, die beide Städte verbindet, entscheidend bei.

Bemerkenswert ist die Bedeutung, die das Kirchdorf Gettorf - etwa auf halber Strecke zwischen beiden Zentren gelegen - erlangt hat. Es weist eine große Bewohnerzahl auf, da es insgesamt 17 Vollhufen umfaßt, die zu annähernd gleichen Teilen auf die Güter Groß-Königsförde und Wulfshagener-Hütten aufgeteilt sind. Im Ort gibt es mehrere Handwerker, zwei Ärzte und eine Apotheke. Gettorf hat das Recht, alljährlich vier Viehmärkte abzuhalten. Eine Fleckensgerichtsbarkeit ist mit der Siedlung nicht verbunden.

5.6. SCHWANSEN

Obgleich von der historischen Karte nur der südliche Teil von Schwansen erfaßt ist, sollen doch einige Bemerkungen diesem wichtigen Agrarraum gewidmet sein. Schwansen kann vom wissenschaftlichen Standpunkt aus als gut erforscht gelten, da sich drei Monographien[258] mit der Genese des Siedlungsbildes und den hi-

---

258 Chr. KOCK, 1898 und 1912; U. BONSEN, 1966

storischen Grundlagen der Agrarstrukturen eingehend befaßt haben. Darüber hinaus liefern Untersuchungen von G. RAWITSCHER und Chr. DEGN[259] wichtige Erkenntnisse über die Entwicklung und Umformung der Gutswirtschaft. Auch die fundamentalen Aussagen von F. MAGER[260] über die Entwicklung der Kulturlandschaft im Herzogtum Schleswig in historischer Zeit stellen einen wichtigen Baustein im Rahmen wirtschaftsgeschichtlicher Fragestellungen dar.

Schwansen stellt hinsichtlich der Einführung und Weiterentwicklung der Agrarreformen ein Übergangsgebiet dar. Zwar sind wesentliche Beharrungsmomente in Übereinstimmung mit den südlichen Güterdistrikten ausgebildet. Aber es fehlt auch nicht an Einflüssen, die von Norden aus dem fortschrittlichen und reformfreudigen Angeln in die Gebiete südlich der Schlei vorgedrungen sind.

Schwansen, eine nach Nordosten vorstoßende Halbinsel zwischen Eckernförder Bucht, dem Fahrwasser der Schlei und der Ostsee, bietet im ganzen gesehen hervorragende Möglichkeiten landwirtschaftlicher Nutzung. Schon A.F. BÜSCHING[261] nennt um 1750 Schwansen fruchtbar und volkreich: "In diesem schönen Ländgen hat der König nur die Dörfer Ellenberg und Löckmark, alles übrige gehört dem Adel." Um die Mitte des 18. Jahrhunderts besteht Schwansen überwiegend aus landreichen Edelhöfen. BÜSCHING meldet für Saxdorf 50, für Olpenitz 44 Pflüge. Es folgen Eschelsmark mit 32, Waabs und Maasleben mit je 30 Pflügen. Windebye und Hemmelmark kontibuieren für 27 Pflüge, Gerebye - das spätere Carlsburg[262] - für 26. Auch Grünholz steht mit 23 Pflügen in der Landesmatrikel. Nur einzelne adlige Höfe liegen darunter: Stubbe mit 21, Damp mit 17, Bienebek mit 12, Krieseby mit 10 und Dörpt im Kirchspiel Schwansen mit 8 Pflügen. Viel adliger Besitz ist im späten Mittelalter aus schleswigschem Bischofsland oder Besitzungen des Domkapitels hervorgegangen.

Wie positiv das 19. Jahrhundert die Ertragsleistungen des Bodens eingeschätzt hat, geht aus den Steuertaxationswerten hervor (Abb. 15). Mit nur sehr wenigen Ausnahmen entfällt der gesamte Ostteil von Schwansen in Güteklassen, die 150 Reichsbanktaler überschreiten. Nach Westen hin, wo sandige und kiesige Aufschüttungen häufiger werden und wo die homogene Grundmoräne von rasch wechselnden Sedimenten abgelöst wird[263], sinken die Einstufungen deutlich ab. Hier wird auch das Relief lebhafter, und Tiefenrinnen mit zwischengeschalteten Mooren und Staunässen erschweren die landwirtschaftliche Nutzung.

In der Mitte des 19. Jahrhunderts zeigt sich, daß die südlichen Bereiche des Schwansener Distrikts aus auffallend vielen Hofländereien und Meierhöfen bestehen, während im Nordabschnitt und im Zentralteil bäuerliche Besitz- und Wirtschaftsflächen vorherrschen. Besonders die großen Güter Ludwigsburg, Saxdorf und das ehedem umfangreichere Hemmelmark haben einen Großteil ihres Stammbesitzes in Meierhöfe zerlegt.

Diese sind in den meisten Fällen verkauft oder vererbpachtet und befinden sich nur zum geringeren Teil noch unter der Jurisdiktion des alten Muttergutes. Aufstiege von verkauften Meierhöfen zu autonomen adligen Gütern sind dagegen selten. Nur Hohenstein wurde 1802 in den Rang eines Gutes erhoben, nachdem es

---

259 G. RAWITSCHER, 1912 und Chr. DEGN, 1949
260 F. MAGER, 2 Bde., 1930 und 1937
261 A.F. BÜSCHING, 1752, S. 113
262 1785 vom Landgraf Carl zu Hessen erworben
263 vgl. U. BONSEN, 1966, S. 22

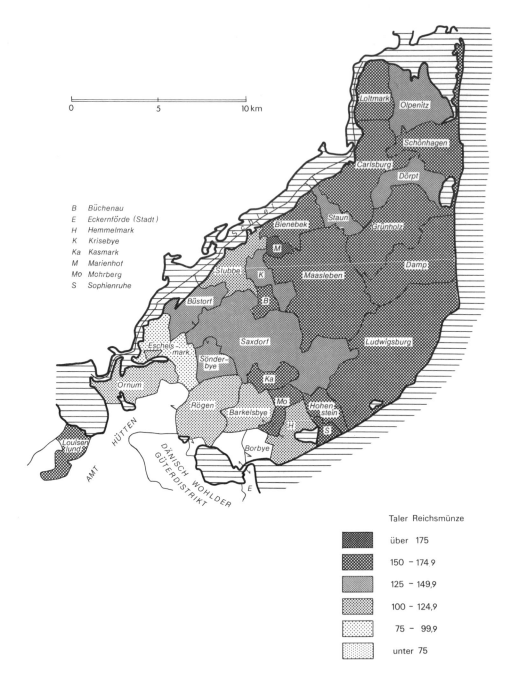

Abb. 15: Bodengüte nach Steuertaxationswerten im Güterdistrikt Schwansen um 1845 (nach SCHRÖDER/BIERNATZKI)

1754 von Hemmelmark getrennt wurde, sowie Mohrberg, das 1806 veräußert wurde. Von Mohrberg löste sich 1837 wiederum Sophienruhe, das nicht mehr zu einem autonomen adligen Hof aufrückte. Die Höfe Groß-Waabs, Lehmberg, Sophienhof und Carlsminde sind 1823 als ehemalige Meierhöfe von Ludwigsburg verkauft worden und aus der Zugehörigkeit zum früheren Gut ausgeschieden. Die genannten Höfe haben sich als Besonderheit Schwansens verselbständigt. Sie sind mit eigener Pflugzahl und Steuertaxation angesetzt. Es zeigt sich, daß die Auflösung der Gutsherrschaft im Bauernland wie auch bei den Meierhöfen weiter vorgeschritten ist, als dies auf Holstein und den Dänischen Wohld zutrifft. Durch das sog. Patent vom 3. Juni 1853 werden schließlich die adligen Güterdistrikte Dänischenwohld und Schwansen aufgelöst und durch Neuordnung der Rechtsbefugnisse zur Eckernförder Harde vereinigt.

Auf den Gütern Schwansens stieg die Zahl der Meierhöfe von 18 im Jahr 1750 auf 30 im Jahr 1804 an. Das rasche Vorschreiten von Meierhofflächen im Süden des Distrikts war eine gezielte Gegenmaßnahme gegen das Vordringen der Parzellierungen in den übrigen Teilen von Schwansen und Angeln. Auf diese Weise behielt die Gutsherrschaft ihren Grund und Boden und vermied tiefgreifende Veränderungen in der Bewirtschaftung und Eigentumsstruktur, wie sie zwangsläufig mit der Einführung von Erbpacht oder vollem Eigentum im Bereich des Hufenlandes und der parzellierten Hof- oder Meierhofflächen verbunden war.

Am Beispiel von Schwansen zeigt sich, daß parzellierte Gutsunternehmen Zeiten wirtschaftlicher Krisen leichter überstehen als unflexible Großbetriebe mit Hofland und Meierhöfen. Beim Verfall der Preise wird nämlich das betriebliche Existenzrisiko von vielen familiären Einzelunternehmen in der Weise aufgefangen, daß die Geldzahlungen an den Gutsherrn weiterlaufen.

Ein beredtes Beispiel für diesen Vorgang ist das schon erwähnte Ludwigsburg mit dem Zwangsverkauf von allein 4 Meierhöfen. Der wirtschaftliche Konkurs dieses großen Gutes im Krisenjahr 1823 führte zu einer tiefgreifenden Verringerung des Besitzstandes. Nur die drei Meierhöfe Booknis, Hökholz und Hülsenhain verbleiben im Gute Ludwigsburg und bilden seitdem zusammen mit den Dorfschaften Groß- und Klein-Waabs sowie Langholz und Glasholz das Ahlefeld-Dehnsche Fideikommiß. Als letzte Bestandteile der stolzen Besitzung Ludwigsburg konnten sie neben dem Hofland und dem Meierhof Rothensande der Konkursmasse entrissen werden.

Auch Hemmelmark war gezwungen, seine ehemaligen Meierhöfe Aukamp, Louisenberg und Neu-Barkelsby zu veräußern<264>. Die gleiche Erscheinung gilt für Saxdorf, das die wirtschaftlichen Krisenzeiten der zwanziger Jahre lediglich zu überstehen vermochte, indem die Meierhöfe Ilewith, Osterhof, Hörst und Patermiß abgestoßen wurden.

Den Bestrebungen, die klassische Gutswirtschaft unabhängig von äußeren Umständen und zeittypischen geistigen Neuorientierungen auf großen Besitzungen weiterzuführen, ist im Gutsdistrikt Schwansen kein Erfolg beschieden. Wie sehr eine unvorteilhafte Landaufteilung und eine zu hohe Belastung von Erbpachtstellen zum Zusammenbruch von Gütern beitragen können, zeigt sich mit aller Deutlichkeit auf Ludwigsburg.

Dort verlangten die Erbpächter nach dem Konkurs von 1823, wieder in den Zustand von Zeitpächtern zurückversetzt zu werden. Sie sahen sich nicht imstande,

---

264 P. v. HEDEMANN, 1900, S. 172

den gutsherrlichen Forderungen für Ablösung und Kontribution nachzukommen und nahmen lieber das Los persönlicher Ungewißheit als ruinösen Zusammenbruch in Kauf. "Im Anschluß an den Konkurs des Grafen von Ahlefeldt-Dehn erklärten nahezu alle Gutsuntergehörige ihren Konkurs und wurden wieder Zeitpächter ihrer öffentlich verkauften Stellen 1823"<265>.

In den Gutsherrschaften von Damp und Grünholz wurde die Zeitpacht nach holsteinischem Vorbild nicht abgeschafft. Noch 1912 hob G. RAWITSCHER<266> hervor, daß die Zeitpachtdörfer den Stempel der Armut tragen, während die freien Landgemeinden von dynamischer Wirtschaftsentwicklung und vom Streben nach Fortkommen geprägt sind. Auch nahm bei ihnen die Bevölkerung zu, da Handwerker keiner Ansiedlungsgenehmigung durch die Gutsobrigkeit bedurften. Freie Landverkäufe trugen ebenfalls zur wirtschaftlichen Konsolidierung bei.

Generell ist für Schwansen ein günstiges Verhältnis von Hofland zu bäuerlichem Eigenbesitz charakteristisch. Es beträgt nur 2 : 1 und weicht somit erheblich von den Gegensätzen im Dänischen Wohld ab, wo eine Relation von 9 : 1 erreicht wird. Noch günstiger sind die Verhältnisse in Angeln, wo mit den Anteilen von 0,3 : 1 das mehr als dreifache Überwiegen eigenständigen Bauernlandes erreicht wird<267>.

Ganz im Gegensatz zu den Bemühungen, das Gut in seinen obrigkeitlichen und wirtschaftlichen Sonderrechten zu erhalten, stehen die Maßnahmen in den zentralen und nördlichen Teilen von Schwansen. Obgleich von der Darstellung nicht mehr erfaßt, sei doch auf diese Erscheinung noch ergänzend verwiesen.

An erster Stelle sind die fürstlichen Besitzungen des Landgrafen Carl zu Hessen zu nennen, die 1823 die Güter Carlsburg, Gereby, Louisenlund und Wischhof mit insgesamt 56 Pflügen umfassen und 15 % der Fläche des Güterdistrikts Schwansen<268> ausmachen. Daneben ist das in der Landesmatrikel mit 30 Pflügen angesetzte Gut Maasleben hervorzuheben, das 1792 aus der Hand der Schulenburgs an Jürgen von Ahlefeld auf Damp übergeht.

In beiden Fällen werden weitreichende Veränderungen eingeleitet, die nicht allein der Rechtsstellung der Bauern eine neue Grundlage verleihen, sondern auch das Wirtschafts- und Siedlungsgefüge in weiten Teilen Schwansens bis in die Gegenwart bestimmen. Es handelt sich um die vorzeitige Aufhebung der Leibeigenschaft für insgesamt 10 Güter zwischen 1790 und 1800<269>. Daneben tritt die Einführung der Erbpacht im Bereich der gutsuntertänigen Dorfschaften sowie - als große Innovation - die vom Grundherrn verfügte Auflösung von Hofland und damit der herkömmlichen Gutswirtschaft. An ihre Stelle tritt die Parzellierung der gutseigenen Flächen. Tab. 12 zeigt die zeitliche Abfolge der Maßnahmen im Bereich von Schwansen.

Auf Carlsburg verbleiben dem Stammhof 704 Tonnen Land (380 ha), davon knapp 250 ha Ackerland. Der Rest wird parzelliert, so daß auf den insgesamt 26 neugeschaffenen Parzellenstellen zur Hälfte Neubauern, zur anderen Hälfte gutsansässige Hufner und Kätner angesiedelt werden können. In späterer Zeit hat - wie

---

265 Chr. KOCK, 1912, S. 525
266 G. RAWITSCHER, 1912, S. 143
267 ders. S. 63
268 A.C. GUDME, 1833, Folio Tab. XV
269 U. BONSEN, 1966, S. 234

Tab. 12: Zeitliche Abfolge der freiwilligen Aufhebung der Leibeigenschaft auf den Gütern Schwansens

Karlsburg	1790
Maasleben	1792-94
Eschelsmark	1793
Ludwigsburg	1794
Loitmark und Espenis	1796
Saxtorf	1798
Olpenitz	1798
Stubbe	1800
Büstorf	1800

Quelle: Chr. KOCK, 1898, S. 87

aus den Aufzeichnungen von Chr. KOCK[270] hervorgeht - eine starke Änderung im Besitzverteilungsstand um sich gegriffen, aus der im Jahre 1831 sogar die Wiedererrichtung eines gutseigenen Meierhofes mit Namen Charlottenhof (106 ha) resultierte.

Das zweite großflächige Beispiel der Parzellierung ist das Gut Maasleben. Häufigem Besitzwechsel unterzogen, kam es 1792 an den Kammerherrn Jürgen von Ahlefeld zu Damp und Olpenitz, der die Leibeigenschaft auflöste und durch den Verkauf von Bauernstellen 52 größere und kleinere Eigentumseinheiten schuf, die zum überwiegenden Teil später in der preußischen Landgemeinde Thumby aufgingen. Dabei verfuhr der neue Eigentümer nicht nach der üblichen Form der Versteigerung, sondern verhandelte mit den gutsuntertänigen Hufnern und Kätnern direkt. Hatten vorher auf dem Gut 40 Familien Platz gefunden, so waren es nunmehr 90. Etwa die Hälfte waren Alteingesessene, die übrigen kamen von auswärts.

Der Preis der Tonne Land stellte sich im Mittel auf 60 1/2 Reichstaler[271], sofern ein jährlicher Kanon von 2/3 Taler zusätzlich gezahlt wurde. 10 Taler waren sofort fällig, der Rest mit 4 1/2 % Zinsen abzutragen. Eine zweite Modalität ließ den Kaufpreis auf 91 1/2 Taler ansteigen, sah aber von der Entrichtung des Jahreskanons ab. Das Baumaterial der nun nicht benötigten Hofscheunen sowie Gutseichen als Bauholz wurden kostengünstig als Hilfe für die Neusiedler angeboten. Die schon Ansässigen waren noch zu 8 Spanntagen auf dem Haupthof verpflichtet.

Die Reformen entspringen auf Maasleben keinesfalls primär sozialen Motiven oder dem Kalkül rationeller Landwirtschaft im Sinne von Albrecht Thaer. Wie der rasche Verkauf von Damp an einen französischen Emigranten (1794) und das Zusammenraffen anderen Besitzes zeigen, waren Spekulation und die Hoffnung auf rasche Gewinne die Hauptantriebsfedern des Handelns.

---
270 Chr. KOCK, 1912, S. 563
271 ders., 1898, S. 88

Ebensowenig wie sich im Bereich Schwansens eine klare Trennlinie des Vorherrschens bäuerlicher Eigentumsbildung erkennen läßt, so kann auch nicht von einer generell andersartigen Grundeinstellung der Gutsbesitzer gegenüber agraren Reformfragen gesprochen werden. Jedes Gut als eigenständiger 'oikos' im Sinne von Max WEBER[272] ergreift gerade im Übergangsraum des Güterdistriktes Schwansen diejenigen Maßnahmen, die den realen Existenzbedingungen des jeweiligen Unternehmens sowie den persönlichen Grundeinstellungen, Fähigkeiten und Familieninteressen seines Eigentümers entspringen.

1832 befand sich etwa die Hälfte der gutsherrschaftlichen Pflugzahl in ritterschaftlicher Hand (vgl. Tab. 5). Dieser Wert ist nach holsteinischen Maßstäben als gering, nach schleswigschen Relationen, vor allem gemessen an Angeln, als hoch einzustufen. Auch der Betrag von 32 % Tagelöhner[273] (Tab. 7) - im Vergleich zu 19 % und 23 % in den beiden Güterdistrikten Angelns - fügt sich in den Mittelbereich des gutsherrschaftlichen Sozialspektrums (1845) ein. Sein Maximum erreicht der Anteil im Oldenburger Distrikt mit 45 % und wird nur mehr auf den benachbarten Fideikommißgütern mit 47 % überschritten.

Die Typologie der Bodennutzung und die Gliederung der Produktionsleistungen gibt keine auffallenden Besonderheiten zu erkennen. Wie schon U. BONSEN (1966) anhand der Rosenschen Tabellen aus dem Jahre 1825/27 ableiten konnte[274], steht auf den fruchtbaren Böden von Schwansen die Agrarproduktion in hoher Blüte. Der Flächenbesatz mit Milchkühen (Tab. 11) ist überproportional hoch. Angesichts des wenigen natürlichen Grünlandes muß ein hoher Anteil der Anbauflächen für Futterproduktion reserviert bleiben. So nehmen Gerste und Hafer allein 70 % des Produktionsvolumens der Körnerfrüchte ein. Diese Relation gilt auch noch für die fünfjährigen Durchschnittserträge, die J. v. SCHRÖDER[275] für die Einzeldistrikte aufführt. Die Ertragsleistungen an Butter, Käse und Speck entsprechen in der Größenordnung ganz jenen Verhältnissen, die im Dänischen Wohld angetroffen wurden. In Schwansen, noch ausgeprägter in den beiden Güterdistrikten Angelns, tritt der Weizenbau im Rahmen der Erzeugung von Getreide zurück. Diese Erscheinung ist in der damaligen Zeit, die noch keine speziellen Züchtungen kannte, hauptsächlich der Wirkung des Klimas auf die Dauer der Vegetationsperiode zuzuschreiben. Selbst um die Wende zum 20. Jahrhundert verweist Th.H. ENGELBRECHT[276] noch auf die Besonderheit, daß dank geringer Bewölkung und verhältnismäßig weniger Niederschläge einige privilegierte Räume Schleswig-Holsteins hochwertigen Weizen erzeugen und so wie eine "vorgeschobene Oase überwiegenden Weizenbaus inmitten des gewaltigen Gebietes ausgedehnten Roggenanbaus" herausragen. Nach Norden war Schwansen der letzte vorgeschobene Posten unter den festländischen Weizengebieten.

---

272 M. WEBER, 1972^5, S. 207
273 gemessen an der Gesamtbevölkerungszahl (Stat. Tab.-Werk, Kopenhagen 1846, Tab. XI-XII)
274 vgl. zur Kritik des Quellenmaterials in jüngster Zeit K.J. LORENZEN-SCHMIDT, 1985
275 J. v. SCHRÖDER, 1854, S. XXXVII. Für Schleswig wie Holstein gilt, daß der Fünfjahreszeitraum nicht immer klar definiert ist. Die Angaben für die Viehbestände beziehen sich auf 1845.
276 Th. H. ENGELBRECHT, 1907, S. 52

6. Königliche Landdistrikte

Mit den königlichen Landdistrikten, die auf der Karte eine Reihe teils ganz, teils partiell erfaßter Amtsbezirke sowie die mit Sonderrechten ausgestattete Landschaft Fehmarn umfassen, wird ein neuer und wichtiger Gebietstypus im strukturellen Aufbau der Herzogtümer behandelt.

Es sind nicht allein rechtliche und administrative Merkmale, die den Ämtern und Landschaften ihre Charakteristik und territoriale Individualität verleihen. Viel stärker fallen unter dem Blickwinkel wirtschaftlicher Eigenständigkeiten und Eigenentwicklungen diejenigen Erscheinungen ins Gewicht, die den Lebensraum und die Ausgestaltung der Kulturlandschaft im weitesten Sinne betreffen. Mit diesen Kriterien sind ebenso die äußeren wie inneren Bedingungen der wirtschaftlichen Raumnutzung angesprochen wie auch die Kennzeichen des Siedlungsgefüges, welches unmittelbarer Ausdruck oder - wie in ländlichen Gebieten - sogar integrierender Bestandteil der menschlichen Wirtschaftssphäre ist.

Besonders auf die Untersuchungen von AST-REIMERS<277> geht die Feststellung zurück, daß das Amt einen besonderen Herrschafts- und Schutzbereich im Rahmen der Landesherrschaft darstellt. Aus dem wechselseitigen Beziehungsverhältnis von obrigkeitlichen Verpflichtungen und individuellem Verfügungsspielraum entfaltet sich die Breite räumlicher und typologischer Eigenentwicklungen. Wirken die Maßnahmen der Landesherrschaft homogenisierend, so führen die historischen Traditionen der Einzelgebiete und die unterschiedlichen Eigenschaften der Wirtschaftsräume zu einem hohen Grad singulärer Entfaltungen. Im holsteinischen Bereich trägt darüber hinaus die politische Herkunft der jeweiligen Amtsbezirke stark zur Spielbreite der inneren Differenzierung bei.

6.1. DAS AMT BORDESHOLM

Das Amt Bordesholm wird mit Ausnahme seiner Vogtei Sachsenbande<278> im Bereich der Wilster Marsch vom Blattschnitt der historischen Wirtschaftskarte geschlossen erfaßt. Es dehnt sich südwestlich des Einschnitts der Kieler Förde als gut arrondierter Distrikt nord-südlich über etwa 22 km bis vor die Tore von Neumünster aus. Die mittlere Breite umfaßt selten mehr als 10 km. Verglichen mit den altköniglichen Ämtern Rendsburg und Segeberg sowie mit der Landschaft Dithmarschen handelt es sich um ein kleines Amt. Die Fläche von 3,625 Geographischen Quadratmeilen, die GUDME<279> und SCHRÖDER/BIERNATZKI<280> aufführen, entspricht etwa 204 km² (vgl. Abb. 16).

Das Amt Bordesholm hat sich als herzogliches Amt im Jahr 1566 aus den klösterlichen Besitzungen der Augustiner Chorherren gebildet. Der klösterliche Landbesitz erstreckte sich nach Süden über Neumünster hinaus, umfaßte zahlreiche mittelholsteinische Exklaven und schloß noch Gebietsteile der Elb- und Stör-

---

277 I. AST-REIMERS, 1965, S. 21 ff.
278 Der Name leitet sich auf sächsische Kolonisation im Gegensatz zur sonst überwiegenden holländischen in den Marschen zurück.
279 A.C. GUDME, 1833, Folio Tab. III
280 SCHRÖDER/BIERNATZKI, 1855, I, S. 39

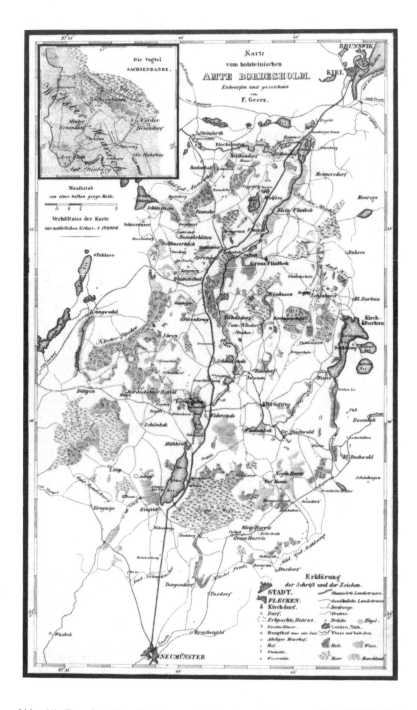

Abb. 16: Das Amt Bordesholm nach der Darstellung von F. GEERZ 1842

marschen ein. J. ERICHSEN verdanken wir eine detaillierte Besitzstandskarte[281] nach Altersstufen, die bis in die Phase der Verlegung von Neumünster nach Bordesholm zurückweist. Den Bordesholmer Landbesitz beziffert F. HAYN[282] um 1450 auf etwa 16 000 ha. Er entsprach damit derjenigen Flächengröße, die um 1850 noch in der Hand des adligen Klosters Preetz war. Seit etwa 1490 gerät das Kloster zunehmend in Verfall, verschuldet sich und muß abgelegene Gebietsteile verkaufen - darunter auch einige Dörfer an das adlige Gut Bothkamp.

Vielsagend im geographischen Sinn sind die ursprünglichen Gründe der Verlegung seit 1327. Der Standort Neumünster mit seiner ungeschützten Lage an der großen Heerstraße, seinen minderwertigen Sandböden, den fehlenden Seen und Waldgebieten wurde aufgegeben, da die Neugründung inmitten schönen Acker- und Wiesenlandes "die für ein Kloster so wünschenswerte und passende Ruhe und Stille" bieten konnte[283]. Früh wurde die kleine Insel - Holm - im Nordabschnitt des Bordesholmer Sees durch Dämme landfest gemacht.

Die Säkularisation erfaßte 1566 das Kloster und führte u.a. von 1566 - 1665 zur Schaffung einer herzoglichen Fürstenschule, der Vorläuferin der späteren Christian-Albrechts-Universität zu Kiel. Das Abgabensystem blieb erhalten, und es wurde aus dem Zehnten der Festehufen der Klosterfond zur Bestreitung der Schulkosten gebildet.

Die Wirtschaft der 27 Dörfer des Amtes Bordesholm ist im Gegensatz zu den Gütern durch eine kontinuierliche Entwicklung, die ohne willkürliche Eingriffe verlief, gekennzeichnet. Wie in den bäuerlichen Gebieten des Adligen Klosters Preetz, das mit seinen Walddörfern östlich angrenzt, herrschte auch im Amt Bordesholm nach dem Übergang zu allgemeinen Agrarreformen ein erkennbarer Wohlstand unter der Schicht bäuerlicher Hufenbesitzer. Bereits 1730 wird ein dreistufiges Amtsfeldregister angelegt, in dem die Bonitierung festgelegt wird. Auch wird 1733[284] schon der allgemeine Schulzwang in den Gottorfischen Landen eingeführt.

Im Gegensatz zu den herzoglich wagrischen Ämtern Cismar und Oldenburg sind die Bauern des Amtes Bordesholm immer persönlich frei gewesen, wenngleich das Recht individueller Freiheit am Eigentum nicht uneingeschränkt galt und nur in Teilen des Amtes Neumünster verbreitet war[285].

---

281 Es handelte sich um: Besitzungen im späteren Amt Neumünster; Besitzungen im späteren Amt Bordesholm (außer der Vogtei Sachsenbande); zerstreute Besitzungen in den Ämtern Rendsburg und Segeberg und dem Gute Bothkamp; Besitzungen in der Wilstermarsch; Besitzungen in der späteren Herrschaft Breitenburg und der Krempermarsch; Besitzungen in der Haseldorfer Marsch (J. ERICHSEN, 1900, S. 41). Dazu traten Rentenkäufe, die aber kein dauerndes Eigentum begründeten.
282 F. HAYN, 1977, S. 30
283 G. HANSSEN, 1842, S. 3
284 1733 wurde der Schulzwang von Allerheiligen bis Ostern für alle Kinder vom vollendeten 7. Lebensjahr an eingeführt. 1734 legte man die zeitliche Verpflichtung des Schulbesuchs auf 22 Wochen - gegen wöchentliche Bezahlung durch die Eltern - fest (G. HANSSEN, 1842, S. 276).
285 W. PRANGE, 1971, S. 271

Leibeigenschaft im echten Sinne hat es indes nicht gegeben, wohl aber eine grundherrschaftliche Bindung mit eingeschränkter Verfügungsgewalt über Boden und Hofstelle. Diese juristische Unterordnung mußte, wie PRANGE[286] betont, bei Übernahme eines Hofes durch Zahlung von Landgeld anerkannt werden, welches seit dem 17. Jh. nach schleswigschem Vorbild als Festegeld bezeichnet wurde[287]. Selbst Kätner[288] und Bödner mit dem Eigenbesitz ihrer Wohnstätte mußten nach den Vorschriften der Gottorfer Administration festen. Dagegen waren Verkauf, Vererbung und Verpachtung keiner obrigkeitlichen Zustimmung unterworfen.

Die bäuerliche Festestelle fiel dem ältesten Sohn bzw. der ältesten Tochter zu, falls männliche Erben fehlten. Bei einer Heirat nach auswärts ging der Anspruch auf die Hufe verloren[289]. Obgleich der freie Verkauf erlaubt war, bestand amtlicherseits die Vorschrift der Erhaltung der Hufengeschlossenheit über alle zeitlichen Entwicklungsphasen fort. Tab. 13 zeigt die fast vollständige Konstanz der Hufenzahlen über 200 Jahre hinweg. Halbhufenstellen sind aus vergrößerten Katenstellen oder der Überlassung von Gemeingrund hervorgegangen.

Tab. 13: Entwicklung der Hufenzahlen im Amt Bordesholm

Jahr	Vollhufner	Halbhufner	sonstige Inhaber von Hufenteilen
1630	186	10	-
1769	178	18	1
1776	185	19	-
1840	183	19	4

nach Angaben von G. HANSSEN, 1842, S. 174

Bedeutend ist für das Amt Bordesholm, daß durch die Gemeinheitsteilungen und die damit in Zusammenhang stehenden Setzungen die Ansiedlung von Handwerkern gefördert wird. G. HANSSEN[290] gibt an, daß die Zahl der Bödner und Kätner von 74 (1769) auf 297 (1841) angestiegen ist. Das Recht, auf Hufengrund eigene Katenstellen einzurichten, wird durch die Agrarreformen nicht eingeschränkt.

In den Bevölkerungszahlen kommt das rasche Wachstum und der hohe Anteil von Handwerkern zum Ausdruck. So nahm die Amtsbevölkerung von 1835-1845 im Mittel jährlich um 0,6 % oder 45 Personen zu. Während 1845 34,8 % von der Landwirtschaft lebten (Tab. 14), entfielen auf den Sektor Handwerk etwa 22 %

---

286 W. PRANGE, 1971, S. 272
287 Der Bauer in den Gottorfischen Ämtern Bordesholm, Kiel und Neumünster war also überwiegend Fester, im Gegensatz dazu der uneingeschränkte Eigentümer im Amt Neumünster Bonde.
288 G. HANSSEN, 1842, S. 164
289 ders., S. 166
290 ders., S. 180

der Bevölkerung. Dem auffallend niedrigen Wert für den Agrarsektor ist noch der Anteil von 19 % Tagelöhnern als Arbeitspersonal hinzuzurechnen, so daß sich der primäre Wirtschaftsbereich auf über 50 % stellt. Vergleichbar niedrige Angaben werden in keinem adligen Güterdistrikt - auch nicht in Angeln - erreicht (vgl. Tab. 7).

Tab. 14: Bevölkerung nach Nahrungszweigen im Amt Bordesholm 1845

Beschäftigte Personen incl. Familienangehörige und Hauspersonal	Berufssparten
163	Geistliche Beamte
248	Zivilbeamte
38	privatisierende Gelehrte
3085	von der Landwirtschaft Lebende
1658	Tagelöhner
361	Weber
266	Schuster
257	Schneider
201	Grobschmiede
167	Tischler
94	Radmacher
76	Maurer
66	Zimmerleute
399	sonstige Handwerker
160	vom Handel Lebende
654	Pensionisten, Rentiers
604	Almosenempfänger
8553	Wohnbevölkerung gesamt (ohne Vogtei Sachsenbande)

Quelle: Stat. Tab. Werk, 2. Heft, 1846, Tab. 12

Die Agrarreformen haben im Amt Bordesholm charakteristische Formen durchlaufen. Sie sind - obgleich vor der großfürstlichen Zeit unter toleranter Oberhoheit stehend - in Bordesholm nicht von sich aus in Gang gekommen, sondern bedurften lebhafter Anstöße durch die General-Land- und Ökonomie-Verbesserungskommission<291>.

Im Rahmen der getroffenen Maßnahmen fällt auf, daß im großfürstlichen Holstein - wie G. HANSSEN<292> urteilt - "die ganze Operation von oben herab" durchgeführt wurde, "ohne die Beteiligten zu fragen und zu vernehmen", wie dies von seiten der königlichen Regierung in ihren Amtsdistrikten geschah.

Im Amt Bordesholm traten als wichtigste Veränderungen ein:
1. Nach der Vermessung der Feldmarken erfolgte eine Neuaufteilung samt Setzung. Die alte Feldgemeinschaft wurde aufgehoben, das Verkoppelungssystem

---
291 G. HANSSEN, 1842, S. 152
292 ders., S. 159

mit der Möglichkeit individueller Rotationshandhabe eingeführt. An die Stelle der Gemeinweide trat die planmäßige Futterversorgung auf den eigenen Koppeln. Als Besonderheit im Amt Bordesholm wurden mit einer gewissen Willkür alle Voll- und Halbhufen unabhängig von Bodengüte und vorherigem Besitzstand mit gleicher, normierter Größe angesetzt. Die Egalisierung der Besitzklassen - unter Einschluß der Kätner - ist in jedem Dorf anders verlaufen. Es konnte vorkommen, daß sich der Besitzstand der Hufner vermehrte oder reduzierte, wie dies in Brügge der Fall war. Dort büßte jeder Hufner samt zugeteilter Gemeinheit 14-24 Tonnen Aussaatfläche ein[293].

2. Ein wesentliches Ziel der SALDERNschen Maßnahmen im Bereich des großfürstlichen Holstein war, die Agrarreform möglichst weitgehend für eine Peuplierungspolitik auf dem kleinen Territorium zu nutzen. Aus dieser Absicht erklärt sich die starke Förderung der landwirtschaftlichen Kleinexistenz mit ergänzender handwerklicher Tätigkeit.

3. Die Teilung der Gemeinheiten erfolgt nach festen Prinzipien. Ausgehend von der juristisch zweifelhaften Annahme[294], daß das Eigentumsrecht an den alten Allmenden der Regierung zustehe, schreitet diese zu einer Neuaufteilung vor, die viel stärker die Kätner und Bödner als die Hufner berücksichtigt. Nicht die gesamte Gemeinheit gelangt zur Aufteilung, es wird immer ein Teil als 'Dispositionsmasse' und zur Nutzung durch die Allgemeinheit zurückbehalten.

4. Durch einen Vorstoß der königlich-dänischen Amtsverwaltung (1781) sollte versucht werden, das alte System des Festegeldes abzulösen und in volles Eigentum der Stellen umzuwandeln. Dieser Intention, die mit der Zahlung von 50-100 Talern Ablösungssumme, mit einer Gebühr von 11 Talern und noch einer jährlichen Rekognition von 2 Talern verbunden war, wurde die Zustimmung jedoch versagt[295]. Eine entscheidende Funktion bei den Überlegungen kam den traditionellen Rechten der Bauern an der Nutzung des Waldes zu. Erst Anfang des 19. Jahrhunderts kommt die Ablösung der Festeverhältnisse und die restliche Gemeinheitsteilung dorfweise in Gang.

Der Übergang zum freien Eigentum ist damit vollzogen. Tausch, Teilung und Verkauf von Einzelparzellen bedürfen im Hufenland aber immer noch des Konsensus der Rentekammer.

5. Ein letzter entscheidender Schritt zur Ablösung alter Rechte im Amt Bordesholm vollzieht sich auf dem Gebiet der Wald- und Holznutzung. Dieses Recht am Wald durch Holzentnahme, Weidegang und Mähen von Gras oder Farn als Einstreu hatte der Abschaffung der Festeverhältnisse lange Jahrzehnte im Wege gestanden. Generell ging man nunmehr zur Errichtung von Bondenhölzungen aus Gemeinheitsflächen oder aus Teilen der königlichen Gehege über. Je Hufe gibt G. HANSSEN[296] im allgemeinen 3-6 Tonnen Anteil am Holzland an. Im Amt Bordesholm verfügen aber durchaus nicht alle Dorfschaften über eigene Bondenhölzungen.

---

293 G. HANSSEN, 1842, S. 160
294 ders., S. 161
295 ders., S. 169
296 ders., S. 171

Die Nutzung der königlichen Moore erfährt wenig Einschränkung und wird auf der Basis der individuellen Entnahme beibehalten. In Einfeld hat sich ein gewerblicher Torfhandel gebildet, der hauptsächlich mit der Abnahme im nahen Neumünster in Verbindung steht. Im Flintbeker Raum sind eine Reihe kleinerer Moore "vergraben"<297>, da viel Torf an die Stadt Kiel verkauft worden ist.

Insgesamt zeigen die Dörfer des Amtsdistriktes Bordesholm eine Reihe individueller Merkmale, die sich vor allem von den gutsbäuerlichen Lebensräumen und Wirtschaftsentwicklungen scharf abheben: An erster Stelle steht der zwar langsame, aber bis etwa 1835 abgeschlossene Übergang zur vollen Eigentumsstruktur. Ferner ist die Egalisierung der Hufengrößen und die Schaffung neuen Kleinbesitzes (Tab. 15) hervorzuheben. Eng verbunden mit der Gründung neuer Existenzen auf der Basis der aufgeteilten Gemeinheiten steht die Bildung einer breiten Handwerkerschicht. Verschiedentlich liegen die neugeschaffenen Stellen außerhalb des alten Ortsbereichs. Die Waldwirtschaft hinkt aufgrund der zähen Verteidigung bäuerlicher Rechte hinter der allgemeinen Entwicklung hinterher.

Tab. 15: Besitzstruktur in den Dörfern des Amtes Bordesholm 1845

Dorf (Einw.)	Voll-Hufner	Halb-Hufner	Viertel-Hufner	Groß-Katen	Klein-Katen	Bödner mit Land	Bödner ohne Land	Anbauern und Insten
Brügge (545)	8	2	-	10	11	5	11	-
Bissee (320)	12	-	-	3	-	-	-	-
Molfsee (263)	7	-	-	9	1	-	3 Bödner	-
Eiderstede (302)	7	-	3	-	2	7	2	-
Einfeld (202)	8	1	3	13 Katen	-	-	-	-
Mühbrook (262)	5	-	5	17 Katen	-	9 Bödner	-	-
Dätgen (310)	7	-	-	2	5	8	-	-
Wackenbek (247)	10	-	-	-	1	4	-	10
Gr.Harrie (311)	9	4	-	2	20	2	-	-
Kl.Harrie (143)	4	1	-	-	2	1	-	11
Schmalstede (280)	6	2	4	-	-	-	-	-
Loop (269)	7	-	-	2	1	6	2	-
Schönbek (274)	6	2	5	-	-	7	-	-
Schierensee (260)	3	2	-	8	-	4	1	24
Mielkendorf (162)	4	1	-	4	-	3	7	-
Bönausen (230)	6	1	-	5	-	4	-	-
Kl.Flintbek* (123)	6	-	-	2	-	1	7	-
Voorde (214)	4	-	-	4	-	4	3	-
Grevenkrug (214)	6	-	-	2	1	6	1	12
Blumenthal (412)	6	2	-	12 Katen	-	6 Bödner	-	-
Rumohr (479)	5	2	-	7	-	-	-	27
Negenharrie (262)	9	-	-	2	-	4	-	23
Fiefharrie (184)	5	-	-	2	-	2	-	15
Gr.Flintbek* (469)	7	-	-	4	15	5	-	-
Reesdorf (143)	5	-	-	-	3 Katen	2	-	-
Söhren (183)	6	-	-	2	-	-	2 Bödner	-
Gr.Buchwald (373)	14	-	-	-	5 Katen	-	7 Bödner	20

* Amtsanteil

Zusammengestellt nach Angaben von J. v. SCHRÖDER/H. BIERNATZKI, 1855

---

297 d.h. abgetorft

Das Territorium des Amtes Bordesholm setzt sich nicht allein aus dem homogenen Strukturtyp der 27 dörflichen Gemarkungen zusammen. Hinzu treten sog. Parzellisten-Kommunen, die in der Karte durch ein Überkaro kenntlich gemacht sind. Es handelt sich um die 4 parzellierten Areale des Bordesholmer Hoffeldes, von Sprenge, Rumohrhütten und Schönhorst. Als einziges Vorwerk, das nicht parzelliert wurde, blieb der Schulenhof im nördlichsten Zipfel des Amtes ungeteilt erhalten.

Hervorgegangen sind alle 4 Parzellistenkommunen aus landesherrlichem Besitz, welcher auf klösterliches Eigenland zurückgeht. Das Domanialgut umfaßte Vorwerke und im Fall von Rumohrhütten einen Meierhof. Die Parzellierung erfolgte zwischen 1735 und 1737, also recht früh und ohne Erfahrungen in der betrieblichen Neuorganisation aus anderen Gebieten.

Alle vier Beispiele leiden unter zu kleinen Zuschnitten ihrer Parzellen. Nur im Fall von Schönhorst wurden zwei größere Stammparzellen von 166 und 99 Tonnen herausgelöst, alle übrigen Parzellen bewegen sich unter 30 Tonnen. Auf dem Bordesholmer Hoffeld liegt die vererbpachtete Fläche jeweils zwischen 7 und 70 Tonnen.

Da mit der Vergabe Weiterverkauf und Zerstückelung nicht untersagt waren, trat im Bereich der kleinen Erbpachtländereien eine starke Veränderung im Besitz- und Nutzungsstand ein. G. HANSSEN[298] beklagt die überhastete Aufteilung und den geringen Interventionsspielraum, der den Behörden des Amtes bzw. der Rentekammer verbleibt.

Die vier Beispiele zeigen, wie rasch und vermutlich unkorrigierbar die alte Hufenstruktur zerfallen wäre, hätte man sich im Zuge der Agrarreformen nicht von dem Grundsatz der Erhaltung des herkömmlichen Hufensystems leiten lassen. So konnten 1827 im Ort und auf dem Hoffeld Bordesholm nur 18 Erbpächter Pferde und Wagen halten. 7 Pächter waren ohne Gespann und 30 nur dem Namen nach Erbpächter mit Haus und Kohlgarten. 1841 wurde für Schönhorst ein amtlicher Beschluß herbeigeführt, keinen Zerfall von Erbpachtstellen unterhalb einer Mindestgröße von 3 Tonnen (1,5 ha) mehr zuzulassen.

Die Erbpachtdistrikte, deren Funktion als frühe Reformobjekte gern unter sozialem Aspekt betont wird, erweisen sich mit weiterem Vorschreiten der wirtschaftlichen Evolution folglich als krisenanfällige und besitzmobile Konzentration agrarer Kleinexistenzen.

Wie steht es um den wirtschaftlichen Entwicklungsstand in den königlichen Amtsbezirken? Haben die Verkoppelung und die Überführung der Festehufen in freies Eigentum sowie die günstige Lage zu den Märkten Kiel und Neumünster und auch die direkten Anschlüsse an die großen Verkehrswege der damaligen Zeit eine Steigerung des Leistungsniveaus und eine Ausrichtung der Betriebe auf spezifische Marktgüter ausgelöst? Sind die Ideen der rationellen Landwirtschaft auch in die bäuerlichen Amtsdörfer des östlichen Holstein vorgedrungen?

Dank der exakten Berichterstattung von G. HANSSEN[299] und der Recherchen von A. LÜTHJE[300] sind nähere Einblicke in die Produktionsstruktur und den

---

298 G. HANSSEN, 1842, S. 184
299 ders., S. 74
300 A. LÜTHJE, 1977

allgemeinen Entwicklungsstand der Landwirtschaft möglich. Auch die Sozialstruktur des flachen Landes wird durch zahlreiche ergänzende Angaben erhellt.

Als hemmenden Faktor der Betriebsleistung sieht G. HANSSEN im Amt Bordesholm den geringen Arrondierungsgrad und die starke Streulage der Parzellen an. Dazu tritt ein häufig langgestreckter Grundriß, der dem Arbeitsvorgang wenig günstig ist. So ist aufgrund der unvorteilhaften inneren Verkehrslage der Zeit- und Energieaufwand unverhältnismäßig hoch. Im Mittel hält jeder Hufner mit seinen 70-100 Tonnen Land etwa 6 Pferde. Ein beredtes Beispiel für die mögliche Reduktion des Zugtierbesatzes ist der gut arrondierte Schulenhof mit 204 Tonnen Ackerland, der mit nur 8 Pferden - also zwei Gespannen - seine Flächen bewirtschaftet. Trotz der Kleinheit ihrer Betriebsareale gelten die Erbpachtdistrikte als besser konzipiert hinsichtlich der Distanzen von Parzellen und Hofstelle.

Das System der Bewirtschaftung setzt sich im Typus wenig von der Koppelwirtschaft in den Güterdistrikten ab. Da die Einfriedung überall vollzogen ist, kann die individuelle Rotation je nach Erfahrung und Bodengüte Platz greifen. Die Anlage und Pflege der Knicks ist nach HANSSEN gut, so daß in neun- bis elfjährigem Rhythmus das Abholzen der Hecken - jeweils im Frühjahr beim Übergang von den Dreeschjahren zur Brache oder zum Buchweizen - erfolgen kann. Ist die Rotationsperiode kürzer, so kann nur bei jedem zweiten Umlauf ein Knicken der Feldbegrenzungen erfolgen. Selbst bei größeren Hufen reicht das alljährlich anfallende Knickholz nicht für die Feuerung aus<301>.

Zum Anbau (vgl. Abb. 17) gelangen hauptsächlich Hafer, Gerste und Roggen. Der Weizen tritt stark zurück und findet sich nur auf den schweren Böden der nördlichsten Dörfer. Auch der Raps hat beträchtlich an Fläche verloren, vor allem als Folge nachlassender Ertragsleistung, wenn sich die Wirkung des Mergelns nach etlichen Jahren verliert.

Auf einem höheren Niveau bewegt sich dagegen die Viehwirtschaft. In einem Durchschnittsbesatz von 12-24 Milchkühen je Hufe muß für die damalige Zeit eine beachtliche Leistungsfähigkeit gesehen werden. Die Betonung der Viehzweige kommt auch darin zum Ausdruck, daß der Grünlandanteil im Rahmen der Koppelwirtschaft meist bis an 50 % ansteigt. Nicht auszuschließen ist auch, daß die starke innere Zersplitterung zu Maßnahmen der Extensivierung zwingt.

Im Mittelpunkt der marktorientierten Erzeugung steht die Butter, die teils direkt nach Kiel, teils aber auch über Aufkäufer<302> nach Hamburg abgesetzt wird. Die Käseerzeugung spielt nicht wie auf den Gütern eine ergänzende Rolle, da die Buttermilch direkt konsumiert wird und gewisse Kontingente für die Schweine abgezweigt werden. Vor der Aufteilung der Gemeinheiten war die Jungviehaufzucht stärker vertreten, so daß viele junge Tiere an die Güter verkauft werden konnten. Die Buttererzeugung je Milchkuh gibt E. REVENTLOW-FARVE<303> für Bordesholm mit 80 Pfund an, während der Betrag in den Gutsdistrikten in der Regel auf 110 Pfund ansteigt.

---

301 G. HANSSEN, 1842, S. 76

302 Die Bauernbutter - im Gegensatz zur direkt verkauften besseren Hofbutter - wurde in Langenfelde bei Stellingen noch einmal einem Raffinerievorgang und erneutem Salzen unterzogen. Langenfelde war ein Dorf der Milchhändler vor den Toren der großen Stadt.

303 E. REVENTLOW-FARVE, 1847, S. 152

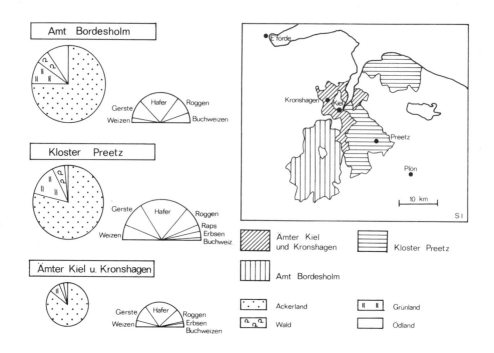

Abb. 17: Bodennutzung und pflanzliche Produktion in den Ämtern Bordesholm, Kiel und Kronshagen sowie im Gebiet des Klosters Preetz um 1845 (nach Angaben von SCHRÖDER/BIERNATZKI)

Als Zeichen von eingespielten Marktbeziehungen muß auch die besondere Betonung der Geflügelhaltung gelten. Hier ist vor allem die Gänsemast hervorzuheben, die nach Verlust der Gemeinheiten ohne die entsprechende Aufzucht betrieben wird. Die Jungtiere werden im Amte Rendsburg gekauft, wo Heidegebiete und unkultiviertes Ödland hinreichende Weidegründe bieten. Die Mästung erfolgte mit Hafer, in der Anfangsphase auch mit Kartoffeln.

Generell läßt sich für das Amt Bordesholm feststellen, daß es an der landwirtschaftlichen Aufwärtsentwicklung teilnimmt und den agraren Aktivräumen zugerechnet werden muß. Wichtigster Betriebszweig ist wie auf den Gütern die Milchwirtschaft, die ihre Doppelfunktion als Lieferant von Marktprodukten und gleichzeitig als Mehrer der Bodenfruchtbarkeit aufgrund des erhöhten Düngeranfalls voll entfaltet. Ertragsabfälle, wie sie einige Jahre nach dem Mergeln auftreten, können auf diese Weise aufgefangen werden.

Daß das Amt Bordesholm den dynamischen und aufgeschlossenen Agrargebieten zugerechnet werden muß, zeigt sich auch noch an zwei anderen Erscheinungen. Es handelt sich um die Gründung eines landwirtschaftlichen Vereins<304> und um die Errichtung einer allgemeinen Sparkasse in Bordesholm im Jahre 1845.

---

304 A. LÜTHJE, 1977, S. 37

Mit der Gründung des Landwirtschaftlichen Vereins steht Bordesholm nach dem Wagrischen Verein, dem Verein am Canal sowie dem landwirtschaftlichen Verein Segeberg an vierter Stelle des Landes. A. LÜTHJE<305> hebt die Bedeutung dieses Zusammenschlusses für die Verbreitung der Lehre von der rationellen Landwirtschaft und des Einsatzes technischer Kenntnisse besonders hervor. Der Anteil des genannten Vereins an der Durchführung der XI. Versammlung deutscher Land- und Forstwirte in Kiel 1847 ist recht bedeutend gewesen. Trotz seiner verhältnismäßig hohen Beiträge hat sich der Verein zur Förderung der Landwirtschaft in den Ämtern Bordesholm, Kiel und Kronshagen schnell durchgesetzt und breite Resonanz gefunden.

Als Ableger des landwirtschaftlichen Vereins formierte sich 1845 eine Spar- und Leihkasse der drei Ämter Bordesholm, Kiel und Kronshagen. Zählte die Gründungsversammlung 90 Mitglieder, so war deren Anzahl 50 Jahre später bereits auf 466 angewachsen<306>.

Wirtschaftliche Aktivität und Eigeninitiative sind diesem Instrument bäuerlicher Geldanlage wie Investition sehr zugute gekommen. Zum Zeitpunkt der Gründung bestanden in den Herzogtümern etwa 50 Sparkassen. Deren erste war 1796 in Kiel von der Gesellschaft freiwilliger Armenfreunde ins Leben gerufen worden. Die Entstehung und Verbreitung des ländlichen Sparkassenwesens vollzog sich somit in Schleswig-Holstein erheblich früher und wirkungsvoller als beispielsweise im Königreich Preußen.

Am Beispiel des Amtes Bordesholm zeigt sich, daß Agrarreformen in Verbindung mit Schulung und Kenntniserweiterung, und zwar ebenso in agrarer Technologie wie im Einsatz des Produktionsfaktors Kapital, den bestgeeigneten Nährboden für eine positive Entwicklung der Einzelbetriebe im 19. Jahrhundert abgaben. Die erfolgreiche Position, die die Landwirtschaft sich in der Mitte des 19. Jahrhunderts aufzubauen begann, hat allerdings einer Ansiedlung gewerblicher Unternehmen - mit Ausnahme agrarer Verarbeitungsstätten - im Wege gestanden.

6.2. DIE GEBIETSTEILE DER ÄMTER NEUMÜNSTER, RENDSBURG UND SEGEBERG

Der Südwestabschnitt der historischen Wirtschaftskarte umfaßt den überwiegenden Teil des Amtes Neumünster sowie die östliche Peripherie des großen Amtes Rendsburg im Bereich seiner Kirchspielvogtei Nortorf. Darüber hinaus sind vom weitläufigen Segeberger Amtsdistrikt im äußersten Südwesten ein kleiner Gebietssplitter der Vogtei Bramstedt und die Exklave Bornhöved - zwischen den Ämtern Neumünster und Plön gelegen - einbezogen.

Alle drei Gebiete zeichnen sich durch ein weitmaschiges Siedlungsgefüge, durch relativ kleine Dörfer und ein heterogenes, wenig zusammenhängendes Bild der agraren Nutzungsformen aus. Ackerflächen, Niederungsland und Moore werden von weiten Heidestrecken unterbrochen, deren reale Grenzen oftmals schwer zu ermitteln sind und deren zugrundegelegte Verbreitung nur ein Momentbild darstellt. Freier Weidegang, Plaggenhieb und periodische Ackernutzung in Außenfeldern spielen in der Mitte des 19. Jahrhunderts noch eine wichtige Rolle.

---

305 A. LÜTHJE, 1977, S. 46
306 Die Entwicklung der Spar- und Leihkasse der früheren Ämter Bordesholm, Kiel und Kronshagen 1845-1895. Bordesholm 1895 (Festschrift).

Die Ursachen des weit gestreuten Siedlungsgefüges und der extensiven Bodennutzung liegen in der minderen Qualität der Böden begründet. Sandaufschüttungen der Vorgeest sind die dominierenden Bildungen in diesem Landschaftsraum zwischen Jungmoränenzone im Osten und Altmoränenkomplexen im Westen.

Im Gegensatz zu den unruhigen Reliefformen der östlich angrenzenden Moränenbereiche herrscht hier die weite, ebene Fläche vor, in die lediglich die wasserreichen Abflüsse mit ihren kastenförmigen Taleinschnitten eingesenkt sind. Die Bäche der Vorgeest greifen bis in den Moränensaum zurück, so daß ihre Hochwässer mineralreiche und fruchtbare Auensedimente ablagern konnten. Das natürliche Wiesenland der Geestflüsse spielt daher im bäuerlichen Wirtschaftsgefüge eine wichtige Komplementärfunktion zu den schwierigen Existenz- und Ertragsbedingungen im Bereich des Ackerbaus auf den trockenen Sanderflächen.

Wirtschaftlich ist dieses Gebiet der weiten und offenen Horizonte immer stark benachteiligt gewesen. Zwar bieten die zahlreichen Gewässer die Möglichkeit der Anlage von Mühlen, aber es fehlt an Agrarprodukten und Rohstoffen, sieht man von der Wollherstellung und ihrer Verarbeitung in Neumünster ab. Teichwirtschaftlich sind die wasserreichen Abflüsse damals nicht genutzt - im Gegensatz zu heute beispielsweise im Aukrug. Torfstich, Gewinnung von Walkerde<307> und gelegentlicher Abbau von Raseneisenerzen zwecks Verhüttung in Büdelsdorf - so nördlich Wasbek - spielen eine bescheidene Rolle und ändern wenig an der einseitigen, auf Selbstversorgung ausgerichteten Wirtschaftsstruktur im ländlichen Lebensraum der holsteinischen Vorgeest.

Eine bescheidene Ausnahme im Amt Neumünster macht der Ort Boostedt, wo eine Altmoräneninsel zwischen den Sanderkegeln des Einfelder und Tensfelder Ausflusses mit scharf abgesetztem Rand stehengeblieben ist. Zwar bieten die Boostedter Berge mit Sandböden und Flugsanddecken der landwirtschaftlichen Nutzung kaum bessere Bedingungen als die umgebende Vorgeest, aber es sind im Untergrund Tone vorhanden, die zur Anlage von Ziegeleien geführt haben. Eine dieser Ziegeleien ist im Besitz der Neumünsterschen Kirche, die zweite in der Hand eines Anderthalbhufners. Eine Sonderstellung in der Bedeutungsabstufung kennzeichnet auch den Ort Nortorf, der dank des Bahnanschlusses in lebhafter Aufwärtsentwicklung begriffen ist.

Das Amt Neumünster hat sich wie das Amt Bordesholm erst 1773 aus den gottorfisch-großfürstlichen Besitzungen gelöst und zu einem königlichen Amt mit Verwaltungssitz in Neumünster gewandt. Neumünster und Großenaspe im Süden bilden die beiden Kirchspielorte des Amtes. Im Laufe des 18. Jahrhunderts wurden verschiedene Gebietsteile mit den angrenzenden Gütern ausgetauscht oder von dort rückgekauft, um eine Arrondierung des Territoriums herbeizuführen. Wegen der mageren Böden kamen die Maßnahmen der Verkoppelung sehr viel schleppender in Gang als in Bordesholm. Die Bauern des Amtes sind teilweise Freibauern ohne Anerkennung der fürstlichen Oberhoheit über Hof und Land gewesen - im Gegensatz zu den Festebauern von Bordesholm<308>.

Wie geringwertig die Böden des Amtes Neumünster eingeschätzt wurden, soll anhand von Tab. 16 verdeutlicht werden, die die Abstufung der Bonitierung für den Beginn des 20. Jahrhunderts wiedergibt. Dabei fällt auf, daß den Wiesenländereien je Flächeneinheit eine erheblich höhere Ertragsleistung beigemessen wird.

---

307 so bei Boostedt und weiter im Norden bei Blumenthal für die Walkhämmer der Tuchmacher von Neumünster

308 W. PRANGE, 1971, S. 278

Tab. 16: Grundsteuer-Reinertrag vom ha in Mark im Bereich Neumünster (um 1905)

Gemeinden	Acker	Wiesen
Arpsdorf	4,29	19,08
Bönebüttel	11,31	27,60
Boostedt	3,54	13,83
Braak	5,01	14,67
Brokenlande	5,79	12,63
Ehndorf	3,72	17,64
Gadeland	4,35	10,05
Groß-Kummerfeld	4,83	14,61
Husberg	7,23	17,31
Klein-Kummerfeld	3,39	11,10
Padenstedt	2,97	11,55
Tungendorf	6,48	16,17
Wasbek	4,26	10,56
Wittorf	3,66	12,00
Zum Vergleich Amt Bordesholm:		
Brügge	17,58	20,43
Fiefharrie	30,24	25,35
Groß-Buchwald	32,97	30,03

Quelle: Handbuch des Grundbesitzes im Deutschen Reiche, Berlin 1912

Der Reinertrag auf dem geringwertigsten Ackerland im Amt Neumünster konnte im Vergleich zu den Gemeinden im Amt Bordesholm bis zum Verhältnis 1 : 10 variieren. Der durchschnittliche Steuertaxationswert von 42 Reichsbanktalern je Steuertonne, wie er sich 1845 für das Amt Neumünster errechnet, bringt die äußerst niedrige Wertstellung ebenfalls zum Ausdruck. Sowohl bei den Gütern als auch in den Ämtern Cronshagen (124), Kiel (133) oder Cismar (139) liegen die Klassifizierungen z.T. dreifach höher.

In einigen Gemarkungen des Ostteils - so in Bönebüttel, Husberg und Tungendorf - konnte eine gewisse Verbesserung der Ertragsfähigkeit durch Mergeln erzielt werden. Hier finden sich unter der Sandaufschüttung Reste von kalkhaltigen Moränensedimenten, die man zur Aufwertung der mageren Oberflächenbedeckung nutzen konnte.

In der Struktur der Bodennutzung sind erwartungsgemäß starke Unterschiede im Vergleich zu den vorher behandelten Gebieten erkennbar (vgl. Abb. 18). So verschwindet in den drei Geest-Ämtern Neumünster, Rendsburg und Segeberg der Anbau von Weizen und sogar von Gerste fast völlig. An deren Stelle treten Roggen, Hafer und Buchweizen, die nahezu die gesamte Palette des feldgebundenen Anbaus ausmachen. Die Dauer der Grünlandnutzung steigt im Rahmen der Koppelwirtschaft auf 50 % an. Als Folge der geringen Bodenfruchtbarkeit tritt die Zahl der Milchkühe und Pferde erheblich zurück (vgl. Tab. 17). Die Butterpro-

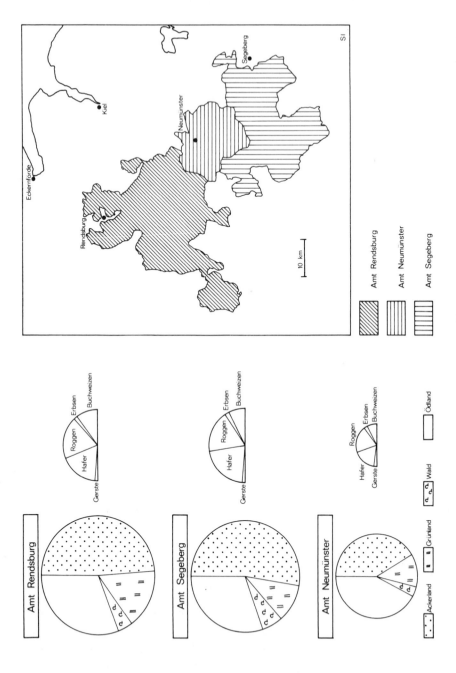

Abb. 18 Bodennutzung und pflanzliche Produktion in den Ämtern Rendsburg, Segeberg und Neumünster um 1845 (nach Angaben von SCHRÖDER/BIERNATZKI)

Tab. 17: Durchschnittsertrag und Viehbestand in den drei Geest-Ämtern Neumünster, Rendsburg und Segeberg um 1845

a) Durchschnittserträge im Fünfjahresmittel

Tonnen (Hohlmaß)<309>

	Roggen	Hafer	Buchweizen	Gerste	Weizen
Neumünster	12 995	11 145	4 985	460	175
Rendsburg	32 105	30 035	18 160	1 635	445
Segeberg	35 270	42 350	15 430	1 365	870

b)

	Pferde	Milchkühe	Schweine	Bienenstöcke
Neumünster	1 335	2 992	1 235	490
Rendsburg	3 833	9 536	3 133	1 927
Segeberg	2 942	7 133	2 754	1 557

Quelle: J. v. SCHRÖDER/H. BIERNATZKI, 1855, S. 46

duktion je Milchkuh wird von F. REVENTLOW-FARVE nurmehr auf 75 Pfund<310> beziffert.

Durch die Zollfreiheit, die Dänemark für die Einfuhr fremder Wolle gewährte, hat die traditionelle Schafhaltung in den mittelholsteinischen Geestgebieten starke Einbußen erlitten. Auch scheint die hiesige Wollqualität gering gewesen zu sein, da Ansätze zur Züchtung einer spezifischen Rasse noch gänzlich fehlen. In den Gutsdistrikten der Osthälfte ist die Haltung von Schafen viel stärker verbreitet als auf der Geest Mittelholsteins. Auch die Amtsdistrikte der schleswigschen Landesteile widmen sich stärker der Schafzucht (Tab. 18). Nicht unerheblich hat allerdings auch die Einführung der Verkoppelung und die Aufteilung der Gemeinheiten zum Rückgang der Schafwirtschaft beigetragen.

Im Amt Neumünster gab es ehedem nur zwei landesherrliche Vorwerke, die im Zuge der Agrarreformen eine Neuordnung erfuhren. Es handelte sich um den Hof Brammer nördlich von Bönebüttel und den früheren Meierhof Brokenlande, der einer Parzellierung unterzogen wurde.

Der Brammerhof, der mit 50 ha kaum mehr Land als eine bäuerliche Hufe umfaßte, bildete ehedem ein Vorwerk des Klosters Neumünster und wurde später in einen Meierhof umgewandelt. Seit 1638 befand er sich in herzoglichem Besitz.

---

309 Im Mittel beinhaltet 1 Tonne gestrichen 100 kg Getreide, bei Hafer etwa 65-75 kg. Die Angabe eines exakten Umrechnungswertes ist müßig, da das Tausendkorngewicht von Jahr zu Jahr schwankte.
310 Noch niedriger ist die Ausbeute im Amt Segeberg mit lediglich 60 Pfund je Milchkuh (E. REVENTLOW-FARVE, 1847, S. 166).

Tab. 18: Die wichtigsten Schafhaltungsgebiete in den Herzogtümern Holstein und Schleswig 1845

Distrikt	Zahl d. Schafe
Amt Tondern	38 600
Amt Hadersleben	18 000
Preetzer Güterdistrikt	17 093
Itzehoer Güterdistrikt	16 970
Landschaft Eiderstedt	16 200
Amt Husum	15 460
Oldenburger Güterdistrikt	13 736
Amt Gottorf	11 000
Amt Bredstedt	10 680
Amt Segeberg	10 544
Amt Flensburg	10 200
zum Vergleich:	
Amt Rendsburg	8 607
Amt Neumünster	4 650
Amt Bordesholm	3 000

Quelle: SCHRÖDER, 1854 und SCHRÖDER/BIERNATZKI, 1855

Hofdienste bestanden nicht. Er wurde keiner Aufteilung unterzogen, sondern in seiner geschlossenen Form als Erbpachthof vergeben<311>.

Größer in der Ausdehnung und bedeutender in den herrschaftlichen Einnahmen war der Meierhof Brokenlande<312>. Dieser umfaßte ursprünglich etwa 30 ha Ackerland, 30 ha Weideflächen und 90 ha Wiesenland. Dazu kam die Schäferei Halloh zwischen Großenaspe und Heidmühlen<313>. Zahlreiche Dörfer der Umgebung - so Boostedt und Braak - waren dienstpflichtig. Selbst die Amtsbauern von Gadeland hatten Hoftage in Brokenlande zu leisten.

Der ursprünglichen Absicht einer geschlossenen Vererbpachtung durch das Landes-Oeconomie-Directorium trat das Amt mit dem Einwand entgegen, daß es zu aufwendig sei, das Wiesenland in Ackerflächen umzuwandeln. Nach einer Vermessung im Jahr 1766 wurden die Flächen des Meierhofes in 15 Erbpachtstellen und 1 Nebenstelle umgewandelt. H. ASMUS<314> berichtet, daß der Pachtkanon durch die Erwerber noch bis zum Jahr 1932 an den Staat abzuführen war. Erst dann erfolgte die Umwandlung in Eigentum.

Die Größenstruktur einzelner Parzellen lag zwischen 50 und 80 Tonnen, mehrfach aber auch erheblich darunter. Bis zur Mitte des 19. Jahrhunderts war als Folge der Heterogenität schon ein beachtlicher Besitzstandswechsel eingetreten. Nur noch 6 Erbpachtstellen und 1 Hegereuterwohnung werden von SCHRÖDER/BIER-

---

311 W. PRANGE, 1971, S. 279
312 Bruchland, das an seinen trockenen Stellen bearbeitet werden kann.
313 H. ASMUS, 1979, S. 53
314 ders., S. 61

NATZKI<315> für die Mitte des 19. Jahrhunderts verzeichnet. Die gleiche Zahl von Höfen wird auch um die Jahrhundertwende im Verzeichnis des Grundbesitzes im Deutschen Reiche aufgeführt.

Vom Kirchspiel Nortorf sind die Ortschaften Ellerdorf, Tienbüttel, Eisendorf, Seedorf, Schülp, Timmaspe, Krogaspe und das Kirchdorf Nortorf selbst von der Karte erfaßt. Nach Süden sind weite Teile unbesiedelt und gehören zur ausgedehnten Iloh-Heide, die erst später in preußischer Zeit aufgeforstet oder mit Hilfe künstlicher Düngung in Ackerland umgewandelt werden konnte. Dieser Prozeß ist selbst um 1920<316> im Zeitalter von Dampfpflug und Röhrendrainage noch nicht abgeschlossen gewesen.

Landwirtschaft und Standortmerkmale ähneln den Bedingungen im Raum um Neumünster. Nur sind die Böden des Nortorfer Vogteibezirks etwas ertragreicher und die Anteile der Gemarkungen an den auslaufenden Jungmoränenaufschüttungen größer. Meist ist eine Klassifikation als Mittelboden noch anzutreffen. Eine breite Moor- und Heideniederung trennte ehedem die Vogtei Nortorf von den Dörfern des Aukrugs. Noch bis 1867 wurde die Bünzener Au bis Bünzen mit Booten befahren, um hauptsächlich das Holz aus den Waldungen des Aukrugs abzutransportieren.

Als Ort besonderer Größe und Einrichtungen fällt Nortorf ins Auge. Zwar stieg es erst 1861 zum Flecken und 1907 zur Stadt auf, aber als Kirchspielort mit Wegekreuzung und Bahnanschluß (seit 1845) erfährt es früh eine Aufwertung. Neben einem breiten Spektrum an Handwerkern sowie der Ansiedlung von einer Apotheke und drei Ärzten ist vor allem eine Wollspinnerei hervorzuheben, die importierte Ware ebenso wie einheimische verarbeitet (Tab. 19). Nortorf ist ein be-

Tab. 19: Bevölkerung im Kirchspiel Nortorf nach ausgewählten Nahrungszweigen 1845

Berufssparten	hauptamtlich Beschäftigte mit Gehilfen, Lehrlingen und Arbeitern
Von der Landwirtschaft Lebende	204
Tagelöhner	274
Almosenempfänger	134
Weber	60
Schmiede	28
Schuster	23
Schneider	11
Zimmerleute	8
Händler	8
Gesamtbevölkerung im Kirchspiel Nortorf	3 905

Quelle: Stat. Tab.-Werk, 2. Heft, Kopenhagen 1846, Tab. XII

---

315 SCHRÖDER/BIERNATZKI, 1855, I, S. 265
316 Heimatbuch des Kreises Rendsburg, 1922, S. 440

redtes Zeugnis für die Wirtschaftsimpulse, die von Lagevorteilen und frühen Verkehrsanschlüssen ausgehen. Ähnlich wie in Neumünster hat sich der Aufstieg unter dem Einfluß der Technik dort kontinuierlich und vielseitig fortgepflanzt.

Als dritter Gebietsteil bedarf die dem Amt Segeberg zugehörige Kirchspielvogtei Bornhöved einer kurzen Darstellung. Es handelt sich um einen losgelösten Territorialsplitter mit den drei Dörfern Bornhöved, Schmalensee und Gönnebek, der durch die Güter Kuhlen und Erfrade vom übrigen Amt getrennt ist. Segeberg zählt wie Rendsburg zu den altköniglichen holsteinischen Ämtern, die nach der Reformation im Zuge der zweiten Landesteilung entstanden und ihre Gliederung bis in das 18. Jahrhundert beibehielten.

Das Gebiet von Bornhöved umfaßt einen historisch äußerst bedeutsamen Kontaktraum zwischen offener Geest und waldreichem, kuppigem Moränenland. An kaum einer zweiten Stelle der Herzogtümer tritt das räumliche Zusammenspiel von geschichtlich verankerter Kulturlandschaftsgliederung einerseits und natürlicher Raumgestalt andererseits so offensichtlich in Erscheinung wie hier: Im Norden Gutsland, im Süden Amtsbezirke, hier fruchtbares Moränenrelief mit einer Kette typischer Seen als Folge von Gletscherschurf und Eiszerfall, dort die Monotonie der offenen Sanderlandschaften mit kaum wahrnehmbarer Abdachung, mit Siedlungskernen in weiten Abständen und ehedem ausgedehnten Heiden und Flugsandfeldern.

Kennzeichnend für die Kirchspielvogtei Bornhöved ist, daß die Aufschüttungen des Trappenkamper Sanders im Nordteil von lehmigen Sedimenten unterlagert werden. Durch Mergeln konnte demzufolge die Qualität der Böden angehoben werden, was in ihrer Einschätzung als ertragsbeständiger Mittelboden zum Ausdruck kommt. Lediglich das etwas abseits liegende Gönnebek besitzt auf seiner weitläufigen Gemarkung umfangreiche Heidestrecken, die in der Mitte des 19. Jahrhunderts noch gänzlich unverändert sind und dem Weidegang unterliegen. Im allgemeinen sind die Feldmarken groß, so daß sich die Hufengrößen zwischen 80 und 100 Tonnen, in Gönnebek bei 140 Tonnen bewegen[317].

Die gesamte Fläche der Vogtei ist bäuerliches Land. Erbpacht und Parzellenstellen kommen im Amt Segeberg - im Gegensatz zu Plön, Bordesholm, Cismar und Kronshagen - nicht vor. Das familiäre Eigentum ist durch die Rechtsgewohnheiten fest gefügt, da im normalen Erbgang immer der jüngste Sohn den Hof übernimmt und somit die Abstände des Besitzwechsels weit auseinander liegen.

Auch ist die Auszahlung äußerst moderat, so daß im Amt Segeberg nur wenige Konkurse eingetreten sind. E. KRÖGER[318] spricht von einer Art familiärer Fideikommisse, die aus dieser schonenden Behandlung der Hufen resultieren. Das volle Recht an Grund und Boden kennzeichnet die Agrarverfassung des Segeberger Raums. Die letzten Spann- und Hofleistungen waren im Raum Bornhöved 1633 gefallen[319], als die Vorwerke des Segeberger Klosters und der Burg aufgelöst wurden[320].

---

317 E. KRÖGER, 1978, S. 63
318 ders., 1977, S. 87
319 W. PRANGE, 1971, S. 372
320 Gönnebek war ehedem ein klösterliches Dorf, kam aber nach der Klosterauflösung in königliche Hand. Schloß- und Klostervorwerk wurden der Stadtgemarkung eingegliedert.

Aufgrund seiner zentralen Lage kommt Bornhöved eine gewisse zentralörtliche Bedeutung zu. Am Schnittpunkt der Landstraßen Kiel-Segeberg und Neumünster-Plön steht es im Rang einer Poststation. Das ehedem bedeutsame Fuhrwesen hat wie in Neumünster einen starken Niedergang erlitten. Brennerei- und Brauereiwesen sind dagegen stark ausgebildet. Auch wird alljährlich ein Jahrmarkt gehalten. Der Besatz des Dorfes mit Handwerkern weist keine Präferenzen auf. Im Mittelalter besaß Bornhöved den Rang einer Stadt.

Der Segeberger Amtmann von ROSEN, der umfangreiches Datenmaterial für die Dörfer seines Amtes zwischen 1825 und 1839 gesammelt hat<321>, hebt für den Raum Bornhöved die positiven Wirkungen der benachbarten Güter hervor. Vor allem der Ertrag auf den Getreideflächen hat sich vermehrt, so daß z.T. das 5,5-fache Korn geerntet werden kann. Die Erzeugung von Jungvieh ist höher als im Normalfall, da die Güter einen wichtigen Absatzmarkt darstellen. Durch die Größe der Gemarkungen ist der Pferdebestand groß, ebenso der Schafbestand - wie generell auf den weitläufigen Sand- und Heideflächen des Segeberger Amtsbezirks (vgl. Tab. 18).

6.3. DIE ÄMTER KRONSHAGEN UND KIEL

Vielgestaltiger und kleinräumiger als auf der holsteinischen Geest stellen sich die Merkmale der politischen Gliederung und der wirtschaftlichen Tätigkeit in den beiden Ämtern Kronshagen und Kiel dar. In keinem zweiten Küstenabschnitt grenzen auf engem Raum so viele territoriale Gebietstypen aneinander, wie dies im Umkreis der Kieler Förde der Fall ist: Adlige Güterdistrikte im Außenbereich, städtisches Territorium, königliche Amtsbezirke und schließlich geistliche Herrschaftsgebiete des Klosters Preetz im inneren Abschnitt des Kieler Hafens<322>.

Im Gegensatz zum Amt Kronshagen, das in relativ arrondierter Form die westliche Umrahmung des Kieler Stadtgebietes einnimmt, ist das Amt Kiel aufgespalten und in drei Bestandteile mit auffallender Umrißgestalt und unterschiedlicher Größe aufgelöst. Diese stoßen in nicht zusammenhängender Form als Gebietssplitter an die Förde vor. Die Seebatterie Friedrichsort, nördlich des Kanals am Übergang zur Außenförde angelegt, gehört als schleswigscher Bestandteil zum Amt Hütten.

Zunächst soll das Amt Kronshagen behandelt werden, dessen historisch autonomer Status noch gegenwärtig in der kommunalen Eigenständigkeit des Ortes Kronshagen zum Ausdruck gelangt. Demgegenüber sind mit Ausnahme von Ottendorf alle sonstigen ehedem zum Amt gehörigen Dörfer - so Suchsdorf, Wiek, Kopperpahl, Hasseldieksdamm, Hassee und Russee - später dem Kieler Stadtgebiet eingegliedert worden. Die administrative Zuordnung unserer Tage tritt als Folge des starken Wachstums der Kieler Westflanke, die über alle historischen Grenzen hinweggegriffen hat, äußerlich kaum noch in Erscheinung.

---

321 Erläutert und zusammengestellt in 4 Fortsetzungen von E. KRÖGER im Heimatkundlichen Jahrbuch des Kreises Segeberg 1976-1979. Bedeutsam ist vor allem die Korrelation mit den offiziellen Zählungsergebnissen von 1827/28.
322 Der heutige Begriff Kieler Förde ist noch im 19. Jahrhundert wenig gebräuchlich. Das gesamte Fahrwasser wird fast immer als Kieler Hafen bezeichnet (vgl. Kapitel Stadt Kiel).

Auf der historischen Wirtschaftskarte setzt sich das Amt Kronshagen aus einem verhältnismäßig dichten Netz von Dörfern sowie aus der Parzellistencommune Kronshagen zusammen. Diese typologische Geschlossenheit, die Kronshagen in der Mitte des 19. Jahrhunderts mit vielen anderen Ämtern gemeinsam hat, besagt jedoch nichts über die zahlreichen historischen Sonderentwicklungen, die dieses Amt im Spannungsfeld zwischen Stadt, Gutsbezirken und rivalisierenden Landesherrschaften betroffen haben.

Das Amtsgebiet von Kronshagen ist ursprünglich aus den sog. Kieler Stadtdörfern des Heiligen-Geist-Hauses[323], das in der Stadt Kiel ansässig war, hervorgegangen[324]. Während des Mittelalters fungierte die Stadt als Eigentümerin und verwaltete das Vermögen des Klosters.

Eine Wende in der Herrschaftsstruktur tritt mit der Reformation ein, als die Gottorfer im Zuge der Landesteilungen die Hoheit über Kiel erwirken. Nach langem vorausgehenden Rechtsstreit eignet sich der Herzog Christian-Albrecht, der Gründer der Universität, im sog. Permutationskontrakt 1667 definitiv diese Dörfer aus stadtklösterlichem Besitz an und entzieht somit der Stadt etwa 4 000 ha Land[325]. Schon vorher waren zwecks Gewinnung von gutswirtschaftlichem Hofland die Dörfer Kopperpahl, Kronshagen und Hassenthorpe (Hassee) aufgelöst worden. Auf den zusammengelegten Fluren war ein herzoglicher Meierhof eingerichtet worden.

Wenig später wird der Pachtstatus des Meierhofs durch den Landesherrn aufgehoben, und es entsteht ein adliges Gut Kronshagen, das vom Herzog an seinen verdienten Kanzler Kielmann von Kielmannsegg mit den spann- und dienstpflichtigen Dörfern verkauft wird. 66 Hufner sind Ende des 17. Jahrhunderts durch Fron und Schollenband mit dem adligen Gut Kronshagen verbunden.

Nach etwa 30-jährigem Verbleib in adliger Hand erfolgt 1696 durch den Landesherrn der Rückkauf als hochfürstliches Kammer- und Domanialgut. Der Nordische Krieg bringt Konkurs und Besitzwechsel mit sich, aber 1760 ist Kronshagen wiederum in gottorfischer Hand. Die Gutswirtschaft wird zunächst wie auf den übrigen adligen Höfen fortgesetzt. 1768, also relativ früh, schreitet man aber zur Aufhebung der Leibeigenschaft vor.

Seit dem Wiedererwerb durch den großfürstlichen Staat tauchen Pläne zur Auflösung der Gutsstruktur und Parzellierung auf. Obgleich dem Amt Kronshagen hinsichtlich der Art und Wirkung der Reformmaßnahmen eine Vorbildfunktion zugedacht war, konnten nicht alle Schritte zu gleicher Zeit eingeleitet und in ihrer endgültigen Form ausgeführt werden[326].

---

323 In der Mitte des 13. Jhs. vom Grafen Adolf IV. und seinen Söhnen zur Aufnahme von Armen, Kranken und Hilfsbedürftigen gestiftet. Es lag innerhalb der Stadtmauern, bestand aus Kapelle, Stift, Hospital und Herberge und war in der ehemaligen Torstraße, die heute den Namen Wall führt, gelegen (G. KAUFMANN, 1975, S. 21).
324 A. GLOY, 1914, S. 18
325 Die Gemeindeverwaltung Kronshagen berichtet (1971, A. 9), daß noch bis heute formell vom Land als Rechtsnachfolger der alten Landesobrigkeit eine Entschädigung an die Stadt gezahlt wird.
326 W. PRANGE, 1971, S. 338

Die entscheidenden Ergebnisse sind folgende: Das gesamte Hoffeld im Umfang von 1742 Tonnen unterliegt einer Parzellierung. Der Meierhof Schwartenbek wird einer Aufteilung in 3 Parzellen<327>, der Hof Kronshagen in 27 Parzellen unterzogen. Der Größenzuschnitt ist verschieden, bewegt sich aber in der Mehrzahl der Fälle bei 50-60 Tonnen, entspricht also etwa dem Umfang einer Hufe.

Darüber hinaus werden auf dem Hoffeld 11 kleinere Stellen als sog. zerstreute Katen eingerichtet. Der Umfang dieser Stellen, die ebenfalls in Erbpacht vergeben werden<328>, variiert zwischen 48 und 20 Tonnen. Während der Jahreskanon als unveränderlicher Betrag je nach Tonnenzahl festgelegt war, wurde die Kaufsumme nach dem jeweiligen Meistgebot bestimmt. Auf diese Weise kam es auf dem ehemaligen Hoffeld von Kronshagen zur Ansiedlung Ortsfremder, vor allem von Kielern. Der Zuzug verstärkte sich noch in den Dörfern, da eine Reihe von Hufnern später dort nicht zur Tilgung der Kaufsummen fähig war.

Im Bereich des ehemaligen Hoffeldes versuchte man eine Neugründung der Dörfer Kopperpahl, Hasseldieksdamm und Kronshagen. Eine geschlossene Siedlung entwickelte sich indes in keinem der genannten Fälle. Die Varendorfsche Karte (1789-1796)<329> gibt die Entstehung einer Bebauung in Form doppelzeiliger Straßensiedlungen ohne einen gewachsenen Ortskern sehr deutlich wieder.

Von weitreichender Folge waren die Eingriffe in das bestehende bäuerliche Besitzgefüge im Bereich der Dörfer. Übergeordnete Ziele waren dabei die Egalisierung der Hufengrößen, die Schaffung neuer Kätnerstellen und somit die materielle Festigung der großfürstlichen Amtsbezirke auf wirtschaftspolitischer sowie peuplistischer Basis, ganz ähnlich wie im Amt Bordesholm.

Tab. 20: Besitzstruktur in den Dörfern des Amtes Kronshagen nach den Agrarreformen

Dorf	Hufner			Kätner	
		Tonnen			Tonnen
	Zahl	Landbesitz	Landabgabe	Zahl	Landbesitz
Russee<330>	4	60-68	54-64	15	22-25
Hassee	5	56-60	21-22	11	23-24
Hasseldieksdamm<331>	-	-	-	8	26-24
Wiek	7	49-61	21-24	23	19-21
Suchsdorf	8	48-51	24-26	25	18-20
Ottendorf	4	48-53	25-27	19	19-22

Zusammengestellt nach Angaben von A. GLOY, 1914, S. 107-123

---

327 Diese drei Parzellen wurden als Ganzes verkauft. 1776 wurde Schwartenbek in den Rang eines adligen Gutes im Kieler Güterdistrikt erhoben. In dieser Eigenschaft ist es - ohne Pflugzahl - in der Karte verzeichnet.
328 A. GLOY, 1914, S. 124
329 Nachdruck LVA 1984 Blatt 10 Achterwehr - Gettorf - Kronshagen
330 ohne 15. Kätnerparzelle in der Hand eines Schneiders
331 ohne Krug- und Holzvogtstelle

Wesentliche Maßnahmen werden aus Tab. 20 ersichtlich. In keinem der 6 Dörfer liegen nach den Reformen die Hufengrößen unter 48 und über 68 Tonnen. Den größten Durchschnittsbesitz weist Russee auf mit seinen relativ sandigen Böden, den kleinsten Zuschnitt des Hufenlandes Suchsdorf. Die Landabgabe der Hufner konnte beträchtlich sein. Während sie im Mittel 1/3 des ursprünglichen Hufenbesitzes umfaßte und somit die halbe Fläche einer neu geordneten, verkoppelten Hufe ausmachte, konnte der Anteil der Landabtretung - so in Russee - noch darüber hinaus erheblich ansteigen.

Den 28 Hufnern stehen in den 6 Dörfern nicht weniger als 101 Kätner gegenüber, die ebenfalls Eigentümer auf Erbpachtbasis über Haus, Garten und Land sind. Sie sind mit durchschnittlichen Besitzungen von 20 Tonnen in Wirklichkeit Halb- oder Viertelhufner, die fortan die bäuerliche Besitzstruktur und auch die Ausrichtung der Landwirtschaft im Kieler Umland nachhaltig mitbestimmen. In entsprechender Form ist die Darstellung auf der Karte erfolgt. So zeigt sich am Beispiel des Amtes Kronshagen, daß der gottorfisch-großfürstliche Staat unter Caspar von Saldern gerade im unmittelbaren Umkreis der Stadt Kiel eine sehr aktive und zielstrebige Wirtschaftspolitik betrieben hat.

Daß hier sehr modern anmutende Erwägungen oder vielleicht auch Kenntnisse über die wirtschaftlichen Wechselbeziehungen von Stadt und umgebendem Land eine Rolle gespielt haben, ergibt sich aus einem Vergleich mit den übrigen aufgelösten herrschaftlichen Vorwerken<332>.

Die Gegenüberstellung ergibt, daß im Falle von Cismar und Körnik nicht die gleichen Wege wie in Kronshagen beschritten werden konnten. Die Ursachen liegen in der Marktferne beider Vorwerke begründet und im Fehlen kaufkräftiger städtischer Schichten für die neu geschaffenen Eigentumsparzellen. Die wirtschaftlichen Strukturveränderungen im Amt Kronshagen stellen folglich eine raumplanerische Maßnahme des aufgeklärten Absolutismus dar mit dem Ziel, die ökonomischen Austauschbeziehungen zwischen Stadt und Land auf eine höhere Intensitätsstufe zu lenken. Sie nehmen somit in praktischer Form diejenigen Erkenntnisse vorweg, die J.H. von THÜNEN in seinem grundlegenden Werk über den Isolierten Staat 1826 als Lehre vom entfernungsabhängigen, marktgesteuerten Standortmodell publiziert hat.

Daß die Dörfer des Amtes Kronshagen in der Mitte des 19. Jahrhunderts in eine lebhafte wirtschaftliche Beziehung zu Kiel getreten sind, zeigt sich an verschiedenen Erscheinungen. Dazu zählt ebenso der Besatz mit Handwerkern wie auch die Entstehung eines agraren Nahversorgungsbereichs mit spezieller Produktionsausrichtung auf intensiver Basis.

Die Entwicklung in der stadtnahen Zone der freien Wirtschaft<333> führte an einigen Stellen zur Entstehung von Gartenbaubetrieben. Besonders Hassee zeichnet sich durch eine Agrarproduktion aus, die auf den nahen städtischen Markt ausgerichtet ist. Der gleiche Sachverhalt trifft auch auf das an Kiel angrenzende Amtsdorf Brunswiek zu, wo Gartenbau, Tagelöhnerarbeit und Fuhrwesen die Hauptbeschäftigungszweige bildeten.

---

332 W. PRANGE, 1971, S. 344
333 Bezeichnung von J. H. v. THÜNEN für den innersten Ring um einen großen Markt mit diversen Spielarten arbeitsintensiver, bodenknapper Produktion.

Im Amt Kronshagen macht folglich 1845 derjenige Bevölkerungsanteil, der von der Landwirtschaft lebt, nur 37 %, d.h. 876 von 2342 Personen, aus[334]. Auf handwerkliche Tätigkeiten, hier sind an vorderster Stelle Weber, Schuster, Schneider, Rademacher, Schmiede sowie Kalk- und Ziegelbrenner zu nennen, entfallen 27 %. Entsprechend den vielen Gelegenheitstätigkeiten ist mit 23 % auch der Anteil der Tagelöhnerfamilien hoch. In den Dörfern Suchsdorf und Wiek finden diese eine zusätzliche Erwerbsquelle in der Bedienung und Unterhaltung des Kanals.

Zahlreiche Kätner sind in der Mitte des 19. Jahrhunderts noch in der Lage, von ihrer landwirtschaftlichen Betätigung zu leben. Wie O. CLAUSEN[335] anhand der Wiek nachweisen konnte, trat die Kombination von Katenstelle und Handwerkstätigkeit erst in späteren Jahren häufiger auf. Daß diese jedoch in einem begrenzten Umfang von Anfang an bestand, geht aus dem Volkszahlregister von 1803 hervor, das für die Wiek allein 5 Weber, 4 Schneider und 3 Zimmerleute ausweist.

In enger Verwandtschaft zum Amt Kronshagen stehen auch die Dörfer des Amtes Kiel, das in drei getrennte Bestandteile aufgespalten ist. Es sind nicht allein die vergleichbaren wirtschaftlichen Spezifika, sondern auch die historischen und administrativen Merkmale, die beide Gebiete miteinander verbinden. So besitzen weder Kronshagen noch Kiel eine eigene Amtsadministration, sondern werden von Bordesholm aus mitverwaltet.

Hervorgegangen ist das Amt Kiel aus den mittelalterlichen Besitzungen der zum Kieler Schloß gehörenden Vogtei. Von ihrer ehemaligen Geschlossenheit ist wenig übriggeblieben, da sowohl Teile an Preetz und Bordesholm wie auch an benachbarte adlige Güter verkauft wurden. In der Landesteilung von 1544 kam das Amt an die Gottorfer Linie, bis es 1773 in den gesamtstaatlichen Verband eingefügt wurde. Domanialer Besitz des Landesherrn fehlt, so daß Parzellierungen keine Rolle spielen. Eine dichte Besiedlung und vielseitige wirtschaftliche Ausrichtung sind indes auch hier bei den meisten Orten erkennbar, vor allem wenn sie an die Förde angrenzen. Die stürmische Industrie- und Siedlungsexpansion während der Gründerzeit hat von den alten Ortskernen und Wirtschaftsstrukturen nur wenige sichtbare Zeugnisse übriggelassen. Am stärksten erinnern noch Namengebungen und Wegenetze an die ursprüngliche Siedlungsstruktur.

Der südliche Bestandteil des Amtes Kiel mit den Dörfern Gaarden (fürstlich), Wellsee, Moorsee, Booksee und Klein-Barkau ist am stärksten durch die Landwirtschaft geprägt. Bereits 1771 war im Amt Kiel[336] die Verkoppelung und Setzung abgeschlossen worden. Die Besitzstrukturen waren nicht in so tiefgreifendem Maß geändert worden, wie dies in Kronshagen der Fall war. Entgegen der Auffassung des Oberinspektors Las Christensen, der nach dem Vorbild Angelns die Erhaltung der alten Hufengrößen als obersten Grundsatz bei der Neuordnung der Dorfgemarkung postuliert hatte, entschloß man sich in diesem Teil des Kieler Staates zu einer Mischregelung aus Egalisierung und Berücksichtigung der Ausgangsgrößen. Es wurden Maximal- und Minimalwerte für Voll-, Halb- und Viertelhufen sowie für Kätner eingeführt. Auf diese Weise konnte eine größere Besitzstreuung erzielt und eine Grundlage zur Schaffung neuer Landstellen erreicht werden.

---

334 Stat. Tabellenwerk, H. 2, Kopenhagen 1846, Tab. XII.
335 O. CLAUSEN, 1960, S. 30
336 W. PRANGE, 1971, S. 359

Die Besitzdiagramme der genannten Dörfer bringen auf der historischen Wirtschaftskarte den Erfolg dieser Maßnahme deutlich zum Ausdruck. Zur Gründung vieler Kleinexistenzen hat vor allem die Trockenlegung des Moorsees beigetragen, aus dessen gewonnenem Land Parzellen von 9-11 Tonnen gebildet wurden. Auch der Booksee und der Bookseer Hofteich sind entwässert worden.

Eine Eigenstellung im Siedlungsgefüge dieses Kieler Amtsteils nimmt Gaarden ein. Es ist in zwei Kommunen, die eine der Landesherrschaft<337>, die andere dem Adligen Kloster Preetz unterstehend, geteilt. Während dem klösterlichen Teil ein ausgesprochen bäuerliches Hufengefüge eigen ist, fehlt dies im Amtsdorf Gaarden weitgehend. Die ehemals vorhandenen drei Hufen sind zu einem einzigen Hof Marienlust (etwa 140 ha) zusammengefügt. Dieser lag an der Lübecker Chaussee und war vor seiner Aufsiedlung zu Beginn des 20. Jahrhunderts in der Hand von Kieler Kaufleuten.

Gaarden (fürstlich) setzt sich um 1850 aus 13 Kätner- und Anbauerstellen, den Erbpachtstellen Petersburg (178 Tonnen), Viehburg (170 Tonnen) und Krusenrott (25 Tonnen) zusammen. Alle drei Besitzungen sind in ihrer damaligen Größe aus Teilen des landesherrlichen Meierhofs Viehburg hervorgegangen, der sich in der Mitte des 19. Jahrhunderts schon seit 200 Jahren in der Hand der Familie Mordhorst befand<338>. Der Hof Petersburg geht auf eine Besitzteilung des Herzogs Carl Friedrich (gest. 1739) zurück, der dort ein kleines Jagdschloß vor den Toren Kiels errichten wollte. Die Gehege Viehburg und Kronsburg waren fiskalisch, gingen aber 1907 in das Eigentum der Stadt Kiel über.

Zu Gaarden (fürstlich) gehören schließlich noch die kleine Erbpachtstelle Lübscher Baum mit Wirtshaus und die Irrenanstalt Hornheim, die bis zur Jahrhundertwende als privates Sanatorium diente. Auch die alte Chaussee-Einnahmestelle Hamburger Baum und das Wirtshaus Karlsburg verdienen Erwähnung.

Generell läßt sich sagen, daß das Amtsdorf Gaarden mit einigen großen Erbpachthöfen im Wilhelminischen Zeitalter nicht so vollständig und flächendeckend verändert worden ist wie das angrenzende klösterliche Gaarden mit seinen heutigen Werften und Miethausquartieren. Die großen Verkehrsträger Bahn und Chaussee zerschneiden das Gemeindegebiet schon um 1850 in wenig vorteilhafter Weise. Die Einbeziehung in das Versorgungsgefüge der Stadt Kiel ist Mitte des 19. Jahrhunderts noch relativ gering. Lediglich Sandabbau, Ziegelherstellung und Fuhrwesen spielen eine wichtige Rolle für die Bauentwicklung.

Wirtschaftlich bedeutsamer sind diejenigen Amtsteile, die auf dem Ostufer der Kieler Förde liegen und die Ortschaften Wellingdorf, Neumühlen, Dietrichsdorf, das Kirchdorf Schönkirchen und Mönkeberg umfassen. Sieht man von Neumühlen an der Mündung der Schwentine in die Förde ab, so spielt die Landwirtschaft in allen Orten noch eine wichtige Rolle. Wie bereits in den übrigen Teilen des Amtes Kiel fällt auch hier die gemischte Besitzstruktur auf, die als Ergebnis der Agrarreformen zu keiner Polarisierung von großen Hufenbetrieben und kleinen Grenzexistenzen geführt hat. Von der Landwirtschaft lebt im Amt Kiel ein Anteil von 23 % der Bevölkerung. Demgegenüber machen die in Tab. 21 genannten wichtigeren Gewerbe - ohne Seefahrt - ungefähr 19 % aus, während die Tagelöh-

---

337 Über die historischen Hintergründe der getrennten Entwicklung sowie die individuellen Merkmale von "fürstlich" und "klösterlich" Gaarden siehe G. KAUFMANN, 1975, S. 58-62.
338 Viehburg wird 1853 an Pauly verkauft.

nerfamilien mit beinahe 32 % das weitaus größte Kontingent des Sozialspektrums stellen. Dies gilt vor allem für die noch zu behandelnde Brunswiek auf dem Westufer vor den Toren der Stadt.

Tab. 21: Bevölkerungsgliederung im Amt Kiel nach Erwerbszweigen 1845 (mit Familienangehörigen)

Von der Landwirtschaft Lebende	867
Tagelöhner	1210
Von der Seefahrt Lebende	122
Schuster	153
Weber	127
Schneider	103
Öl-Müller	78
Schmiede	71
Böttcher	39
Radmacher	35
Ziegel- und Kalkbrenner	31
Zimmerleute	26
Mehl- und Grützmüller	25
Seifensieder	27
Gastgeber und Wirtsleute	73
Handel Treibende	39
Von Almosen Lebende	145
Gesamteinwohnerzahl	3812

Quelle: Stat. Tabellenwerk, H. 2, Tab. 12, Kopenhagen 1846

Ebenso wie Ellerbek und Wellingdorf als Bestandteile des Preetzer Klosterbesitzes sehr eigenständige Wirtschaftsstrukturen aufweisen, so trifft dieser Sachverhalt auf dem Ostufer auch auf Neumühlen zu. Schon früh wurde hier die Ausmündung der relativ wasserreichen Schwentine zum Antrieb von Mühlen genutzt<339>. So war in der hier gelegenen landesherrlichen Mühle nicht allein die Stadt, sondern auch ein Großteil des Amtes mahlpflichtig. Die Möglichkeit des An- und Abtransports der Waren über Wasser erhöhte die Standortgunst noch erheblich. Die konzessionierten Mühlenbootbesitzer waren in Wellingdorf ansässig<340>.

So hat sich in der Mitte des 19. Jahrhunderts die Schwentinemündung bei Neumühlen zu einem frühindustriellen Verarbeitungsplatz für Agrarprodukte entwickelt, wie er in vergleichbarer Form im Untersuchungsgebiet noch nicht aufgetreten ist. Neben der vielseitigen Antriebsnutzung für Mühlenzwecke in Form einer Getreide-, Öl- und Malzmühle haben sich hier noch eine Kalkbrennerei, eine Seifensiederei und eine Lichtgießerei niedergelassen. Seifen- und Lichtproduktion

---

339 Verpachtungen sind seit 1264 nachgewiesen. Im Jahr 1540 ging die Mühle aus dem Besitz des Heilig-Geist-Klosters an die Landesherrschaft über.

340 Nach Aufhebung des Mühlenzwanges wurde 1865 von dem Erwerber Lange ein neues großes Mahlwerk mit 48 Gängen errichtet. Der Transport vollzog sich nunmehr mit Dampfboot und firmeneigenen Lastkähnen (H.W. FACK, 1867, S. 33).

sind eng an die Erzeugung des Öls gebunden, das sowohl heimischen Rübsaaten wie auch importierten Leinsaaten entstammt. Kontor und Lager des Unternehmens befinden sich in Kiel<341>. Die Kalkbrennerei beruht auf der Verarbeitung von Muschelschalen und von Kalkstein, der von dem Fundplatz Farø auf Seeland<342> zu den Küstenplätzen der Herzogtümer gebracht wird. Auch für die Herstellung der Seifen werden über See und Kanal Importprodukte, vor allem Pottasche<343>, bezogen. Die Ansammlung von industriellen Verarbeitungsstätten auf dem Kieler Gegenufer ist in der Mitte des 19. Jahrhunderts verschiedentlich Objekt zeichnerischer Darstellung gewesen. G. KAUFMANN<344> stellt den noch wenig vorgeschrittenen Zustand von 1825/30 und 1859 instruktiv gegenüber.

Ebenfalls dem Amt Kiel zugehörig ist die unmittelbar der Stadt vorgelagerte Brunswiek, die wegen ihrer Größe von 1068 Einwohnern (1845) häufig als Flecken bezeichnet wird<345>. Zum Untersuchungszeitraum ist die Brunswiek auf den verschiedensten funktionalen Ebenen bereits eng mit dem Leben der Stadt verzahnt. Sie ist ebenso Wohn-Vorstadt wie Naherholungsgebiet und wirtschaftlicher Ergänzungsraum. Die Brunswiek wird bereits 1869 in das Stadtgebiet eingegliedert. 1873 treten auch die bislang königlichen Gehege Düsternbrook und Düvelsbek als stadteigene Forste hinzu. Durch die Gebietsausweitung werden für die entstehende Großstadt Kiel entscheidende Wachstumsachsen mit hoher sozialer Wertigkeit vorgezeichnet.

Die ausgedehnte Feldmark der Brunswiek umfaßte in der Mitte des 19. Jahrhunderts nach den Angaben von SCHRÖDER/BIERNATZKI<346> noch 5 Hufen, 1 wüste Hufe mit Großkätnerstelle, 4 Halbhufen, 8 Großkätnerstellen, 9 Katenstellen sowie 51 Anbauer- und Kleinkätnerstellen. Aus den Besitzverzeichnissen<347> der Brunswiek wird ersichtlich, daß Klein- und Instenkätner mehrfach ihre landwirtschaftliche Tätigkeit mit Handwerk und Fuhrgewerbe verbanden. Darüber hinaus treten Kruggerechtigkeiten verschiedentlich auf. Auch werden von Seiten des städtischen Bürgertums Parzellen aufgekauft und darauf Gärten oder Gartenhäuser errichtet.

Das Vorherrschen von Klein- und Mittelbesitz hat zu weitverzweigten landwirtschaftlichen Beziehungen geführt. Milch, Gemüse, Obst, Geflügel und Eier sind wichtige Produkte, die im Umland der Brunswiek erzeugt werden. Da das Kieler Schloß auch auf dem Boden des Amtes liegt, ergeben sich auch dorthin zahlreiche wirtschaftliche Bindungen.

Von besonderer Bedeutung sind schließlich die beiden Baumschulen am Rande der Königlichen Gehege, die bereits auf eine über 50jährige Vergangenheit zurückblicken können. Am Nordende des Düsternbrooker Geheges wurde 1786 von dem Justizrat Christian Cay Lorenz Hirschfeld (1742-1792) die älteste staatliche Obstbaumschule ins Leben gerufen. Hirschfeld war durch seine fünfbändige Theorie der Gartenkunst berühmt, lehrte an der Universität und war maßgeblich an der Umgestaltung der Parks auf den Herrensitzen des Adels vom französischen

---

341 Stat. des Handels, 1835, S. 162
342 A.C. GUDME, 1833, S. 216
343 Auf Holzbasis hergestellte Pottasche kam meist aus Finnland und Rußland.
344 G. KAUFMANN, 1975, S. 68/69
345 Von 1728-39 hatte Brunswiek als vom Amt losgelöster Flecken eigene Gerichtsbarkeit besessen.
346 SCHRÖDER/BIERNATZKI, 1855, I, S. 269
347 M. LEISNER, 1969, S. 87

auf den englischen Zeitgeschmack beteiligt. Seine Obstbaumschule verfolgte den Zweck, einerseits eine systematische Vermehrung und Einführung neuer Obstsorten zu betreiben, andererseits Jungpflanzen zwecks Förderung des Obstbaus an Amtsuntertanen kostenlos abzugeben.

Diese erste Phase der staatlich initiierten Reformen ist in der Mitte des 19. Jahrhunderts abgelaufen. Sowohl die Hirschfeldsche Obstbaumschule als auch die 1788 entstandene Forstbaumschule am Rand des Düvelsbeker Geheges sind inzwischen in Privatbesitz übergegangen und verkaufen nunmehr mit großen Gewinnen Handelsgewächse der verschiedensten Art und Abstammung. Die Obstbaumschule kennt bereits die Verwendung heizbarer Gewächshäuser. Fruchtbäume, Alleebäume, Beerensträucher, Stauden, Topfpflanzen und Ziergewächse aller Art befinden sich im Angebot. SCHRÖDER/BIERNATZKI<348> nennen die geradezu unvorstellbare Zahl von 300 Apfel-, 200 Birnen-, 88 Kirsch-, 44 Pflaumen-, 18 Pfirsich- und 14 Aprikosen-Sorten, die in diesem öffentlichen Handelsgarten gezüchtet werden.

Zu Füßen des Düsternbrooker Gehölzes, dessen Lage und dessen weitreichende Aussichten auf das Fahrwasser des Kieler Hafens im 19. Jahrhundert allenthalben gerühmt wurden, befand sich seit 1822 eine sehr besuchte Seebadeanstalt mit Logier- und Wirtshaus. In der Nähe lagen auch das Sommertheater Tivoli und eine Reihe oft besuchter Gartenwirtschaften (Bellevue, Sanssouci).

Nirgends zeigt sich das räumlich ausgreifende Bedürfnis einer größeren Stadt nach wirtschaftlicher Versorgung, nach Bau- und Gartenland sowie nach Amüsiereinrichtungen des bürgerlichen Zeitalters besser als in der Brunswiek im unmittelbaren Vorfeld des lebhaft wachsenden Kiel.

6.4. DAS AMT CISMAR

Als letztes der ehemals gottorfischen Ämter innerhalb des Untersuchungsbereichs ist Cismar auf der Ostseite der Wagrischen Halbinsel zu behandeln. Fast gänzlich von Gutsbezirken des Oldenburger Distrikts und von großherzoglichen Besitzungen eingerahmt, dehnt sich der größte Teil des Amtes in gut arrondierter Form, aber ferner und isolierter Lage zwischen dem Oldenburger Graben und der Neustädter Bucht aus. Kleinere Gebietssplitter liegen im nördlichen Umkreis von Oldenburg.

Die Böden sind fruchtbar und einer ackerbaulichen Nutzung sehr zuträglich. Der Steuertaxationswert erreicht den hohen Betrag von 139 Reichstalern je Tonne Land. Cismar fügt sich ein in jene vorteilhafte Anbauzone des Weizens (vgl. Abb. 19), die seit jeher mit dem Agrarhandel Lübecks in enger Austauschbeziehung stand. Daß schon in der Mitte des 17. Jahrhunderts in Cismar und Körnik erfolgreich Weizen- und Erbsenanbau betrieben wurde, geht aus den Untersuchungen von W. KOPPE<349> hervor. Während der Nordteil des Gebietes noch weitgehend der flachen Grundmoränenlandschaft zuzurechnen ist, hat der Süden in stärkerem Ausmaß am kuppigen Moränenrelief Anteil, in dem auch leichtere Böden eingestreut sind. W. PRANGE<350> glaubt, daß auf diesen Sachverhalt sehr frühe Ansätze zur Anlegung von Koppeln in den bäuerlichen Fluren zurückzuführen sind<351>.

---

348 SCHRÖDER/BIERNATZKI, 1855, I, S. 340
349 W. KOPPE, 1958, S. 68
350 W. PRANGE, 1971, S. 291
351 Die Dörfer Brinkenhagen und Suksdorf besaßen bereits 1735 eine fast reine Koppelflur.

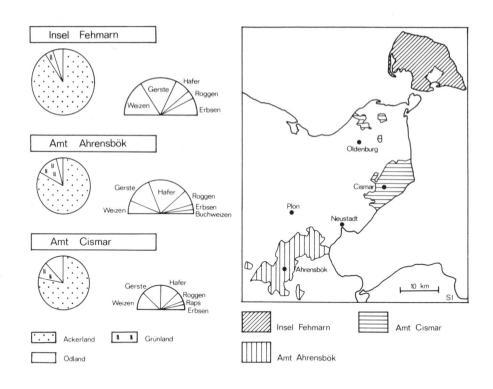

Abb. 19: Bodennutzung und pflanzliche Produktion in den Ämtern Ahrensbök, Cismar sowie in der Landschaft Fehmarn um 1845
(nach SCHRÖDER/BIERNATZKI)

Gerade das Amtsgebiet von Cismar ist ein geeignetes Beispiel, um die jüngeren Änderungen in der Ausdehnung ehemaliger Binnenwasserflächen aufzuzeigen. So existiert heute weder der im Norden als Grenze dienende Gruber See noch der Klostersee im Mittelabschnitt des Amtes. Der in Verlandung begriffene Klostersee wurde in den Jahren 1860-64 eingedeicht, trockengelegt und in preußischer Zeit in einen eigenen ertragreichen Gutsbezirk<352> im Amtsbezirk Cismar (Kreis Oldenburg) umgewandelt<353>. Auf der historischen Wirtschaftskarte ist noch die ursprüngliche Seefläche verzeichnet. Die Seen sind von Salzwiesen umgeben, die bei Oststürmen überschwemmt werden.

Vom geschlossenen Amtsbezirk getrennt liegen die 6 Dörfer Nanndorf, Altgalendorf, Teschendorf, Techelwitz, Klein-Wesseek und Röllin. Diese sind ebenso wie Ratjensdorf am Gruber See erst 1843 dem Amt Cismar zugefügt worden. Sie gehörten vorher zum Fürstentum Lübeck und waren 1793 durch Säkularisation aus dem Besitz des Lübecker Domkapitels, der Marienkirche sowie des Eutiner Kollegiatstifts herausgelöst und dem weltlichen Fürstentum Lübeck eingegliedert wor-

---
352 Fr. BÖTTGER, 1925, S. 315
353 H. OLDEKOP, 1908, VII, S. 83

den. Durch Gebietstausch kam 1843 die administrative Neuordnung zustande. Der 70 Tonnen umfassende Erbpachthof Ruhleben östlich von Neustadt ist dagegen altes Besitztum von Cismar.

Das Amt ist aus einem Mönchskloster der Benediktiner hervorgegangen, das 1245 aus Lübeck - wegen Verwilderung der Sitten - ausgelagert und mit Landbesitz in Wagrien neu gegründet worden war. Durch Zukauf weiteten sich die Ländereien beträchtlich aus. 1460 wurden die abgelegenen Besitzungen Testorf und Mönchneverstorf gegen die beiden Güter Dahme und Grube eingetauscht. Im Zuge der Landesteilungen wurde Cismar dem Herzog zugesprochen und von einem Amtmann verwaltet, dem auch die Administration des damaligen Amtes Oldenburg sowie die Inspektion über die Insel Fehmarn oblag. 1773 wurde das ununterbrochen gottorfische Cismar als königlicher Amtsdistrikt in den Gesamtstaat inkorporiert.

Im Aufbau des Amtes fällt auf, daß Parzellierungen einen relativ hohen Anteil an der Gesamtfläche ausmachen. Auch nimmt der Wald erheblich größere Gebietsteile ein, als dies in den angrenzenden wagrischen Gutsbereichen der Fall ist. W. PRANGE[354] kommt aufgrund der Angaben in den Erdbüchern zu der Erkenntnis, daß sich im Amt Cismar von 1710-1765 die Ackerflächen auf Kosten des Waldes um 38 % ausgeweitet haben. Unabhängig von dieser bäuerlichen Waldbeseitigung haben sich aber noch umfangreiche alte Bestände erhalten.

Das Amt ist relativ dicht bevölkert und besitzt in den Siedlungen Grömitz, Grube und Dahme Ortschaften von auffallender Größe mit mehr als 500 Bewohnern. Die Bevölkerungszahl von Grömitz beläuft sich zusammen mit Körnik 1855 sogar auf 1209 Personen. Alle drei genannten Siedlungen sind Kirchdörfer; Cismar fungiert allerdings nur als Filialkirche von Grube und besitzt erst seit 1840 wieder eine feste Kirche, die an die Stelle einer provisorischen Kapelle trat und in der alten Klosterkirche errichtet wurde.

Im Rahmen der gottorfischen Agrarreformen nimmt das Amt Cismar eine Sonderstellung ein. Da es wegen seines hohen Anteils von landesherrlichen Vorwerken mit Bordesholm und Neumünster kaum zu vergleichen ist, kann eine Parallele am ehesten zu Kronshagen gezogen werden. Dort hatte die Kammer entschlossen, eine gänzliche Auflösung der herkömmlichen Besitzstrukturen und bäuerlichen Dienstverpflichtungen herbeizuführen und vor den Toren von Kiel Parzellistenkommunen auf der Basis von Erbpacht entstehen zu lassen.

Erwägungen gleicher Art sind auch recht früh für das Amt Cismar in Umlauf gekommen. Die Ausgangsbedingungen gestalteten sich indes hier schwieriger, da man fürchtete, keine kaufkräftigen Interessenten finden zu können und meinte, nur relativ kleine Parzellen und auch diese noch unter dem realen Wert verkaufen zu können.

Darüber hinaus herrschte auf allen landesherrlichen Vorwerken im Amt Cismar die Spann- und Dienstpflicht der Bauern[355], so daß von einer milderen Stufe der Leibeigenschaft gesprochen werden kann. Die Bindungen der Hufner an die Amtsvorwerke hatten sich nach 1700 sogar noch verschärft, als durch eingezogene wüste Hufen die Vorwerke nochmals ausgedehnt und zwei neue Meierhöfe - Lenste und Sievershagen[356] geschaffen worden waren.

---

354 W. PRANGE, 1971, S. 349
355 ders., S. 269
356 Bis 1707 zum Amt Cismar gehörend; 1769 den oldenburgischen Fideikommißgütern der jüngeren Linie zugeteilt.

Durch eine neue Verordnung aus dem Jahre 1701 waren alle Untertanen des Amtes für dienstpflichtig erklärt worden und hatten in festgesetztem Umfang Arbeitsleistungen und Gestellung von Gespannen auf den verpachteten Vorwerken zu erbringen. W. PRANGE[357] hebt hervor, daß aber in Wirklichkeit nur die Hufner und Großkätner im Cismarschen Kataster von 1709 als leibeigen im direkten Sinne angesehen wurden, während die Masse der Amtseinwohner - Groß- und Kleinkätner, Bödner, Instenkätner und Insten - nicht unter diese Kategorie fiel. Über ihre Zuordnung ist von Amts wegen lange diskutiert worden, aber die Masse der Kleinlandwirte, Handwerker, Schiffer und Fischer, die überwiegend in eigenen Häusern lebte, blieb persönlich frei und wurde nicht in eine juristische Beziehung zu den leibeigenen Hufnern gebracht.

So treten große agrarstrukturelle Veränderungen im Amt Cismar erst in der gesamtstaatlichen Zeit nach 1773 auf. Eine grundsätzliche Entscheidung für die Beibehaltung des gutswirtschaftlichen Systems war 1758 gefallen, als nach einem Brand der Wirtschaftsgebäude des 1300 Tonnen Ackerland umfassenden Vorwerks Cismar direkt durch den Kammerpräsidenten in Petersburg entschieden wurde, die alte Bewirtschaftung fortzuführen und die Gebäude[358] wiederzuerrichten. So blieb Kronshagen das einzige Beispiel im Kieler Staat, innerhalb dessen auf einem landesherrlichen Vorwerk die Leibeigenschaft aufgehoben und eine Parzellierung erreicht wurde.

Die große Neuordnung für das Amt Cismar geschah in der gesamtstaatlichen Zeit seit dem Jahr 1780. Die Aufhebung der Leibeigenschaft, die Parzellierung der landesherrlichen Domänen, deren Vererbpachtung und die Beseitigung des alten Vorwerk-Status wurden in einem Zuge durchgeführt. Zwar blieben Restflächen als Stammparzellen erhalten, aber auch hier wurde die Vererbpachtung das Grundprinzip der Agrarverfassung.

Wesentliche Merkmale der Größengliederung sind der Tab. 22 zu entnehmen. Das gesamte ehemalige Amtsvorwerk ist in 39 Parzellen von 10-70 Tonnen[359] aufgeteilt worden. Die genannten 19 Höfe umfassen mit circa 1600 Tonnen etwa 80 % der ehemaligen Vorwerks-Fläche. Käufe von mehreren Parzellen waren grundsätzlich erlaubt. Bereits um 1840 sind nach SCHRÖDER/BIERNATZKI[360] erhebliche Besitzänderungen im ursprünglichen Größengefüge eingetreten. So ist der Henriettenhof, der größte aller Cismarer Erbpachthöfe, durch Aufkauf von 3 ehedem autonomen Stellen zu seiner Ausdehnung von 358 Tonnen zusammengewachsen.

Im benachbarten Lenste wurde mit 346 Tonnen eine auffallend große Stammparzelle ausgeschieden. Ehedem war der Lensterhof noch ausgedehnter gewesen; aber wegen der ungünstigen inneren Verkehrslage wurde 1806 der Erbpachthof Jasen abgetrennt. Im Dorf Lenste herrscht der Kleinbesitz von Bödnern und Anbauern gegenüber 3 Hufnern vor.

Das ursprünglich 522 Tonnen umfassende Körnik wurde 1782 in 51 Parzellen aufgeteilt, davon waren 27 mit einer Bebauungsverbindlichkeit kombiniert. Aus diesem wenig erfolgreichen Konzept einer sehr kleinen Zerlegung sind später 8 Erb-

---

357 W. PRANGE, 1971, S. 269
358 Das Holz wurde aus Rußland importiert, um die fürstliche Kammer finanziell zu entlasten (W. PRANGE, 1971, S. 322)
359 A.F. NISSEN, 1811, S. 38
360 SCHRÖDER/BIERNATZKI, 1855, I, S. 294/295

Tab. 22: Größenstruktur im parzellierten Amtsvorwerk Cismar um 1845 (Auswahl)

Erbpachtstelle	Größe in Tonnen
Henriettenhof	358
Stammparzelle	160
Kolauerhof	140
Goldberg	120
Cismarfeld 1	88
Cismarfeld 2	80
Cismarfeld 3	70
Cismarfeld 4	60
Cismarfeld Schmiede	40
Staun	65
Krugstelle Cismar	73
Kattenberg	63
Wintersberg	48
Poggenpohl 1	55
Poggenpohl 2	32
Poggenpohl 3	23
Cismarer Mühle	27
Kgl. Hegereuter	22
Voßberg (Distriktarzt)	15

Quelle: SCHRÖDER/BIERNATZKI, 1855, S. 294/295

pachtstellen hervorgegangen. Auch die Stammparzelle hat sich durch Aufkauf von aufgegebenen Katenstellen zu einer Größe von 225 Tonnen entwickelt.

Das landesherrliche Vorwerk Dahme, dem ehedem die Dörfer Grube, Dahme, Thomsdorf und Ratjensdorf dienstpflichtig waren, wurde 1784 niedergelegt. Die Stammparzelle Dahmerhof wurde mit 110 Tonnen ausgestattet, Dahmshöft und Dahmerfeld mit Besitzgrößen im Umfang von Halbhufen. Das ursprüngliche Aufteilungskonzept war von 57 Parzellen zwischen 8 und 15 Tonnen ausgegangen. 41 Parzellen waren mit Bebauungsverbindlichkeit belegt, 16 Parzellen unter einer Tonne waren davon frei. Auch hier in Dahme trat eine starke Änderung im Besitzgefüge ein. Die Groß- und Kleinbödner waren nicht in der Lage, eigene Pferde zu halten. Die Bearbeitung erfolgte von den Höfen Bockhorst und Wintershof aus<361>.

Zu Beginn des 19. Jahrhunderts wird die Landwirtschaft in der Amtsbeschreibung des Vogtes NISSEN (1811) in einem günstigen Licht und auf der Höhe der Zeit dargestellt. Mergeln und Kenntnisse in der Bodenpflege sind allgemein bekannt und durch eine ökonomische Lesegesellschaft entscheidend gefördert worden. Zu den Pächtern auf den parzellierten Vorwerken zählen auch Zuwanderer aus der Probstei, die wichtige Erfahrungen im Landbau und in der Ertragssteigerung mitgebracht haben. Zu den Neuerungen aus der Probstei zählt das Mergeln, die Einführung des Rapsbaus im darauf folgenden Jahr und die Erzeugung von Saatgetreide. Der Getreidehandel läuft um 1810 fast gänzlich über Heiligenhafen. Die

---

361 A.F. NISSEN, 1811, S. 48

Landfracht nach Hamburg ist zu teuer. Im Dorf Nienhagen wird in besonderem Maß Pferdezucht betrieben.

In unmittelbarer Nähe des Klosters lag ein großes Mühlengewese, das aus 4 Teichen sein Wasser bezog und zwei Wassermühlen sowie eine Windmühle umfaßte. Die Teiche gehörten zum Besitz der Mühle. Sie werden fischreich genannt. Nach Aufhebung des Mühlenzwangs wurde aber bereits 1863[362] südlich des Amtshauses eine Dampf- und Windmühle gebaut. Diese Dampfmühle wiederum ist 1897 wegen des umständlichen Kohlentransports und der Konkurrenz einer 1877 in Cismarfelde errichteten Windmühle eingegangen. Die historische Wirtschaftskarte verzeichnet also noch den alten Zustand der amtsinternen Mühlenanordnung, die noch nicht von den späteren Standortverlagerungen und technischen Neuerungen berührt wird.

An der Ostküste der Wagrischen Halbinsel wird von den ärmeren Bevölkerungsschichten an den flachen Strandabschnitten Seegras gesammelt. Wöchentlich gehen von Grömitz zwei Fuhren nach Hamburg. Von Seegrasfischerei wird auch aus Haffkrug und Sierksdorf im Südabschnitt der Neustädter Bucht berichtet. A.C. GUDME[363] verdanken wir nähere Angaben zu diesem nicht unbedeutenden Wirtschaftszweig, der im Nordteil Wagriens nicht, auf der Südseite dagegen um Grömitz, Neustadt, Haffkrug und Scharbeutz sehr intensiv betrieben wird. Das Sammeln des Seegrases ist frei für jedermann und darf auch im Stadtbereich von Neustadt oder auf adligen Gütern nicht gegen Pachtgebühr an Einzelpersonen vergeben werden.

Das Seegras wird nach dem Zusammenharken auf dem Strand aussortiert, in Bottichen in fließendem Wasser gereinigt, getrocknet, zu Matten gepreßt und dann nach Hamburg, Altona und Lübeck transportiert. Dort wird es zur Herstellung von Matratzen und zum Polstern von Möbeln verwendet.

Nach der Darstellung von A.F. NISSEN[364] steht die Fischerei auf keiner leistungsfähigen Stufe. Der Fischfang auf der Ostsee erhält durch die Ergiebigkeit der Binnengewässer eine wirkungsvolle Konkurrenz. Die ehemalige Kleinbödnersiedlung Schlüse, welche zwischen dem Klostersee und Strand auf mageren Sandböden gelegen war, mußte 1836 nach wiederholten Zerstörungen durch Überflutung und Sturm aufgegeben werden. Die von hier betriebene Fischerei wurde nunmehr von Grömitz aus, dem neuen Ansiedlungsort, fortgesetzt.

Das Spektrum des Handwerks weist keine Besonderheiten auf. Da Cismar nicht an städtische Märkte angrenzt, ist die innere Differenzierung der Handwerkerschaft recht breit. Bis zum Beginn des 19. Jahrhunderts hatte im Amt Cismar Gewerbefreiheit geherrscht, da es von allen konkurrierenden städtischen Zentren sehr weit entfernt lag. Später mußten Rekognitionen ausgesprochen und jährliche Konzessionsgelder gezahlt werden.

Im zahlenmäßigen Bild von 1845 herrschen Weber, Schuster, Schneider, Schmiede, Maurer und Zimmerleute vor. Die Zahl der Weber ist mit 84 Personen - unter Einschluß der Mithelfenden und Lehrlinge - auffallend hoch, obgleich NISSEN[365] nur von Flachsbau für den Hausbedarf berichtet. In Grömitz wie in

---

362 H. OLDEKOP, 1908, VII/S. 29
363 A.C. GUDME, 1833, S. 125
364 A.F. NISSEN, 1811, S. 136
365 ders., S. 37

Tab. 23: Erwerbsgliederung im Amt Cismar 1845 (mit Familienangehörigen)

Erwerbssparte	% der Bevölkerung
Von der Landwirtschaft Lebende	32 %
Tagelöhner	26,5 %
Vom Handwerk Lebende	24,8 %
Von Almosen Lebende	5,4 %
Beamte, Lehrstand, Kirchenbedienstete	4,3 %
Vom Vermögen Lebende	4 %
Von der Seefahrt Lebende	3 %

Quelle: Stat. Tabellenwerk, 2. Heft, Tab. XII, Kopenhagen 1846

Grube werden jährlich zwei Märkte abgehalten. Die offiziellen Werte der Volkszählung stimmen wenig überein mit den Angaben von 1835, die K. ABRAHAM<366> in Anlehnung an H. MEIER nennt.

In Dahme wie in Grömitz hat um 1850 der Badeverkehr bereits Fuß gefaßt. Er ist mit Übernachtungsmöglichkeiten in Wirtshäusern verknüpft und umfaßt in Grömitz neben dem Gebrauch von Badekarren auch warme Meerwasserbäder. Seit 1836 sind werbende Anzeigen in den Wagrisch-Fehmarnschen Blättern<367> festzustellen<368>. Trotz des beachtlich frühen Zeitpunkts dürfen die ökonomischen Wirkungen des Badewesens nicht überschätzt werden. So spielt der Fremdenverkehr als ergänzende Einnahme für Handwerker und Kleinlandwirte noch überhaupt keine Rolle und tritt aus seiner punktuellen Bindung an einzelne Übernachtungs- und Aufenthaltsstätten nicht heraus.

5.5. DAS AMT PLÖN

Obgleich aus eigenständigen territorialen Entstehungsbedingungen hervorgegangen, weist das Amt Plön hinsichtlich seiner Agrarstruktur verwandte Merkmale mit Cismar auf. Auch hier spielen hohe Anteile ehemals fürstlicher Vorwerke eine große Rolle und lassen die Bedeutung bäuerlicher Wirtschaftsgebiete - selbst nach den Agrarreformen noch - stark zurücktreten. Hinzu kommt die Kleinheit des Amtsgebietes und dessen starke innere Zersplitterung, welche durch die vielen zwischengeschalteten Wasserflächen noch erhöht wird.

Das Amt Plön umfaßt um 1850 fünf getrennte Gebietsteile. Das erste Areal erstreckt sich westlich der Stadt spornartig entlang des Kleinen Plöner Sees und wird von den Siedlungen Dörnik und Carpe eingenommen (vgl. Abb. 20). Der zweite Teilbereich befindet sich auf der Ostseite des Großen Plöner Sees und umschließt einen etwas ausgedehnteren Landbezirk zwischen Ruhleben, dem Stadtfeld und Kleveez. Der kleine Ort Behl auf der Nordseite des gleichnamigen Sees bildet den dritten Bestandteil der Amtsfläche. Die beiden letzten Bereiche sind auf der Südseite des Großen Plöner Sees angesiedelt und umfassen den

---
366 K. ABRAHAM, 1978, S. 147
367 seit 1828 zweimal wöchentlich in Oldenburg erscheinend
368 H. RICHELSEN, 1963, S. 15

Abb. 20: Die Lage von Plön mit den parzellierten Fluren von Dörnik und den nördlich angrenzenden Gutsbezirken Wittmoldt und Rixdorf (Meierhof Tramm) nach VAHRENDORF (1789-1796)

Stockseehof mit drei Dörfern, die Parzellistenkommune Tarbek und das isoliert gelegene Pehmen.

Ganz überwiegend grenzen die Amtsteile des Westabschnitts an weitläufige Gutsbezirke. Im Osten dagegen stößt das Fürstentum Lübeck mit seinem alten Kirchspiel Bosau bis zum Plöner See vor und trennt wichtige Amtsteile voneinander. Der ausgedehntere Ostteil des Großen Plöner Sees ist Bestandteil des Amtes. Der Nordabschnitt der Landbesitzungen wird gewöhnlich als Plöner Distrikt, der Südteil als Stockseer oder Heide-Distrikt bezeichnet.

Die Rolle der territorialen Autonomie, die das Herzogtum Plön als Herrschaftsgebiet einer abgeteilten Linie spielen konnte, beruhte nicht auf den kleinen, zersplitterten Besitzflächen um Plön. Das wirtschaftliche Rückgrat bildeten vielmehr ausgedehnte und einträgliche Ländereien im Dreieck zwischen Segeberg, Lübeck und Eutin. Dort war durch die Auflösung der Klöster Reinfeld und Ahrensbök dem Teilherzogtum Schleswig-Holstein-Sonderburg-Plön fruchtbares, bäuerlich besiedeltes Land zugefallen. Hinzu trat seit 1616 das Amt Rethwisch, das durch Kauf eines adligen Gutes entstand und durch Reinfelder Amtsdörfer erweitert wurde. Schließlich ist noch das Amt Traventhal zu erwähnen, das erst zu

Ende des 17. Jahrhunderts entstand und aus alten Segeberger Amtsgebieten hervorging, die Christian V. als Entschädigung gegen abgetretene Erbansprüche der Plöner Linie übereignet hatte. In den Zeitabschnitten, in denen das Plöner Herzogshaus unter einer Hand vereint war, traten auch die sog. Norburgschen Besitzungen auf den Inseln Alsen und Aerö hinzu. Diese wurden aber schon 1730 unwiderruflich an das dänische Königshaus abgetreten.

Mit dem Tod des letzten Herzogs Friedrich Karl (1761) fielen die Besitzungen der Plöner Linie dem dänischen Königshaus zu. Der Übergang erfolgte nicht abrupt, sondern war vertraglich im beiderseitigen Einvernehmen vorbereitet und auf die besonderen Existenzbedingungen des kleinen Fürstentums abgestimmt worden. Friedrich Karl hatte in seiner Regierungszeit zahlreiche Reformen in Verwaltung, Justiz, Kirchenordnung und Jagdwesen eingeführt und hatte ebenso der Entfaltung der ökonomischen Ressourcen große Aufmerksamkeit geschenkt. Das System der Leibeigenschaft war indes in keinem der Ämter, in denen es heimisch war, abgeschafft worden. Trotz seiner aufgeklärten Finanz- und Wirtschaftspolitik lebte das Herzogtum Plön in permanenten Schulden, nicht zuletzt hervorgerufen durch die ehrgeizigen Baupläne, die man in Plön, Reinfeld, Ahrensbök, Rethwisch und Traventhal verwirklicht hatte<369>.

Die wirtschaftliche Entwicklung im engeren Umkreis von Plön weist gleichermaßen eigenständige wie übereinstimmende Merkmale mit den übrigen Teilen des früheren Herzogtums auf<370>. Landknappheit und Mangel an Dienstpflichtigen haben früh zu einschneidenden, ganz auf die Interessen des Herrschaftshauses zugeschnittene Maßnahmen geführt, welche auf der Gründung von Kammergütern und Vorwerken unter Zugrundelegung von Frondienst und Schollenband beruhten. Mit Ausnahme von Traventhal<371> herrschte in allen Ämtern ursprünglich Dienstpflicht und Leibeigenschaft. Während die Verkoppelungen in den südlichen Ämtern früh und erfolgreich eingeführt werden konnten, blieben die Amtsteile um Plön ihrem herkömmlichen Rechts- und Produktionssystem verhaftet.

Die Besitzungen um Plön gehen auf die mittelalterliche Vogtei des Schlosses zurück, deren Landbesitz später fast gänzlich von den adligen Gütern aufgesogen wurde. Als sich 1582 in Plön eine eigene Linie installiert, sind nur mehr kleine Reste alten Vogteilandes im Umkreis der Stadt vorhanden. So wird 1637 von Herzog Joachim Ernst (1622-1675) aus Rantzauischem Besitz das Gut Kleveez erworben, ein Jahr später aus der Hand von Christian von Holstein das Dorf Pehmen, das niedergelegt und in ein Vorwerk umgewandelt wird<372>. 1649 gelingt es, Stocksee mit seinen Dörfern aus Brockdorffschem Eigentum loszukaufen und diesem stattlichen Besitz 1682 noch Tarbek hinzuzufügen. 1678 wird durch Rodung ein neues Vorwerk im Bereich des Vierder Feldes<373> geschaffen, das mit

---

369 Die Residenzen von Ahrensbök und Reinfeld wurden 1765 bzw. 1772 kurz nach Übernahme des Herzogtums durch die dänische Krone abgerissen. Auch Rethwisch verfiel und wurde 1785 abgetragen. Die durch ihren französischen Park berühmte Sommerresidenz Traventhal erlitt ein ähnliches Schicksal.
370 vgl. T. SCHULZE u. G. STOLZ, 1983
371 vgl. Skizze bei W. PRANGE, 1971, S. 24
372 2 Hufen werden aber wieder abgetrennt, um genügend Dienste für das neue Vorwerk zu erhalten.
373 Von dem ursprünglichen Dorfnamen Vierde leitet sich die heutige Bezeichnung Vierersee her.

einem Tiergarten ausgestattet wird, den Namen Ruhleben erhält und dem Herzog Hans Adolf bis zu seinem Tod 1704 als Ruhesitz dient<374>.

Die permanenten Schwierigkeiten in der Versorgung der Vorwerke mit dienstpflichtigen Untertanen standen den angestrebten Agrarreformen lange entgegen. So blieben durchgreifende Veränderungen der gesamtstaatlichen Zeit vorbehalten. Die Reformen nach der Übereignung umfaßten den Loskauf der Bauern von der Leibeigenschaft, die Aufhebung der Dienstpflichten, die Parzellierung von Vorwerken oder die Umwandlung von Domänen in Erbpachthöfe, je nach örtlichen Ausgangsbedingungen.

Am wenigsten haben sich die betrieblichen Verhältnisse im Stockseer Distrikt gewandelt. Ursprünglich war beabsichtigt, die Fläche des 497 Tonnen umfassenden Stockseehofs in drei Parzellen umzuwandeln. Man nahm aber von diesem Plan wieder Abstand, nicht zuletzt wegen der fernen Lage und der vorherrschenden Sandböden von mittlerer Bonität. So wurde aus dem ehemaligen Vorwerk ein Erbpachthof, dessen Umwandlung in Eigentum erst aufgrund der Gesetze von 1873 in die Wege geleitet werden konnte, nachdem Ablösungsmodalitäten mit Hilfe der Rentenbanken geschaffen worden waren. In der Mitte des 19. Jahrhunderts beginnt sich das Ertragsniveau mit Hilfe des Mergelns deutlich zu heben. Diese Steigerung ist umso bedeutsamer, als die Wiesen der Tensfelder Au als mager gelten und nicht bewässert werden können.

Das ehemalige Vorwerk Tarbek wurde dagegen 1777 parzelliert und in 8 Erbpachtstellen, 9 Katen- und 4 Instenstellen aufgeteilt. Die Größe der Parzellen variierte zwischen 93 und 234 Tonnen.

Einen Mittelweg beschritt man bei der Zerlegung des ehemaligen Kammergutes Pehmen. Dort wurde dem Haupthof eine Fläche von 188 Tonnen sowie die Ziegelei belassen. Darüber hinaus wurden eine Erbpachtstelle Pehmenergraben und einige kleine Zuerwerbsstellen geschaffen.

Sehr viel ausgeprägter sind die jüngeren Veränderungen westlich der Stadt, wo sich das Vorwerk Carpe und das Vorwerk Plön befunden hatten. Beide hatten keine große Ausdehnung gehabt und waren teils von Ansässigen aus Dörnik, teils aus Plön bewirtschaftet worden. Da der Verkauf meist an Plöner Bürger erfolgte, fand keine Bebauung in Form von Streusiedlung statt. Ein Teil der Parzellen wurde an Dörnik vergeben, um dessen wirtschaftliche Basis zu verbreitern. Carpe wurde 1767 niedergelegt und zunächst in 6, später in 8 Erbpachtstellen vergeben, die die Größenstruktur von Halbhufen nicht überstiegen.

Weniger tiefgreifend sind die Neuordnungen auf der Ostseite des Plöner Sees gewesen. Hier blieben Ruhleben und Friedrichshof in ihrer alten Geschlossenheit mit Ackerland, Wiesen und zugehörigen Katen samt Kruggerechtigkeiten bestehen und erfuhren eine Umwandlung in Erbpachthöfe. Lediglich die zugehörigen Hölzungen und Moore wurden fiskalisch. Die ehedem dienstpflichtigen Untergehörigen, so 3 Hufner aus Klein-Meinsdorf und Ober-Kleveez nach Friedrichshof und 7 Hufner aus Bösdorf nach Ruhleben, kauften sich von Leibeigenschaft und Frondiensten frei. Bis zum Jahr 1850 hatte Friedrichshof bereits siebenmal, Ruhleben viermal den Pächter gewechselt.

In Parzellistenkommunen werden dagegen Augstfelde und Nieder-Kleveez umgewandelt. Die vorhandenen Gebäude von Kleveez sind für zwei Hufen umgebaut

---

374 Er hatte in kaiserlichen Diensten als Feldherr gestanden.

worden, nur die dritte wurde neu errichtet<375>. Bösdorf und Meinsdorf sind die einzigen Siedlungen, die während aller Veränderungen als bäuerliche Gründungen fortbestanden haben.

Behl in seiner abseitigen Lage mußte als plönisches Vorwerk wegen Unrentabilität aufgegeben werden. Es war 1578 als ehemaliger Besitz des Plöner Nonnenklosters in weltliche Hand übergegangen und erfuhr bereits 1626 seine Rückverwandlung in ein Dorf mit 3 Bauernstellen, deren Inhaber auf dem Vorwerk in Plön dienstpflichtig waren.

Insgesamt zeigen die zerstreuten Bestandteile des Amtes Plön ein weitgefächertes Spektrum agrarer Reformmaßnahmen, deren Konzeption ebenso den geschichtlich autonomen Grundlagen des Herzogtums wie auch dem engen Bewegungsspielraum auf Grund der kleinen landwirtschaftlichen Produktionsfläche erwachsen sind.

Im Wirtschaftsleben von Amt und Stadt Plön spielen die Binnengewässer seit jeher eine wichtige Rolle. Auf die verschiedenartigste Weise dienen diese als Transportwege, sei es für Holz aus Nehmten, Torf, Ziegel oder Dachpfannen aus Tarbek und Pehmen, für Erntegut oder Vieh. Auch für den Menschen sind sie zum Besuch von Märkten, für den sonntäglichen Kirchgang und den Transport der Toten äußerst bedeutsam. Keine Stadt in Schleswig-Holstein ist mit der Funktion von Binnenwasserflächen so verbunden wie Plön.

Da die Stadt immer sehr klein war und auch 1855 - bei abnehmender Tendenz - kaum 2500 Einwohner aufwies, sind diese Beziehungen zum Wasser nicht immer mit aller Deutlichkeit gesehen worden. So geht bereits J. KINDER (1904) auf diese grundlegenden Existenzbedingungen nicht mehr ein, nachdem die Stadt durch Bahn und Chaussee an die neuen Verkehrsadern des technischen Zeitalters angebunden war. Um 1850 dagegen ist Plön noch nicht an das neuere Chausseenetz angeschlossen, und die alte Landverbindung nach Kiel muß noch den steilen und umständlichen Weg über den Parnaß und Ratjensdorf in Richtung Preetz nehmen. Das Gut Wittmoldt besaß das Recht einer privaten Fährverbindung für Wagen nach Plön.

Seit früher Zeit stellte der Fischfang eine bedeutsame Ergänzung der ökonomischen Basis in Amt und Stadt dar. Der große und in seinen tiefsten Teilen bis 60 Meter hinabreichende Plöner See beherbergt viele Fischarten, die in den angrenzenden flacheren Nebenbecken vorteilhafte Laichbedingungen finden. Schon in der Darstellung von 1593, die im Auftrag des Statthalters Heinrich Rantzau erstellt wurde<376> ist Plön mitsamt der ausgedehnten Seefläche abgebildet, wobei zwischen den Inseln des Nordabschnitts die übliche Wadenfischerei betrieben wird.

Bedeutsam waren auch die Ausflüsse aus dem Großen in den Kleinen Plöner See, wo das Recht auf 3 Aalwehre zwischen Vorderster und Hinterster Wache bestand und zudem im Winter viele Fische und Wasservögel gefangen werden konnten, da hier die ausfließende Schwentine offen blieb und nicht vereiste. Der Landesherr

---

375 W. PRANGE, 1974, S. 133
376 Wiedergabe in J. KINDER, 1890 und KLOSE/MARTIUS, 1962, S. 325 nebst Textband S. 249. Die ursprüngliche Quelle ist BRAUN/HOGENBERG, 1597, Bd. 5.

hatte um 1570<377> gegen den Einspruch Aschebergs eine Erhöhung des Seespiegels durchgesetzt, nicht zuletzt um die Leistung der Aalwehre und der Mühle auf diese Weise zu erhöhen. Die Absenkung des Seespiegels, die nach dem Bau von Bahn und Chaussee 1881 erfolgte und durch die im Umkreis des Sees etwa 200 ha Wiesenland gewonnen wurden, ist in der Darstellung auf der Karte noch nicht erfaßt. Die Erniedrigung (4 Fuß) belief sich auf 1,14 Meter unter der früheren Staumarke.

An den Verbindungsstellen der Seen liegen bedeutsame Mühlen. Die Plöner Mühle zwischen Großem und Kleinem Plöner See wird schon 1221 erwähnt<378>. Sie war ehedem mit einer Papiermühle verbunden, die 1732 an die Fegetascher Au verlegt wurde. Zu Beginn des 19. Jahrhunderts, als der Rapsbau aufkam, wurde sie in eine Ölmühle umgewandelt. Der Name Ölmühle blieb, obgleich daraus in jüngerer Zeit wiederum eine Kornmühle wurde.

Wasserwirtschaftlich haben sich auch im Bereich des Stocksees wichtige Veränderungen ergeben. Hier wurde zu Beginn des 19. Jahrhunderts über die Nehmtener Au der Seespiegel etwa 3,50 m abgesenkt und auf diese Weise Wiesenland für das Dorf und den Hof Stocksee gewonnen. Eine ältere Mühle, die das stärkere Gefälle ausnutzte, mußte aufgegeben werden. Auch der Pehmener See ist um 1850 zum großen Teil zum Plöner See hin entwässert worden. Die in der Nähe des Südufers gelegene Wassermühle Stadtbek gehört der Eutinischen Landesherrschaft.

Insgesamt zeigt sich an den Plöner Seen, daß in der Mitte des 19. Jahrhunderts bedeutende wasserbautechnische Maßnahmen in Angriff genommen werden. Diese können aber nur insofern verwirklicht werden, als davon nicht ältere Rechte der Anlieger und Nutznießer betroffen werden. So kann die Absenkung des Großen Plöner Sees erst erfolgen, als eine Meliorations-Genossenschaft die bestehenden Rechte abzulösen vermag<379>. Eine verkehrs- oder produktionswirtschaftliche Veränderung ist indes mit diesen Eingriffen nicht verbunden, sieht man vom Aufkommen des Dampfbootverkehrs im Zuge des beginnenden Fremdengewerbes ab.

6.6. DAS AMT AHRENSBÖK

Auf der Historischen Wirtschaftskarte dehnt sich das Amt Ahrensbök als ein gut arrondierter Distrikt im westlichen Hinterland der Neustädter Bucht aus. Die Amtsfläche schiebt sich keilförmig zwischen die beiden Ämter Eutin und Schwartau, welche das Fürstentum Lübeck bilden. Im Westen liegt das Dorf Travenort von der Amtsfläche losgelöst. Der Zugang zur Küste erfolgt nur im Bereich einer schmalen Öffnung, die von der Gemarkung Haffkrug eingenommen wird. Hafenfunktionen sind damit nicht verbunden. Die südlichen Ausläufer des Amtes Ahrensbök, die sich bis zum Kirchdorf Curau<380> erstrecken, sind vom Kartenschnitt nicht mehr erfaßt. Somit liegt etwa ein Viertel der Amtsfläche außerhalb des Darstellungsbereichs.

---

377 J. KINDER, 1904, S. 481
378 ders., S. 54 und 469
379 An den grundsätzlichen Einsprüchen der Anlieger war auch eine projektierte Kanalverbindung über die Schwentine zur Trave am Anfang des 19. Jahrhunderts gescheitert.
380 Curau ist in gemischtem Besitz des Amtes Ahrensbök und des Lübecker Heiligengeisthospitals.

Das Amt besitzt eine bedeutsame Durchgangsfunktion sowohl in west-östlicher wie nord-südlicher Richtung. Zwei wichtige Chausseen von Neustadt nach Segeberg und von Lübeck nach Eutin mit gemeinsamer Streckenführung im sog. kombinierten Straßenzug zwischen Süseler Baum und Pönitz durchziehen das Gebiet. Darüber hinaus stellt die Nebenlandstraße von Plön über Ahrensbök nach Lübeck eine zweite Nord-Südverbindung im Verkehrsnetz des östlichen Holstein her. Das Amt ist seit dem Bau der Chausseen nach 1842 günstig an den Hafen Neustadt angeschlossen.

Das Amt Ahrensbök zeichnet sich durch vorteilhafte landwirtschaftliche Standortbedingungen aus. Diese Tatsache gilt nicht allein für den Absatz der Produkte, sondern ebenso für die natürlichen Voraussetzungen der Gütererzeugung. Während im Westteil die kuppige und lehmreiche, relativ hoch liegende Stauchend- und Grundmoräne dominiert, herrschen im Osten zur Küste hin sandige Aufschüttungen vor. Die Tiefenrinne der Schwartau trennt beide Gebietsteile voneinander, ohne daß mit dem Talverlauf eine größere natürliche Grünlandzone verbunden ist. Die Bezeichnungen Lehmort bzw. Sandort für die genannten Bereiche sind ein klarer Hinweis auf die Unterschiede der Bodenausstattung. Der Steuertaxationswert beläuft sich auf 122 Taler je Steuertonne, liegt also nicht ganz so hoch wie im Amt Cismar (139). Er übertrifft aber die mageren Böden des Amtes Plön, die im Mittel nur 66 erreichen, bei weitem.

Es fällt auf, daß der Westflügel wenig Moore und keine Seen besitzt. Diese ordnen sich in nord-südlicher Kette im Ostteil des Amtes an und sind untereinander verbunden. Während der Taschen-See bis ins 18. Jahrhundert ausschließlich nach Westen über den Wolters-Teich zur Schwartau abfloß, entwässert er um 1850 aufgrund eines künstlichen Grabens auch nach Süden in den Kleinen Pönitzer See und von dort über die Gronenberger Au zur Ostsee. Das Niveau des Taschen-Sees ist aufgrund dieser Maßnahmen gefallen, so daß neues Wiesenland gewonnen wurde. Ergänzt durch das Wasser des Großen Pönitzer Sees kann der gefällsreiche Abfluß in den verschiedensten Formen für Antriebszwecke genutzt werden. Auch an der Ausmündung des Wolters-Teichs befinden sich wichtige Wassermühlen am Rand des Schwartau-Tals.

Das Amt Ahrensbök hat erst im Jahr 1842 die der Karte zugrundeliegende Geschlossenheit erreicht. Zu diesem Zeitpunkt kam es zu einem Abkommen (sog. Plöner Vertrag) über einen gegenseitigen Gebietstausch zwischen Holstein und dem Fürstentum Lübeck, ähnlich dem 1804 erfolgten Ausgleichungs- und Austauschungs-Rezeß zwischen dem Fürstentum und der Stadt Lübeck.

Im Rahmen dieser Abmachungen, die zum 1. Januar 1843 in Kraft traten, wurden die Dörfer Giesselrade und Kesdorf, dessen Territorialhoheit schon immer Holstein zugestanden hatte, mit allen Rechten an das königliche Amt Ahrensbök abgetreten. Im Gegenzuge wurde das aus Mischbesitz bestehende Gleschendorf dem Fürstlich Lübeckischen Amt Schwartau eingegliedert. Auch die Trassen der geplanten Chausseen wurden auf Drängen Dänemarks vertraglich festgelegt.

Die Zugehörigkeit des Amtes Ahrensbök zum dänischen Gesamtstaat währte nur bis 1864. Danach wurde es im Vertrag zu Gastein Österreich, im Frieden von Prag Preußen und schließlich im Kieler Vertrag von 1867 dem Großherzogtum Oldenburg zugesprochen. So wechselten die Bewohner innerhalb weniger Jahre dreimal die Staatsangehörigkeit.

Bedeutsamer als die territorialen Veränderungen der sechziger Jahre sind in unserem Zusammenhang die älteren Gestaltungskräfte von Kulturlandschaft und

Agrarverfassung. Das bis 1761 plönische Amt Ahrensbök ist ursprünglich aus den Besitzungen eines Karthäuserklosters hervorgegangen. Die ausgedehnten Ländereien der Klostergrundherrschaft setzten sich aus den gestifteten Fundierungen bei der Gründung, aus den nachfolgenden Erwerbungen durch Schenkung, aus hinzugekauften Flächen sowie Eigenbesitzungen der Pfarrkirche zusammen<381>.

Mit Beginn der Reformation wurden die Klöster gegenüber dem Landesherrn steuerpflichtig. Im Zuge der dritten Landesteilung von 1564 zwischen dem dänischen König Friedrich II. und seinem Bruder Herzog Johann dem Jüngeren fiel diesem der klösterliche Besitz zusammen mit Stadt und Schloß Plön sowie den Häusern Sonderburg und Norburg zu. Seit diesem Zeitpunkt teilt Ahrensbök als Amt des Herzogtums Plön das Schicksal der übrigen Besitzungen.

Früh wird die reiche klösterliche Erbmasse zum Objekt einer rationalen Wirtschaftspolitik absolutistischen Stils. Um 1700 ist das gesamte Amt mit einem strengen gutswirtschaftlichen System überzogen<382>. Während das fürstbischöfliche Eutiner Land nur ein mildes gutsherrschaftliches Prinzip kennt und im Raum Schwartau die Grundherrschaft dominiert, ist die Situation im Amt Ahrensbök durch nur geringe Unterschiede zu den Lebens- und Arbeitsbedingungen auf den adligen Gütern gekennzeichnet.

Von 1593-1643 entstanden durch Niederlegung von Dörfern und Einziehung wüster Hufen 8 herrschaftliche Vorwerke, die jeweils mehr als 400 ha Acker- und Wiesenland umfaßten. Es handelte sich um Ahrensbök, Dakendorf, Garkau, Gronenberg, Hohenhorst, Luschendorf, Neuhof und Süsel. Auch in den Ämtern Reinfeld und Rethwisch wurde eine größere Zahl herrschaftlicher Vorwerke errichtet. Während Reinfeld mit dienstpflichtigen Hufnern relativ günstig ausgestattet war, herrschte in Ahrensbök ein wesentlich knapperes Verhältnis, obgleich das Amt recht dicht besiedelt war.

Die Gewährleistung der Arbeitsbewältigung konnte folglich dauerhaft nur auf der Basis der Leibeigenschaft durchgesetzt werden. Die Hofdienste waren streng und - wie auf bischöflichem Land - ungemessen. Darüber hinaus gab es in Ahrensbök kein Eigentum an Haus und Inventar. Ein familiäres Erbrecht an der Stelle existierte nicht. Heiratserlaubnisse erfolgten nur durch herzogliche Zustimmung.

Bezeichnend ist für Ahrensbök, daß dieses System nicht zementiert wurde, sondern daß hier kaum später als in Reinfeld Agrarreformen eingeleitet wurden. W. PRANGE<383> konnte das Anlegen von Koppeln sowohl auf Vorwerken wie auch in einzelnen bäuerlichen Gemarkungen schon für die Mitte des 17. Jahrhunderts nachweisen. Darüber hinaus wurden amtliche Reformschritte nach dem Regierungsantritt von Herzog Friedrich Carl bereits um 1730 begonnen.

Da die Leibeigenschaft für alle ländlichen Amtsuntertanen galt, konnten mit dirigistischen Maßnahmen einheitliche Veränderungen in kurzer Zeit erfolgreich durchgesetzt werden. Ohne auf Einzelheiten eingehen zu können<384>, sei hier nur festgehalten, daß das gesamte Amt einer Vermessung unterzogen wurde (1731-38), daß eine Egalisierung der Hufen auf Größen um 50 ha verfügt wurde, daß die Gemeinweiden aufgelöst und aufgesiedelt wurden und schließlich nach er-

---

381 V. PAULS, 1924 mit Darstellung des Grundbesitzes in einer farbigen Karte
382 W. PRANGE, 1969, S. 17 (Karte)
383 W. PRANGE, 1971, S. 41
384 vgl. W. PRANGE, 1971, S. 48-55 und S. 64-72

folgter Verkoppelung das gesamte Amtsgebiet einer neuen Setzung unterzogen wurde.

Die Ziele dieser Wirtschaftspolitik waren gleichermaßen peuplistischer wie finanzieller Natur. Durch die Regulation der Hufengrößen konnte deren Zahl vermehrt werden. Auch die Kätner- sowie Instenstellen erfuhren in ihrem Besitzstand eine Verbesserung. Im Fall des Dorfes Barkau konnte soweit gegangen werden, daß auf Hofdienste gänzlich verzichtet wurde und die Bauern sich gegen die gemeinsame jährliche Zahlung von 1000 Reichsbanktalern von ihren Dienstpflichten freikaufen konnten. Gegen eine einmalige Zahlung von 1000 Reichsbanktalern konnten sie wenig später auch ihre persönliche Freiheit, das Eigentum an Haus und Inventar sowie das Erbrecht hinzuerwerben. Das Land jedoch blieb im Eigentum der Herrschaft.

Alle diese Maßnahmen entsprangen keinesfalls sozialen Antriebskräften. Sie hatten ihren Ursprung in der Monetarisierbarkeit von Dienstpflichten im Zusammenhang mit der bestehenden Leibeigenschaft. An die Stelle des Produktionsfaktors Arbeit trat damit der für den Staat attraktivere Faktor Kapital, der überlegene Eigenschaften wie Vermehrbarkeit, Mobilität und in höherem Maß Wertbeständigkeit besaß. Das kameralistische Wirtschaftsdenken des Plöner Staates ging von der Austauschbarkeit beider Faktoren aus, mit der Absicht, für beide Seiten aufgrund der gewährten Freiheiten vorteilhafte Existenzbedingungen zu begründen.

Der nächste, ebenfalls früh eingeleitete Schritt bestand in der Niederlegung der herrschaftlichen Vorwerke. Deren Beseitigung führt W. PRANGE<385> auf stark gesunkene Getreidepreise sowie eine schwere Hornviehseuche zurück, so daß beim etwaigen Neukauf von Jungvieh die Kammer zu hohen Aufwendungen gezwungen gewesen wäre. So werden als erste Beispiele Dakendorf 1746 und Luschendorf 1748 niedergelegt. Dakendorf westlich von Curau liegt außerhalb, Luschendorf südlich von Scharbeutz noch gerade innerhalb des Darstellungsbereichs der Historischen Wirtschaftskarte. Luschendorf bildet allerdings einen Bestandteil des fürstlich lübeckischen Amtes Schwartau, da es 1842 in den erwähnten Gebietsaustausch einbezogen wurde.

Zu weiteren Vorwerksniederlegungen ist es erst wieder zu Beginn der dänischen Zeit gekommen. Da der gesunde wirtschaftliche Zustand der Ahrensböker Lande die Anerkennung der Kopenhagener Kammer fand, wurden zwischen 1767 und 1779 alle weiteren Vorwerke aufgesiedelt und in Erbpachtparzellisten-Communen umgewandelt. Auf das Vorwerk Hohenhorst folgten Garkau am Südende des Großen Pönitzer Sees, Neuhof östlich von Ahrensbök, die beiden größten Vorwerke Süsel und Ahrensbök und schließlich als letzter herrschaftlicher Besitz Gronenberg.

Die Parzellierung der Vorwerke orientierte sich an den Erfahrungen, die man bei der Verkoppelung, Gemeinheitsteilung, Setzung und Egalisierung gemacht hatte. Von den 1116 Tonnen<386> Land des Ahrensböker Vorwerks wurden 41 Parzellen gebildet. Das Vorhaben wurde in einer gedruckten Schrift<387> 1775 öffentlich vorgestellt. Jede Parzelle war nach Lage, innerer Gliederung, Ausstattung mit Wiesen- und Holzland, nach dem jährlichen Canon, Zuwegung und sonstigen

---

385 W. PRANGE, 1969, S. 21
386 à 320 Quadratruten, so daß sich die Tonne Land auf 0,633 ha beläuft.
387 Beschreibung der aus den Ahrensböckischen Vorwerks-Ländereyen gemachten Parcelen ..., Flensburg 1775

Rechten bis hin zum festgelegten Platz des Erwerbers in der Ahrensböker Kirche beschrieben.

Der Größenzuschnitt war breit gestreut. 7 Parzellen besaßen Land über 50 Tonnen und entsprachen damit Vollhufenstellen. 8 Parzellen bewegten sich zwischen 30 und 50 Tonnen und kamen Halbhufen gleich. 4 Stellen wiesen Größen zwischen 20 und 30 Tonnen, 9 Parzellen Zuschnitte von 10-20 Tonnen auf. Demgegenüber waren 13 von 41 Parzellen mit weniger Land als 10 Tonnen ausgestattet und standen vergleichsweise im Rang von Katenstellen.

Meist waren die kleinen Stellen nicht mit einer Bebauungsverbindlichkeit versehen. Alle größeren Parzellistenstellen mußten jedoch von den Käufern mit Wohnhäusern und Wirtschaftsgebäuden innerhalb von vier Jahren ausgestattet werden. Alle existierenden Vorwerksgebäude waren in die Baumasse einzubeziehen. Diese Auflage bei der Vergabe an den Meistbietenden wurde zur Grundlage der Streusiedlung in denjenigen Teilen des Amtes Ahrensbök, die aus Vorwerks-Land hervorgegangen sind. Gleichzeitig wuchsen Ahrensbök und Süsel unverhältnismäßig stark infolge der Ansiedlung von Parzellisten ohne Bebauungsverbindlichkeit. Für alle neu errichteten Gebäude bestand die Pflicht, diese in der Brandkasse zu versichern. In jedem Amtsort - so auch in Ahrensbök - war ein Branddirektor als königlicher Beamter ansässig.

Der Käufer konnte seine Parzellen nach Erhalt des Kaufbriefs verpfänden, vererben sowie ganz oder stückweise veräußern. Alle auf dem Grundstück ruhenden Belastungen mußten vom Neuerwerber übernommen werden. Bei Teilverkäufen war die formale Zustimmung der Rentekammer einzuholen. Bei der Veräußerung der ganzen Parzellen galten keine obrigkeitlichen Vorbehalte.

Ergab sich der Kaufpreis nach dem Meistgebot, so wurde der jährliche Canon unwiderruflich festgesetzt. Er konnte auf den besten Ländereien, vor allem auf gutem Wiesenland und auf entwässerten Teichflächen bis über 2 Reichsbanktaler ansteigen. In den meisten Fällen war jedoch ein Betrag von 1 Taler und 32 bzw. 40 Schillingen je Tonne Landes jährlich zu erlegen. Wo Rodungen und Entwässerungen durchzuführen waren, konnten für die Phase der Meliorationen gelegentlich Freijahre gewährt werden.

Bis zur Mitte des 19. Jahrhunderts sind im Bereich der Vorwerke starke Veränderungen im Parzellengefüge zu beobachten. Da die Nachfrage nach Land im bevölkerungsreichen Amt Ahrensbök groß war, hat sich die Zahl der Parzellen in den meisten Fällen erhöht. Aus den anfänglich 12 Parzellen von Süsel sind 36 geworden. In Gronenberg stieg die Zahl von 12 auf 19 und in Ahrensbök von 41 auf 94. Nur Hohenhorst weist einen leichten Rückgang von 17 auf 14 Parzellenstellen auf<388>.

Die Freiteilbarkeit im Bereich der Parzellistenkommunen zeigt, wie ausgeprägt in dicht besiedelten Gebieten die Nachfrage nach neuen landwirtschaftlichen Existenzmöglichkeiten war. Wäre der Hufenbesitz in gleicher Weise teilbar und verkäuflich gewesen, er hätte das gleiche Schicksal wie das parzellierte Land erlitten. Bezeichnend ist darüber hinaus, wie gegensätzlich gleichartige Ausgangsbedingungen selbst in benachbarten Räumen sich weiterentwickeln können. So fürchtete man im Amt Cismar, nicht genügend Käufer für die Parzellen zu finden, während in Ahrensbök der innere Druck so stark war, daß die Vergabe kein Problem wurde und später ein Zerfall der Größenstrukturen einsetzte.

---

388 Werte nach SCHRÖDER/BIERNATZKI, 1855

Die Typologie der Bodennutzung fügt sich in das allgemeine Spektrum des ostholsteinischen Raums ein. Während die Anteile des Weizens (Tab. 24) gleich hoch wie in Cismar sind, fällt in Ahrensbök die höhere Produktion von Brotgetreide im Sandort sowie von Gerste und vor allem Hafer im Lehmort auf. Im großen Haferanteil dürfte sich die hohe Feuchtigkeit der Moränenzone widerspiegeln, die auf einer Nord-Süd-gerichteten Achse um Ahrensbök im Jahresmittel auf 775 mm ansteigt und von dort kontinuierlich auf 600 mm im Raum Neustadt/ Cismar abfällt<389>.

Tab. 24: Ackerfrüchte in den Ämtern Ahrensbök, Cismar und Plön nach dem Durchschnittsertrag 1841-45 in Tonnen

Amt	Weizen	Roggen	Gerste	Hafer	Erbsen	Raps
Ahrensbök	9960	10940	18210	28310	3920	410
Cismar	9900	5200	10100	10000	2700	1400
Plön	720	5120	2870	10880	550	-

Quelle: SCHRÖDER/BIERNATZKI 1855, S. 44

Auch die außeragraren Wirtschaftsstrukturen weisen im Amt Ahrensbök ein durchaus eigenständiges Gesicht auf. Während im Mittel in allen holsteinischen Ämtern der Anteil der Tagelöhner an der Wohnbevölkerung bei 30 % liegt, steigt er hier auf 38 % an und bewegt sich in der Nähe derjenigen Werte, die für die Güterdistrikte typisch sind. Dort werden z.B. im Oldenburger Distrikt 40 % und auf den Oldenburgischen Fideikommißgütern 47 % erreicht<390>.

Noch in der Mitte des 19. Jahrhunderts scheinen sich die älteren Sonderrechte Ahrensböks hinsichtlich der Niederlassung von Handwerkern ausgewirkt zu haben. Die dänische Regierung hatte es abgelehnt, für Ahrensbök das Bannmeilengesetz anzuerkennen, da die angrenzenden fürstbischöflichen, später fürstlichen Lande ein eigenes Staatsgebiet darstellten und das Gesetz zum wirtschaftlichen Schutz der Städte daher nicht in Anwendung zu bringen sei. Mit diesem Argument wurde 1829 auch Ahrensbök zum zunftberechtigten Flecken erhoben<391>, um sich gegen die Konkurrenz der arbeitsberechtigten Handwerker aus den benachbarten Orten Eutin und Schwartau zu schützen.

So weist das Amt Ahrensbök in einigen Sparten einen überraschend hohen Handwerksbesatz auf. Die Volkszählung von 1845 registrierte 55 Weber, 45 Schuster, 34 Schneider und 25 Tischler als hauptamtlich Beschäftigte ohne Gehilfen und Lehrlinge, bezogen auf die Gebietsteile außerhalb des Fleckens. Hinzu treten die sonstigen Berufszweige wie Schmiede, Müller und Radmacher, die unmittelbar mit der agraren Ausrichtung des jeweiligen Raumes verbunden sind.

---

389 H. VOIGTS, 1957, S. 17
390 Alle Angaben nach STAT. TABELLENWERK, Tab. 12, Kopenhagen 1846
391 G. PETERS, 1935

Einer Erwähnung bedarf die Kupfer- und Messingverarbeitung im Raum der Gronenberger Au. Da der Handel mit Kupfer und Edelmetallen aufgrund von schwedischen Importen meist in Lübecker und Hamburger Hand ist, finden sich im Umkreis und Zwischengebiet von beiden Hansestädten zahlreiche Verarbeitungsplätze. Auch königliche Betriebe - so bei Trittau, Reinbek und Oldesloe - treten hinzu. Im Schleswigschen beherrscht die Flensburger Kupfermühle den nördlichen Markt der Herzogtümer<392>. Die Gronenberger Verarbeitungsstätten scheinen von geringerer Bedeutung und nicht mit Schmelzhütten verbunden gewesen zu sein.

6.7. DIE LANDSCHAFT FEHMARN

Es kann als allgemeines Charakteristikum von Inseln gelten, daß diese im geschichtlichen Spiel der Räume Sonderrollen einnehmen und im Hinblick auf ihr kulturelles und wirtschaftliches Leben eigenständige Merkmale aufweisen. Im langfristigen Werdegang sind Inseln eher Traditions- und Beharrungsräume als Schrittmacher ökonomischer und sozialer Umbrüche.

Die Losgelöstheit von den geistigen und materiellen Austauschbeziehungen auf dem Festland kann selbst bei kleinen Inseln ein Struktur- und Existenzbild erzeugen, das sich viel stärker aus eigengesetzlichen Bindungen und örtlichen Maßstäben herleitet als aus solchen Prinzipien, die für ein zusammenhängendes Territorium als allgemeines Phänomen gelten. Rechtliche Autonomien sind eine wichtige Klammer zur Wahrung insularer Sonderstellungen. Wenn man auf dem Knust<393> hört, daß "hier auf dem siebten Kontinent alles anders ist" und "die Uhren anders gehen", so verschafft sich das Bewußtsein der historischen Originalität und kulturellen Eigenstellung noch gegenwärtig Ausdruck, selbst wenn im Zeitalter der Vogelfluglinie manches scherzhaft und mit Selbstironie geäußert ist.

Fehmarn liegt als flache Grundmoränenplatte (vgl. Abb. 21) von etwa 185 km² Flächeninhalt vor der Nordspitze der Wagrischen Halbinsel. Es ist vom Festland durch den 1200 m breiten und etwa 12 m tiefen Fehmarn-Sund getrennt, den seit dem Jahr 1780<394> eine königliche Fähre auf der kürzesten Strecke überquert. Über diese Verbindung wird der Personen- und Postverkehr abgewickelt, während der Waren- und Handelsverkehr hauptsächlich von Orth und Lemkenhafen aus erfolgt, bevorzugt zum gegenüberliegenden Heiligenhafen. Im Vergleich zum schmalen Fehmarnschen Sund ist das 19 km breite Fahrwasser des Belts zwischen Lolland<395> und Fehmarn eine der großen Passagen im insularen dänischen Ostseebereich.

Seit jeher gilt Fehmarn als fruchtbar und dicht besiedelt; geschlossene dörfliche Siedlungen überziehen die Insel ohne Unterbrechung. Daß die hohe Produktionskraft, vor allem für Körnerfrüchte, sowohl auf die vorteilhaften Eigenschaften des Bodens als auch günstige wuchsklimatische Bedingungen zurückzuleiten ist, war bereits in der ersten Hälfte des vorigen Jahrhunderts bekannt<396>.

---

392 A.C. GUDME, 1833, S. 218
393 Landläufige Bezeichnung der Fehmaraner für ihre Insel.
394 G. HANSSEN, 1832, S. 260
395 In der Mitte des 19. Jahrhunderts ist die deutsche Bezeichnung Laaland noch oft anzutreffen. Umgekehrt findet sich die deutsche Namengebung Fehmarn häufig durch das dänische Fehmern ersetzt.
396 A. NIEMANN, 1809, S. 447 und G. HANSSEN, 1832, S. 2

Abb. 21: Die Insel Fehmarn im Darstellungsbild der Karte der Königlichen Wissenschaftlichen Gesellschaft von 1825

So betont Georg HANSSEN, der in frühen Lebensjahren der Insel eine auf eigenen Beobachtungen fußende Monographie gewidmet hat[397], daß Fehmarn einen "schweren marschähnlichen Boden, die fetteste Geest beider Herzogthümer" besitzt. Er rühmt die starke, wasserhaltende Kraft des humusreichen Tonbodens, der die Mühe des Landmanns eher in trockenen als in feuchten Jahren belohnt. Mißernten treten vor allem als Folge regenreicher Frühjahre auf, weil das Saatkorn auf den staunassen Böden ersäuft. Diese Gefahr ist umso größer, als die Entwässerungsgräben - von G. HANSSEN Wasserlösungsanstalten genannt - schlecht funktionieren. Zwar hat es auf Geheiß der dänischen Amtmänner - wie P. WIEPERT[398] berichtet - in den Jahren 1791-93 eine Regulation der Wasserläufe gegeben, aber sie ist wenig effektiv gewesen und in den folgenden Jahrzehnten nicht ordnungsgemäß unterhalten worden. 1866 war die Anlage eines neuen Drainagenetzes erforderlich[399].

Die Ursachen der Neigung zur Staunässe sind vielseitiger Art. An verschiedenen Stellen wird der kalkreiche Geschiebemergel von schweren, blaugrauen Tonschuppen unterlagert, die von den Fehmaranern als Tarras bezeichnet werden. Es handelt sich um tertiäre Sedimente, die das Eis in gefrorenem Zustand mittransportiert hat und die ein Einsickern des Niederschlagswassers in die Tiefe verhindern.

Neben der Beschaffenheit des Untergrundes spielen auch das geringe Gefälle des Terrains, das Fehlen natürlicher Abflüsse, die außerordentliche Flachheit der Strände und der häufige Windstau an der Küste eine erschwerende Rolle beim Entwässern der landwirtschaftlichen Nutzflächen.

Abgesehen von den damaligen Problemen der agraren Wasserwirtschaft und den gelegentlichen Materialeinschüben von Sand und Kies - so bei Wulfen, Westerbergen und Bisdorf - gelten die humusreichen, den Schwarzerden nahestehenden Ackerböden von Fehmarn als höchstwertige Standorte der Jungmoränenzone. Der Grad der Bonitierung kommt in dem Steuertaxationswert von 160 Reichstalern je Steuertonne zum Ausdruck. Ein vergleichbar hoher Steueransatz wird auf der Ostseite der Herzogtümer nur noch in den Güterdistrikten Angelns angetroffen, wo die Abgaben auf 158 Taler steigen (vgl. Tab. 7).

Die Verbesserung des Bodens durch Mergeln scheint auf Fehmarn erst spät und zögernd Einzug gehalten zu haben. G. HANSSEN[400] berichtet, daß die Technik durch holsteinische und Probsteier Tagelöhner bekannt geworden ist. Der Einführung des Mergelns stand die starke Zersplitterung der Felder entgegen. Auch scheint man auf Fehmarn durch Tiefpflügen[401], Aufbringen von Teichschlamm und von Grassoden in einem gewissen Umfang eigene Verfahren der Ertragssteigerung entwickelt zu haben. Zu den Besonderheiten ist auch die frühe Einführung des Kleebaus zu Zwischenfruchtzwecken zu rechnen. Sie soll auf das Jahr 1730

---

397 Die erste seiner landeskundlich-statistischen Darstellungen von Schleswig-Holstein.
398 P. WIEPERT, 1941, S. 14
399 Ende des 18. Jahrhunderts wurden unter der Leitung eines königlichen Landinspektors 60 km Abzugsgräben und 42 steinerne Brücken erstellt (VOSS/JESSEL, 1898, S. 14).
400 G. HANSSEN, 1832, S. 219
401 Vermutlich um den schweren Tarras-Ton nach oben zu befördern, der als fruchtbarkeitssteigernd gilt.

und die Initiative des Burger Bürgermeisters Mildenstein<402> zurückgehen.

Nach G. HANSSEN hat das Mergeln eine Ertragssteigerung von etwa 1/4 zur Folge. Allerdings muß eine Qualitätsminderung - vor allem beim Weizen - in Kauf genommen werden, da nach Aussagen der Kornhändler das Gewicht der gefüllten Tonnen - also nach heutiger Terminologie das Tausendkorngewicht - abnimmt. Das fette Fehmarnsche Korn war schon im Mittelalter berühmt und wurde nach den Angaben von Heinrich Rantzau bis nach Frankreich, Spanien und Italien ausgeführt. Der Rapsbau ist in der ersten Hälfte des 19. Jahrhunderts noch wenig entwickelt. Weizen und Braugerste sind die bedeutsamsten Feldfrüchte.

Die Agrarstruktur der Insel ist aufs engste mit ihrer geschichtlichen Sonderrolle und den ihr verliehenen Privilegien in der Selbstverwaltung verwurzelt. Vor allem in der Kommuneverfassung und der Stellung zum Landesherrn äußern sich die errungenen Eigenrechte, die einem politisch wechselvollen Schicksal entstammen. G. WOLGAST (1974) hat die juristischen Grundlagen der Selbstregierung zum Gegenstand einer eingehenden Studie gemacht.

Die Fehmarnschen Landrechte leiten sich bis auf das Jahr 1326 zurück, als der Insel durch die sog. gräfliche Handfeste politische Privilegien zugestanden wurden. Damals war eine 80jährige Phase der Zugehörigkeit zu Dänemark zu Ende gegangen, und der neue holsteinische Landesherr - Graf Johann III. (der Milde) aus der Plöner Linie - ließ sich die Rechtmäßigkeit von Besitz und Inselfreiheiten ausdrücklich durch den dänischen König bestätigen. Aufgrund dieser Sonderrechte in Justiz und Verwaltung reihte sich Fehmarn in den Kreis der sog. Landschaften mit weitreichender Selbstregierung ein<403>.

Unter Erich von Pommern wird die Insel 1420 von einem grausamen Schicksal heimgesucht. Nach J. VOSS<404> sollen nur 3 Personen die gewaltsame Rückeroberung durch die Dänen überlebt haben; ob 2500 Inselbewohner den Tod fanden oder aufs Festland fliehen konnten, ist bis heute ungeklärt. Alle Siedlungen wurden zerstört, entstanden aber nach neuer, planvoller und einheitlicher Konzeption als sog. Forta-Dörfer<405> meist wieder an alter Stelle. 1424 war die Rückeroberung durch den Schauenburger Grafen Adolf VIII. gelungen, der die Wiederbesiedlung organisierte. Die Insel erlebte an der Seite der mächtigen Handelsmetropole Lübeck, an die sie für ein halbes Jahrhundert verpfändet war, einen ungeahnten wirtschaftlichen Aufstieg. In welchem Umfang dabei Dithmarscher Bevölkerung an der Neubesiedlung und der Verwirklichung freiheitlichen Bauerntums beteiligt war, kann nach den historischen Quellen nicht abschließend beurteilt werden.

---

402 G. HANSSEN (1832, S. 225) weiß zu berichten, daß Mildenstein in Leipzig studiert hat und den Kleeanbau in Sachsen kennenlernte. Er brachte den ersten Kleesamen nach Fehmarn und führte dem roten wie den weißen Klee ein. Die Erzeugung von Kleesamen wurde daraufhin für die Insel recht bedeutsam. OTTE (1796, S. 280) glaubt, daß das erste Saatgut aus Holland bezogen wurde (vgl. auch G. WOLGAST, 1974, S. 160).
403 Ähnliche Autonomien gelten für Dithmarschen, Stapelholm und Eiderstedt
404 J. VOSS, 1889, S. 78
405 Auf die teilweise sehr kontrovers geführte Diskussion zur Entstehung der Forta-Dörfer kann hier nicht eingegangen werden. Eine gute Zusammenfassung der Meinungen findet sich bei G. WOLGAST, 1974, S. 55/56

Mehrfach hat Fehmarn in der Neuzeit seine Zugehörigkeit zu königlicher und gottorfischer Obrigkeit wechseln müssen. Unabhängig vom Tauziehen um den wichtigen strategischen und wirtschaftlichen Besitz und ungeachtet der zahlreichen Plünderungen, die die Insel im Zusammenhang mit den Vormachtkämpfen im Ostseeraum heimgesucht haben<406>, sind die vielgestaltigen Privilegien der Landschaft Fehmarn auch bis in die Zeit des dänischen Gesamtstaates gültig geblieben. Auch für das landwirtschaftliche Strukturbild des 19. Jahrhunderts besitzen die Sonderrechte noch eine vorrangige Bedeutung.

Ein wesentliches Merkmal im agrarwirtschaftlichen Aufbau stellt die Tatsache dar, daß es auf Fehmarn seit dem Verbot von 1617 keinen Adelsbesitz an Land oder Gebäuden mehr gab. Durch die Confirmatio libertatis unter dem Herzog Johann Friedrich wurde es dem Adel und Personen höheren Standes untersagt, Grundeigentum zu erwerben oder Häuser zu bauen. Formen von Schollengebundenheit, Leibeigenschaft, Dienst- oder Wegepflichten hat es auf Fehmarn folglich nicht gegeben. Auch der Landesherr war weder mit Domanial- noch Kammergut auf der Insel ansässig, seitdem Staberhof 1748 verkauft und in die Hand des Ersterwerbers Jacob Mackeprang (1748-1752) übergegangen war<407>. Am westlichen Ende der Insel ist das wasserumgebene Flügge bis ins 17. Jahrhundert ein adliger Hof gewesen<408>. Wann dieser niedergelegt wurde und in bäuerlichen Besitz überging, ist nicht bekannt. Alle übrigen Einzelhöfe sind auf andere Art entstanden. Meist sind sie aus parzelliertem Gemeinschaftsland hervorgegangen, das zusammengekauft wurde.

Ein weiteres Kennzeichen der Agrarverfassung ist das Fehlen des Hufenrechts als Größen- und Besitzmaßstab im Aufbau der Dörfer. Während der ländliche Grundbesitz der schleswig-holsteinischen Amts-, Guts- und Klosterdörfer auf der Hufenverfassung aufbaute und sich somit auf die geschlossene Vererbung oder Verpachtung ländlichen Grundbesitzes - mit nur ganz wenigen Ausnahmen - gründete, ist für Fehmarn die freie Teilbarkeit und der unbehinderte Verkauf von Grundeigentum ein entscheidendes Sonderrecht.

Die Herkunft dieser Erscheinung ist unbekannt. Sie hat sich erst nach der Zerstörung der Insel durch Erich von Pommern herausgebildet, da vorher die allgemeine Besteuerung nach Hufen und Pflügen galt. Merkwürdigerweise scheint in späterer Zeit weder die herzogliche noch die königliche Obrigkeit gegen das Recht der Teilbarkeit von Grundbesitz vorgegangen zu sein. Vermutlich war sie sich der Tragweite des zu erwartenden Widerstands vollauf bewußt.

G. HANSSEN<409> vermutet, daß eine Änderung deshalb nicht erfolgt ist, da die Insel in ihrer Gesamtheit für die Zahlung der Steuern verantwortlich war. Diese Kollektivhaftung ist zweifellos eng mit den kommunalen Autonomien und dem Nachbarschaftsrecht der Vetternschaften verbunden. Als Hinweis auf altes Marschenrecht wertet HANSSEN, daß auf Fehmarn die relative Gleichwertigkeit des Bodens eine ähnliche Modalität wie an der Westküste ermöglicht hat. Der Steueranteil des Einzelnen war folglich eine ausschließliche Funktion der Größe des jeweiligen Eigentums. Diese Einheitlichkeit bestätigt auch die von F. W.

---

406 Für die geschichtlichen Einzelphasen siehe J. VOSS, 1889 und G. WOLGAST, 1974.
407 E. HÖPNER, 1981, S. 230
408 1620 war Flügge mit 52 Drömtsaat Größe noch in adliger Hand (P. WIEPERT, 1941, S. 118).
409 G. HANSSEN, 1832, S. 195

OTTE<410> aufgestellte Übersicht über die dorfweisen Erträge der jährlichen Grundsteuer. Von der freien Beweglichkeit des Bodens waren die Gemeinweiden ausgeschlossen, die unmittelbar der Landesherrschaft unterstanden und für die alljährlich ein sog. Weidekanon an die landesherrliche Kasse abzuführen war<411>.

Aus dem freien Grundstücksverkehr resultieren wichtige Folgeerscheinungen für die Art der wirtschaftlichen Nutzung und die Bereitschaft, sich agraren Reformen zu öffnen. Auch in der Mitte des vorigen Jahrhunderts ist der Widerstreit zwischen Beharrung und Neuordnung noch keinesfalls abgeschlossen.

Der freie Grundstücksverkauf hat auf Fehmarn zu einer extremen Besitzzersplitterung und zu ausgeprägten Gegensätzen in der Eigentumsverteilung geführt. Wie K. DÜRING<412> den Erdbüchern aus dem Jahr 1709 entnehmen konnte, ist die Zahl der Ackerstücke je Gemarkung außerordentlich hoch gewesen. Als Faustregel kann gelten, daß ein Ackerstück im Mittel nicht größer als 1/2 ha oder 0,45 Drömtsaat<413> war. Da die Bewirtschaftung im Flurzwang innerhalb der Feldgemeinschaft erfolgte, waren die Besitzanteile über die Gesamtzahl der dorfeigenen Schläge verstreut. So umfaßte z.B. die große Gemarkung Puttgarden zum genannten Zeitpunkt 821 Ackerstücke, 22 Schläge und eine Ackerfläche von 413 ha. Der Grad der Zersplitterung, der auch ausmärkischen Besitz einschloß, ist aber manchenorts noch viel extremer gewesen.

Der Zerfall der Besitzgrößen ist indes nicht wie in manchen Realteilungsgebieten Südwestdeutschlands bis zur ökonomischen Uneffektivität vorgeschritten. G. HANSSEN<414> glaubt, daß die strenge Einbindung in die Feldgemeinschaft keine beliebigen Teilverkäufe zugelassen hat. Wenn z.B. ein Eigentümer von 72 Tonnen Land 18 Tonnen verkaufen wollte und sein Besitz über 18 Schläge gestreut war, so mußte er aus jedem Gewann 1 Tonne Fläche herausnehmen. Da viele Besitzungen weit stärker zersplittert waren - in Dänschendorf traten z.B. 41 und in Bisdorf 31 Schläge auf -, dürfte die Erschwernis der Aufteilung ein Hemmschuh einer unkontrollierten Bodenmobilität gewesen sein. Dieser innere Widerstand hat bis zu einem gewissen Grad bremsend auf den Zerfall des Besitzgefüges gewirkt. Trotzdem ist die Zahl agrarer Minifundien im Laufe der Zeit unaufhaltsam angestiegen.

Daß die Bodenspekulation blühte, daß viele Häuser in den Dörfern nach dem Aufkauf von Land und Wohnsitz zu Scheunen umgebaut wurden und daß die Besitzstrukturen in den Gemeinden sehr gegensätzlich waren, ist eine typische Erscheinung auf Fehmarn. Eine generelle Aussage für alle Dörfer läßt sich für das 19. Jahrhundert kaum machen. Die Unterschiede im Besitzspektrum sind von Dorfgemeinschaft zu Dorfgemeinschaft recht auffallend. Je größer die Einwohnerzahl, desto stärker steigt der Anteil der Kleinexistenzen an. Es liegt auf der Hand, daß Staatskrisen und Preisverfall wie in den ersten Jahrzehnten des 19. Jahrhunderts beschleunigend auf die Veräußerung verschuldeten Kleinbesitzes gewirkt haben.

Stellen die Besitzstrukturen schon ein auffallendes Merkmal dar, so ist es die räumliche und typologische Gliederung der Gemarkungen nicht minder. Versuche,

---

410 F.W. OTTE, 1796, Anhang
411 G. WOLGAST, 1974, S. 163
412 K. DÜRING, 1937, S. 61
413 Altes fehmarnsches Landmaß. 1 Drömtsaat = 12 Schippsaat = 0,9 ha
414 G. HANSSEN, 1832, S. 202

auf Fehmarn entsprechend den übrigen Landesteilen die Verkoppelung, Feldeinfriedung und Gemeinheitsteilung einzuführen, haben nicht zum gewünschten Erfolg geführt. Die Landschaft Fehmarn[415] war 1771 bei der Kammer in Kopenhagen mit der Bitte vorstellig geworden, sie aus den Verordnungen zur Verkoppelung im Herzogtum Schleswig herauszunehmen und ihr in Bestätigung alter Landrechte einen eigenen Entscheidungsspielraum zuzubilligen.

Als Grund wurde die Kleinheit des Besitzes bei 2/3 aller Dorfeingesessenen angeführt. Viele Äcker seien nur 15 Schritt breit, aber 400 Schritt lang. Die Anlage von Graben und Knick würde 40 % der Nutzfläche aufzehren. Landverkäufe seien eine ebenso unvermeidbare Folge wie ein allgemeines Absinken der Bodenpreise. Eine Arrondierung und ein Tausch der Ländereien sei erschwert, da auf vielen Grundstücken Schulden lasteten und die Kreditoren ihre Zustimmung zur Verkoppelung verweigern könnten. Darüber hinaus hätten viele Kleinbesitzer durch partielle Verkäufe bislang ihre Existenz noch retten können. Dies sei aber in Zukunft nicht möglich, da eingehegte Koppeln nur noch in ihrer Gesamtheit veräußert werden könnten.

Da der Eingabe seitens der Regierung stattgegeben wurde, kehrten strukturelle Reformen in der Landwirtschaft Fehmarns nur zögernd und ungleichmäßig ein. So sind um 1830, wie G. HANSSEN[416] betont, nur die beiden größten Höfe Katharinenhof[417] (300 Tonnen) und Staberhof (200 Tonnen) ganz arrondiert und eingekoppelt. Der größte Teil der dörflichen Ackerflächen - etwa 90 % - liegt noch in Feldgemeinschaft. Zwar ist vielenorts eine individuelle Fruchtfolge und Ackernutzung möglich geworden, aber die erforderlichen Bestellungs- und Erntearbeiten bedürfen doch besonderer Rücksichtnahme. Dies gilt besonders im Hinblick auf die gemeinschaftliche Stoppel- und Herbstweide, die kaum eine Bestellung mit Wintersaaten zuläßt.

Da die Insel arm an Grünland ist und demzufolge 70-80 % der Nutzfläche Ackerland bildet, stellt die Futterversorgung für das Vieh bei nicht erfolgter Verkoppelung meist einen folgenschweren betrieblichen Engpaß dar. Aus diesem Grunde nimmt auf Fehmarn der Erbsenanbau eine zentrale Position im Nutzpflanzenspektrum ein. Er dient hauptsächlich als Futter für die reichlich vorhandenen Ackerpferde, die selten selbst gezüchtet, sondern von Lolland oder Aeroe bezogen werden. Wegen der schweren Minutenböden mit ihrem hohen Bearbeitungswiderstand und der Notwendigkeit, die Brachen siebenmal sorgfältig zu bearbeiten, ergibt sich selbst auf kleinen Stellen ein hoher Besatz mit Zugtieren. Da in der Regel sechsspännig gepflügt wird, müssen Betriebe von nur 25 Tonnen Land wenigstens 6 Pferde, größere von 70-80 Tonnen mindestens 12 Arbeitstiere halten.

Um mit Hilfe der Stoppelweide zusätzliche Futterquellen zu erschließen, muß die Ernte so früh und so schnell wie möglich abgewickelt werden. Dies geschieht mit Hilfe holsteinischer Wanderarbeiter, die seit jeher die Insel zur Erntezeit aufsuchen. Ihre Zahl ist für die Mitte des 19. Jahrhunderts nicht zu ermitteln, jedoch geben VOSS/JESSEL[418] deren Zahl noch 1897 aufgrund einer amtlichen Erfassung mit 1632 Personen an. Selbst zu diesem Zeitpunkt, als Kleeanbau und Stall-

---

415 G. HANSSEN, 1832, S. 204
416 ders., S. 208
417 Bei J. v. SCHRÖDER (1854, S. 94) mit einem Areal von 550 Tonnen genannt. Nach dem Handbuch des Grundbesitzes von 1912 sogar auf 360 ha (S. 172) angestiegen.
418 J. VOSS u. K. JESSEL, 1898, S. 27

fütterung mit Futterzukauf schon weiter vorgeschritten waren, wurde der Einsatz der Saisonkräfte - sog. Monarchen - noch ausschließlich mit der Notwendigkeit der Gewinnung von Herbstweiden begründet.

So zeigt die Agrarentwicklung Fehmarns in der Mitte des 19. Jahrhunderts gegenüber den übrigen Teilen der Herzogtümer eine allgemeine Verspätung. Verkoppelung und Gemeinheitsteilungen gelangen erst in diesem Zeitabschnitt zum Abschluß. Die Neuordnungen konservieren damit nicht mehr wie in den Hufengebieten der Herzogtümer ein ursprüngliches, stärker ausgeglichenes Besitzspektrum, sondern schließen im wesentlichen einen Zustand ab, bei dem die Bildung von großbäuerlichem Besitz auf Kosten von Kleinexistenzen weit vorgeschritten ist. Auch die Aufteilung der Gemeinweiden ist ganz zum Vorteil des etablierten Besitzes verlaufen.

Die Auflösung der Fortadörfer mit ihren Toren, Steinwällen und nächtlichen Gemeinschaftsweiden für das Vieh ist zu diesem Zeitpunkt bereits voll im Gange. Die Gliederung der alten Dörfer blieb so lange intakt, wie der herkömmliche Bewirtschaftungstypus in Dorfgemeinschaft vor der Einführung der Verkoppelung vorherrschte. Der Einzug der Individualwirtschaft enthebt die Dörfer ihrer früheren Funktion im ökonomischen Gemeinschaftsverband. Für diesen Vorgang der Umgestaltung hat K. DÜRING (1937) zahlreiche Beispiele zusammengetragen.

Fluren, die sehr spät arrondiert wurden, sind teilweise gänzlich ohne Hecken und Wälle angelegt worden<419>. Auch wurden bestehende Knicks bereitwillig wieder abgetragen, um zusätzliches Land zu gewinnen und die Geschiebe zum Bau der Deiche zu verkaufen<420>. In dieser Zeit verschwindet auch endgültig der Gegensatz zwischen Außen- und Innenfeldern sowie zwischen Ackerflächen und ewigem Grünland.

Die Dominanz der Weizen- und Gerstenerzeugung läßt die übrigen Nutzzweige in ihrer Bedeutung zurücktreten. Im Dienst der einträglichen Kornproduktion steht bevorzugt eine sechsgliedrige Rotation, die bereits bei OTTE<421> genannt wird und auch nach der Verkoppelung noch galt<422>. Das gedüngte Brachfeld wird zunächst mit Gerste bestellt. Es folgen Erbsen und dann Weizen, wonach das Land zwei Jahre als Dreesch, d.h. als Weide, genutzt wird. Als Weidefutter hat sich der Klee sehr bewährt, da er den Boden lockert und das Unkraut unterdrückt. Auch französisches Raygras spielt eine Rolle.

Auf den Kleeflächen werden die Kühe im Sommer mittels Tüderseilen geweidet. Diese Methode ist wegen des mehrfachen Umsetzens aufwendig und gerade an heißen Sommertagen von sehr unbefriedigenden Ergebnissen begleitet. Schon OTTE<423> moniert die geringe Erfahrung in der Viehwirtschaft auf Fehmarn, die weder selektierende Maßnahmen der Zucht noch die Methode der Stallfütterung oder das Mähen des Klees kennt. Nach Abschluß der Getreideernte hat das Tüdern ein Ende, und das Vieh weidet unter Aufsicht eines Hirten auf den Stoppelflächen. Die Butterproduktion wird von REVENTLOW-FARVE<424> auf lediglich

---

419 G. HANSSEN, Bd. II, 1884
420 Abbildung eines beseitigten Knicks bei K. DÜRING, 1937, Tafel 22. Mit dem Bau der Deiche wurde nach 1860 begonnen.
421 F.W. OTTE, 1796, S. 247
422 G. HANSSEN, 1832, S. 213
423 F.W. OTTE, 1796, S. 311
424 E. v. REVENTLOW-FARVE, 1847, S. 128

60-80 Pfund je Milchkuh beziffert. Sie liegt damit nicht höher als auf den mageren Geeststandorten. Generell gelten nach seiner Meinung Pflegezustand und Nahrungsquellen als unzureichend. Auch die Düngerproduktion ist höchst unbefriedigend, da mit getrocknetem Mist - wie auf den friesischen Inseln und Halligen - geheizt wird. Das Rindvieh ist nach manchen Wintern so geschwächt, daß es aus eigenen Kräften die Ställe nicht zu verlassen vermag.

Erst gegen Ende des 19. Jahrhunderts tritt die Milchviehhaltung aufgrund genossenschaftlichen Meiereiwesens, vermehrter Stallfütterung auf der Basis von Futterzukauf und Zuckerrübenbau sowie systematischer Zuchtmethoden in eine intensivere Phase. Die Milchwirtschaft konzentriert sich neben Burg vor allem auf die nördliche Randzone, wo die allgemeine Eindeichung (1872-74) eine bessere Nutzung und Ausweitung des natürlichen Grünlandes mit sich bringt. Westermarkelsdorf und Wenkendorf<425> sind Beispiele für die Zunahme der Viehwirtschaft auf meliorierten Grünlandflächen. Auch im Südabschnitt um Gollendorf und Albertsdorf traten ehedem versumpfte Wiesen auf. Vor 1840/50 hatte der Schwerpunkt der Milchverwertung eindeutig bei der Kälbermast und der Aufzucht von Schlachtvieh gelegen<426>. Erst allmählich setzte ein Wandel ein, der neben den genannten Gründen auch entscheidend von den verbesserten Verkehrsanschlüssen herbeigeführt wurde.

Fehmarn als getreideerzeugendes Gebiet ist stark von Mühlen und Schiffsverbindungen zum Festland abhängig. Während bis zum Ende des 18. Jahrhunderts eine Veredlung der Agrarprodukte durch Brennerei- und Brauereiwesen sowie die Erzeugung von Graupen vorherrschte, ist nach der Lösung Norwegens aus dem dänischen Staatsverband und im Zusammenhang mit den Wirtschaftskrisen der nachnapoleonischen Zeit ein grundlegender Wandel eingetreten. "Der ganze fehmarnsche Handel dreht sich jetzt blos um die Ausfuhr weniger roher Produkte und um die Einfuhr einer Menge von Waaren, welche das häusliche und gesellige Leben erfordert"<427>. Auch der ehedem bedeutsame Export handgefertigter wollener Strümpfe ist ganz zum Erliegen gekommen, da die Schafhaltung nach Parzellierung der Gemeinweiden sehr stark zurückgegangen ist.

Trotz aller Inselfreiheiten und Eigenrechte herrschte auch auf Fehmarn der Mühlenzwang, der erst nach 1850 mit beträchtlichen Summen abgelöst werden konnte<428>. Zu unterscheiden sind herrschaftliche Mühlen wie die Sahrensdorfer, Petersdorfer und Burger Westermühle von den privaten Mühlen, von denen die Landesherrschaft Rekognitionsgebühren unter der Bezeichnung Windgeld bezog. Ein Teil des Fehmarnschen Getreides dürfte auch in Heiligenhafen vermahlen worden sein, da die Insel mit dem Gegengestade in lebhaftem Handelsaustausch stand.

Eine Ausnahme von der Zwangspflicht macht nach G. LAAGE<429> das sog. Seekorn, das zur Ausfuhr bestimmt war und frei vermahlen werden konnte. Davon profitierten vor allem die Mühlen in Lemkenhafen und Orth, deren Konzessionen aus den Jahren 1767 und 1830 stammen. Auch die Bergmühle bei Wulfen und die Glambecker oder Tiefenmühle - beides Graupenmühlen - hatten einen bedeuten-

---

425 E. HÖPNER, 1981, S. 144 u. 146
426 P. WIEPERT, 1968, S. 90
427 G. HANSSEN, 1832, S. 257
428 So wurde z.B. die Ostermühle in Burg 1853 mit 2115 Reichsbanktalern freigekauft (G. LAAGE, 1957, S. 75).
429 G. LAAGE, 1957, S. 70

den Absatz durch den Verkauf von Grütze und Kornprodukten an Schiffe, die vor Burgtiefe ankerten. Nach reichen Ernten oder in windarmen Jahren wurde Getreide an entfernte Wassermühlen zum Vermahlen verkauft. Die Stadt Burg besaß mit der Oster- und Westermühle zwei königliche Erbpachtmühlen, deren Existenz bis ins 17. Jahrhundert zurückreichte. In Mummendorf, Dänschendorf, Landkirchen und Burg (Nordermühle) entstanden neue Mühlen nach Aufhebung des Mühlenzwangs. Nach 1955[430] waren von den 14 Windmühlen, die es in der zweiten Hälfte des 19. Jahrhunderts gegeben hatte, noch zwei in Betrieb. Der Geldwert der versandten Produkte setzte sich 1789-91 zu 50 % aus Weizen-, zu 30 % aus Gersten- und zu 10 % aus Grützlieferungen zusammen[431].

Um 1850 besitzt Fehmarn noch keinen ausgebauten Hafen mit Kai und ausgebaggerter Fahrrinne. Alle städtischen Versuche und Anträge, den Burger Binnensee mit Förderung der Regierung wieder für die Schiffahrt dienstbar zu machen, schlugen fehl. Nicht unerheblich hat die Weigerung der Landschaft, sich an den Kosten zu beteiligen, zur Verhinderung des Ausbaus beigetragen[432]. Demzufolge wird das meiste Getreide von Orth, dem Ladeplatz des Westerkirchspiels, sowie Lemkenhafen und Gold, den Versandorten des Mittel- oder Süderkirchspiels, verschifft. Erst in preußischer Zeit erfolgte der definitive Ausbau, der Burgstaaken (1867/70) und Orth (1880/83) eine neue Existenzgrundlage verschaffte. An der technischen Entwicklung hatte Lemkenhafen keinen Anteil mehr[433].

Neben den Erschwernissen des Ladens und Löschens bereitete den Fehmaranern seit jeher das Überwintern der Schiffe große Schwierigkeiten. So mußten regelmäßig als Liegeplätze Kiel, Neustadt oder Lübeck aufgesucht werden. Die Bedeutung von Depenhusen im Windschutz des Krummsteerts kann nur gering gewesen sein, da ein sicherer Schutz vor Sturm und Eisgang bei größeren Schiffen nicht gewährleistet war. G. HANSSEN[434] betont, daß den Schiffseignern und Matrosen etwa 2 Wochen Fahrzeit im Frühjahr verloren gehen, bis die Schiffe geholt und fahrbereit sind.

Im Jahr 1844 entfallen auf Fehmarn 683 1/4 Commerzlast Schiffsbestand. Die Insel nimmt folglich im Kartierungsgebiet nach Kiel den zweiten Rang hinsichtlich der Transportkapazität ein und übertrifft Neustadt, Eckernförde und Heiligenhafen. Die Masse der Fahrzeuge setzt sich jedoch aus kleinen Einheiten zusammen, die 60 Commerzlast (ca. 156 t) nicht übersteigen. Im insularen Warenverkehr spielen die beiden Herzogtümer, die dänischen Provinzen sowie Schweden und Norwegen die wichtigste Rolle[435].

Obgleich die Landwirtschaft keinen vorgeschrittenen Entwicklungsstand aufweist und die Insel viele mittellose Bewohner beherbergt, ist entgegen allen Erwartungen die Fischerei von geringer Bedeutung. G. HANSSEN[436] berichtet, daß die Zahl der Fischer abnimmt und die noch vorhandenen in bitterer Armut leben. Sowohl die Binnenseen als auch die freien Gewässer werden höchst unvollkommen

---

430 G. LAAGE, 1957, S. 68
431 F.W. OTTE, 1796, Tab. 6
432 Die Bauern hatten voller Schläue die Forderung aufgestellt, daß sich die Stadt Burg am Ausbau ihrer Versandhäfen Orth und Lemkenhafen entsprechend beteiligen müsse (G. KANNENBERG, 1960, S. 90).
433 E.G. KANNENBERG, 1960, S. 94
434 G. HANSSEN, 1832, S. 261
435 Statistisk Tabelvaerk, Tolfte Hefte, Kjøbenhavn 1847
436 G. HANSSEN, 1832, S. 5

genutzt. Der Preis für Fisch ist gering, da schwere Mehl- und Salzfleischspeisen im Ernährungsspektrum dominieren. Das nächtliche Stehlen von Fischen soll damals vor allem im Kopendorfer See verbreitet gewesen sein. Auch könnten ohne großen Aufwand einige Binnenseen zur Karpfenzucht verwendet werden. HÖPNER<437> erwähnt die früher übliche Kombination von Fischerei, Enten- und Seevogelfang im Winter und die Gewinnung von Seegras.

Die Gefahr der Überschwemmung ist entlang aller Flachküsten außerordentlich stark. Eine Bedeichung der Insel existiert nicht mit Ausnahme von Presen, wo zwei Schleusen den Wasserabfluß zum Meer regulieren sollen. Erst nach der verheerenden Sturmflut von 1872 ist die allgemeine Eindeichung vollzogen worden. In diesem Rahmen wird der Kopendorfer See in ein Teichgut umgewandelt. - Die Marienleuchte an der Nordostecke von Fehmarn wurde als Blinkfeuer bereits 1832 erbaut. Sie diente hauptsächlich als Warnsignal, um ein Auflaufen auf den "Roten Sand" vor Lolland und Falster oder das 4,7 km lange Puttgardener Riff zu verhindern. Die Marienleuchte wurde im 19. Jahrhundert mit 6 Rüböllampen befeuert, um ihre Signale 3,7 Meilen (ca. 25 km) über den Fehmarn-Belt zu senden<438>. Alle übrigen Leuchttürme der Insel sind jüngeren Datums.

Tab. 25: Bevölkerung nach Erwerbszweigen auf Fehmarn 1845 (mit Familien)

	Oster- und Norder-KSP*	Mittelstes KSP	Wester KSP	Stadt Burg
Von der Landwirtschaft Lebende	1016 (50 %)	776 (34 %)	995 (44 %)	223 (12 %)
Von der Seefahrt Lebende	97 (5 %)	264 (12 %)	84 (4 %)	154 (9 %)
Tagelöhner	451 (22 %)	533 (24 %)	391 (17 %)	148 (8 %)
Almosenempfänger	102 (5 %)	128 (6 %)	100 (4 %)	119 (7 %)
Handwerker	271 (13 %)	376 (17 %)	663 (29 %)	813 (45 %)
Sonstige	108 (5 %)	178 (7 %)	44 (2 %)	354 (19 %)**
Totalbevölkerung	2045 (100 %)	2255 (100 %)	2277 (100 %)	1811 (100 %)

* KSP = Kirchspiel
** davon 5 % Handel

Quelle: Stat. Tabellenwerk, Heft 2, Kopenhagen 1846

---

437 E. HÖPNER, 1975, S. 161
438 G. LAAGE, 1965, S. 234. Die Befeuerung ist demzufolge noch nicht vom modernen Typus mit FRESNELschen Ringlinsen gewesen, wie sie J. G. KOHL (Bd. 2, 1846, S. 335) vom Sundfeuer auf der Kronborg in Helsingör beschreibt.

Langfristig gesehen ist die handwerkliche Beschäftigung auf Fehmarn vom Konkurrenzkampf zwischen der Stadt Burg und der auf wirtschaftliche Eigenrechte bedachten Landschaft gekennzeichnet. Schon 1724 hatte sich, wie HÖPNER<439> zeigen konnte, ein starkes Übergewicht zugunsten des Landes ergeben. 78 Handwerkern in Burg standen 221 in den Dörfern, vor allem in Petersdorf und Landkirchen, gegenüber. Vor 1700 waren Dorfhandwerker noch weitgehend unbekannt. Ländliches Bauen war noch weitgehend eine Gemeinschaftsaufgabe der Nachbarn. Der große Anteil agrarer Kleinexistenzen und Insten hat die Verbreitung nichtstädtischen Handwerks stark gefördert.

So gravierend, wie sie HÖPNER darstellt und auch OTTE<440> betont, sind die Gegensätzlichkeiten im Jahre 1845 nicht mehr. Unter Einschluß der Familienangehörigen und Mithelfenden existieren von handwerklicher Tätigkeit insgesamt 2123 Personen, d.h. etwa 25 % der Inselbevölkerung. Dieser Wert ist sehr hoch, wenn man bedenkt, daß von der Landwirtschaft 36 % und der Tagelöhnerei 18 % leben. Absolut wie relativ ist der Anteil der Handwerkerschaft im stadtfernen und dorfreichen Westerkirchspiel am höchsten. Wie Tab. 26 zeigt, fallen dort vor allem höhere Kontingente an Webern, Schustern, Schneidern, Schmieden, Zimmerleuten und Tischlern ins Gewicht.

Tab. 26: Handwerker mit Gehilfen auf Fehmarn 1845

	Oster- und Norder-KSP*	Mittelstes KSP*	Wester-KSP*	Stadt Burg
Weber	25	33	40	12
Schuster	10	11	35	35
Schneider	6	9	27	20
Schmiede	6	10	23	31
Zimmerleute	6	10	18	14
Tischler	6	7	14	27
Müller	7	7	11	6
Maurer	7	11	7	9
Bäcker	0	0	3	14
Böttcher	0	0	3	28

* KSP = Kirchspiel

Quelle: Stat. Tabellenwerk, 2. Heft, Kopenhagen 1846

Zusammenfassend treffen auf die Insel Fehmarn folgende Sachverhalte zu:

1. Im Rahmen der allgemeinen Wirtschaftsentwicklung ist eine Verspätung und geringe Bereitschaft zu Agrarreformen feststellbar.

2. Ähnlich der politischen Autonomie wird auch ein individueller Weg in der Agrarentwicklung gesucht. Eine Gleichwertigkeit mit den Erfolgen der Koppelwirtschaft ist nicht zu erzielen. Zahlreiche Betriebszweige führen ein Kümmerdasein.

---
439 E. HÖPNER, 1975, S. 145
440 F.W. OTTE, 1796, S. 355

3. Durch den freien Bodenmarkt sind starke innere Besitzgegensätze entstanden.

4. Die Handwerksstruktur weist kennzeichnende Merkmale von Überbesatz und Stadt-Land-Konkurrenz auf.

5. Der Ausbau der Häfen hinkt hinter der Entwicklung auf dem Festland her.

6. Die autonomistischen Prinzipien haben einer ökonomischen Öffnung und Sicherung der Lebensgrundlagen mehr im Wege gestanden, als daß sie neue Impulse vermittelt haben.

7. Als Ausdruck der Existenzbedingungen läßt sich feststellen, daß die Bevölkerung der Insel von 1803-1845 um nur 10 % zugenommen hat, während auf die Gesamtheit der königlichen Landdistrikte im Herzogtum Schleswig im gleichen Zeitraum 22 % entfallen. Der entsprechende Wert für Holstein steigt sogar auf 26 %.

7. Das adlige Kloster Preetz

In zwei getrennte, gut arrondierte Distrikte gegliedert, erstrecken sich die Landbesitzungen des Klosters Preetz zwischen dem Ostufer der Kieler Förde, der Ostseeküste, dem Kieler und Preetzer Güterdistrikt sowie dem Amt Kiel. Der dicht besiedelte nördliche Teil wird mit seinen 20 Dörfern gewöhnlich als Probstei bezeichnet. Den Südteil mit dem Kloster und dem Flecken faßt man in der Regel als das Gebiet der Walddörfer zusammen. Die Ortschaften Tasdorf und der klösterliche Teil von Gadeland liegen losgelöst vom Stammbesitz in der Nähe Neumünsters. Im Hinblick auf die beiden Hauptgebiete wird gelegentlich auch von der Großen und Kleinen Probstei gesprochen. Die Unterscheidung einer Wagrischen und Holsteinischen Probstei, auf die der ehemalige Preetzer Pastor JESSIEN[441] verweist, ist heute nicht mehr geläufig.

Von allen adligen Klosterbesitzungen des Landes entfallen auf Preetz mit Abstand die ausgedehntesten Ländereien. Das Adlige Kloster Itzehoe, das mit seinen Exklaven Meimerstorf, Langwedel, Techelsdorf und Teilen von Nortorf auch Anteil am Darstellungsgebiet der Historischen Wirtschaftskarte besitzt, hat insgesamt nur die halbe Ausdehnung des Preetzer Areals. Uetersen umfaßt nur 19 % der Preetzer Landfläche. Das mit 50 Pflügen angesetzte Adlige Kloster St. Johannis vor Schleswig[442] liegt räumlich sehr verstreut und entspricht in seiner Gesamtheit etwa der Ausdehnung von Uetersen.

Das Kloster Preetz stellt auch noch in der Mitte des 19. Jahrhunderts einen betont eigenständigen territorialen Rechtstypus und wirtschaftlichen Organismus dar. Sowohl von den Güterbezirken des Adels als auch von den dörflichen Wirtschaftsgebieten der Amtsdistrikte hebt es sich mit individuellen Merkmalen und Entwicklungen deutlich ab. Die Landwirtschaft, vor allem in der Probstei hoch entwickelt, ist mit Abstand der wichtigste Nahrungszweig. Kennzeichnend ist, daß trotz der abseitigen Lage ausgeprägte Marktbeziehungen existieren und ein vielseitiges Handwerk in Schönberg und im Flecken Preetz blüht. Die Originalität der Probstei ist nicht allein ökonomischer Natur, sondern umfaßt auch weite Bereiche des Volkslebens sowie der materiellen und kulturellen Tradition.

Die Gründung des Klosters um das Jahr 1212[443] durch den holsteinischen Grafen Albrecht von Orlamünde fällt in jene Zeit, als die dänische Vorherrschaft im Ostseeraum ihren Höhepunkt erreicht hatte. Albrecht als Statthalter der dänischen Krone legte die Klöster Preetz und Neumünster an, stattete sie mit Land und Eigenrechten aus und bestimmte, daß den Benediktinerinnen als Insassen des Klosters der Zehnte aus allem bereits geschaffenen und noch entstehenden Rodungsland zufließen sollte. F. BERTHEAU[444] hat darauf verwiesen, daß neben dem Landesherrn auch der Bischof Berthold von Lübeck der Gründung sehr zugetan war, da der Lübecker Kirchensprengel durch das expansive Bremer Erzbistum, das Hamburger Domkapitel und das welfische Bistum Ratzeburg räumlich sehr eingeengt war. Vom Klosterbesitz an der Kieler Förde erhoffte man sich ein Vordringen der Kolonisation und eine Ausweitung der Bistumsgrenzen nach Norden.

---

441 A. JESSIEN, 1858, S. 1
442 A.C. GUDME, 1833, Folio, Tab. 17
443 O. BRANDT, 1949, S. 61
444 F. BERTHEAU, 1916, S. 137

Die erste Lagewahl Marienfelde, über deren Lokalisierung Unklarheit herrscht, scheint nicht unerheblich, wie DÖRFER<445> in seiner Chronik betont, von wirtschaftlichen Erwägungen mitbestimmt gewesen zu sein. Wasser und Wald sind nach seiner Meinung ausschlaggebende Motive für die Ansiedlung im Raum Preetz gewesen.

Wenige Jahre später zieht das Kloster um, zunächst nach Erpesfelde im Süden des Neuwührener Holzes, bis es 1240 von hier nach Lutterbek in der Probstei verlegt wird. Dort waren dem Kloster durch Schenkung Adolfs IV. reiche Ländereien zugefallen, die sich zwischen dem Flüßchen Kerceniz (der Hagener Au) und Zwartepuc (Schwartbuck)<446> erstreckten. Nach Brechung der dänischen Vormachtstellung in der Schlacht von Bornhöved (1227) war das Kloster durch den neuen Landesherrn wiederbelehnt und - unter Einbeziehung von älteren Albrechtschen Schenkungen an den Edelmann Marquard von Stenwer - in seinen Rechten bestätigt worden. Über das schon bestehende Wisch hinaus wurden Dörfer angelegt und mit Holsten besiedelt<447>.

Die Schaffung von Kulturland durch Rodung schreitet im Bereich der Probstei mit ihren hochwertigen und relativ homogenen Böden weiter voran als im Gebiet der Walddörfer. Im Laufe des 14. und 15. Jahrhunderts gehen eine Reihe von Rittersitzen und Gutshöfen in klösterliche Hand über (so Passade, Barsbek, Fahren, Lutterbek und Ratjendorf) und runden den bisherigen Streubesitz zu einem geschlossenen Gebilde mit 20 Dörfern ab. Klösterliche Höfe, die zunächst gegründet wurden (so Holm bis 1586), werden aufgegeben und durch Parzellierung in die bäuerliche Wirtschaft der Probstei integriert. Fortan ist die unter der Gerichts- und Verwaltungshoheit eines Klosterpropsten<448> stehende Probstei reines Bauernland, das sich in seinem Siedlungsbild, im hohen Stand seiner landwirtschaftlichen Entfaltung und vor allem in den Freiheiten<449> seiner Bewohner aufs schärfste von den gutswirtschaftlichen Fron- und Leibeigenschaftsgebieten absetzt.

Gänzlich anders war die rechtliche Situation in den Walddörfern. Dort wurde die weltliche Obrigkeit durch die Priörin repräsentiert, und es entwickelte sich im Herrschaftsbereich des Klosters eine zumindest gemischte Besitzstruktur, die ebenso bäuerliche Hufen wie Vorwerksländereien des Klosters oder Meierhöfe als Filialbetriebe des klösterlichen Haupthofs umfaßte. Hier waren ähnlich wie auf den adligen Gütern genau definierte Arbeitsverpflichtungen auf den Hoffeldern, im Wald und durch Fuhrleistungen zu erbringen, so daß die Unterschiede zu den adligen Höfen wesentlich geringer als in der entfernten Probstei waren.

---

445 J.F.A. DÖRFER, 1813, S. 8
446 Warum die Quellen Schwartbuck nennen, das immer dem Gut Schmoel zugehörte, ist unbekannt.
447 R. DOOSE, 1910, S. 18
448 Der Klosterpropst ist durch seinen Klostervogt mit Sitz in Schönberg vertreten.
449 Die Freiheiten der Probsteier (R. DOOSE, 1910, S. 19) leiten sich auf den 4. Propst des Klosters, Friedrich aus Hersfeld an der Fulda, zurück. Nach JESSIEN (1847) geht auf ihn die Anlage einiger Dörfer wie Fiefbergen, Krokau, Schönberg, Höhndorf und Stakendorf zurück. Laboe und Brodersdorf hat er für das Kloster gekauft. Einige ältere Autoren glauben, daß durch die Einwanderung hessisch-thüringischer Kolonisten auf Vermittlung Friedrichs wesentliche Charaktereigenschaften der Probsteier Bevölkerung entstanden sind, die seit jeher als aufgeschlossen, tatkräftig und strebsam galt.

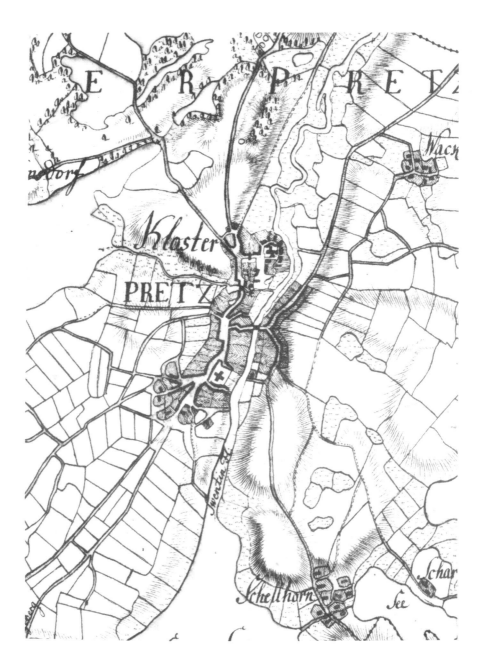

Abb. 22: Die Varendorfsche Karte zeigt sehr deutlich die durch die Mühlenau getrennte Lage des adligen Klosters und des Fleckens. Im Norden werden Teile der Klosterwaldungen sichtbar.

Im Hinblick auf die hier interessierende wirtschaftliche Entwicklung kann den Einzelheiten der Territorialgeschichte nicht weiter nachgegangen werden. Hervorgehoben sei nur, daß das Kloster nicht in der Probstei verbleibt, sondern wieder nach Marienfelde zurückwandert und 1261 an seiner jetzigen Stelle im Mündungswinkel von Schwentine und Mühlenau errichtet wird (Abb. 21). Die Reformation übersteht Preetz in ungeschmälertem Besitzstand und ohne bemerkenswerte Auseinandersetzungen. Pastor DÖRFER[450] nimmt an, daß die neue Lehre und Glaubenshaltung zögernd Einzug gehalten hat, da das Kloster seine eigene Kirche besaß und sie nicht mit der Fleckensgemeinde teilte.

Von großer Bedeutung war, daß schon seit 1443 die Priörinnen adliger Abkunft waren und daß am Ende des 15. Jahrhunderts der Beschluß gefaßt wurde, daß die zukünftigen Pröpste dem holsteinischen Adel zu entstammen haben und in freier Wahl zu bestimmen sind[451]. Durch diese folgenschweren Entscheidungen übersteht das Kloster Preetz die andernorts beträchtlichen Veränderungen im Besitzstand und in den rivalisierenden Machtverhältnissen. Preetz ist fest eingebunden in die Standes- und Wirtschaftsinteressen des holsteinischen Adels, aus der heraus sich das Kloster zu einer Stiftung für unverheiratete Töchter des eingeborenen und des rezipierten Landesadels entwickelt. Unter Einbeziehung der Priörin gehören zum Kloster 40 Konventualinnen, welche zunächst eine Vorbereitungszeit von 5 Jahren als sog. Schulfräulein durchlaufen.

Weil das Kloster standeseigene Interessen der Ritterschaft wahrzunehmen hat, spielen wirtschaftliche Fragen von Anfang an eine bedeutsame Rolle. Da den Töchtern des Adels ein herkunftsgemäßes Domizil und eine feste jährliche Einkunft in Bargeld zusteht, werden die Liegenschaften des Klosters einer möglichst dauerhaften, vielseitigen und einträglichen Form wirtschaftlicher Nutzung unterzogen. Daß das Adlige Kloster Preetz primär als Instrument standeseigener und familiärer Versorgungsinteressen zu verstehen ist, ergibt sich aus der Ablehnung der Bursfelder Reformbestrebungen, die jegliche Form von Privateigentum zurückwiesen und nur mehr Gemeinschaftsbesitz der Klöster tolerierten[452].

In dieser Phase der kritischen Auseinandersetzung nach 1490 kommt der Priörin Anna von Buchwald zentrale Bedeutung zu. Sie handelte in Übereinstimmung mit Landesherrn, Ritterschaft und Bischof einen Vertrag aus, der die juristische und territoriale Autonomie ebenso absicherte wie die ökonomischen Grundlagen der Klosterinsassen. So wurde bestimmt, daß der Adel durch Renten, die er seinen Angehörigen aussetzte, zur Erhaltung des Klosters beitragen konnte und daß Vererbungen der Stiftungserträge zulässig waren. Die wirtschaftlichen Absichten des Klosters und die sozialen Ziele des Adels treten in diesen Abmachungen deutlich hervor. So zeigt sich, "daß Preetz am Vorabend der Reformation schon in einer Hinsicht verweltlicht und säkularisiert war, nämlich insofern, als die ausschließlich adligen Klosterfrauen zum großen Teile im persönlichen Besitze von bestimmten Einkünften waren, die auch nicht immer nach ihrem Tode dem Konvent als solchem anheimfielen"[453]. Anna von Buchwald gelang es, die beträchtlichen Schulden des Klosters durch kluge Haushaltspolitik in wenigen Jahren zu tilgen.

---

450 J.F.A. DÖRFER, 1813, S. 32
451 F. BERTHEAU, 1916, S. 189
452 ders., S. 189/190
453 ders., S. 191

Dem Göttinger Historiker BERTHEAU[454], der die ältere Wirtschaftsgeschichte des Klosters in zwei fundamentalen Untersuchungen dargelegt hat, verdanken wir weitreichende Einblicke in die vielseitigen Bemühungen um die materielle Existenzsicherung des Konvents. Die Haupteinnahme bildete die Geldheuer, die aus den zu Erbzins verpachteten Bauernhöfen und aus den in Zeitpacht vergebenen Klosterhöfen, Wiesen und Weiden gezogen wurde. Für das Weiderecht im Wald und vor allem in den ausgedehnten Salzwiesen der Probstei zahlten die Bauern ebenfalls Pachtgelder.

Jahrespachten wurden gleichermaßen von der Klosterverwaltung eingenommen für alle Bäche, Seen und Fischteiche sowie die sog. Stauungen[455], die periodisch als Grünland genutzt wurden. Etwa die Hälfte aller Geldeinnahmen rührte aus Pachtabgaben, die sich aus der Heuer, d.h. dem eigentlichen Pachtgeld der erbberechtigten Bauern, dem Dienstgeld für die Probsteier, dem Wischgeld für die Pacht der Wiesen und dem Zehnten einzelner Dörfer zusammensetzten.

Die zweite Einnahmequelle war naturalwirtschaftlicher Art. Da die alten Hufendörfer vor allem Hafer und Roggen ablieferten, spielte der Verkauf von Getreide - vor allem nach Lübeck - eine wichtige Rolle. Bedeutend war auch der Absatz von Häuten geschlachteter Tiere an die Gilde der Schuster in Preetz. Schafwolle und Lammfelle bildeten ebenfalls wichtige Verkaufsobjekte. Auch wurden vorübergehend vom Klostergestüt in Holm hohe Preise für verkaufte Fohlen erzielt. Schließlich lieferte die Schweinemast in den ausgedehnten Wäldern sowie der Ertrag aus eigenbewirtschafteten Gewässern und Aalwehren ergänzende Einnahmen. Die freie Schweinemast auf der Basis von Eicheln und Bucheckern muß indes im Ergebnis sehr wechselhaft gewesen sein, da nur in jedem achten Jahr mit einem guten Mastresultat zu rechnen war. Als letztes bedeutendes Wirtschaftsobjekt ist die Klosterziegelei zu nennen, deren Absatz an Steinen und Dachpfannen vor allem nach Kiel erfolgte. Auf die Stadt als Markt ist auch die Erzeugung von Holzkohlen, Bau- und Brennholz gerichtet, das an Ort und Stelle zersägt wurde[456].

Im Gesamtbild lassen sich in der Ökonomie des Klosters Parallelen zu den Gütern feststellen. Ähnlich wie der Wirtschaftsgeist der Adelskreise stark unterschiedlich ausgeprägt sein konnte, so zeigen sich auch in Preetz im Wirken der Pröpste wirtschaftliche Erfolge und Fehlschläge nebeneinander. Als besonders herausragende Persönlichkeiten des 16. Jahrhunderts nennt F. BERTHEAU[457] Benedikt von Ahlefeld und Detlef von Sehested. Der erste versuchte nach Kräften die Geldeinnahmen, der zweite die Naturalabgaben anzuheben und zu festigen.

Der hohe Grad der Freiheit, der für die Mehrzahl der Klosterdörfer kennzeichnend war, hat eine Hinwendung zu Agrarreformen und Anbauverbesserungen nachhaltig und früh begünstigt. Dies gilt vor allem für die Probstei, wo nach Auflösung aller klösterlichen Vorwerke der ausschließliche Besitz persönlich freier Bauern anzutreffen war, die vererben und veräußern konnten, wie es den Gepflogenheiten und Absichten des jeweiligen Hufeninhabers entsprach. Wichtig war allerdings - im Gegensatz zu Fehmarn -, daß die Hufen unverändert in ihrer

---

454 F. BERTHEAU, 1917, S. 91-266 und 1919, S. 26-93
455 Noch heute ist der Begriff Pohnsdorfer Stauung am Ausfluß der Neuwührener Au geläufig.
456 F. BERTHEAU, 1917, S. 194
457 ders., 1919, S. 83

Größe und Parzellengliederung zu bleiben hatten. Einzelverkäufe von Pertinenzien bedurften bei Hufen der obrigkeitlichen Genehmigung, bei Katen waren sie frei. Das Grundeigentum ging an den jüngsten Sohn über[458], wodurch die Abstände zwischen den einzelnen Hofübergaben groß und die Belastungen bei der Auszahlung sog. Bruder- und Schwestertaxen mäßig waren. Die Versorgung der älteren Geschwister war meist noch ein Problem des Vaters.

Durch diese Rechtsgrundlagen sind - wie vor allem M. SERING (1908) für die Anerbengebiete Holsteins betont hat - geschlossene Kulturlandschaftsräume auf territorialer Basis entstanden. Die Probstei ist neben Fehmarn und den Landschaften der Westküste das profilierteste Beispiel individueller Kulturtradition und freibäuerlich geprägter Agrarstrukturen unter einer ebenso milden wie beständigen Grundherrschaft. Der Begriff "Unterm Krummstab ist gut leben" kennzeichnet treffend die positive Einschätzung der Lebensumstände in der Preetzer Probstei.

Standen der Einführung agrarer Reformen in der Probstei keine rechtlichen Hindernisse im Wege, so bedurfte es im Gebiet der Walddörfer zunächst der Aufhebung aller bestehenden Dienstpflichten. Diese waren nach Typ und Einzugsbereich weit gefächert, wie N. DETLEFSEN[459] anhand der Protokolle zur Reallastenablösung von 1875 nachweisen konnte[460]. Am Beispiel einer Vollhufe aus Schönberg wird ersichtlich, daß sich die klösterlichen Reallasten jährlich auf 246,78 Mark beliefen. Etwa 1/5 umfaßte Dienstgelder in der verschiedensten Zusammensetzung, der Rest waren die in Geld bemessenen Leistungen an Malzgerste und Hafer. In den Walddörfern umfaßten die Dienstgelder nach der Ablösung neben den Hoftagen noch Fuhrleistungen für Holz, Erntegut und Dünger, Gartengeld, Flachshoftagsgeld, Flachsseggen, Flachsarbeit, Mühlenspann- und Handdienste, Zaungeld und Botengänge.

Wie wenig sich die Dienstpflichten der Walddörfer von den Gütern unterschieden, geht aus den Ergebnissen von N. DETLEFSEN[461] hervor:

1. Zu Diensten auf dem Preetzer Vorwerk waren Schellhorn, Wakendorf, Pohnsdorf, Sieversdorf, Postfeld und Nettelsee verpflichtet, und zwar 6 Tage in der Ernte, 5 Tage in der übrigen Zeit. Bis zum Zeitpunkt der Ablösung von 1804 traten noch Raisdorf und Honigsee hinzu. Diese waren ursprünglich Neuwühren, nach dessen Parzellierung aber dem Haupthof tributär. Vier Pferde, Wagen und Knecht sowie noch ein zweiter Mann in der Ernte mußten je Hufner gestellt werden.

2. Ursprünglich waren Großbarkau, Klausdorf, Rönne und Elmschenhagen sowie ursprünglich Raisdorf und Honigsee zu Diensten in Neuwühren verpflichtet. Nach dessen Parzellierung wurde eine Ablösung durch Dienstgeld eingeführt.

---

458 R. DOOSE, 1910, S. 25
459 N. DETLEFSEN, 1971, S. 36
460 Im Rahmen der Reallastenablösung durch die Rentenbank von Pommern und Schleswig-Holstein hörten die Zahlungen der Hufner an das Kloster auf. Dem Kloster wurden Rentenbriefe für Grundheuer und Dienstleistungen ausgestellt, die sich auf das 22- bzw. 20fache der ursprünglichen Grundzinsen beliefen.
461 N. DETLEFSEN, 1971, S. 43

Abb. 23: Karte der Probstei. Ausschnitt aus der Karte der Gegend um Kiel von A.C. GUDME (1822), die ihrerseits auf der Karte der Gesellschaft der Wissenschaft in Kopenhagen beruht.

3. Die Walddörfer Löptin, Barmissen und Warnau waren zu einigen Arbeitstagen auf dem Vorwerk verpflichtet.

4. Gaarden und Ellerbek leisteten keine Dienste. Die Hofdienste von Preetz waren bereits zu Beginn des 17. Jahrhunderts in Dienstgeld überführt worden.

Zur Umwandlung der Dienste in Geldleistungen kam es schließlich 1804, als nach langen Verhandlungen unter Einschaltung von Sachverständigen eine Zahlung von 2071 Reichsbanktalern für alle 36 Betroffenen vereinbart wurde. Die mit der Grundherrschaft des Klosters verbundene Dienstpflicht wird somit erst 1/2 Jahr vor der generellen Abschaffung der Leibeigenschaft in den Herzogtümern aufgehoben.

Das Kloster selbst war zur Zahlung königlicher Gefälle verpflichtet, welche Kontribution, Landsteuer und Bankzinsen umfaßten. Von der Hufe wurden 36 Reichsbanktaler erhoben<462>.

Der Prozeß der Verkoppelung beginnt im Preetzer Obrigkeitsgebiet erst nach Erlaß der allgemeinen Einkoppelungsverordnung von 1771 für das Herzogtum Holstein<463>. Bezeichnend ist, daß die Neuordnung der Fluren, die im wesentlichen zwischen 1780 und 1790 erfolgt, unter starker Selbstbeteiligung der Bauern und unter Wahrung alter Rechte und Gewohnheiten durchgeführt wird<464>. So existieren in den Archiven in Schleswig und Preetz keine Dokumente, die diesen rechtlich so bedeutsamen Einschnitt durch Erdbücher, Vermessungen und Protokolle belegen. Die Verkoppelung in der Probstei ist weitgehend durch Austausch der Parzellen untereinander und ohne nachhaltiges Engagement der Obrigkeit erfolgt.

Als Folge der weitreichenden Selbstbestimmungsmöglichkeiten der Hufner war der erreichte Arrondierungsgrad allgemein gering<465>. Ältere Koppeln, die schon vorher von größeren Bauern eingehegt worden waren, blieben von der Neuordnung unberücksichtigt. Auf den übrigen Fluren und den aufgeteilten Gemeinweiden hielt sich ein relativ hoher Zersplitterungsgrad. Das Knicknetz war folglich dicht, vielfach unregelmäßig wegen des Beibehalts alter Landwege und raumaufwendig. Der einzige Vorteil war der Gewinn an Feuerholz angesichts der schwindenden Restflächen an Wald und Moor (vgl. Abb. 22).

Letzte vorhandene Waldstrecken am Rand der Probsteier Salzwiesen scheinen damals der Rodung zum Opfer gefallen und in Ackerland umgewandelt worden zu sein<466>. So ging bei Stakendorf der bisherige klösterliche Deputatwald im Umfang von 310 Tonnen gänzlich verloren. Hohe Holzpreise haben die Beseitigung alten Waldlandes beschleunigt. Bei der Aufteilung der Allmendländereien wurden die Kätner meist nicht mit Land auf den Gemeinweiden, sondern am Rand der bäuerlichen Hufenareale in relativ weiter Entfernung vom Dorf abgefunden.

---

462 Klostervogt POSSELT, 1842, S. 74
463 Für Schleswig 1766
464 Nach POSSELT (1842, S. 62) im Zeitraum von 1774 bis 1802. Das Urteil von POSSELT ist in wirtschaftlicher Hinsicht sehr kompetent, da er als Klostervogt in Schönberg tätig war.
465 R. DOOSE, 1910, S. 39
466 J.G. SCHMIDT, 1813, S. 62

Mit der Verkoppelung und der Umstellung auf eine meist neungliedrige Anbaufolge[467] ziehen neue Ackerfrüchte in die Probstei ein. Während vor 1780 nur Roggen, Gerste, Erbsen und Hafer bekannt waren, erscheinen nunmehr Raps, Weizen und Klee sowie lokal Kartoffeln, Bohnen, Flachs und Lein im Anbauspektrum. Auch Kümmel tritt als Handelsgewächs hinzu. Die hohen Getreidepreise, die etwa bis 1850 geherrscht haben, förderten besonders den Körnerbau. Der Kleebau diente mehrseitigen Zwecken: Im ersten Jahr der Heu- und Saatgutgewinnung, im zweiten Jahr der Beweidung. "Die Probstei ist neben Schlesien hauptsächlich zur Kleesamenkammer Deutschlands geworden"[468].

Sehr früh hat sich neben der Fruchtwechselwirtschaft in der Probstei die Stallfütterung der Milchkühe durchgesetzt. Sie geht teilweise auf die Initiative des Baron von Selby auf Güldenstein zurück, der diese neue Technik nach englischem Vorbild einführte, teilweise auf das Studium von Schriften landwirtschaftlicher Lesegesellschaften und auf den Erfahrungsaustausch der Bauern untereinander. Die Milchviehhaltung hat aber in der Mitte des 19. Jahrhunderts noch nicht ihren großen Auftrieb erfahren, da die Preise für Mühlen- und Saatgetreide noch sehr hoch waren und der Getreidebau mehr einbrachte.

Die Erzeugung von Saatgetreide, vor allem von Saatroggen, ist eine alte Domäne der Probsteier. Nicht unbeträchtliche Mengen wurden nach Mecklenburg und in andere Ostseegebiete versandt. Nach allgemeinen Maßstäben sind die Erträge sehr hoch gewesen. DOOSE[469] nennt als Mittel das achte bis zwölfte Korn, das geerntet wird, SCHMIDT[470] für das Jahr 1794 bei Weizen das achtzehnte, im folgenden Jahr bei Roggen sogar das zwanzigste Korn. Unabhängig von diesen Spitzenerträgen ist zu berücksichtigen, daß die Flächenproduktion von Jahr zu Jahr außerordentlich starken Schwankungen unterworfen war.

Der Ruf des Probsteier Saatguts gründete sich auf seine hohen Erträge und seine Eignung für unterschiedliche Klimate und Böden. Das Probsteier Getreide galt als gesund, da es wenig Unkraut[471] enthielt und mit Hilfe von Kalk und Urin gebeizt wurde. Auf diese Weise konnten der Schädlingsbefall und die Krankheitsübertragungen reduziert werden. Auch bildete das Beizen einen gewissen Schutz gegen den Fraß des Saatguts durch die Vögel. Georg HANSSEN (1832) berichtet, daß die Beiztechnik von der Probstei nach Fehmarn gebracht wurde.

Eine entscheidende Voraussetzung für die positive Entwicklung der Getreideerträge war jedoch in der Probstei das Mergeln sowie der frühe Einsatz der Röhrendrainage. Obgleich ältere Vorbilder des Mergelns nachgewiesen sind, hat die Technik der systematischen Bemergelung größerer Anbauflächen in den letzten 250 Jahren in der Probstei ihren Anfang genommen. Nach SCHMIDT[472] soll das erste Beispiel etwa auf das Jahr 1750 zurückgehen, als ein Hufner aus Bentfeld den Mergelaushub aus einer Viehtränke über ein Feld ausbreitete und dort eine auffallende Vermehrung des Getreideertrags feststellte. Während anfangs nur blauer Lehm aus Wiesenniederungen benutzt wurde, wagte sich der Bauer Götsch aus Fahren um 1780 auch an die gelben Grundmoränenlehme unter den

---

467 R. DOOSE, 1910, S. 40/41
468 ders., S. 62
469 ders., S. 68
470 J.G. SCHMIDT, 1813, S. 101
471 Die Samen wurden herausgelesen oder durch Sieben entfernt.
472 J.G. SCHMIDT, 1813, S. 109

Ackerflächen<473>. Andere Autoren - so DOOSE<474> - führen das Mergeln auf das Jahr 1770 und den Bauern Adam Schneekloth (1744-1812) aus Barsbek zurück<475>.

Die Technik des Mergelns hat sich in kürzester Zeit über die gesamte Probstei verbreitet. Sie konnte zeitlich mit dem Prozeß der Verkoppelung und damit der individuellen Bewirtschaftung kombiniert werden. SCHMIDT<476> berichtet, daß manchenorts des Guten zuviel getan wurde, daß Staunässe entstand und die Böden zu schwer zu bearbeiten waren. Die differenzierte Handhabung des Mergelns nach spezifischen Bodeneigenschaften und in Anpassung an bestimmte Anbaurotationen hat sich erst seit dem Beginn des 19. Jahrhunderts herausgebildet. Da man allmählich herausfand, daß Mergeln in Kombination mit Naturdünger noch bessere Erträge abwarf, ward diese Erfahrung zu einem neuen Impuls für die Viehhaltung auf der Basis von Stallfütterung, um die Dominanz des Körnerfruchtbaus nicht aufgeben zu müssen.

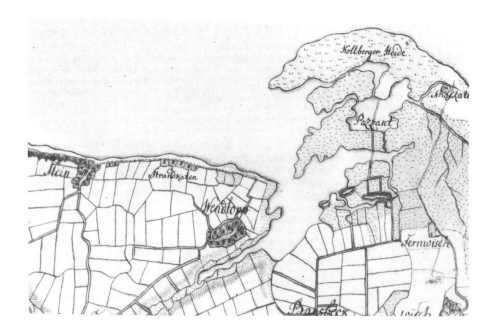

Abb. 24: Salzwiesen der Probstei und Barsbeker See auf der VARENDORF'schen Karte am Ende des 18. Jahrhunderts

---

473 J.G. SCHMIDT, 1813, S. 111
474 R. DOOSE, 1910, S. 57
475 Der gleichen Auffassung ist auch N. DETLEFSEN (1953, S. 515), fußend auf Angaben von N. FALCK (1847).
476 J.G. SCHMIDT, 1813, S. 113

Ein auffälliges Merkmal der naturräumlichen Ausstattung wie der wirtschaftlichen Raumgliederung sind die Salzwiesen der Probstei (vgl. Abb. 23). Die Historische Wirtschaftskarte zeigt ihre große Ausdehnung und zugleich die damalige Grenze zwischen Ackerland und natürlichem Grünland. Schon in den ersten Schenkungsurkunden[477] werden diese Wiesen im Gegensatz zum morastigen Waldland genannt, das der Rodung bedarf.

Der Untergang der sog. Kolberger Heide mit großen Landverlusten und mit der Entstehung des Barsbeker Binnensees wird auf eine extreme Überschwemmung im Februar 1625 datiert. Auch 1693 war wiederum eine extreme Winterflut. Trotz erster Deichbauten im Bereich der Dörfer Wisch und Barsbek im Jahre 1823 war um die Mitte des 19. Jahrhunderts noch kein sicherer Schutz gegeben. SCHMIDT[478] berichtet, daß 1797 eine Überschwemmung die beste Heuernte vernichtet und den Tod zahlreicher Tiere verursacht hat. Die bisherigen Diskussionen über eine geschlossene Bedeichung waren an der Aufteilung der Kosten gescheitert. Der Besitz der Dörfer war innerhalb der Salzwiesen sehr unterschiedlich und vielfach räumlich weit gestreut.

Die Wiesen sind vom Kloster an 14 der 20 Dörfer der Probstei gegen eine gesondert zu zahlende Wiesenheuer verpachtet. Der Ertrag an Heu gilt als außerordentlich hoch, da der Untergrund aus dem sog. blauen Ton besteht und spezielle Verfahren der Ebnung und Düngung mit Wiesendünger und Dammerde (Humus) angewendet werden. Ohne Weidemöglichkeit und Heugewinnung aus den Salzwiesen[479] wären die hohen Leistungen im Körnerbau nicht denkbar gewesen. Auf diese Weise wurde der erforderliche Naturdünger für die Felder produziert und die Haltung der Zugtiere ermöglicht.

Versucht man, die verschiedenen Wirtschaftszweige nebeneinander zu bewerten, so ergibt sich die überraschende Feststellung, daß 1845 im Gebiet des adligen Klosters Preetz (ohne Flecken) nur 25 % der Bevölkerung von der Landwirtschaft lebten. Diesem Wert ist allerdings noch die große Masse der Tagelöhnerschaft zuzurechnen, deren Anteil an der Bevölkerung sich unter Einschluß der Familienangehörigen auf 35 % beläuft. Zahlenmäßig hoch ist in den Preetzer Landgebieten demzufolge diejenige Bevölkerungsschicht, die den verschiedenen Sparten des Handwerks zuzuordnen ist. 23 % der Bevölkerung decken ihren Lebensunterhalt aus handwerklicher Tätigkeit. 187 Weber, 91 Schuster und 87 Schneider sind bei der Volkszählung 1845 als hauptamtlich Tätige außerhalb des Fleckens registriert worden. Ein besonders breites Spektrum von Handwerkern entfällt dabei auf Schönberg, dessen zentralörtliche Ausstattung mit kleinen Flecken oder gar Städten konkurrieren kann. SCHMIDT[480] hat für Schönberg nicht weniger als 25 handwerkliche Gewerbezweige aufgezeigt, darunter als typisch städtische Branchen die Uhrmacherei, Goldschmiedekunst und Kunstdrechslerei.

Besondere wirtschaftliche Merkmale sind in jenem schmalen klösterlichen Gebiet ausgebildet, das an die Kieler Förde angrenzt. Da dem Kloster seitens der Landesobrigkeit die Errichtung einer Hafenmole oder Verladeeinrichtung immer wieder verwehrt worden ist, muß der gesamte Warenverkehr über Kiel abgewickelt werden. Im klösterlichen Gaarden arbeitet eine bedeutende Wassermühle und eine

---

477 1232 durch den Herzog Albert von Sachsen, Lehnsherr des Schauenburger Grafen Adolf IV., als "nemus et pratum inter Karnese et Zwarte puc" bezeichnet (J.G. SCHMIDT, 1813, S. 4).
478 J.G. SCHMIDT, 1813, S. 52
479 POSSELT, 1842, S. 57
480 J.G. SCHMIDT, 1813, S. 58

Hohlglasfabrik, die den Namen Andreas-Hütte führt. Daneben sind mehrere Handwerker angesiedelt, vor allem Seiler und Schiffszimmerleute.

Ein gänzlich eigenständiges Gepräge weist der Fischerort Ellerbek unmittelbar gegenüber von Kiel auf. Fischfang in der Ostsee bis zum Kap Skagen, Fischräucherei, Aal- und Muschelfang sind neben der Bootsfahrt für den Großteil der Bevölkerung die Lebensgrundlage. Daneben spielt auch die Schiffszimmerei und die Weberei eine wichtige Rolle. Die Vermarktung der Fische in Kiel wird von den Frauen des Ortes übernommen.

Ein Sonderdasein im Rahmen der Wirtschaftsstrukturen führt auch der Kirchort Probsteierhagen. Alle seine 15 Häuser befinden sich auf ehemaligem Kirchenland. Die Landwirtschaft spielt folglich keine Rolle. Die Ausstattung mit Handwerkern ist stärker und differenzierter als in den meisten übrigen Orten.

Auch Laboe ist über die agrare Tätigkeit hinaus stark mit maritimen Erwerbszweigen verwachsen. Hier sind Lotsendienste, Schiffszimmerei, Fischerei und Schiffahrt an erster Stelle zu nennen.

Insgesamt zeigt sich, daß die Probstei nicht allein ein landwirtschaftlicher Aktivraum besonderer Art ist, sondern daß auch handwerkliche Tätigkeiten in diesem dicht besiedelten Küstenabschnitt eine wichtige Stellung im Erwerbsleben einnehmen. Die Bevölkerungszunahme ist in der Mitte des 19. Jahrhunderts bereits so lebhaft, daß agrare Wander- und Saisonarbeit - vor allem zum Zwecke des Mergelns auf den Gütern und auf Fehmarn - die fehlenden eigenen Reserven im Lebensunterhalt ergänzen müssen. Als zwei Jahrzehnte später auf dem Kieler Ostufer die großen Werften entstehen, setzt aus der Probstei ein starker Abstrom arbeitssuchender Bevölkerung ein.

8. Das Fürstentum Lübeck

Im Rahmen der räumlichen und strukturellen Gliederung des Untersuchungsausschnitts stellt das Fürstentum Lübeck einen eigenständigen Territorialtypus dar. Er findet weder in den Amtsbezirken, Güterdistrikten oder geistlichen Obrigkeiten eine Parallele, sondern repräsentiert ein politisches Singulärobjekt, welches - aus geistlicher Wurzel hervorgegangen - zu Beginn des 19. Jahrhunderts in eine säkularisierte Herrschaftsform überführt worden ist. Zwar reiht sich die wirtschaftliche Entfaltung in die großen Linien der Landesentwicklung ein, aber es existieren doch einige bemerkenswerte Einzelerscheinungen in den Eutiner Landen, die bis in die Gegenwart fortwirken.

Eingebettet in den vielgestaltigen Entstehungsprozeß unterschiedlicher Machtgebilde auf holsteinischem Boden, hat das Fürstentum Lübeck die Phase der Vereinheitlichung der Herrschaftsverhältnisse durch Gründung des Dänischen Gesamtstaates ebenso überlebt wie die generelle Auflösung geistlicher Herrschaften durch den Regensburger Deputationshauptschluß im Jahr 1803.

In der Mitte des 19. Jahrhunderts umfaßt das Fürstentum Lübeck neben der Stadt Eutin die beiden Amtsbezirke Eutin und Schwartau, die durch das königliche Amt Ahrensbök voneinander getrennt sind. Erst in preußischer Zeit wird eine Arrondierung durch Eingliederung des Ahrensböker Zwischengebiets erreicht. Während das Amt Eutin um 1850 einen reinen Binnenbezirk darstellt, stößt der Distrikt Schwartau zwischen Niendorf und Scharbeutz direkt an die Ostsee. Eine Hafenfunktion ist indes mit diesem Sachverhalt nicht verbunden. Der Warenumschlag des Fürstentums wird über Lübeck bzw. seinen Vorhafen Travemünde oder über das dänische Neustadt abgewickelt.

Die Entstehung eines eigenständigen Herrschaftsgebietes reicht in die Zeit der Kolonisation im wagrischen Raum zurück. Das Fürstentum Lübeck leitet sich - mit mancherlei Grenzveränderungen - auf die Landbesitzungen des früheren Bistums von Lübeck zurück, die zum größten Teil aus Stiftungen hervorgegangen sind. Die Bischofswürde ging mit dem 36. Bischof Johann Adolf im Jahr 1586 auf die jüngere Linie des Hauses Holstein-Gottorf über und verblieb dort bis zum 45. Bischof Peter Friedrich Ludwig (1785-1803)<481>. Danach trägt die gleiche Linie von 1803-1823 zunächst den Titel eines Erbfürsten von Lübeck, später eines Herzogs von Oldenburg und seit 1829 denjenigen eines Großherzogs von Oldenburg. Zum Großherzogtum Oldenburg gehören als Herzogtum das Stammland zwischen Weser, Ems und Nordseeküste, das Fürstentum Lübeck und das Fürstentum Birkenfeld an der Südabdachung des Hunsrück zum Tal der Nahe.

Die Ausstattung des Bistums mit Land leitet sich auf das Jahr 1149 zurück, als Vizelin zum Bischof von Oldenburg geweiht wurde. Damals soll der holsteinische Graf Adolf II. 300 Hufen Landes um Eutin und Gamal<482> bereitgestellt haben, die allerdings Wald-, Niederungs- und Seengebiete mit umfaßten und letztendlich nur 100 Hufen nutzbaren Ackerlandes ausgemacht haben sollen. Als 1163 Gerold den Bischofssitz von Oldenburg in das wiedererstehende Lübeck<483> verlegt,

---

481 J. ALBERTS, 1882, S. 298
482 Niedergelegtes Dorf, dessen Ländereien eingezogen und zur Gründung des Bauhofs und der Neumeierei als bischöfliche Vorwerke herangezogen wurden.
483 1157 durch Feuer vernichtet und auf dem Moränenhügel Buku zwischen Trave und Wakenitz neu erbaut.

wird die Dotierung des Bistums durch herzogliche sowie gräfliche Schenkungen an Land und Einkünften vermehrt.

Auch in späterer Zeit treten den alten bischöflichen Tafelgütern neuer Stiftungsbesitz und weitere wirtschaftliche Absicherungen zur Seite, auf welche sich die Existenz der geistlichen Obrigkeit und des 12köpfigen Domkapitols gründet. Da die Domherren, denen die Wahl des Bischofs oblag, nicht selten den begüterten Schichten der holsteinischen Ritterschaft entstammten, ergaben sich mehrfach Gelegenheiten zu Landkauf oder Tauschaktionen, um den Besitzstand abzurunden und dessen Bewirtschaftung durch Hintersassen zu gewährleisten. Die gut dotierten Präbenden des Domkapitels stellten für den Landesadel eine willkommene Möglichkeit dar, nicht erbberechtigte Söhne dauerhaft zu versorgen[484]. In der Versorgungsfunktion wird eine deutliche Parallele zu den Adligen Klöstern sichtbar.

Als Folge der Auflösung des altsächsischen Herzogtums Heinrichs des Löwen scheint der Bischof von Lübeck relativ früh in den Rang eines selbständigen und unmittelbaren Reichsfürsten[485] aufgerückt zu sein. Nicht unerheblich dürfte auch die politische Rangstellung Lübecks als Freie Reichsstadt und ihre wirtschaftliche Ausstrahlung zu dieser Verselbständigung beigetragen haben. Durch eine breite materielle Basis des Bistums vermehrte sich der wirtschaftliche Einzugsbereich der Hansestadt. Außerdem garantierte eine Lokalisierung der bischöflichen Hausmacht außerhalb der Stadt die freie Entfaltung der politischen und ökonomischen Interessen Lübecks.

Bleibt zunächst die holsteinische Hoheit über später hinzugetretene Landesteile noch bestehen, so verschwindet auch diese mehr und mehr. Seit der Reformation werden die bischöflich-eutinischen Lande trotz des Widerspruchs der holsteinischen Landesherrn unabhängig regiert und juristisch nach außen hin vertreten.

Auch die Gefahr der Säkularisation, die das Ende der übrigen protestantischen Bistümer des Nordens bedeutete - so Magdeburgs, Mindens, Bremens und der benachbarten Bistümer Ratzeburg und Schwerin -, konnte im Zuge der Verhandlungen des Westfälischen Friedens 1648 abgewendet werden. Eutin blieb in seinen alten Grenzen als Fürstbistum und freier unmittelbarer Reichsstand bestehen. Das Domkapitel mußte sich allerdings verpflichten, noch 6 Bischöfe hintereinander aus dem Hause Holstein-Gottorf zu wählen. Auf diese Weise konnte das Interesse des herzoglichen Hauses mit demjenigen der Landesritterschaft in Einklang gebracht werden. Auch glaubte man, auf diese Weise einem potentiellen Zugriff Dänemarks vorbeugen zu können. Andererseits ging man die Verpflichtung der Nichteingliederung in das Herzogtum Holstein ein, wie auch immer die dynastischen Verbindungen sich entwickeln sollten.

Eine neue Situation für das Hochstift Lübeck tritt mit dem Vertrag von Sarskoje Selo (1773) ein, als sich Dänemark und Rußland als Ergebnis der langjährigen Bemühungen des älteren Grafen BERNSTORFF und Caspar von SALDERNs[486] vergleichen. Für die jüngere Linie der Gottorfer bedeutet dieser Vertrag eine ungeahnte Aufwertung ihrer politischen Existenz und materiellen Basis. Dazu trug in erster Linie bei, daß Dänemark die Grafschaften Oldenburg und Delmenhorst schuldenfrei abtrat und dem Bischof Friedrich August übertrug. 1777 erhob Kai-

---

484 G. PETERS, 1971, S. 69
485 SCHRÖDER/BIERNATZKI, 1855, I, S. 128
486 L.N. HENNINGSEN, 1986, S. 19

ser Josef II. die beiden Grafschaften in den Rang eines Herzogtums Oldenburg. Die Hauptstadt- und Residenzfunktion verlagerte sich schrittweise von Eutin nach Oldenburg i.O., der Mittelpunkt der politischen Macht etablierte sich in zunehmendem Maß im Westen<487>, wo fortan 80 % der Staatsfläche lagen<488>. Der kulturellen Blüte Eutins hat dieser Vorgang indes keinen direkten Abbruch getan, da die Beamtenschaft und das Domkapitel in ihren amtlichen Funkionen verblieben.

Den großen Veränderungen im Westen stehen relativ kleine Verschiebungen im östlichen Holstein gegenüber. An erster Stelle steht der Erwerb der sog. jüngeren Fideikommißgüter, die zu den drei älteren Stendorf, Mönch-Neversdorf und Lensahn hinzutreten. Ihr Erwerb wird aus 300.000 Talern Entschädigung finanziert, die die königliche Finanzverwaltung zwecks Abgeltung von Erbfolgeansprüchen an die Gottorfer Linie zahlt. Diese Neuerwerbungen, die zusammen mit den alten Besitzungen 10 Haupthöfe, 4 Meierhöfe und 21 Dorfschaften<489> ausmachen, werden aber territorialrechtlich nicht dem Hochstift Lübeck zugeschlagen. Sie bilden einen eigenen Distrikt, der die mit "adligen Rechten" versehenen Besitzungen der ... Holstein-Gottorffischen jüngeren Fürstenlinie" zusammenfaßt<490>. Auf eine Einhaltung der Territorialgrenzen auf holsteinischem Boden wird im Zusammenhang mit dem Vertragsschluß von 1773 sorgsam geachtet.

Ist das Hochstift Lübeck in diesem Zeitabschnitt zunächst noch in 10 getrennte Gebietsteile zersplittert, so bringen die Jahre 1803/1804 durch Vertragsschluß mit Lübeck bedeutsame Änderungen. Besitzungen und Rechte des Bischofs in der Hansestadt gehen fast gänzlich in die Hand des Magistrats über. Die Rechte der Domherren kann der Herzog von Oldenburg nur durch Zahlung von Pensionen ablösen. Ein gleiches Verfahren wird auf die Besitzungen und Rechte des Eutiner Collegiatstifts im Oldenburger Raum angewendet. Unter Beibehaltung von Verwaltung und bestehender Obrigkeit wandelt sich das bisherige Hochstift unter Verlust seiner geistlichen Funktionen zum weltlichen Fürstentum Lübeck. Mit der Stadt Lübeck kommt schließlich ein Landtausch-Rezeß zustande, bei dem Teile der ehemaligen Kapiteldörfer im Travemünder Winkel und Besitzungen im direkten Umkreis der Stadt ausgetauscht werden. Die differenzierten Abmachungen können hier nicht behandelt werden, da sie das Darstellungsgebiet der Karte nicht mehr betreffen<491>.

Die Zustimmung zur Säkularisation des Hochstifts Eutin und zur Umwandlung in ein weltliches Fürstentum war erfolgt, um eine Entschädigung für den Fortfall

---

487 J. ALBERTS, 1882, S. 323
488 Unter Einschluß der sog. neu-oldenburgischen Lande, die seit 1803 durch den Frieden von Lunéville hinzutraten, nämlich das ehemals kurhannoversche Amt Wildeshausen und das oldenburgische Münsterland mit den Ämtern Friesoythe, Cloppenburg, Löningen, Vechta, Steinfeld und Damme (K.G. BÖSE, 1863, S. 510).
489 J. GREVE, 1844, S. 336
490 SCHRÖDER/BIERNATZKI, 1855, I, S. 108
491 Zunächst war eine Einverleibung des gesamten Gebietes zwischen Trave, Ostsee und Hemmelsdorfer See in das Lübecker Staatsgebiet geplant. Mit Ausnahme von Brodten, Gneversdorf, Teutendorf und Ivendorf verzichtete aber Lübeck auf den Erwerb hochstiftischen Landes im Travemünder Winkel. Stattdessen erfolgten Besitzabrundungen innerhalb der eigenen Landwehr (P. KOLLMANN, 1901, S. 6). Die ursprüngliche Linie sollte sich 500 franz. Toisen (860 m) von der Trave entfernt halten (J. ALBERTS, 1882, S. 326).

der Einnahmen aus dem oldenburgischen Weserzoll bei Elsfleth zu ermöglichen. Die Aufhebung des Flußzolls geschah auf Betreiben Bremens. Aufgrund oldenburgischer Proteste durften die Zölle dann noch bis zum Jahr 1813 erhoben werden. Nach der Beseitigung der französischen Vormachtstellung flossen die Weserzölle - nicht zuletzt als Belohnung für die Teilnahme an den Befreiungskriegen - schließlich noch bis 1820 in die oldenburgische Staatskasse.

Knapp 40 Jahre nach der Aufhebung des Hochstifts kommt es 1842 durch einen in Plön geschlossenen Vertrag zu einer Neufestlegung der Grenzen mit Dänemark. Von seiten des Fürstentums werden die Dörfer Rathjensdorf, Nanndorf, Altgalendorf, Techelwitz, Teschendorf, Klein-Wessede, Rellin, Hamberge, Hansfelde, Groß- und Klein-Barnitz, Tankenrade, Travenhorst und Giesselrade abgetreten und den königlichen Amtsbezirken - meist Cismar und Ahrensbök - eingegliedert. Umgekehrt werden der holsteinische Anteil an Ratekau sowie die Dorfschaften Gleschendorf, Schürdorf, Cashagen, Schulendorf, Garkau, Fassensdorf und Gothendorf dem nunmehrigen Amt Schwartau zugeteilt. Die alten Ämter Kaltenhof und Großvogtei werden im Zuge des genannten Verwaltungsakts aufgelöst[492].

Hatte das kleine Fürstentum Lübeck im Napoleonischen Krieg noch einen Spielball zwischen den Mächten dargestellt und hohe Kontributionen an die alliierten Franzosen und Dänen zahlen müssen, so kommt es in den folgenden Jahrzehnten zu einer planmäßigen und pragmatischen Zusammenarbeit mit Dänemark. Unter wirtschaftlichen Gesichtspunkten ist neben der Neuordnung des Territoriums besonders hervorzuheben, daß Post- und Zollwesen vertraglich geregelt werden. 1839 wird der zollfreie Verkehr und die Errichtung einer gemeinschaftlichen Zollinie mit Holstein vereinbart[493]. Im Rahmen dieser Abmachungen fungiert Eutin als Binnen-Zollstätte, während Schwartau und Hansfelde sowie Niendorf und Ottendorf am Südende des Hemmelsdorfer Sees zu Grenzzollstätten bestimmt werden. Für jeden seiner durch Volkszählung ermittelten Einwohner erhielt die oldenburgische Staatskasse 2 Taler Courant Entschädigung. 1846 übernimmt Dänemark die Postbeförderung und unterstellt diese der holsteinischen Aufsicht. Nach Abschluß dieser Verträge wird der Eutinische Raum in die Trassierung der Chausseen sowie die Planung der 1866 eröffneten Ostholsteinischen Eisenbahn einbezogen. Bezeichnenderweise erfolgt die Anbindung per Bahn in dänischer Zeit aber nur an die Kiel-Altonaer Hauptbahn, und zwar über Preetz, Ascheberg, Neumünster, nicht aber nach Süden über Lübeck-Büchen an die Hamburg-Berliner Verbindung[494].

Wie in den übrigen Landesteilen hat auch im Fürstentum Lübeck die Landwirtschaft seit jeher die tragende ökonomische Rolle gespielt. Die Lage des Staatsgebietes im vorteilhaften östlichen Jungmoränengebiet sowie die günstigen Absatzbedingungen über Lübeck, Altona, Hamburg und Neustadt haben diese Entwicklung nachhaltig gefördert.

Aufgrund der Bonitätsabstufungen, welche in der zweiten Hälfte des 19. Jahrhunderts eingeführt wurden, läßt sich für das Fürstentum Lübeck und seine einzelnen Gemeinden eine differenzierte Einsicht in das Ertragspotential der Standorte gewinnen[495]. Geht man davon aus, daß das Ackerland in 9 Güteklassen unter-

---

492 P. KOLLMANN, 1901, S. 7
493 J. ALBERTS, 1882, S. 331
494 vgl. E. BRUHNS, 1868, Führer durch die Umgegend der Ostholsteinischen Eisenbahn
495 J. ALBERTS, 1882, S. XIII

teilt war, so errechnen sich für die 39 Dorfschaften des Amtes Eutin folgende Anteile: 12 % der Ackerfläche entfallen auf die Spitzenkategorien vom Typus 1 und 2. 29 % des Areals werden von der Klasse 3 - also gehobenen Mittelböden - eingenommen. Schließlich umfaßt die Klasse 4 - der eigentliche Mittelbereich - noch einmal 22 % des Ackerlandes. Rechnet man die 5. Kategorie als niedrigste Klasse des Mittelfeldes mit 18 % noch hinzu, so zeigt sich, daß sich das Gesamtareal mittlerer Bodengüte auf insgesamt 69 % der Ackerfläche beläuft. Insgesamt können nur etwa 20 % der Nutzfläche als ertragsschwach angesehen werden.

Diese mageren Böden mit hohen Sandanteilen und groben Beimengungen dehnen sich hauptsächlich im Umkreis der großen Seen aus. So fällt das Gebiet der Dorfschaften Bosau und Bichel am Ostufer des Plöner Sees ebenso vom allgemeinen Ertragsniveau ab wie die Randzone des Kellersees. Hier sind vor allem Malente, Fissau und Krummensee hervorzuheben. Auch das stark reliefierte Gebiet östlich der Seenbereiche um Sibbersdorf, Benz und Zarnekau weist niedrigere Werte auf, als sie auf die übrigen Teile mit ihren ausgeglichenen Grundmoränenplatten zutreffen. Das Gebiet nordöstlich von Eutin führt im Volksmund die Bezeichnung Sandfeld. Es war im Gebiet von Zarnekau früher mit Heide bedeckt, wurde aber bis 1850 fortlaufend unter Kultur genommen und mit Nadelholz bepflanzt.

Die Landwirtschaft des Fürstentums Lübeck ist durch eine dualistische Grundstruktur, bestehend aus verkoppeltem Bauernland und obrigkeitlichem Eigenbesitz, charakterisiert. Kennzeichnend ist die Beibehaltung herrschaftlicher Vorwerke, die keiner generellen Parzellierung wie in den Amtsdistrikten unterzogen wurden, sondern als Gutsbetriebe des Herrscherhauses bzw. der Kammer geführt und bewirtschaftet werden.

Vor Erlaß des sog. revidierten Staatsgrundgesetzes im Jahr 1852<496> befand sich das Krongut im uneingeschränkten Besitz des Fürsten. Nach der nunmehrigen Verfassung wurde das Domanialvermögen neu geordnet und in seinem wirtschaftlichen Nutzwert neu bestimmt. Man unterschied zwischen vorbehaltenem und ausgeschiedenem Krongut, das von der Staatsfinanzbehörde verwaltet wurde. Mit Ausnahme des Hofes Benz, der zum Privatvermögen des Großherzogs zählte, schieden die Höfe Bauhof (vgl. Abb. 25), Beutinerhof, Neumeierei, Adolfshof, Ovendorf und Redingsdorf aus dem fürstlichen Eigenbesitz aus. 1852 wurden auch die Seen mit Ausnahme des Dieksees zum Staatsgut erklärt und damit der Verpachtung durch die staatliche Finanzbehörde unterstellt. Auf der historischen Wirtschaftskarte ist noch der ältere Einheitstypus als Krongut des Herrscherhauses dargestellt.

Die entscheidenden Veränderungen in der Agrarstruktur der Eutinischen Lande sind noch in bischöflicher Zeit eingeleitet und abgeschlossen worden. Sie sind zweifellos von den frühen Reformbewegungen im benachbarten Herzogtum Plön wie auch im südlich angrenzenden Amt Ahrensbök beeinflußt worden.

Von grundlegender Bedeutung für den Rechtsstatus der Bauern war die Anwendung einer gemilderten Form von Gutswirtschaft, die zwischen den Rechten an der Hofstelle und dem zur Hofstelle gehörenden Grundbesitz sowie dem Recht an den Gemeinweiden unterschied. Während die Bauern persönlich freie Eigentümer von Haus und Hofwehr waren und unter ihren Kindern das bestgeeignete zum

---

496 J. ALBERTS, 1882, S. 44

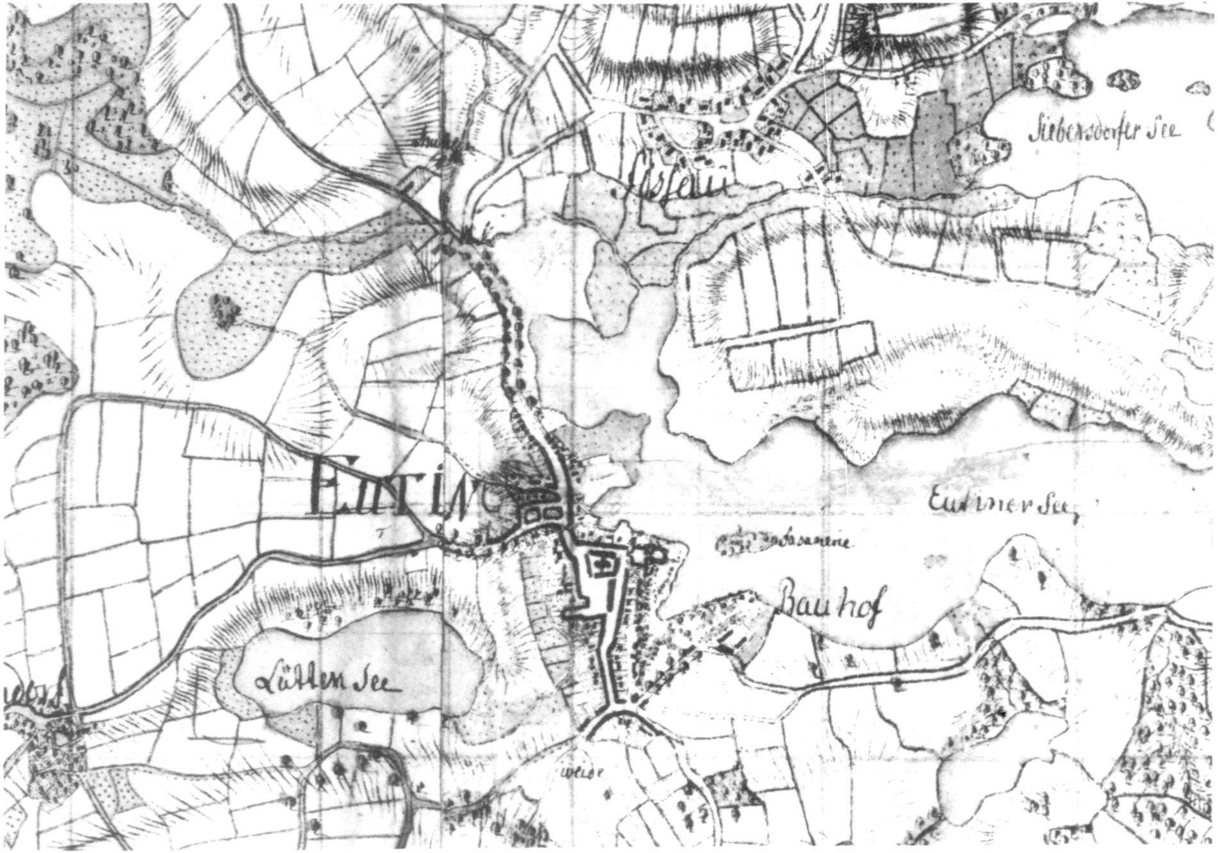

Abb. 25: Die Umgebung von Eutin mit dem Bauhof als Krongut auf der VARENDORF'schen Karte

Nachfolger bestimmen konnten<497>, war der bewirtschaftete Grund und Boden mit obrigkeitlichen Rechten belastet. Diese umfaßten in der Regel Hof- und Spanndienste, welche in vielen Fällen auf Dienstgeldbasis abgegolten wurden.

Zur Zahlung der hohen Summe von durchschnittlich 30-40 Reichstalern je Hufe sahen sich angesichts von Mißernten, Viehseuchen und schwankenden Getreidepreisen nicht immer alle Bauern in der Lage. Das Ergebnis der am Grund und Boden haftenden Dienstgeldleistungen waren häufige wirtschaftliche Zusammenbrüche und das Wüstfallen von Hufen. Da eine Neubesetzung von Stellen nicht immer gelang, schritt die Obrigkeit verschiedentlich zu Zusammenlegungen oder Aufteilungen des frei gewordenen Nutzlandes. So kommt es vor allem in der ersten Hälfte des 18. Jahrhunderts zu starken Veränderungen im Besitzstand, die allgemein auf eine Vergrößerung der Vollhufen und eine Verringerung der Zahl der Halb- und Viertelhufen hinauslaufen. Demzufolge ist die Hufe im Raum Eutin von Fall zu Fall unterschiedlich groß und überschreitet nicht selten diejenigen Dimensionen, die sonst im Holsteinischen angetroffen werden. Legt man die in Tab. 27 aufgeführten acht Dörfer zugrunde, so zeigt sich nur in Zarnekau und Malente keine Veränderung. In Fissau sind 3, in Neukirchen, Neudorf und Malkwitz jeweils 2 und in Groß-Meinstorf 1 wüste Stelle verteilt worden. In Bockholt wird zwischen 1 wüsten Hufe und 1 verteilten wüsten Erbe unterschieden, ohne daß die inhaltliche Divergenz näher beschrieben wird<498>.

Tab. 27: Besitzgrößenstruktur in ausgewählten Dorfschaften des Amtes Eutin um 1880

Größe in ha	Zahl der Betriebe							
	Malente	Malkwitz	Gr.Meinstorf	Neudorf	Neukirchen	Zarnekau	Bockholt	Fissau
unter 5	70	15	5	24	13	6	8	53
5 - 10	1	4	0	2	1	3	1	1
10 - 25	2	3	0	0	4	0	0	2
25 - 50	4	0	1	1	7	0	1	6
50 - 100	6	4	7	6	2	5	5	5
über 100	0	0	1	0	0	0	0	1

zusammengestellt nach Angaben von J. ALBERTS, 1882

---

497 W. PRANGE, 1971, S. 103
498 Angaben nach SCHRÖDER/BIERNATZKI (1855/56)

Das Grundbild der Besitzstruktur - in absoluter Größenaussage entsprechend den Grundsteuerreinerträgen ungefähr für das Jahr 1880 zutreffend - kann aus Tab. 27 ersehen werden. Einer meist großen Zahl von Kleinlandwirten in Gestalt von Kätnern, Bödnern oder Achtelhufnern steht das Mittelfeld bis 25 ha mit nur wenigen Vertretern gegenüber. Während der sonst dominierende Hufenbesitz von 25-50 ha nur gering und von Dorfschaft zu Dorfschaft stark wechselnd ausgeprägt ist, fällt die Masse der Vollhufner mit Landanteilen von 50-100 ha wieder stark ins Gewicht. Daß Hufenbesitz auch über 100 ha angetroffen wird, ist im Fürstentum Lübeck keine Seltenheit.

W. PRANGE<499> konnte nachweisen, daß besonders im Stift Eutin frühe Wurzeln des Koppelmachens anzutreffen sind, ohne daß eine obrigkeitliche Verfügung diese im Rahmen einer allgemeinen Agrarreform angeordnet hätte. So weisen die Flurvermessungen, denen P. KAPUST<500> eine Dissertation gewidmet hat, schon in den ersten Jahrzehnten des 18. Jahrhunderts ein spontanes Vorschreiten des Anlegens von Knicks innerhalb der herkömmlichen Schlagwirtschaft und Feldgemeinschaft nach. Dem Vorschreiten der Hecken hat die bischöfliche Kammer anfangs offensichtlich zurückhaltend gegenübergestanden, da man um eine Behinderung der herrschaftlichen Jagd fürchtete.

Kennzeichnend für das bischöfliche Eutiner Land ist, daß es zu einer eigentlichen Verkoppelungsverordnung nicht gekommen ist, obgleich es strikte Befürworter - wie den Grafen Christian Rantzau auf Rastorf in seiner Eigenschaft als Vorsteher des bischöflichen Kollegiums<501> - gab. So hat sich ein starres Prinzip förmlicher Neugliederung nicht ergeben. Anläufe zu einer Durchsetzung von Egalisierung, Geldzahlungen für das Koppelmachen oder einer Neufestsetzung des Dienstgeldes blieben in den Anfängen stecken. Nach 1750 hat sich die Verkoppelung auf alle Dörfer mitsamt ihren Ackerländereien ausgeweitet. Vorher war die Einhegung in erster Linie auf die gemeinen Weiden beschränkt geblieben, um dort eine individuelle Nutzbarkeit zu erreichen.

Weitergehende innere Reformen sind erst durch die allgemeinen politischen Unruhen des 19. Jahrhunderts ausgelöst worden. So wie die Aufhebung von Leibeigenschaft und Hofhörigkeit im oldenburgischen Münsterland<502> erst 1814 durchsetzbar war<503>, so brachten erst das Staatsgrundgesetz und die landständische Verfassung von 1849 einen tiefgreifenden Wandel im herkömmlichen, manchenorts bis ins Mittelalter zurückreichenden Abgabensystem<504>. Erst auf der Grundlage dieses Gesetzes erlosch der grundherrliche Besitzanspruch sowie die Zahlung von Dienstgeld und sonstigen Gefällen. Grund und Boden gingen in die Hand der Bauern über, und die mit der Stelle verbundenen Dienste konnten nunmehr durch Zahlung 25facher Jahresleistungen abgelöst werden.

Aus diesen Bedingungen wird ersichtlich, daß die Agrarentwicklung in den bäuerlichen Lebensbereichen des Fürstentums Lübeck bis zur Mitte des 19. Jahrhunderts noch nicht von den gleichen freiheitlichen Triebfedern gefördert war, wie

---

499 W. PRANGE, 1971, S. 105/106
500 P. KAPUST, Die Kartographie des Fürstentums Lübeck im Rahmen der Agrarreformen des 18. Jh.s, Kiel 1967
501 hauptsächlich mit dem Ziel, die Staatseinnahmen durch Erhebung von jährlichen Koppelgeldern oder einer einmaligen Zahlung zu mehren
502 gegen Entschädigung der Gutsbesitzer
503 K.G. BÖSE, 1863, S. 806
504 W. PRANGE, 1969, S. 24

sie auf die fortschrittlichen Amtsdistrikte Holsteins zutrafen. Die große Entfaltung durch Beratungswesen mit Hilfe landwirtschaftlicher Vereine und die Gründung von Genossenschaftseinrichtungen setzt nach den von KOLLMANN<505> gesammelten Angaben erst zwischen 1870 und 1880 ein. Auch scheint die Technik des Mergelns und der Drainage erst später Einzug gehalten zu haben. Die Mittelmäßigkeit der Viehwirtschaft wird häufig erwähnt.

Da ein ausgeglichenes Besitzgefüge fehlt und die Teilung von Parzellen untersagt ist, sind die Lebensbedingungen für Insten und Kätner besonders schwierig. Durch Abzweigung von abgelegten Instenparzellen aus der gemeinen Weide<506> wurde im Rahmen der Verkoppelung versucht, auch den ländlichen Unterschichten eine minimale eigenwirtschaftliche Basis zu verschaffen. Unverkennbar ist dabei die Intention, möglichst viele Arbeitskräfte als Tagelöhner an das flache Land zu binden. Die durchschnittlichen Parzellengrößen sind immer sehr klein, so in Neukirchen und Redingsdorf 0,13 ha, in Malente 0,14 ha oder in Süsel 0,12 ha. Demgegenüber ist die Zahl der Personen hoch, die von ländlicher Gelegenheitsarbeit oder ergänzender Handwerkstätigkeit in den größeren Dörfern lebt. Nicht unbedeutend ist auch die Entstehung von intensivem Gartenbau, der von Neudorf und Fissau bekannt ist. Seine Entwicklung dürfte auch mit der Zahl der vielen Kleinstellen in unmittelbarem Zusammenhang stehen.

Neben der Dominanz der großen Hufen im dörflichen Siedlungsverband und einem breiten Spektrum ländlicher Arbeitsbevölkerung ist das Vorhandensein herrschaftlicher Gutsbetriebe das dritte besondere Strukturelement im Wirtschaftsgefüge des Fürstentums Lübeck.

Wie die Verkoppelung sich nie zu einem amtlich angeordneten Verfahren entwickelte, so wurden auch weitergehende Eingriffe in die Organisation und Aufgabenstellung der Krongüter vermieden. Nur an der Westgrenze des Fürstentums im Kontaktbereich zum reformfreudigen Plön wurden auf Drängen der Bauern nach mehreren Anläufen zwei Vorwerke zur Parzellierung freigegeben, nämlich Majenfelde und Rotensande. Die Parzellistencommunen Luschendorf und Garkau im Amt Schwartau<507> sind erst 1842 durch den Plöner Vertrag zum Fürstentum gekommen. Sie ordnen sich nach Entstehung und Typus ganz den Maßnahmen zu, wie sie im Amt Ahrensbök zur Anwendung kamen.

Majenfelde, dem ehemals die Dörfer Hassendorf, Kiekbusch, Klenzau, Thurk, Hutzfeld und Wöbs hofpflichtig waren, wurde 1752 in 16 Erbpachtstücke zerlegt, von denen 6 sofort bebaut wurden, während die übrigen Erbpächter in den Dörfern verblieben<508>. Auch hier blieb das Dienstgeld mit 50 Talern/Hufe ohne Einschränkung erhalten.

Der zweite Fall von Parzellierung und Vererbpachtung ist Rotensande südlich von Malente. Auch hier erfolgte die Zustimmung der Kammer erst nach langem Zögern, da über den wirtschaftlichen Ertrag einer solchen Maßnahme Unklarheit herrschte. Das Drängen der Bauern zeigte aber, daß die Zahlung von Dienstgeld als weitaus geringeres Übel im Vergleich zum drückenden Hofdienst angesehen wurde.

---

505 P. KOLLMANN, 1901, Statistische Beschreibung der Gemeinden des Fürstenthums Lübeck
506 vgl. dazu W. PRANGE, 1971, S. 120 und Kartenbeilagen bei P. KAPUST, 1967.
507 Von der Historischen Wirtschaftskarte gerade noch erfaßt
508 W. PRANGE, 1971, S. 123

In zwei Fällen ist es sogar noch zu Beginn des 19. Jahrhunderts zur Neubildung von Krongütern durch Rückkauf von Erbpachtstellen gekommen: In Adolphshof und Beutinerhof. 1799 kaufte die Herrschaft 4 Parzellen und 1809 eine 5. zurück, nachdem 1775 das Vorwerk Nüchel parzelliert worden war. Der Verkauf war aber nicht in der gewünschten Weise verlaufen, da Graf Brockdorff auf Klethkamp mitgeboten und die 4 besten Parzellen erworben hatte<509>. 1823 wird der ebenfalls in Zeitpacht vergebene Beutinerhof gegründet, der sich aus der rückgekauften Stelle Moorkamp<510> und aus Ländereien des Bauhofs zusammensetzt. Die übrigen Krongüter stellen älteren Besitz dar, der teils aus Adelshand gekauft oder aus früherem Bauernland durch Niederlegung hervorgegangen ist. Nur das Krongut Benz ist jüngeren Datums und durch Zukauf und Landtausch im 18. Jahrhundert zu seiner Größe von 757 Tonnen zusammengewachsen.

Sieht man von der starken handwerklichen Konzentration ab, wie sie sich vor allem in Malente und Neukirchen findet, so ist der dargestellte Teil des Fürstentums Lübeck gering mit gewerblichen Aktivitäten ausgestattet. Eine Ausnahme machen nur das zu Lübeck benachbart liegende Schwartau und das in preußischer Zeit angegliederte Ahrensbök, wo landwirtschaftliches Gewerbe Fuß faßt. Einer Hervorhebung wegen ihrer wirtschaftsgeschichtlichen Sonderstellung bedarf nur die Kalkhütte am Kellersee.

Während sonst der Handel mit Segeberger, Seeländer und Gotländer Kalk vorherrschte oder Muschel- bzw. Austernschalen in den Strandgebieten gebrannt wurden, baute man im Fürstentum Lübeck die Seekalke des Kellersees ab. Man wandte sich diesem Verfahren zu, nachdem die Kalktuffe und Sintervorkommen am Ostufer erschöpft waren<511>. Dem 48stündigen Brennen ging ein sorgfältiger Trocknungsvorgang in besonderen Scheunen voraus. Über die Menge der produzierten Ware liegen keine Auskünfte vor. Der Absatz scheint die Grenzen des Fürstentums nicht überschritten zu haben.

Ansatzpunkte eines im Bahnzeitalter sich verstärkenden Fremdenverkehrs sind bereits um die Mitte des 19. Jahrhunderts im Fürstentum Lübeck ausgebildet. Dazu zählt im Kartenausschnitt in erster Linie Scharbeutz, dessen Augustusbad mit einem Logierhaus verbunden ist. Auch die anmutige Umgebung im Raum Eutin - Fissau - Sielbek - Nüchel ist in den erwachenden Reise- und Erholungsverkehr einbezogen. Der vom eutinischen Oberweginspektor E. BRUHNS 1868 herausgegebene 'Führer durch die Umgegend der ostholsteinischen Eisenbahn' enthält bereits sehr differenzierte Empfehlungen zum Genuß von Landschaft und Kultur.

Bedeutsam für den Raum Eutin ist auch die Waldwirtschaft, die früh auf Initiative der Bischöfe entwickelt und gefördert wird. Sie dient einerseits der Hege von Wild nach dem Wegfall der Perforce-Jagden als Folge der Verkoppelung, andererseits aber auch der Gewinnung von Nutzholz, da der eutinische Raum ausgesprochen arm an ergiebigen Mooren ist.

---

509 G. PETERS, 1968, S. 75
510 vorher zu Rotensande gehörig
511 G. PETERS, 1977, S. 27

9. Städte und Flecken

Siedlungen im Rang von Städten zeichnen sich neben ihren physiognomischen und formalen Eigenschaften in der Regel durch besondere wirtschaftliche Aktivitäten und Beziehungen aus. Somit trägt das ökonomische Geschehen entscheidend zum Entstehen spezifisch urbaner Lebensformen und Mentalitäten bei. Nicht der gelegentliche, sondern der regelmäßige Güteraustausch am Ort der Siedlung gilt als wesentlicher Bestandteil von städtischem Erwerb und urbaner Bedarfsdeckung, wie Max WEBER<512> treffend hervorhebt. Art und Umfang der nachgefragten und angebotenen Dienstleistungen machen seit jeher die zentralörtliche Rangstellung einer Stadt aus.

Historisch gesehen sind die Städte Schleswig-Holsteins nur in wenigen jüngeren Beispielen aus wirtschaftlichen Intentionen heraus entstanden. Vielmehr leiten sie sich gerade in den östlichen Kolonisationsgebieten primär auf territorialherrschaftliche Zielsetzungen zurück<513>. Nur diejenigen Siedlungen, die sich zu Umschlagplätzen an den Küsten entwickelten und über günstige Hinterlandverbindungen verfügten, rückten zu urbanen Märkten mit überregionaler Bedeutung auf. Dominierend blieb ein Netz von Kleinstädten, dessen Existenz sich auf die wirtschaftlichen Bedürfnisse eines lokalen, agraren Umfeldes gründete.

Auf die Entfaltung eines Städtesystems, das nach wirtschaftlichen Rangstellungen abgestuft ist, haben mehrere Faktoren hemmend gewirkt. Einmal hat die verhältnismäßig große Dichte von städtischen Gründungen im östlichen Kolonialland der Ausbildung von Hierarchien im Wege gestanden. Daneben förderte die territoriale Vielfalt Sonderentwicklungen und leistete zum Fortbestand von Kleinstädten einen entscheidenden Beitrag. Schließlich hat die Gutsherrschaft mit ihren vielen wirtschaftlichen und rechtlichen Autonomien die Entfaltung der städtischen Wirtschaft langfristig geschwächt, nicht zuletzt wegen der Zollprivilegien im Warenverkehr mit anderen Staaten und der eigenen Absatzmöglichkeiten in den Hansestädten. Auch waren die Güter finanziell autonom, so daß sie im ökonomischen Einsatz ihrer Produktionsfaktoren - zumindest in der Zeit der Gültigkeit des klassischen gutswirtschaftlichen Systems - beinahe vollständig unabhängig waren.

Die genannten Merkmale treffen auf den Betrachtungsraum in hohem Maß zu. Territoriale Vielfalt und ursprüngliche Gründungsdichte bestimmen das städtische Siedlungsnetz im Osten der Herzogtümer. Neben der engmaschigen Lage ist eine West-Ost gerichtete Anordnung kennzeichnend. Eine nördliche Städtereihe verläuft von Kiel über Lütjenburg, Oldenburg nach Heiligenhafen und schließlich bis Burg auf Fehmarn. Sie folgt der ursprünglichen Lagewahl im Rahmen des kolonialen Landesausbaus. Die zweite Reihe von Kiel über Preetz nach Plön und von dort über Eutin nach Neustadt leitet sich stärker auf die politische Vielgestaltigkeit und die davon gesteuerte Individualentwicklung zurück. Hier treten das Kloster Preetz, das lange Zeit selbständige Herzogtum Plön, das Fürstbistum Eutin und schließlich das gottorfische Holstein als rivalisierende Obrigkeiten in geringer räumlicher Entfernung voneinander auf.

Seit der Schaffung des dänischen Gesamtstaates und der Einführung moderner Landtransportmöglichkeiten gewinnen die großen Verkehrslinien zunehmend an Bedeutung für den Lagewert der Städte und Flecken. Nicht der Reichtum des

---

512 M. WEBER, ed. 1972, S. 728
513 vgl. R. STEWIG, 1982, S. 74

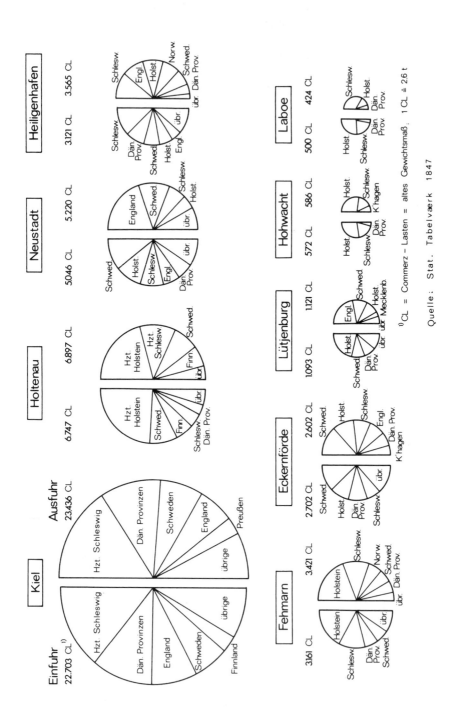

Abb. 26: Wareneinfuhr und -ausfuhr in den Häfen des östlichen Schleswig-Holstein 1844

Umlandes, der Fleiß der Handwerker oder die Beziehungen der Kaufleute bestimmen das Schicksal der Städte, sondern deren Lagepotential im Rahmen der großen neuen Verkehrsachsen, die im Dienst des Transits zwischen Mitteleuropa und dem Norden stehen (vgl. Abb. 26).

Schon die Planung der befestigten Chausseen orientiert sich am Ziel eines vermehrten und beschleunigten Güterautauschs zwischen Nord- und Ostsee. Den gleichen Achsen folgt die Trassierung der Bahnen, wobei der Linie Altona-Kiel die Rolle eines Rückgrats zufällt, von dem Seitenäste und Verbindungsglieder abzweigen. Zum Bau dieser Hauptstrecke entschließt man sich, als schon 1830 Pläne bekannt werden, die Hansestädte Lübeck und Hamburg nach englischem Muster per Schienenweg zu verbinden<514>. Diesem Plan versagt die dänische Regierung jedoch ihre Zustimmung, da die Trasse holsteinisches Gebiet überquert und die eigene Transitpolitik durchkreuzt.

Die Bahn ist hinsichtlich Transportkapazität, Geschwindigkeit, Preis und Verkehrshäufigkeit der Chaussee mehrfach überlegen. Sie eröffnet erstmals dem Versand von Massenware und Rohstoff den landgebundenen Weg, so daß sie zum Vorreiter der Industrialisierung wird. Produktion und Handel profitieren von den neuen technischen Fortbewegungsmitteln in gleichem Maß.

In der Mitte des 19. Jahrhunderts lassen sich folglich die Städte Schleswig-Holsteins in zwei wirtschaftliche Grundtypen aufteilen: In solche, die von den neuen technischen Möglichkeiten erfaßt und umgeformt werden und in solche, die nach wie vor in ihrer traditionellen, auf das Umland ausgerichteten Rolle verharren und somit eher von Stagnation als von ökonomischer Dynamik geprägt sind. In unserem Betrachtungsraum sind vor allem Kiel und Neumünster durch bemerkenswerte Neuentwicklungen bestimmt. Auch der Flecken Preetz zeigt trotz abseitiger Lage von Bahn- und Chausseeverbindungen Ansätze einer innovativen Wirtschaftsdynamik.

9.1. KIEL

Die Lage im innersten Abschnitt einer tiefen und geschützten Förde weist der Stadt Kiel von Natur aus vorteilhafte Entwicklungsmöglichkeiten zu. Durch den weit ins Land eindringenden Wasserweg ergibt sich eine relativ hohe Verkehrszentralität in Bezug auf übergeordnete Hinterlandverbindungen. Die Breite des Fahrwassers erlaubt ein Anlaufen von Schiffen vermittels Kreuzen, auch bei ablandigen Winden. Der Ankergrund ist günstig, so daß der Kieler Hafen auch als sicherer winterlicher Liegeplatz geschätzt ist.

Die Bezeichnung Kieler Hafen umfaßt das gesamte Fahrwasser der Förde und nicht allein den an die Stadtgemarkung grenzenden Anteil. Die Namengebung leitet sich auf mittelalterliche Privilegien zurück, welche trotz der Widersprüche der übrigen Anrainer bis zum Ende der dänischen Zeit anerkannt blieben.

Das besondere Vorrecht von Kiel bestand im Eigentums- und Nutzungsrecht über die gesamte Förde und die Vorstrände. "Der Hafen wurde deshalb häufig das beste Kleinod der Stadt genannt"<515>, weil er eine stetig und bisweilen auch

---

514 Das Vorbild hat zweifellos die 1830 eröffnete erste Dampfeisenbahn mit Stephensonschen Lokomotiven auf der Linie Manchester-Liverpool abgegeben (A. PREDÖHL, 1964, S. 92).
515 P. TRAUTMANN, 1909, S. 392

Abb. 27: Die Altstadt von Kiel mit dem Schloß und der angrenzenden Brunswiek nach der Thalbitzerschen Karte von 1853

Tab. 28: Warenumschlag mit Agrargütern in Kiel 1845

A. <u>Getreidetransporte per Bahn</u>

nach Altona	65 071 Tonnen
nach Neumünster	13 359 "
nach Elmshorn	11 560 "
nach Tornesch	3 433 "
nach Wrist	2 772 "
nach sonstigen Stationen	1 947 "
Gesamt	98 142 Tonnen

B. <u>Ausfuhren über See</u>

Weizen	22 288 Tonnen
Gerste	15 790 "
Roggen	9 547 "
Raps	4 860 "
Erbsen	3 770 "
Hafer	2 847 "
Leinsaat	1 179 "
Graupen	340 "
Gesamt	60 621 Tonnen

C. <u>Ausfuhren auf Land- und Seewegen</u>

Butter	3.517 696 Pfund (= 17 583 Tonnen à 200 Pfund)
Käse	88 230 "
Speck	22 240 "
Fleisch	4 203 "

Quelle: Schleswig-Holstein-Lauenburgische Landesberichte, 1846/47, S. 154

reichlich fließende Quelle von Einkünften bildete. Wichtigste Bestandteile waren in diesem Zusammenhang alle Abgaben für die Benutzung des Hafens - so die Brücken-, Pfahl- und Ballastgelder -, die auch von den übrigen Anlegeplätzen wie Neumühlen, Laboe oder den Adligen Gütern zu entrichten waren.

Aufgrund der Kieler Monopolstellung ist es daher niemals zu einer Konkurrenzentwicklung im Umkreis der Förde gekommen. Die Eigentumsrechte sind erst in preußischer Zeit geändert und auf die militärischen Interessen der Wilhelminischen Zeit zugeschnitten worden.

Unerwartet war der Kieler Hafen während der Napoleonischen Kontinentalsperre zu einem stark frequentierten Umschlagplatz als 'Ostseehafen von Hamburg' geworden[516]. Seine Vorzüge - auch beim Anlaufen durch große Schiffe - waren dabei erstmals in vollem Umfang sichtbar geworden. Schon seit 1819 wurde ein wöchentlicher Dampfschiffverkehr nach Kopenhagen[517], später auch in andere Ostseehäfen aufgenommen.

Trotz der Sonderrechte hat sich Kiel im 19. Jahrhundert nur begrenzt zu einem vorrangigen Ostseehafen entwickeln können. Ungeachtet aller dänischen Erschwernisse behielten die traditionellen Transitströme auf der Achse Hamburg-Lübeck ihre dominierende Stellung. Lübeck blieb der beherrschende Umschlagplatz für Schweden, Rußland und das Baltikum, während Kiel nur als Transithafen für Dänemark fungieren konnte.

Der Höhepunkt der Transitumlenkung lag zwischen 1842 und 1845, als etwa 1/4 des Handelsvolumens über Kiel umgeschlagen wurde. Trotz des Bahnbaus sind die relativen Anteile später nicht mehr gestiegen, da sich der Warenverkehr spontan stärker auf Elbe und Stecknitz verlagerte, und auch die Sundpassage - sehr zum Nachteil des Schleswig-Holsteinischen Kanals - ständig an Bedeutung gewann.

Bereits 1854-56 - nach Eröffnung der Büchener Bahn - verbleibt Kiel nur mehr 5 % des Einnahmevolumens aus dem Transitzoll[518]. Bahn- und Chausseeverkehr steigen zwar stetig an, sie dienen im Hinblick auf Kiel aber ganz überwiegend der Abwicklung des Binnenverkehrs. Agrarprodukte - Getreide, Raps, Butter, Vieh - stehen an vorderster Stelle unter den Transportgütern. 1852[519] werden 76 % aller Export- und Importwerte mit Hamburg, Altona und Wandsbek abgewickelt. Als die geringe Wirkung der dänischen Zoll- und Transitpolitik in zunehmendem Maß sichtbar wird, schreitet die Regierung Dänemarks 1857 nach vielen internationalen Protesten endlich zur Aufhebung der Sund- und Beltzölle, welche seit der Zeit ERICHs von Pommern über 400 Jahre hindurch gegolten hatten.

Allgemein setzt sich das wirtschaftliche Gefüge der Stadt Kiel Mitte des 19. Jahrhunderts aus genetisch und typologisch unterschiedlich entstandenen Elementen zusammen. Die Heterogenität der Strukturen ist bezeichnender als die prägende Kraft eines einzelnen Wirtschaftszweiges. Zwar beginnt sich die neue Technik auf der Basis von Kohle, Dampf und Eisen in der Stadt zu etablieren,

---

516 Die Häfen Hamburg und Lübeck waren gesperrt, während Kiel als Hafen im anfangs neutralen Dänemark seine Ostseeverbindungen nutzen konnte. Der Atlantikverkehr wurde vor allem von amerikanischen Schiffen übernommen.
517 Durch das Linienschiff Caledonia, das 1815 im schottischen Glasgow gebaut worden war.
518 W. HAAS, 1922, S. 182
519 SCHRÖDER/BIERNATZKI, 1855, S. 52

aber sie hat das herkömmliche Leben einer von Handwerk und Kleinhandel bestimmten Landstadt noch nicht zur Seite gedrängt.

Die maritime Komponente ist in der Mitte des 19. Jahrhunderts nicht die beherrschende Erscheinung des Wirtschaftslebens. Im Vergleich zu Kopenhagen, Flensburg, Blankenese oder zu den Beltstädten muß der eigene Schiffsbestand (vgl. Abb. 28 und 29) als bescheiden angesehen werden. Auch hat der neue Schiffsbau auf Metallbasis auf den Werften der Stadt noch nicht Fuß fassen können. Gewerbe und Warenveredlung sind primär auf die Bedürfnisse der Stadt und die Zulieferung zu den großen Elbmärkten zugeschnitten. Dampfmühlen für Getreide und Öl fördern die Entwicklung zum agraren Sammel-, Verarbeitungs- und Dienstleistungszentrum. Die kulturelle Austrahlung bleibt aber auf die Grenzen der Herzogtümer beschränkt.

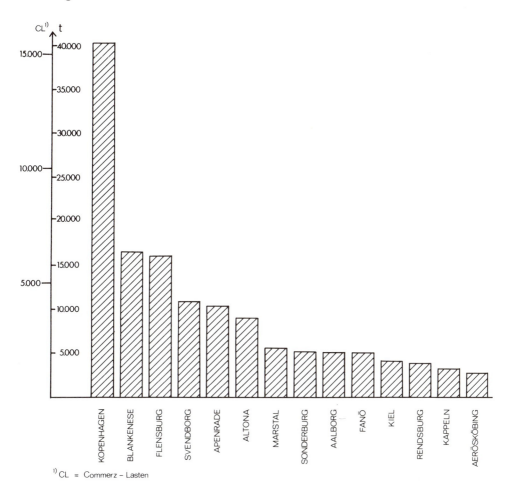

Abb. 28: Schiffsbestand in den wichtigsten Häfen des dänischen Gesamtstaates 1844 (nach Statistischem Tabellenwerk)

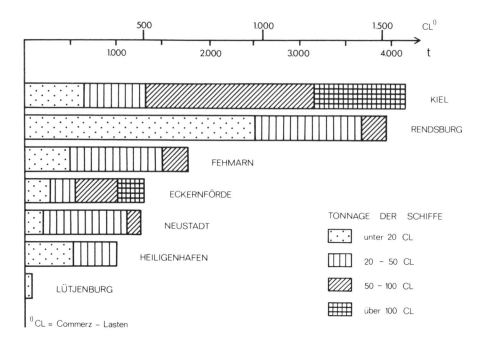

Abb. 29: Schiffsbestand in den Häfen des östlichen Schleswig-Holstein nach Schiffsgrößen 1844 (nach Statistischem Tabellenwerk)

Obgleich der Stadt durch die Gründung der Universität 1665 und durch die Ansiedlung der großfürstlichen Regierung bedeutende überörtliche Funktionen zugewachsen sind, kommt es zu keiner bemerkenswerten neuzeitlichen Veränderung im städtischen Siedlungsaufbau. Zwar entwickelt sich als Folge der Bevölkerungszunahme nach Westen und Nordwesten über den Kleinen Kiel hinaus eine Vorstadt, aber zu einer planvollen Erweiterung im Sinne einer absolutistischen Neustadt ist es nicht gekommen.

Um die Mitte des 19. Jahrhunderts ist Kiel Sitz mehrerer überörtlicher Institutionen und Behörden, wenngleich eine eigentliche Verwaltungs- und politische Leitungsfunktion, wie sie später mit der Schaffung von Landes- und Provinzhauptstädten verbunden war, nicht besteht. Administriert und regiert wurden die Herzogtümer von Kopenhagen aus, wo die seit 1816 bestehende Schleswig-Holstein-Lauenburgische Kanzlei<520> die Justizpflege, das Polizeiwesen und die sonstige innere Staatsverwaltung besorgte.

An erster Stelle ist im Rahmen der Sonderfunktionen die Universität hervorzuheben, die zum Betrachtungszeitpunkt schon eine konjunkturenreiche Entwicklung von beinahe 200 Jahren hinter sich hat. Die Universität spielt im Leben der

---

520 Vorher Deutsche Kanzlei, 1688 ins Leben gerufen.

Stadt als geistige und materielle Institution eine wichtige Rolle. Vor der schleswig-holsteinischen Erhebung von 1848, in deren Folge 10 Professoren entlassen wurden oder ihr Amt niederlegten<521>, hatte die Universität im Mittel 200-300 Studierende. Die Zahl war leicht rückläufig, nachdem sie Ende der 20er Jahre einen Höchststand von 400 erreicht hatte<522>.

Bei vorsichtiger Schätzung kann man entsprechend einer zeitgenössischen Quelle<523> davon ausgehen, daß etwa 500 Personen als Studierende, Lehrende und anderweitig Beschäftigte samt Familienangehörigen und Hauspersonal mit der Universität verbunden sind bzw. von ihr leben. Die Zahl der privatisierenden Gelehrten, Literaten, Künstler und Studierenden beläuft sich nach den Angaben der Volkszählung 1845 samt Angehörigen auf 547 (Tab. 29). Mit 761 Zugehörigen ist der entsprechende Personenkreis der Zivilbeamten und Bedienten zahlenmäßig erheblich größer. Ihm tritt mit 393 Angehörigen noch der geistliche Beamten- und Bedientenkreis zur Seite. Alle drei genannten Teilbereiche der kulturellen Dienstleistungen machen somit etwa ein Achtel der Kieler Wohnbevölkerung aus.

Tab. 29: Die Bevölkerung Kiels nach Nahrungszweigen

Nahrungszweige	1840	1845	1855	1860
1. Beamte	693	1154	1363	1353
2. Militärs	426	394	487	430
3. Privatisierende, Gelehrte, Studenten	464	547	611	621
4. Kapitalisten, Pensionisten	479	694	836	968
5. Landwirtschaft	87	148	143	143
6. Seefahrt	124	278	299	292
7. Handwerk, Industrie	5156	6042	6507	7173
8. Handel	1908	2132	2760	3263
9. Tagelöhner	1940	1884	2524	2719
10. Gesinde ohne Dienst	724	44	462	190
11. Almosenempfänger	343	252	282	389
Gesamtpersonen	12344	13572	16274	17541

Quelle: W. HAAS, 1922, S. 210
nach den amtlichen Ergebnissen der dänischen Volkszählungen

---

521 K. JORDAN, 1953, S. 23
522 Für das Jahr 1855 nennen SCHRÖDER/BIERNATZKI (1856, S. 31) nur mehr 150-200 Studierende bei insgesamt 46 beschäftigten Lehrern, darunter 21 ordentlichen und 12 außerordentlichen Professoren.
523 zitiert bei W. HAAS, 1922, S. 161

Auf die Frage nach weiteren zentralen Institutionen muß vor allem das 1834 in Kiel angesiedelte Oberappellationsgericht hervorgehoben werden<524>, das als juristische Höchstinstanz für alle drei Herzogtümer bis 1851 fungierte. Nach den Unruhen von 1848 entfiel die Zuständigkeit des Kieler Obergerichts für Schleswig. Durch Prüfungsrechte gegenüber den Kandidaten der Rechtswissenschaftlichen Fakultät sind die Mitglieder des Appellationsgerichtes eng mit der Universität verbunden.

Weitere überörtliche Funktionsbereiche umfassen das Oberzollinspektorat für den Ostteil Holsteins, die Chaussee-Direktion und das Oberlandwegeinspektorat über Holstein und Lauenburg sowie das Holsteinische Sanitäts-Kollegium, dem die Funktion der Gesundheitspolizei obliegt und das ebenfalls in enger Verbindung zur Universität, und zwar zur medizinischen Fakultät, steht. Der Kurator der Universität<525> steht dem 1804 gegründeten Kollegium vor.

Relativ breit aufgefächert sind die Einrichtungen im Kultur- und Bildungsbereich außerhalb der Universität. Während höherrangige Ausbildungsstätten - so ein Schullehrerseminar<526> und die traditionsreiche Forstlehranstalt im Düvelsbeker Gehege - in den 30er Jahren aufgehoben wurden, bestehen mehrere Typen von Grundschulen nebeneinander, die meist auf Altstadt und Vorstadt verteilt sind und sowohl Mädchen- wie Knabenschulen umfassen. Auch spielen schon um 1840 sog. Arbeits- und Industrieschulen eine Rolle, in denen besonders handwerkliche und hauswirtschaftliche Fertigkeiten vermittelt werden. Zur Beurteilung der schulischen Gesamtsituation sei hervorgehoben, daß um 1840 mindestens 25 % aller Kieler Einwohner trotz der seit 1814 eingeführten allgemeinen Schulpflicht noch Analphabeten waren<527>. 1846 hat die Zahl der Schüler in öffentlichen Schulen 1299, in Privatschulen 495 betragen.

Von den allgemeinen Volksschulen hebt sich die Kieler Gelehrtenschule als Nachfolgerin einer ehemaligen lateinischen Schule ab. Ihr obliegt die Vorbereitung von Kandidaten für das Universitätsstudium. Kiel ist neben Plön, Meldorf und Glückstadt der vierte Standort unter den alten Gelehrtenschulen im Herzogtum Holstein<528>. Die Größe der Gelehrtenschule darf indes aus heutiger Sicht nicht überschätzt werden, da sie nur aus 4 Klassen und 4 Lehrkräften besteht, keine neueren Sprachkenntnisse mit Ausnahme des Dänischen vermittelt und keine allgemeinen Reifeprüfungen als qualifizierenden Abschluß vorsieht. TRAUTMANN<529> nennt für das Jahr 1852 189 Besucher des Gymnasiums.

Ergänzend seien für die kulturelle Beurteilung der Stadt auch das Vorhandensein eines Stadttheaters (seit 1841) und eines Museums für Vaterländische Altertümer (seit 1835) erwähnt. Deren Entstehung leitet sich zum einen auf die wissenschaftliche Ausstrahlung der Universität, zum anderen auf ein sich formendes bürgerliches Selbstbewußtsein als Ergebnis von allgemeiner Aufklärung, Schulbildung und beginnendem Historismus zurück. Für nähere Angaben zum Leben im

---

524 G. KAUFMANN, 1975, S. 101
525 A.C. GUDME, 1833, S. 381
526 Das zweite Seminar in Tondern bestand fort
527 P. TRAUTMANN, 1909, S. 333
528 Die vier Gelehrtenschulen im Schleswigschen sind in Hadersleben, Husum, Flensburg und Schleswig angesiedelt. 1819 tritt eine Gelehrtenschule in Rendsburg durch königliches Dekret hinzu. Seit 1738 existiert auch in Altona ein Gymnasium (A.C. GUDME, 1833, S. 273).
529 P. TRAUTMANN, 1909, S. 335

Zeitalter bürgerlicher Kultur- und Kunstbeflissenheit sei auf die kenntnisreichen Ausführungen von G. KAUFMANN (1975) und A. GLOY (1926) verwiesen. Vor allem die GLOYschen Ausführungen beinhalten viel originäres Material, das in der Zeit um 1850 über das Leben in der Stadt Kiel niedergeschrieben wurde.

Von weitreichender wirtschaftlicher Aussagekraft ist eine Beurteilung der Stadt als Finanzmarkt, Gewerbezentrum und Handelsplatz. Als Umsatz- und Sammelplatz für Kapital spielt Kiel im 19. Jahrhundert insgesamt eine bescheidene Rolle. Der Kieler Umschlag, hauptsächlich für Transaktionen des Adels im Zusammenhang mit Verkauf und Erwerb von Grundbesitz konzipiert, "ragt gleichsam als ein Denkstein aus längst vergangenen Tagen"<530> in das damalige Wirtschaftsleben. Erst 1852 kommt es durch Wilhelm Ahlmann (1817-1910) zur Gründung einer ortsansässigen Bank, während Altona mit Commerz-Collegium, Münze, Speziesbank und Bankcomtoir schon im 18. Jahrhundert über weitreichende Finanzinstitutionen verfügte. Die Kieler Spar- und Leihkasse, welche mit dem Gründungsdatum 1796 zwar das älteste Verleihinstitut in den Herzogtümern ist, unterscheidet sich in ihren damaligen Geschäftsbedingungen noch nicht von den übrigen Einrichtungen dieser Art im Lande. Die soziale Komponente hat bei der Gründung im Vordergrund gestanden. "Durch Sparkassen wird Dienstboten, Tagelöhnern und Anderen Gelegenheit dargeboten, ihr Erworbenes fruchtbringend zu machen"<531>. Größere Investitions-, Devisen- oder Aktiengeschäfte sind mit ihrer Tätigkeit damals nicht verbunden.

Eine Warenbörse, die um 1852 entsteht, dient dem Umsatz traditioneller Agrarprodukte, vor allem von Getreide, Butter, Raps und Kleesaaten.

Nach der Gliederung der Nahrungszweige (Tab. 29) finden 1845 etwa 44 % der Kieler Bevölkerung ihren Lebensunterhalt durch Tätigkeit in Handwerk und Industrie. Zählt man noch die 14 % Tagelöhner hinzu, die teils im Gewerbe, teils im Hafenbereich ihre Gelegenheitsarbeit finden, so tritt die Dominanz des produktiven Sektors im Wirtschaftsleben der Stadt mit aller Deutlichkeit und in scharfem Kontrast zu den tertiären Funktionen hervor.

Unter den 64 Handwerkssparten, welche die Volkszählung von 1845 für die Gewerbestruktur der Herzogtümer unterscheidet, finden sich in Kiel immerhin 30, die mit mindestens 15 Beschäftigten vertreten sind (Tab. 30).

Auffallend ist das breite Feld, das für den täglichen Bedarf der Stadt arbeitet, mit dem Bau- und Baunebengewerbe verbunden ist oder spezifische Tätigkeiten eines Hafenstandorts versieht. Stellt man beispielsweise den hauptamtlichen 52 Tabakverarbeitern, 54 Brennern und Destilleuren sowie 18 Zuckerraffinadeuren der Stadt Kiel die entsprechenden Zahlen von Altona und Flensburg gegenüber, so ergeben sich aufschlußreiche Einsichten: Während Flensburg mit Kiel in allen drei Sparten etwa auf einer Stufe steht, hat Altona mit 363 Arbeitskräften vor allem in der Tabakverarbeitung einen weiten Vorsprung. Daneben spielen in Altona anspruchsvollere Gewerbezweige wie die Lackfabrikation, Lichtgießerei, Perückenmacherei, Seifenfabrikation und die Herstellung von Segeln, Flaggen und Kompassen, die in Kiel nicht oder nur mit sehr wenigen Angehörigen vertreten sind, eine bedeutsame Rolle. Auffallenderweise fehlt in Altona das Raffinieren

---

530 A. GLOY, 1926, S. 66
531 A.C. GUDME, 1833, S. 406

Tab. 30: Gewerbezweige mit mindestens 15 Beschäftigten in Kiel 1845

Handwerk	Hauptpersonen und Gehilfen	Dienstboten, Frauen, Kinder, Mitversorgte
Schuster	270	348
Spinner, Näher, Stricker	231	108
Tischler	205	231
Schneider	198	239
Zimmerer	124	147
Maurer	117	212
Schmiede	101	186
Bäcker	93	166
Schlachter	90	177
Maler	79	104
Branntweinbrenner, Destilleure	54	150
Tabakverarbeiter	52	76
Kunstdrechsler	45	74
Gerber, Fellbereiter	40	67
Schiffbauer	39	87
Goldschmiede	37	48
Blechschläger	32	43
Sattler	30	39
Buchbinder	28	31
Böttcher	28	45
Eisengießer	25	41
Uhrmacher	22	26
Barbiere	21	24
Radmacher	20	17
Färber, Drucker	20	40
Zuckerraffinadeure	18	19
Korbmacher	17	23
Stuhlmacher	15	33
Kupferschmiede	15	15
Reifer	15	19

Quelle: Stat. Tab.-Werk 1846, Heft 2, Tab. IX

von Zucker, da offensichtlich viele Importe über Kopenhagen und Flensburg laufen<532>.

Auch in der Abwicklung und Organisation des Handels hat Altona einen weiten Vorsprung vor Kiel. Während dort 175 Großhändler ansässig sind, findet sich in Kiel nach der Klassifikation der Volkszählung nicht ein einziger. Zwar hat die Bahnbeförderung von 1845-1855 einen Anstieg der Personenzahl von 97.618 auf

---

532 Im Jahr 1842 sind die wichtigsten Verarbeitungszentren für Zucker in der Reihenfolge ihrer Nennung: Flensburg, Itzehoe, Glückstadt, Schleswig, Kiel, Uetersen, Heide (J.J.H. CHRISTEN, 1844, S. 220ff.). Seit dieser Zeit werden Importe aus Kopenhagen bedeutsam, da dort eine preisgünstig arbeitende Dampf-Raffinerie errichtet wurde.

Abb. 30: Die Vorstadt von Kiel mit dem Bahnhof, nach der Thalbitzerschen Karte von 1853

156.559 und eine Steigerung der transportierten Güter von 33.908 auf 109.645 Tonnen bewirkt<533>, aber der große Strom von Waren und Personen wird nach wie vor über die klassische Achse Hamburg - Lübeck geleitet. So steigen real die Einnahmen der Stadt aus dem Hafen von 1840 bis 1855 von 27.720 auf 42.961 Reichstaler<534>, aber sie sind wie in keinem zweiten Budjetbereich von beinahe ebenso hohen Ausgaben begleitet. So zeigt sich, daß der Konkurrenzkampf mit den markterfahrenen Hansestädten im Süden durch teure Investitionen erkauft werden muß.

Im Zusammenhang mit der technischen Entwicklung der Stadt muß vor allem das Unternehmen Schweffel & Howaldt hervorgehoben werden, das 1838 gegründet wurde und in der Industrieentwicklung Kiels eine vorrangige Stellung einnimmt. 1846 werden bereits 120 Arbeiter beschäftigt<535>, obgleich das Fertigungsprogramm dieser Zeit noch außerordentlich weit gestreut ist. Es reicht von Dampfkesseln verschiedener Art über Kanonenöfen bis hin zu Kochgeschirren und gegossenem Schiffsbedarf. Auch landwirtschaftliche Maschinen nehmen eine wichtige Position ein.

In der ersten Phase der Industrieentwicklung steckt bekanntlich noch ein Teil der herkömmlichen handwerklichen Auftrags- und Einzelfertigung und noch nicht die spätere standardisierte Massenerzeugung. Die gleiche Spannweite bei den Produkten kann auch bei der Carlshütte in Rendsburg beobachtet werden.

So zeigt sich, daß nicht allein die staatliche Merkantil- und Verkehrspolitik für die Stadt Kiel neue Wege der wirtschaftlichen Entfaltung eröffnet, sondern daß ebenso entscheidend die private unternehmerische Initiative am Anfang der schleswig-holsteinischen Industrieentwicklung steht.

Das freie Spiel der wirtschaftlichen Standortkräfte, das in der Mitte des 19. Jahrhunderts in Kiel eine Reihe von wachstumsfähigen Initiativen erkennen läßt, ist durch die politischen Entscheidungen seit 1864 in völlig neue Bahnen gelenkt worden. Das klassische Nebeneinander einer sich weiterentwickelnden Handels-, Gewerbe- und Beamtenstadt erfährt durch die nachfolgende abrupte Entwicklung eine so nachhaltige Umformung der Erwerbsstruktur und des Stadtbildes, daß auch in der Gegenwart - wo die industriellen Kapazitäten standort- und konjunkturbedingt auf neue Normen schrumpfen - sich der äußere Habitus der Stadt nur sehr zögernd den gewandelten Existenzbedingungen anzupassen vermag.

9.2. ECKERNFÖRDE

Verglichen mit den vielseitigen Impulsen, die der Stadt Kiel in gewerblicher und verkehrswirtschaftlicher Hinsicht zuwachsen, führt die Stadt Eckernförde im 19. Jahrhundert eher ein bescheidenes Dasein ohne bemerkenswerte Neuerungen. Die Bevölkerungszahl stagniert, die merkantilistischen Verarbeitungsstätten der Unternehmerfamilie Otte haben keine Nachfolgeaktivitäten gefunden, den Transitverkehr hält der Schleswig-Holsteinische Kanal fern, und das frühe Bahnnetz der Herzogtümer verschafft der Stadt keinen Anschluß. So dominiert die regionale Sammel- und Umschlagfunktion für Schwansen, den Dänischen Wohld und das

---
533 P. TRAUTMANN, 1909, S. 28
534 mit einem starken Einschnitt um 1850 als Folge der politischen Unruhen (P. TRAUTMANN, 1909, S. 418)
535 H. KLEFFEL, 1963, S. 5

Amt Hütten<536> sowie die wirtschaftliche Orientierung seewärts mit besonderer Betonung des Fischfangs.

Von den natürlichen Ausgangsbedingungen her bildet die Eckernförder Bucht mit ihrem tiefen und 17 km landeinwärts reichenden Fahrwasser einen vorzüglichen Hafen. Weder Untiefen noch Verengungen behindern das Kreuzen und Manövrieren. Selbst größte Schiffe damaligen Maßstabs - so Linienschiffe, Fregatten und Handelsschiffe - können bis unmittelbar vor die Stadt gelangen oder an der Brücke festmachen. Mit Kiel und Flensburg zählt Eckernförde zu den Häfen erster Klasse in den Herzogtümern<537>. Gegen starken Ostwind ist die Eckernförder Bucht allerdings weniger geschützt als der Kieler Hafen. Die wasserumgebene Stadt (vgl. Abb. 31), auf einer Abfolge von nacheiszeitlichen Strandwällen an-

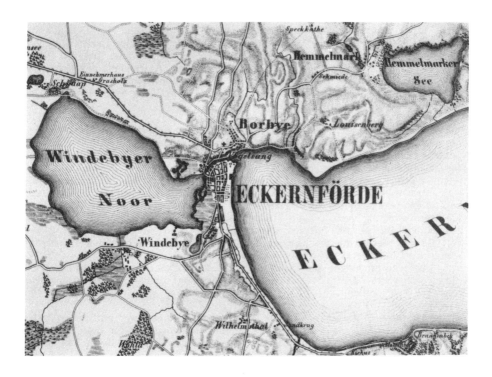

Abb. 31: Die Lage der Stadt Eckernförde zwischen Noor und Eckernförder Bucht nach der Karte vom Kriegsschauplatz in Schleswig von F. GEERZ (1851, Originalmaßstab 1 : 40.000)

---

536 Im eigentlichen Sinn nur die ehemalige Bergharde mit den Hüttener Bergen im Mittelpunkt. 1777 wurden Hüttener und Hohner Harde vereinigt; außerdem ist die Landschaft Stapelholm dem gleichen Oberbeamten unterstellt.
537 Neues Staatsbürgerliches Magazin, 9, 1840, S. 660-690

gelegt und nur nach Süden landfest, ist mehrfach schweren Überschwemmungen ausgesetzt gewesen. Auch kann das Überwintern der Schiffe gelegentlich schwierig sein.

Mitte des 19. Jahrhunderts ist Eckernförde nur durch eine Holzbrücke mit der Vorstadt<538> auf dem Schwansener Gegenufer und dem benachbarten Amtsdorf Borby verbunden. Die 10 Jahre nach der Altona-Kieler Chaussee im Jahre 1842 eröffnete Chaussee Kiel-Schleswig benutzt diesen traditionellen Übergang in Verlängerung der Langebrückstraße. Die gefürchtete Passage der grundlosen Sandwege im Süden der Stadt hatte somit ein Ende gefunden<539>.

Dank der Gründung der Brücke auf Holzpfählen war ein freier Wasseraustausch zwischen Windebyer Noor und Ostsee möglich. Das flache und nährstoffreiche Wasser des Noors konnte somit ungehindert als Laichplatz der Fische, vor allem der Heringsschwärme, genutzt werden. Seit jeher hatte die Fischerei in Noor und Förde große Bedeutung für die Existenz der Stadt besessen. Seit 1854 dämmt anstelle der Holzbrücke ein Steindamm, seit 1881<540> die Trasse der Bahnlinie Kiel-Flensburg das Noor von der Eckernförder Bucht ab. Von dem späteren Rückgang in den Fangergebnissen, den die Fischer auf die Abtrennung des Noors zurückführen<541>, kann im hier zugrundeliegenden Betrachtungszeitraum noch nicht die Rede sein. 1858 wird das 417 ha große Windebyer Noor durch ein Dekret Friedrich VII. der Stadt übereignet.

Im geschichtlichen Werdegang der Herzogtümer hat Eckernförde mehrfach eine wichtige Rolle gespielt. Im Rahmen der wirtschaftlichen Konjunkturen standen Austauschbeziehungen nach Westen an vorderer Stelle. Nach den Landesteilungen des 16. Jahrhunderts stieg Eckernförde in enger Rivalität mit Rendsburg erfolgreich in den Transithandel ein. Das Eckernförder "Kakabillebier"<542>, Getreide, Malz, Branntwein und Fisch waren die Hauptausfuhrgüter, dagegen Wein, Textilien, Holz und Flachs die wichtigsten Einfuhrobjekte. Der frühneuzeitlichen Wirtschaftsentwicklung verdankt die Stadt im wesentlichen ihre historische Grundrißgestalt und funktionale Quartiersgliederung<543>. Den Niedergang dieser Blütezeit führen ebenso die wachsenden Privilegien Rendsburgs herbei wie auch die Wirren des 30jährigen Krieges mit Plünderungen, Einquartierungen, Kontributionen, Überschwemmungen und schließlich die Pest. Das Jahr 1629 sollen nur 39 Bürger überlebt haben<544>. Die Neubesiedlung erfolgt durch Einwanderung<545>.

Einen erneuten Aufstieg erlebt die Stadt im Zusammenhang mit dem Großen Nordischen Krieg (1700-1720), in dem sie als Umschlagplatz für heimisches Getreide und französische Weine hervortritt. Das Jahr 1721, als die gottorfischen

---

538 seit 1798 gehört die Vorstadt Vogelsang zu Eckernförde (JESSEN/KOCK, 1916, S. 289)
539 Lieber wurde der Weg durch die Ostsee als über die gefährlichen Sandstrekken gewählt (STAT. DES HANDELS etc., 1835, S. 72).
540 JESSEN/KOCK, 1928, S. 509
541 H. OLDEKOP, 1906, II/41
542 Nach A. NIEMANN (1799, S. 556) schon bei Heinrich Ranzau in seiner Landesbeschreibung im 16. Jahrhundert gerühmt.
543 J. HABICH, 1976, S. 28
544 J. v. SCHRÖDER, 1854, S. 115
545 F. HOFFMANN, 1953, S. 9-18

Anteile von Schleswig an Dänemark fallen, bedeutet langfristig für die Stadt eine positive Ausgangsbasis. Nach Ableistung von Entschädigungszahlungen können nunmehr auch in Eckernförde merkantilistische Zielsetzungen und Subventionen seitens der dänischen Krone Platz greifen. Eckernförde als schleswigsche Stadt hat also Anteil an der allgemeinen Wirtschaftsprosperität der sog. florisanten Periode, die von 1730 bis 1790 anzusetzen ist<546>.

Die wirtschaftliche Aktivität der für Eckernförde bedeutsamen Unternehmerfamilie Otte beginnt 1711, als zwei Brüder in den Quellen der Stadt als Schiffsbrückeninspektor und städtischer Deputierter genannt werden. Auf ihre Initiative gehen die Entwicklung des Getreide-, Wein- und Branntweinhandels, die Errichtung von Speicherbauten, der Schiffsbau und sogar Kommissionsgeschäfte im Mittelmeer zurück.

Die Gewinne der ersten Generation werden im wesentlichen in Grundbesitz angelegt, indem die adligen Güter Krieseby, Bienebek und vorübergehend Sierhagen erworben werden<547>. Eine geschickte Heiratspolitik mit dem heimischen Adel begleitet die wirtschaftlichen Bemühungen. Auf den Landgütern an der Schlei werden seit 1750 Manufakturen errichtet, die aber bald in die Stadt verlegt werden. So entstehen eine Wollmanufaktur mit einer Färberei, eine Amidam-Fabrik<548> und eine Fayence-Manufaktur, deren Produkte zwar bekannt waren, aber infolge Abwanderung der Künstler relativ schnell in den Rang von Massenware absanken. So war man gegenüber englischen Importen weitgehend machtlos. In Schleswig trat eine Zwirn- und Leinenfabrik hinzu.

Der lange Zeit mit großem Erfolg betriebene Reedereibetrieb<549> vermag sich noch bis etwa 1780 zu halten, obgleich die Konkurrenz des neuen Kanals für Eckernförde immer spürbarer wird. 1768 werden die Otteschen Unternehmen durch eine öffentliche Anzeige zum Kauf angeboten<550>, ein wirtschaftlicher Neubeginn tritt nicht ein. Die Nachkommen der Familie übersiedeln meist nach Altona und Kopenhagen.

Mit Friedrich-Wilhelm Otte war 1766 die letzte Unternehmerpersönlichkeit verstorben. Eine Begabung, die trotz gewandelter Wirtschaftsbedingungen die familiären Unternehmen in neue Bahnen hätte lenken können, war nicht vorhanden. So profitierten vom wirtschaftlichen Niedergang Eckernfördes am meisten Kiel und Rendsburg. Hinsichtlich der Tuchfabrikation erfuhr auch Neumünster eine Verbesserung der Absatzbedingungen. Die Errichtung des Gesamtstaates ließ eine Reihe bislang standortgebundener Wirtschaftskräfte nach Süden ins Holsteinische abwandern. Die Verkehrsentwicklung förderte diese Verlagerungen aufs lebhafteste.

Bis zur Mitte des 19. Jahrhunderts hat das Wirtschaftsleben der Stadt tiefgreifende Veränderungen erfahren. Unter Einschluß der Tagelöhner lebt nach den Volkszählungsergebnissen von 1845 etwa die Hälfte der 3817 Bewohner von der sog. Veredlung und Verarbeitung der Produkte. Alle hiermit angesprochenen

---

546 O. KLOSE, 1982, S. XXIV
547 H. FONTENAY v. WOBESER, 1920, S. 16
548 Stärke- und Puder-Herstellung
549 Der Kanzleirat F.W. Otte (1715-1766), der das Amt eines Bürgermeisters bekleidete, soll allein "gegen 30 Schiffe in See gehabt haben" (A. NIEMANN, 1799, S. 558).
550 FONTENAY v. WOBESER, 1920, S. 35

handwerklichen Richtungen sind auf die unmittelbare Bedarfsdeckung von Stadt und Umland ausgerichtet. Schuster stehen nicht - wie sonst vielfach - an erster Stelle unter den zunftgebundenen Handwerkern.

Relativ hoch ist derjenige Bevölkerungsanteil, der - wie es amtlich heißt - von der Seefahrt lebt. Unter dieser Rubrik, deren innere Gliederung nicht exakt abgrenzbar ist und die ebenso Seefahrer, Lotsen, Fährleute wie Fischer umfaßt<551>, sind im Fall Eckernförde in erster Linie Personen in Fischfang und Fischverarbeitung zu verstehen. Um 1850 schickt sich Eckernförde an, zum wichtigsten Fang- und Verarbeitungsplatz an der Ostseite der Herzogtümer aufzusteigen. Aufgrund der Stadtprivilegien ist die Fischerei allen Einwohnern erlaubt<552>.

Aus kleineren Anfängen haben sich 1833 37 Fischer zu einem Verein zusammengeschlossen. 1853 beträgt deren Zahl 45, 1860 schon 69 und 1887 sogar 187 Personen<553>. J. v. SCHRÖDER<554> rechnet mit 60-70 Familien, die von der Seefischerei und vom Räuchern der Breitlinge leben. Das Fanggebiet reicht um 1850 noch nicht über die Bucht hinaus. Gefischt wird mit 14 Heringswaden, deren Zahl bis 1907 auf 75 ansteigt. Anfangs bedienen 4, später 6 Personen die Zugnetze von speziellen, etwa 10 m langen Segelschiffen aus. Diese sind als Neuerung mit sog. Quasen versehen, um mit Hilfe dieser vom Seewasser durchspülten Mittelkästen lebende Fänge anlanden zu können. Nach 1862 kommen mechanisch hergestellte Netze - Importe aus Schottland - zur Anwendung.

Der Absatz der Räucherware wurde durch die Chausseen und vor allem die Kieler Bahn erheblich erleichtert. Vorher war der Versand äußerst problematisch. Fuhrleute nahmen Trocken- und Räucherfisch als Rückfracht mit und verkauften die Ware bis in sächsische und thüringische Gebiete. Die große Abnahmewelle beginnt in den 80er Jahren, als der Schnell- und Individualversand der Reichspost einsetzt.

Der Schiffsbau ist nach glanzvollen Zeiten auf eine gänzlich unbedeutende Stufe abgesunken. Von 1825-1850 sind nur mehr 20 Schiffe vom Stapel gelaufen, während auf die Phasen von 1775-1799 und 1800-1824 noch 158 bzw. 63 Neubauten entfielen<555>. Die Volkszählung von 1845 verzeichnet keine gesonderten Schiffszimmerleute mehr, sondern nur noch Zimmerei als allgemeine Handwerkssparte.

Dementsprechend ist der Besitz an Schiffen gering. 1844 werden nur mehr 16 Schiffe mit 493 Commerzlasten im Heimathafen Eckernförde registriert, davon 9 unter 20 Lasten, d.h. 52 Tonnen. Das größte Fahrzeug vermag 105 Lasten oder 273 Tonnen zu tragen. Der Schiffsbestand umfaßt etwa 1/3 der Kieler und Rendsburger bzw. 1/12 der Flensburger und Blankeneser Kapazität. In der Struktur von Ein- und Ausfuhr dominieren Beziehungen zu den Häfen der beiden Herzogtümer, zu den dänischen Provinzen und zu England, das Getreide abnimmt. Das größte Warenkontingent jedoch wird mit Schweden abgewickelt<556>. Der Umschlag in Eckernförde macht etwa 12 % des Kieler und 40 % des Holtenauer Warenverkehrs aus.

---

551 I.E. MOMSEN, 1974, S. 189
552 A. NIEMANN, 1799, S. 559
553 F. LORENTZEN, 1898, S. 35
554 J. v. SCHRÖDER, 1854, S. 115
555 Ch. KOCK, 1940/41
556 Alle Angaben nach Stat. Tabelværk, Tolvte Hefte, København 1847.

Auch Militär<557> und soziale Dienstleistungen spielen im Wirtschaftsleben Eckernfördes eine ergänzende Rolle. Das Christians-Pflegehaus, das aus Kopenhagen nach Eckernförde verlegt und in den Fabrikanlagen der Otteschen Unternehmen untergebracht wurde, ist in diesem Zusammenhang an erster Stelle zu nennen. 105 Männer, 60 Frauen, 120 Knaben und 50 Mädchen vermochte die Stiftung aufzunehmen und zu versorgen. Es handelte sich um eine militärische Versorgungsanstalt für Invaliden und Veteranen, Kriegerwitwen sowie verwaiste und arme Kinder, die hier Ausbildung und Unterricht erfuhren.

Da die Stadtgemarkung von Eckernförde sehr klein ist, spielt die Landwirtschaft im Erwerbsleben der Stadt überhaupt keine Rolle. Auch besitzt Eckernförde, das in den Windmühlen vor der Stadt und in der Schnaaper Wassermühle westlich des Windebyer Noors mahlpflichtig ist, keine eigenen Mühlen. Die Ausstattung Eckernfördes mit Händlern, Fuhrleuten und Gastwirten läßt auch um 1845 noch einen gewissen Nachklang besserer Zeiten spürbar werden.

Seit 1831 besteht auf dem Gegenufer in Borby ein Seebad mit angeschlossener Warmbadeanstalt. Die Anlage war auf Initiative des Stadtphysikus, eines Pastors und eines Senators ins Leben gerufen worden. Sie arbeitete auf Aktienbasis und genoß das besondere Wohlwollen des Hauses Holstein-Glücksburg<558>.

9.3. HEILIGENHAFEN

Auf reduziertem Maßstab und eingebunden in eng begrenzte Hinterländer stellen auch Heiligenhafen und Neustadt Kleinformen historischer Seestädte in Holstein dar. Beiden fehlen die vorteilhaften Einschnitte tiefer Förden, die den Zugang für große Schiffe ermöglichen und den notwendigen Schutz für Einfahrt, Löschen und Laden bieten. Auch die Lagekriterien sind - besonders unter dem Aspekt des Transitverkehrs - erheblich ungünstiger als in den klassischen Fördestädten sowie in Lübeck. So bilden engräumige Handelsbeziehungen mit Nachbarhäfen und Nachbarstaaten, der Fischfang und gelegentlich auch der Schiffsbau die traditionellen Säulen, auf denen die Wirtschaft dieser Küstenplätze beruht.

Im Verhältnis zu den übrigen Städten fällt Heiligenhafen durch seine ungewöhnlich große Stadtgemarkung auf. Diese ist nicht - wie ursprünglich angenommen - durch Zusammenlegung dörflichen Besitzes bei der Anlage der Stadt entstanden, sondern durch Wüstfallen von Siedlungskernen im Hochmittelalter, die in das Stadtfeld einbezogen wurden<559>. Die planmäßige Gestalt des Siedlungskörpers ist trotz späterer Überschwemmungen und Brände bis in die Gegenwart sichtbar geblieben.

Heiligenhafen ist wie Kiel und Neustadt eine schauenburgische Gründung nach dem Sieg über die Dänen bei Bornhöved (1227). In strategisch wichtiger Position am Fehmarnsund war der Stadt die Aufgabe des Handels zur See gestellt. Hauptsächlich sollte sie sich mit Agrarprodukten in den aufblühenden Ostseehandel Lübecks einschalten<560>. Im Schutz eines Nehrungshakens - des Steinwarders - und des aus zusammengewachsenen Strandwällen gebildeten Gras-Warders befand sich hier zwischen Kiel und Neustadt die einzige Stelle, wo ein geschützter und dauerhaft nutzbarer Hafen angelegt werden konnte. Dieser Vorzug wurde umso

---

557 Das schleswigsche Jägerkorps liegt in Eckernförde in Garnison
558 JESSEN/KOCK, 1928, S. 111
559 H.F. ROTHERT, 1970, S. 139
560 J. HABICH, 1976, S. 60

bedeutsamer, da der Oldenburger Hafen im Mittelalter verlandete und gänzlich unbrauchbar wurde<561>.

Trotz wechselvollen Schicksals ist die Stadt nicht in die wirtschaftlichen Konjunkturen seit Gründung des Gesamtstaats hineingewachsen. Sie lebte stärker von der Fortexistenz ihrer herkömmlichen Handelsbeziehungen im regionalen Rahmen. An erster Stelle ist hier der Kornhandel zu nennen, dem auch der Anbau auf dem 1796 ha großen Stadtfeld diente. 1741 wurde den Heiligenhafenern erneut das Recht zugestanden, "außer 3000 Tonnen Weizen allen Roggen und alle Gerste, die auf dem Stadtfelde gewachsen, im gleichen das daraus verfertigte Malz allzeit in alle Städte der Königreiche Dänemark und Norwegen ... für den inländischen Zoll einzuführen"<562>. Der Heiligenhafener Kaufmann war in allen Handelsstädten des Königreichs zugelassen.

Auch Aufkäufe von Getreide aus Fehmarn, von den Gütern und Stiftsdörfern spielen eine wichtige Rolle. So erklärt sich, daß Heiligenhafen bis zum Jahr 1870 mit 7 Windmühlen - die meisten auf den windreichen angrenzenden Moränenhöhen plaziert - ausgestattet ist<563>. Auch Mühlenerzeugnisse wie Graupen, Grütze und Brot zählen zu den mit Sonderrechten belegten Wirtschaftsgütern. Speicherbauten sind Zeichen des lebhaften Kornhandels, um bei günstigen Preisentwicklungen - vor allem im Frühjahr - möglichst schnell am Markt zu sein.

Noch um 1840<564> gilt Heiligenhafen trotz verschiedener Verbesserungsversuche in der Napoleonischen Zeit mit nur 9 Fuß Wassertiefe (ca. 2,50 m) als Hafen 4. Klasse im dänischen Staat<565>. Gewöhnliche Kauffahrteischiffe und kleine Kriegsschiffe konnten ihn noch anlaufen, mußten aber auf Reede ankern oder an Pfählen festmachen. Die Stadt unterhielt eine Böterflotte zur Anlandung der Waren. Holz wurde zu Flößen gebündelt und an Land gezogen<566>.

Seit 1838 laufen Arbeiten, Zufahrt und Hafenbecken zu vertiefen und die Liegeplätze durch Steinmolen als Wellenbrecher zu schützen. Eine Fahrrinne wird durch sog. Muddermaschinen ausgebaggert und anschließend betonnt. Auch errichtet man in Heiligenhafen erstmals eine Schiffsbrücke, so daß kleine und mittlere Schiffe am Kai löschen und laden können. Größere Fahrzeuge müssen nach wie vor draußen auf Reede entladen oder geleichtert werden. Auch droht der Hafen immer wieder zu verschlammen, da nur die Nordmole und der Damm zum Graswarder bestanden, nicht aber ein Abschluß nach Westen im Sinne eines geschlossenen Hafenbeckens. Diese Maßnahmen blieben mit vorschreitender Technik der preußischen Zeit vorbehalten.

Obgleich der Schiffsbestand Heiligenhafens von 1835 bis 1844 von 260 auf 381 Kommerzlast angestiegen ist, so liegt er nicht allein hinter Kiel und Rendsburg, sondern auch noch hinter Fehmarn und Neustadt zurück. Größere Einheiten fehlen gänzlich, der größte Korntransporter faßt 36 Last, d.h. knapp 100 metrische Tonnen<567>. 35 Fahrzeuge weisen Heiligenhafen insgesamt als Heimathafen auf.

---

561 W. JENSEN, 1949, S. 65
562 ders., S. 74
563 Selbst auf der Erstausgabe der preußischen Meßtischblätter sind noch alle 7 verzeichnet
564 Staatsb. Magazin, Bd. 9, 1840, S. 660-690
565 Neustadt entfällt in die gleiche Kategorie
566 E.G. KANNENBERG, 1954, II, S. 53
567 Alle Angaben nach Statistisk Tabelværk 1847

Die von BÖTTGER<568> für das Jahr 1863 aufgestellte Schiffsbestandsliste zeigt, daß nach 1850 eine ausgeprägte Zunahme zu verzeichnen ist. Mit etwa 1340 Lasten hat sich der Bestand in 20 Jahren mehr als verdreifacht, nicht zuletzt ein Ergebnis der Errichtung einer eigenen Werft, die selbst ozeantaugliche Tiefsegler zu bauen vermochte.

Tab. 31: Warenverkehr in Heiligenhafen 1845

A.	Warenausfuhr ins Ausland	Weizen	26 459 Tonnen
		Gerste	9 340 Tonnen
		Raps	4 844 Tonnen
		Erbsen	1 873 Tonnen
		Roggen	1 221 Tonnen
		Käse	103 556 Pfund
		Mehl	44 133 Pfund
		Butter	23 053 Pfund
B.	Warenausfuhr ins Inland	Butter	108 420 Pfund
		Käse	450 870 Pfund
		Branntwein, Essig	9 850 Reichsbanktaler Wert
		Töpferwaren	1 950 Reichsbanktaler Wert
C.	Wichtige Einfuhrgüter	Kaffeebohnen	39 972 Pfund
		Zucker raffiniert	34 149 Pfund
		Sirup	34 221 Pfund
		Seife	42 333 Pfund
		Rüb- u. Leinöl	15 014 Pfund
		Tabak	13 592 Pfund
		Hanf	11 119 Pfund
		Baumwollwaren	8 348 Pfund
		Wollwaren	3 453 Pfund
		Talglichter	7 233 Pfund
		Stangen- u. Bandeisen	88 768 Pfund
		Bau- u. Nutzholz	47 361 Kubikfuß
		Steinkohlen	3 289 Tonnen
D.	Wert der ausländischen Einfuhrgüter		73 444 Reichsbanktaler
	Wert der Ausfuhrgüter ins Ausland		248 437 Reichsbanktaler

Quelle: Schleswig-Holstein-Lauenburgische Landesberichte, hrsg. v. H. BIERNATZKI, Altona, 1846, S. 157

---

568 F. BÖTTGER, 1962, S. 61

Wareneinfuhr und -ausfuhr halten sich mit etwa 3100-3500 Kommerzlasten (1844) die Waage. An erster Stelle im Versand wie im Bezug steht das Herzogtum Schleswig, d.h. Fehmarn. Nachgeordnete Stellungen nehmen die Häfen der dänischen Provinzen, des Herzogtums Holstein, Schweden, England und Norwegen ein, die größere Kontingente an Korn abnehmen. Im Fall von Schweden halten sich Holzeinfuhr und Getreideversand mit 400-500 Lasten ungefähr die Waage. Um 1835 umfaßte die jährliche Ausfuhr etwa 30-40 000 Tonnen Getreide - vor allem Weizen und Gerste -, 7000 Tonnen Raps und 45 000 Pfund Käse<569>, dessen Hauptabnehmer neben den Elbstädten Mecklenburg, Lübeck und Norwegen waren. Bis 1845 hat sich der Warenumsatz beträchtlich erhöht, wie Tab. 31 ausweist. Der Wert der Ausfuhr ist mehr als dreifach höher als die Einfuhr.

Die Fischerei und Fischverarbeitung, in die sich Heiligenhafen seit dem Bahnanschluß 1898 erfolgreich einschaltet<570>, spielt um 1850 noch keine besondere Rolle. SCHRÖDER/BIERNATZKI<571> heben die Heringsfischerei hervor, räumen der Schiffahrt aber die bedeutendere Stellung ein<572>. - Obgleich vor 1872 auf dem Graswarder schon eine Badeanstalt existiert hat<573>, liegen keine Nachrichten vor, daß die Anfänge von Badeleben und Badeverkehr bis zur Mitte des 19. Jahrhunderts zurückreichen. Die Handwerksstruktur ist durch ein größeres Kontingent an Töpfern und Müllern ausgezeichnet. Die Produkte der 6 Töpfer und 21 Gehilfen (1845) hatten ihren Absatzmarkt auch außerhalb des Landes und wurden von dänischen Schiffen nach Norden verfrachtet<574>. 1860 kommt eine wöchentliche Dampferverbindung von Kiel über Heiligenhafen nach Fehmarn und Dänemark auf. Seit 1835 segelte der Kutter "Kommunikation" einmal je Woche nach Nysted an der Südküste von Lolland und war besonders für den Transport von Vieh eingerichtet.

9.4. NEUSTADT

Neben Eckernförde, Kiel und Heiligenhafen repräsentiert Neustadt im Darstellungsgebiet das vierte Beispiel eines städtischen Gemeinwesens, dessen materielle Existenz stark auf maritime Wirtschaftszweige gegründet ist. Im Südabschnitt der Wagrischen Halbinsel gelegen, wird der Stadt ein besseres Lagepotential als dem einseitig exponierten Heiligenhafen zuteil. Die Hinterlandverbindungen reichen nicht allein in den wagrischen Raum, sondern greifen auch nach Westen in mittelholsteinische Gebiete über. In der Schlußphase der dänischen Merkantilpolitik war Neustadt sogar die Rolle zugedacht, den Transitverkehr von Lübeck abzulenken und konkurrierend in den West-Ost-Verkehr einzugreifen.

Nach mittelalterlichen verkehrswirtschaftlichen Maßstäben ist die Lage des Umschlagplatzes geschickt gewählt. Neben der Schutzlage im Inneren einer Bucht begünstigt der schmale Sund, der zum flachen Binnenwasser führt, Anlegemöglichkeiten und Fischfang. Das koloniale Gründungsschema ist besonders regelmäßig ausgebildet und steht in enger topographischer Ähnlichkeit zu Kiel. Verwandte Gestaltungsmerkmale verweisen darüber hinaus auf Itzehoe und Heiligenha-

---

569 STAT. DES HANDELS, 1835, S. 132
570 H. OLDEKOP (1908, VII/75) nennt für die Jahrhundertwende 72 Fischer
571 SCHRÖDER/BIERNATZKI, 1855, I, S. 305/306
572 Die Zahl der Fischer fiel bis 1871 auf 7 und stieg danach rasch an, so daß 1891 40 Fischerfamilien existierten (W. JENSEN, 1949, S. 68).
573 W. JENSEN, 1949, S. 78
574 ders., S. 68

fen<575>. Vom Ordnungsgefüge und Typ der kommerziellen Privilegien her gesehen ist keine primäre seewärtige Orientierung und Aufgabenbestimmung erkennbar<576>. Das vorrangige Gründungsmotiv ist vermutlich die Sicherung der gräflichen Territorialherrschaft und die Anbindung des wirtschaftlichen Hinterlandes an einen Küstenstandort gewesen. Im 14. Jahrhundert erweitert sich das Stadtfeld - ähnlich wie in Heiligenhafen - und greift erstmals auf die westliche Seite des Neustädter Fahrwassers über<577>. Durch Anstieg des Geländes<578> ist die Stadt mit Ausnahme des engeren Hafenbereichs vor Überschwemmungen sicher.

Wie in Heiligenhafen läßt die wirtschaftliche Entwicklung in der Vergangenheit kaum herausragende Höhepunkte erkennen. Als Bestandteil der gottorfischen Lande hat Neustadt sich mit einer ausgesprochen peripheren Lage abzufinden. Nur während des 30jährigen Krieges und in einigen anschließenden Jahrzehnten zeichnet sich Neustadt - nicht zuletzt wegen seines waldreichen Hinterlandes - als leistungsfähiges Zentrum des Schiffsbaus aus, auf dessen Werften im dänischen Auftrag große Kriegsschiffe entstehen, die im Kampf um das "Dominium Maris Baltici" ihren Einsatz finden.

Der Schiffsbau - auf vermutlich drei Werften - zeigt noch einmal eine Nachblüte im 18. Jahrhundert, als vielseitige Aufträge des merkantilen Sektors - so für Altona, Lübeck und Apenrade - eingehen. Der Höhepunkt mit 72 Neubauten liegt in den 9 Jahren von 1712 bis 1720<579>. Seitdem ist ein stetiger Rückgang bis zum Erlöschen am Ende des 18. Jahrhunderts kennzeichnend. Neustadt verharrt in kleinstädtischer Stagnation und wächst über die Zahl von 1596 Personen (1803) nicht hinaus. Der Handel mit Korn und Holz spielt nach wie vor eine gewisse Rolle, aber neue Impulse werden der Stadt nicht zuteil. Eine Seifen- und eine Amidamfabrik sind nur von kurzer Existenz. Die Konkurrenz des nahen Lübeck ist drückend<580>. Daneben ist der Neustädter Wirtschaftsraum durch die Grenzen des Eutiner Zollauslands und der Lübschen Stiftsdörfer erheblich eingeengt.

Im Jahr 1817 wird die Stadt von einem Brand heimgesucht, der 2/3 aller Gebäude vernichtet. "138 Wohnhäuser und 89 sonstige Gebäude, mit dem Segen der diesjährigen Ernte angefüllt, liegen in Asche. Gegen 204 Familien sind ihres Obdachs und fast aller Sachen, selbst der Kleidungsstücke, beraubt", so heißt es in einem Bericht des Bürgermeisters an den dänischen König<581>. So schwer diese Verluste die Stadt und ihre Bevölkerung getroffen haben, es setzt unter aufopfernder privater und öffentlicher Beteiligung ein rascher und zielstrebiger Wiederaufbau ein<582>, der der Stadt eine stärker geometrische Grundrißgestalt und in ihren öffentlichen Bauten ein klassizistisches Aussehen verleiht.

So wie der verheerende Brand Hamburgs im Jahr 1842 der Stadt zu neuem Auftrieb und zu wirtschaftlicher Modernisierung verholfen hat, so läßt sich im kleinen ein ähnlicher Prozeß in Neustadt feststellen. Die Stadt, nunmehr in den Ge-

---

575 H.F. ROTHERT, 1970, S. 89 und J.H. KOCH, 1980, S. 53
576 J.H. KOCH, 1980, S. 43
577 H.F. ROTHERT, 1970, S. 114
578 Höhenlage der Stadtkirche 12,65 m
579 J.H. KOCH, 1965, S. 134
580 STAT. DES HANDELS ..., 1835, S. 188
581 H. KIEKBUSCH, 1967, S. 153
582 Geleitet von einer offiziellen Baukommission, der vor allem der Altonaer Bauinspektor Heylmann und als Sachverständiger der Landbaumeister Christian Friedrich Hansen angehören.

samtstaat einbezogen, erlebt eine Reihe positiver Entwicklungen, die das Wirtschaftsleben diversifizieren und in ein größeres räumliches Beziehungsgefüge einbetten. Nicht unerheblich sind am Wiederaufstieg einige Unternehmerpersönlichkeiten beteiligt, so die Kaufleute Jacob Lienau aus dem Raum Uetersen und Adam Jensen aus Segeberg, die den Kornhandel neu beleben, Speicher errichten lassen und einen eigenen Schiffsbestand aufbauen. Der Bau der königlichen Chaussee über Segeberg nach Altona verschafft der Stadt 1845 Zugang nach Westen. Daneben ist sie durch Abzweige am Süseler Baum an die Eutiner und bei Pönitz an die Lübecker Chaussee angeschlossen. Die sog. Ostholsteinische Eisenbahn als Nebenast der Altona-Kieler Bahn erreicht die Stadt über Ascheberg - Plön - Eutin erst 1866. Den Anschluß an das Bahnzeitalter hat Neustadt in dänischer Zeit also nicht mehr erreicht.

Mit 11 Fuß Tiefe[583] ist die Zufahrt damals günstiger als in Heiligenhafen. Auf der Basis genauer Vermessungen wird die Hafenmündung vertieft. Auch erhält die Ostseite des Fahrwassers ein 150 m langes Bollwerk. Zwei Lotsen stehen auf Verlangen für Ein- und Ausfahrt im schmalen Sund zur Verfügung. Der Leuchtturm Pelzerhaken dient der Sicherung der Zufahrt und der Umgehung der dortigen Sandbänke. Neustadt entfällt nach der amtlichen Klassifikation wie Heiligenhafen in die 4. Klasse der Häfen im dänischen Staatsgebiet[584]. Kleinere Kriegsschiffe und gewöhnliche Kauffahrteischiffe vermögen den Hafen anzulaufen.

Der Eigenbestand an Schiffskapazität liegt 1840 deutlich höher als in Heiligenhafen und übertrifft sogar noch Eckernförde. Neben kleinen Transportgefäßen sind auch 8 mittelgroße Fahrzeuge von 40-60 Kommerzlasten (100-150 metr. Tonnen) vorhanden. Mit 5046 Lasten Einfuhr und 5220 Lasten Ausfuhr liegt der Umschlag um die Hälfte höher als in Eckernförde und um ein Drittel höher als in Heiligenhafen. Im Vergleich zu Kiel macht der Warenumschlag allerdings nur ein Achtel[585] aus. Einen näheren Einblick in die Struktur des Warenverkehrs im Jahr 1845 vermittelt Tab. 32.

Neben dem Handel mit den Herzogtümern und den dänischen Provinzen fällt der starke Austausch mit Schweden, der etwa 1/5 der gesamten Tonnage umfaßt, ins Auge. Auch die Beziehungen zu England entwickeln sich seit Fortfall der Kornzölle lebhaft. Als Rückfracht wird Kohle mitgeführt. Insgesamt ist der Handel vielgestaltig und richtet sich auf die meisten Anlieger von Ost- und Nordsee. Neben dem bodenständigen Handwerk haben sich in der Stadt neuere kleinbetriebliche Werk- und Verarbeitungsstätten niedergelassen: 1 Seifensiederei mit Lichtgießerei, 4 Lohgerbereien, 1 Essigbrauerei, 1 Tabak- und Zigarrenfabrik, 1 Eisengießerei, 1 Salzsiederei, 1 Tuchmacherei und Wollspinnerei, 2 Branntweinbrennereien, 5 Bierbrauereien u.a. Das Handwerk der Stadt scheint unter der Konkurrenz des Landhandwerks in den Nachbarterritorien stark gelitten zu haben. Durch dessen Angebote ist der Niedergang des Leineweberhandwerks - neben den neu aufkommenden mechanisch gefertigten Produkten - beschleunigt worden[586].

In der Zunahme um 1500 Einwohner von 1803 bis 1845 zeigt sich die wirtschaftliche Belebung, die Neustadt zuteil wird. Seit 1826 ist eine Seebadeanstalt nach-

---

583 Etwa 3,10 Meter
584 Neues Staatsb. Magazin, 1840, S. 660 ff.
585 Alle Angaben nach Statistisk Tabelværk, 1844.
586 J. KOCH, 1958, S. 168

Tab. 32: Warenverkehr im Neustädter Hafen 1845

A. Warenverkehr mit dem Ausland

Ausfuhr		Einfuhr (Auswahl)	
Weizen	37 575 Tonnen	Eisen jeder Art	485 485 Pfund
Gerste	15 892 Tonnen	Kaffee	111 096 Pfund
Roggen	1 594 Tonnen	Sirup	79 693 Pfund
Erbsen	7 132 Tonnen	Tabak	84 360 Pfund
Raps	7 443 Tonnen	Reis	18 143 Pfund
Knochen	168 073 Pfund	Hanf	11 290 Pfund
Käse	105 028 Pfund	Baumwollwaren	10 992 Pfund
Felle	8 474 Pfund	Glaswaren	11 429 Pfund
Wolle	5 395 Pfund	Trockenobst	10 078 Pfund
Ölkuchen	406 690 Pfund	Rosinen	10 699 Pfund
Eichen-Nutzholz	6 615 Kubikfaß	Steinkohlen	8 487 Tonnen
Vieh aller Art	52 540 Reichsbanktaler Wert	Salz	3 767 Tonnen
Fisch	3 000 Reichsbanktaler Wert	Kalk, gebrannt	1 631 Tonnen
getr. Seetang	4 100 Reichsbanktaler Wert	Bau- und Nutzholz	134 794 Kubikfuß

B. Warenverkehr mit dem Inland (Auswahl)

Ausfuhr		Einfuhr (ohne Getreide)	
Bauholz	55 000 Reichsbanktaler	Raffin. Zucker aus Kopenhagen	40 000 Pfund
Getreide	45 000 Reichsbanktaler	Raffin. Zucker aus Itzehoe, Kiel, Ütersen	77 000 Pfund
Schmiedeeisen	13 700 Reichsbanktaler	Wollwaren	10 975 Reichsbanktaler
Colonialwaren	12 000 Reichsbanktaler	Branntwein	9 405 Reichsbanktaler
inl. Käse	12 000 Reichsbanktaler	Käse	9 500 Reichsbanktaler
		Tran	8 100 Reichsbanktaler
		Seife, Talglichte	6 000 Reichsbanktaler

C. Wert des Auslands-Warenverkehrs

Ausfuhr	552 539 Reichsbanktaler
Einfuhr	192 201 Reichsbanktaler

Quelle: Schleswig-Holstein-Lauenburgische Landesberichte, 1846/47, S. 155/156

weisbar, die von einigen Bürgern der Stadt auf Aktienbasis betrieben wird. Einrichtungen für Fremde sind mit dieser Neuerung nicht verbunden.

Insgesamt zeigen sich in Neustadt Merkmale wirtschaftlicher Regsamkeit und unternehmerischer Aktivität, die ebenso Ausdruck einer günstigen Lage sind wie auch einer ökonomischen Konsolidierung auf neuerem technischen Hintergrund. Im Warenverkehr mit dem Ausland weist Neustadt um 1845 etwa die doppelte Kapazität von Heiligenhafen auf (vgl. Tab. 31 und 32).

9.5. BURG AUF FEHMARN

Das kleine Städtchen Burg im Südosten der Insel Fehmarn erfüllt zwar juristisch, physiognomisch und historisch die Kriterien einer Stadt, leidet aber unter wirtschaftlichen Aspekten an starken Einbußen seiner ursprünglichen Leistungskraft.

Die innere Auszehrung wird vor allem durch den Verlust der Hafenfunktionen sowie die wachsende Konkurrenz des ländlichen Handwerks und Handels in den großen Dörfern Fehmarns hervorgerufen. Der Status der Insel als Landschaft verschafft den Kirchspielen wirtschaftliche Sonderrechte zu Lasten der städtischen Entwicklung.

Der Aufstieg der Stadt zu einem belebten Handelsplatz, dessen Hafeneinfahrt durch die landesherrliche Burg Glambeck geschützt war, scheint schon im späten Mittelalter beendet gewesen zu sein<587>. Die Fahrrinne in die Stadt wie auch der Binnensee versanden, so daß nur mehr ein Ankern und Laden auf Reede vor der sog. Tiefe möglich ist. Der innere Ladeplatz Staaken<588> kann nur mehr mit kleinen Booten erreicht werden. Alle Eingaben und Anträge auf Abhilfe, über die KANNENBERG<589> ausführlich berichtet hat, haben keine amtlichen Maßnahmen und Änderungen zur Folge gehabt. Die vor der Burger Tiefe ankernden Schiffe müssen auch um 1850 unverändert von Booten aus beladen werden, während Fuhrwerke mit hohen Rädern möglichst tief ins Wasser an die Zubringerkähne heranfahren. Erst 1871 wird in Burgstaaken ein fester Kai am Ende einer auf 4,5 m ausgebaggerten Fahrrinne angelegt, der fortan der Stadt neuen Handel sowie Waren- und Personenverkehr ermöglicht. Vorher hatten die Ladeplätze Lemkenhafen und Orth der Stadt Burg gänzlich den Rang abgelaufen.

So lebt das im Jahr 1845 1811 Einwohner zählende Burg zu einem auffallend hohen Anteil von der Landwirtschaft und einem bescheidenen, von ländlicher Konkurrenz bedrohten Handwerk. Hinzu treten die Funktionen als Amtssitz der Landschaft Fehmarn und die noch verbliebenen Einkünfte aus der Seefahrt. 27 Familien finden nach SCHRÖDER<590> in diesem Nahrungszweig ihren Lebensunterhalt. Der Fischfang scheint keine besondere Rolle zu spielen. Auch ist ein Seebad noch nicht eröffnet, dies geschieht erst nach der Jahrhundertwende. Die abseitige Lage und schwere Erreichbarkeit, die den Fährdienst stark von der Wetterlage abhängig macht, werden immer wieder als Hindernis eines Neubeginns hervorgehoben. So führen Insel und zugehörige Stadt ein Eigendasein, das Vergleiche mit den Entwicklungen auf dem festen Lande nur bedingt erlaubt.

Ein Kernpunkt der geringen wirtschaftlichen Entwicklung sind die komplizierten Beziehungen zwischen Stadt und Land<591>. Der Monopolanspruch der Stadt wird mit Eigendynamik der einzelnen Kirchspiele beantwortet. Umgekehrt entfaltet die Stadt Aktivität auf dem Lande, indem Einwohner von Burg Grundbesitz in den Dörfern erwerben.

Der Schiffsbestand der Insel ist gemessen an der Tonnage größer als in Eckernförde, Neustadt und Heiligenhafen. Der rege Verkehr lebt hauptsächlich von Korn-, Graupen-, Grütze- und Mehlversand sowohl in die Herzogtümer als auch nach Norwegen, Schweden und England. Da die Insel ohne Holzreserven ist, muß viel Bau- und Brennholz sowie Kohle aus England bezogen werden. Wegen fehlender Lohe wird nur in geringem Maße gegerbt. Die meisten Häute und Felle werden demzufolge unbearbeitet zum Festland versandt. Eine bescheidene Rolle in der städtischen Ökonomie spielt das Brennereiwesen, das ehedem stärker auf einen Versand nach Norwegen ausgerichtet war.

---

587 K. DÜRING, 1937, S. 49
588 oder auch Stacken genannt, so in der Karte von J. MEYER 1648 oder auch in der Hafenvermessungskarte von P.J. PETERSEN (1812)
589 G. KANNENBERG, 1954 und 1960
590 J. v. SCHRÖDER, 1854, S. 84
591 G. WOLGAST, 1974, S. 131

9.6. OLDENBURG

Auf einer wirtschaftlich etwas höheren und vielseitigeren Stufe als Burg steht die kleine Landstadt Oldenburg. Sie zählt 1845 2447 Bewohner und zeigt hinsichtlich der Bevölkerungszahl eine aufsteigende Tendenz, die sich mit jährlichen Zunahmeraten von etwas mehr als 1 % (1835-1845) ganz überwiegend auf natürliche Überschüsse zurückleiten dürfte. Noch 1803 waren nur 1592 Bürger ermittelt worden<592>.

In einer bemerkenswerten Lage am Übergang über die Tiefenrinne des Oldenburger Grabens angelegt, besitzt die Stadt eine verhältnismäßig große Verkehrszentralität. Sie ist von hochwertigen landwirtschaftlichen Produktionsgebieten umgeben und erfährt nur im Westen eine Einschränkung ihres Standortpotentials. Der Oldenburger Graben ist damals noch kein natürliches Grünland, das dank Drainage weidewirtschaftlich nutzbar ist, sondern Bruchland und Moorgebiet, in dem der sommerliche Torfstich eine wichtige Rolle spielt.

So bedeutsam die frühe Geschichte Oldenburgs in wendischer Zeit gewesen ist, eine allgemeine und besonders wirtschaftliche Blütephase der kolonialen Neugründung ist in späterer Zeit nicht erkennbar. Oldenburg war nach der Landesteilung von 1544 eine gottorfische, später großfürstliche Siedlung, die immer eine eng begrenzte lokale Rolle gespielt hat. Vielfach ist die Stadt durch Feuersbrünste - so 1350, 1524, 1693 und 1773 - vernichtet worden, offensichtlich aber immer wieder in alter Grundrißgestalt und unter Wahrung der herkömmlichen Funktionen aufgebaut worden.

Eine Vorstufe von administrativer Zentralität, wie dies in preußischer Zeit durch die Ansiedlung einer Kreisverwaltung geschieht, ist um 1850 in Oldenburg nicht erkennbar. Allerdings sind Ansätze geistig-kultureller Ausstrahlung in den Wagrischen Raum durch das Vorhandensein einer Buchdruckerei, Buchhandlung und Leihbibliothek gegeben. Außerdem erscheinen seit 1828 zweimal wöchentlich die Wagrisch-Fehmarnschen Blätter in Oldenburg. Aus dem Kreis der üblichen Schulen hebt sich eine 1836 gegründete Zeichenschule hervor, die auf die Ausbildung der Handwerkslehrlinge abgestellt ist. Von der früheren Funktion eines Amtssitzes, der bis 1769 auf Kuhof ansässig war, sind keine Nachwirkungen in der Stadt geblieben<593>.

Bedeutsam für die Stadt ist das Vorhandensein von 4 Ziegeleien, deren Existenz in erster Linie auf die reichlich vorhandenen Torfvorräte zurückgeht. In der ersten Hälfte des 19. Jahrhunderts ist der Torf noch das übliche Befeuerungsmaterial zum Betrieb aller großen Ziegeleien<594>. Dagegen ist die Binnenstadt Oldenburg mit 2 landesherrlichen Windmühlen bedeutend geringer ausgestattet, als dies auf die Küstenstädte zutrifft.

Mehr als 75 % der Einwohnerschaft lebt 1845 vom Handwerk oder von Tagelöhnerarbeit. Nur wenige Städte oder Flecken weisen so hohe Anteile wie Oldenburg auf. Auch das benachbarte Lütjenburg zeigt eine ganz ähnliche Situation. Dieser

---

592 Alle Angaben nach den amtl. Volkszählungen
593 Bis zu diesem Zeitpunkt war Oldenburg gleichzeitiger Amtssitz für Cismar und Oldenburg. Als die Oldenburger Domänen zu den Oldenburgischen Fideikommißgütern jüngerer Provenienz zusammengefaßt wurden, verlegte man den Amtssitz nach Cismar.
594 A.C. GUDME, 1833, S. 212

Sachverhalt gründet sich auf vielseitige materielle Dienstleistungen gegenüber der eigenen Stadtbevölkerung und dem agraren Umland, wobei die Konkurrenz des Landhandwerks aus den Güterdistrikten der Umgebung möglicherweise weniger drückend war. Auch liegt das handwerkerreiche Fürstentum Lübeck weiter entfernt, so daß der Absatz der Erzeugnisse nicht so wie in Neustadt von Fremdwaren bedroht war.

Tab. 33: Handwerksstruktur in den Städten Oldenburg und Lütjenburg 1845

Handwerkssparten	OLDENBURG Hauptpersonen/ Mithelfende	LÜTJENBURG Hauptpersonen/ Mithelfende
Schuster	48/27	59/61
Spinner, Näher, Stricker	45/0	13/0
Weber	41/26	8/9
Schneider	21/21	14/12
Tischler	19/27	12/19
Grob-, Klein-, Nagelschmiede	16/17	12/17
Sattler	9/11	9/12
Bäcker	9/7	14/17
Maler	8/6	4/7
Maurer	6/10	4/7
Zimmerer	6/7	3/4
Holzdrechsler	5/2	2/0
Blechschläger	4/5	4/3
Böttcher	4/4	3/3
Schlachter	4/2	8/8
Radmacher	4/2	4/3
Glaser	4/1	5/1
Färber/Drucker	3/3	3/3
Goldschmiede	3/2	2/2
Gerber	3/1	6/8
Reifer	3/1	3/2
Hutmacher	3/0	4/2
Uhrmacher	2/0	5/1
Branntweinbrenner	-	4/5
sonstige:		
Trakteure, Gastwirte Krüger, Bierschenker	14/3	4/0
Kaufleute mit vollständigem Laden	19/11	12/21
Höker	7/0	3/0
Von der Landwirtschaft Lebende	17/1	2/0

Quelle: Statistisches Tabellenwerk, 2. Heft, Kopenhagen 1846

In der Gliederung der Handwerkerschaft nach Tab. 33 treten Schuster und Weber, welche schon 1789 mit 38 bzw. 20 Meistern ansässig[595] waren, besonders hervor. Auch SCHRÖDER/BIERNATZKI[596] nennen für den gleichen Zeitraum 60 Schuster und 39 Weber. Ihre Angaben stimmen in diesem Fall mit den Volkszählergebnissen gut überein. Schuster und Weber zählten neben Tischlern, Bäckern, Schneidern, Maurern, Schmieden und Weißgerbern zu den zünftigen Handwerkern. Die Gründung einer Wollmanufaktur zu Anfang des 19. Jahrhunderts war gescheitert, so daß es sich um einzeln arbeitende Woll-, Leinen- und Baumwoll-Weber handelte.

Aus Tab. 33 darf keinesfalls kritiklos ein quantitves Bild der Wirtschaftsstruktur nachgezeichnet werden. So treten in Lütjenburg 4 Branntweinbrenner hervor, in Oldenburg hingegen keine. In diesen Angaben werden willkürliche Zuordnungen der jeweiligen Sparten beim Zählvorgang sichtbar: Da in Oldenburg die 2 Branntweinbrennereien und 4 Bierbrauereien im Besitz von Gastwirten sind, erscheint dieser Produktionszweig nicht in der Statistik. Auch ein Weinhändler ist aus diesem Grund nicht vertreten. Auch war, wie MOMSEN[597] betont, der Lichtgießer zugleich Seifensieder und der Buchdrucker in gleicher Person Buchhändler. Auch bei der Zuordnung der Maurer- und Zimmergehilfen sind die Abgrenzungen fließend. Trotz dieser Einschränkungen vermittelt Tab. 33 einen guten Einblick in die vielseitige Gewerbegliederung einer ländlichen Kleinstadt abseits der sich bildenden großen Verkehrsachsen.

Zusammenfassend läßt sich sagen, daß Mengenbild und Vielseitigkeit der Handwerkerschaft ein deutliches Spiegelbild der jeweiligen Lage und Umlandbeziehungen sind. Abseitige Landstädte ohne direkte Verbindung zu gewerbereichen Nachbarterritorien und ohne den Druck des aufkommenden Landhandwerks weisen noch ein differenziertes und für die Existenz der Stadt tragendes Fundament auf. In welchem Ausmaß der gefürchtete Hausierhandel, der die wirtschaftlichen Grundlagen der Städte ebenfalls stark untergräbt, in den häufig genannten Verfall hineinspielt, geht aus den Unterlagen und amtlichen Quellen nicht hervor.

9.7. LÜTJENBURG

Ähnlich wie Oldenburg ist auch Lütjenburg an einem wichtigen Übergang über einen Taleinschnitt, nämlich die Kossau, angelegt. Ausschließlich von adligen Güterbezirken umgeben, ist die Stadt in eine bewegte Moränenlandschaft eingebettet, welche sich in der orographischen Gliederung des städtischen Terrains fortsetzt. Die innere Ausrichtung des Stadtgrundrisses läßt die West-Ost-Verbindung von Kiel nach Oldenburg als dominante Verkehrsachse hervortreten. Demgegenüber spielt die Landverbindung nach Südwesten durch das Tal der Kossau in Richtung Plön eine nachgeordnete Rolle.

Obgleich von der offenen See nur 6 km Luftlinie entfernt, hat Lütjenburg niemals direkte Verbindung zum Meer besessen. Die Benutzung des Großen Binnensees war problematisch, da sich dieser unter der Hoheit der Güter Waterneverstorf und Neudorf befand. So tauchen im Laufe der Vergangenheit mehrfach Pläne auf, die Stadt an die Küste zu verlegen, um ihr günstigere wirtschaftliche Ausgangsbedingungen zu verschaffen.

---

595 F. BÖTTGER, 1925, S. 130
596 SCHRÖDER/BIERNATZKI, 1856, II, S. 249
597 I.E. MOMSEN, 1974, S. 180

Die erste Verlegung wird bereits im Jahr 1308 erwogen<598>, nachdem die Stadt 1275 mit Lübischem Recht ausgestattet worden war. Die Stagnation des Mittelalters mündet in eine Verpfändung an die Rantzaus auf Neuhaus ein, aus der erst der tatkräftige dänische König Christian IV. 1642 Lütjenburg wieder zurückkauft<599>. Da sich Kiel und Neustadt in gottorfischer Hand befinden, sucht er einen holsteinischen Ostseehafen als Stützpunkt und Handelsplatz. Auch im 18. Jahrhundert taucht nochmals ein Verlegungsplan auf, aber praktische Maßnahmen werden auch diesmal nicht ergriffen. Seit dem Rückkauf ist Lütjenburg immer eine königliche Stadt gewesen.

Trotz der Lagekonstanz ist Lütjenburg nicht gänzlich ohne seewärtige Beziehungen geblieben. 1844<600> verfügt die Stadt über 7 kleine Jachten mit insgesamt 27 1/2 Kommerzlasten Tragfähigkeit. In den Sommer- und Herbstmonaten vollzieht sich der Umschlag auf der Reede vor Hohwacht, wo günstiger Ankergrund vorhanden ist. Etwa 1100 Lasten werden jeweils ein- und ausgeführt, wobei die Beziehungen zu holsteinischen und dänischen Häfen überwiegen. Mit etwa 1/5 ist Schweden am Versand und Bezug beteiligt. Neben Weizen und Gerste wird vor allem Raps verschickt. Aus Schweden werden jährlich 6-8 Ladungen Holz bezogen<601>. England liefert Kohle, Stangeneisen und Salz. Die Einfuhr von Pferden von den dänischen Inseln, die ehedem sehr ausgeprägt war, ist von früher 1000 Stück Vieh auf 150-200 um 1835 zurückgegangen. Einer von drei Speichern in Hohwacht gehört einem Lütjenburger Händler. Die beiden anderen sind in Neustädter und gutsherrschaftlichem Besitz. Die Boote überwintern im Sehlendorfer See.

Lütjenburg stellt wie Oldenburg in erster Linie eine Stadt des ländlichen Handwerks dar. Das Schustergewerbe nimmt hier eine noch wichtigere Position als in der Nachbarstadt ein. Auch Schneider, Tischler, Bäcker<602>, Schmiede, Schlachter und Sattler treten auffallend stark hervor. Mit 6 Hauptpersonen nehmen auch die Gerber eine bedeutsame Stellung im Handwerksspektrum ein. Die städtische Windmühle wurde zwecks Verarbeitung des Rohstoffs für die Gerber mit einem Mahlgang für Lohe ausgestattet.

Nicht unbedeutend ist auch das Brennerei- und Braugewerbe, das teilweise auf den Agrarprodukten der ausgedehnten, 560 ha umfassenden Feldmark aufbaut. Mit den Brenn- und Gärrückständen wird in der Stadt Viehmast betrieben. Die Lütjenburger Brennereien, unter deren Produkten damals Kümmel und Korn dominieren, sind in preußischer Zeit früh auf Dampfbetrieb umgestellt worden.

Wie Neustadt ist auch Lütjenburg - im Jahr 1826 - von einem verheerenden Brand heimgesucht worden. Es ist nicht auszuschließen, daß der zielgerichtete Wiederaufbau unter Leitung des königlichen Bauinspektors Friedrich Christian Heylmann aus Altona<603> der Stadt neue wirtschaftliche Impulse verliehen hat,

---

598 J. HABICH, 1976, S. 110
599 Von Christian IV. wurde 1616 Glückstadt an der Elbe angelegt. Auf ihn gehen auch wesentliche bauliche Maßnahmen im absolutistischen Kopenhagen zurück.
600 Statistisk Tabelværk, Heft 12, Kopenhagen 1847
601 STATISTIK DES HANDELS, 1835, S. 168
602 SCHRÖDER/BIERNATZKI (1856, S. 116) nennen die unglaubhaft hohe Zahl von 92 Bäckern. Demgegenüber spricht die Volkszählung von 14 Hauptpersonen und 17 Gehilfen (1845).
603 Dieser war auch in Neustadt beim Aufbau der Stadt federführend

die über die eigentliche Wiederaufbauphase hinauswirken. Das auffallendste Merkmal ist die starke Zunahme der Bevölkerung, deren Zahl von 1206 Personen (1803) auf 2109 (1845) anstieg.

Auch am Beispiel von Lütjenburg, das erst 1891 über eine Stichbahn nach Malente Anschluß an das Schienennetz erhält, zeigt sich, daß die abseitige Lage und die Distanz zu konkurrierenden Territorien als Schutzmantel für die Entfaltung des ortseigenen Handwerks gewirkt hat. Verfehlt wäre es allerdings, in der großen Zahl der Ämter und der Zugehörigen ausschließlich gesicherte berufliche Existenzen zu erblicken. Manches handwerkliche Kümmerdasein ist mit Sicherheit in Lütjenburg wie in anderen ländlichen Kleinstädten anzutreffen gewesen.

9.8. PLÖN

Plön, wegen seiner ungewöhnlichen Lage und Naturschönheiten in der Umgebung schon im 19. Jahrhundert weithin bekannt, befindet sich zum Betrachtungszeitraum auf einem Tiefpunkt seiner allgemeinen und insbesondere wirtschaftlichen Entwicklung. Die Phase herzoglicher Residenzentfaltung liegt für die Stadt schon beinahe 100 Jahre zurück. Zwar wurde das Schloß noch vorübergehend als Sitz der Oldenburger[604] oder als Sommerresidenz Christian VIII. genutzt, jedoch eine nachhaltige ökonomische Belebung für die Stadt war damit nicht verbunden. Auch die neue urbane Aktivität, die in preußischer Zeit durch Chaussee- und Bahnanschluß, Kreisfunktion, Kadettenanstalt und Fremdenverkehr ausgelöst wird, kündigt sich um die Mitte des 19. Jahrhunderts noch mit keinerlei Vorboten in dem stillen Beamten- und Pensionistenstädtchen an.

Eingeengt auf schmalem Siedlungsboden (vgl. Abb. 32) inmitten eines ausgedehnten Seenkomplexes, ergeben sich ungünstige Verkehrs- und Wachstumsbedingungen, vor allem nach Norden in Richtung Kiel. Erst 1863 gelingt es, die Stadt mit Hilfe von Brücken und Dämmen über das zum Gut Rixdorf gehörenden Appel-Warder nach Norden an die Kiel-Preetzer-Chaussee anzuschließen. So gelten um 1850 noch die alten Bedingungen der von der Natur vorgezeichneten Verbindungsmöglichkeiten. Dies bedeutet, daß nur wenig Verkehr das Plöner Weichbild überhaupt berührt. Ein großer Teil zweigt im Osten vor der Stadt in Richtung Ratjensdorf-Trent ab oder nimmt von Eutin den kürzeren Weg über Malente-Grebin. So ergibt sich für Plön im Nord-Süd-Verkehr eine Sackgassensituation. Die Verkehrsspannung in West-Ost-Richtung ist gering, nicht zuletzt wegen des unweit angrenzenden Territoriums des Fürstentums Lübeck.

Das von einigen Amtsdörfern gebildete Umland der Stadt ist nach Areal und Bevölkerungszahl unbedeutend. Die wirtschaftlichen Freiheiten der Güter haben der Entfaltung städtischen Lebens hindernd im Wege gestanden. So ist die Finanzkraft der Stadt Plön gering geblieben, nicht zuletzt weil nach dem dänischen Staatsbankrott der Handel immer mehr zurückging. Obgleich nebeneinander gelegen, gelten für Alt- und Neustadt bis 1847 zweierlei unterschiedliche Kommunalrechte: So besitzt das altstädtische Plön eine Stadtverfassung auf der Basis des Lübischen Rechts, während die kleine absolutistische Neustadt ein Bestandteil des Amtes ist[605] und auf sächsischer Rechtsgrundlage verwaltet wird.

---

604 Der Herzog Peter Friedrich Wilhelm von Oldenburg verstarb 1823 auf dem Plöner Schloß
605 So auch das Schloß mit seinen Anlagen

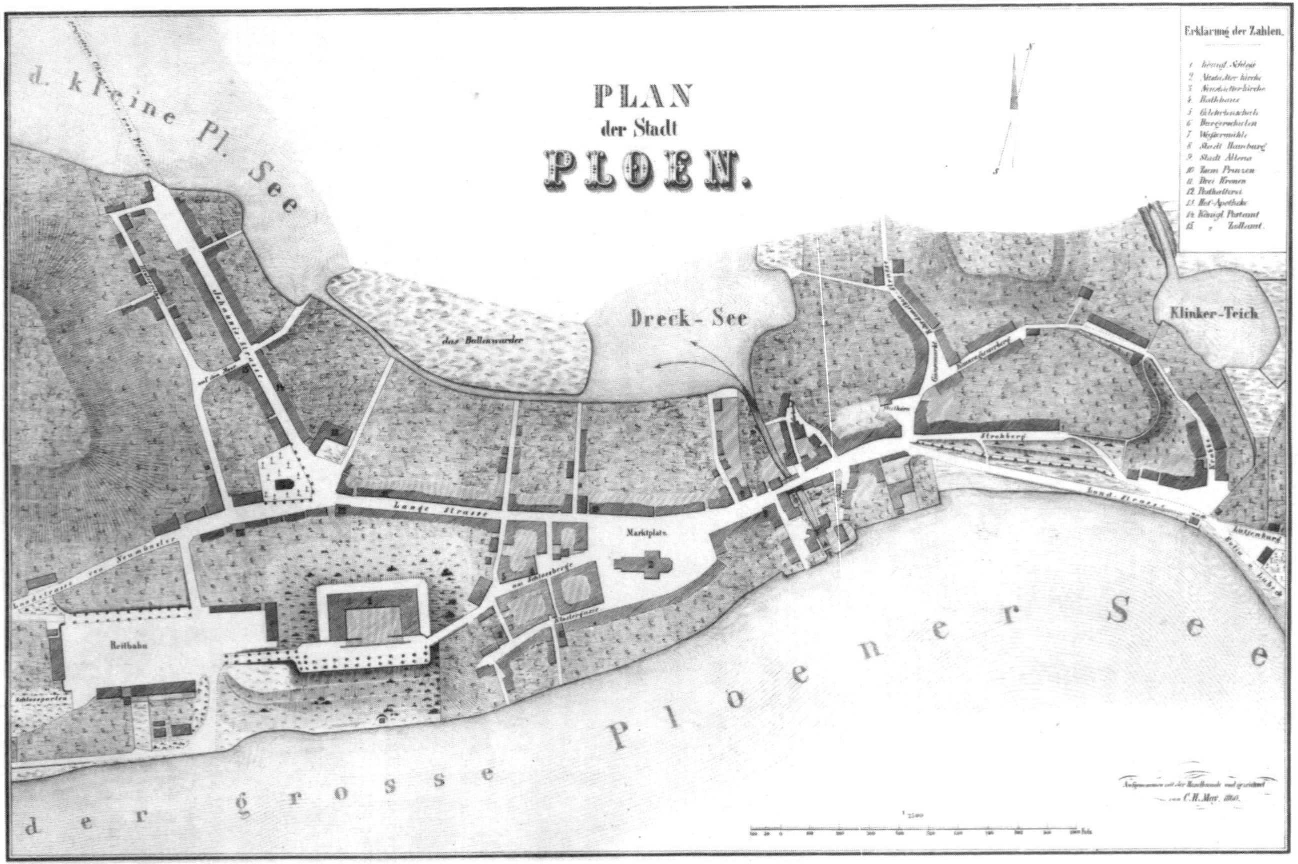

Abb. 32: Plan der Stadt Plön aus dem Jahr 1860 mit der projektierten Chaussee nach Preetz

Plön ist neben Krempe das einzige städtische Gemeinwesen im Herzogtum Holstein, in dem die Bevölkerung im Jahr 1845 unter 2000 Personen bleibt. Zwar ist die Zahl seit Beginn des 19. Jahrhunderts durch natürliche Überschüsse gestiegen, aber allein von 1840 bis 1845 ist wieder ein Rückgang um 100 Personen eingetreten<606>. Wenn SCHRÖDER/BIERNATZKI<607> für das Jahr 1855 die Zahl von 2476 Personen nennen und eine größere Menge von Handwerkern aufführen, so beruht dieser Tatbestand auf der nunmehrigen Vereinigung beider Siedlungskörper. Das in der Karte zugrundeliegende Handwerkerspektrum bezieht sich auf die noch nicht erfolgte Zusammenfügung des alt- und neustädtischen Plön.

So zeigt sich die Stadt zwar als administrativer und kultureller Knotenpunkt im ostholsteinischen Binnenbereich, aber es fehlen in der Mitte des 19. Jahrhunderts zentralörtliche, verkehrswirtschaftliche oder gewerbliche Impulse gänzlich. Es ist eine auffallende Erscheinung, daß Plön trotz seiner langen politischen Autonomie in die wirtschaftlichen Neuerungen der Herzogtümer nicht integriert ist. Bis zur Gegenwart haben sich diese Merkmale ökonomischer Abstinenz trotz amtlicher Bemühungen nicht auflösen lassen. Das alte Heimgewerbe des Spitzenklöppelns, das außer in Tondern<608> auch in Plön ansässig war, ist bereits in der Mitte des 19. Jahrhunderts eingegangen. Auch die heutige Bedeutung Plöns als Garnisonsstadt hat keine historischen Wurzeln.

9.9. EUTIN

Im Gegensatz zu Plön ist Eutin auch im 19. Jahrhundert durch das Fortbestehen von Regierungsfunktionen und Kulturtraditionen in einem politisch autonomen Territorium geprägt. Obgleich mit 2902 Einwohnern (1845) nur im Rang der übrigen ländlichen Kleinstädte stehend<609>, ist für die wirtschaftlichen Grundlagen Eutins neben der Administration, Justiz und dem Schulwesen auch ein breites Feld privater und öffentlicher Dienstleistungen kennzeichnend, in dem freie Berufe im heutigen Sinne eine wichtige Stellung einnehmen.

Nicht unerheblich trägt zum Wirtschaftsleben der Stadt auch die bessere Verkehrsanbindung bei. Dies gilt vor allem für die Beziehungen zum großen Lübeck, mit dem Eutin durch eine makadamisierte Chaussee verbunden ist. Die Bemühungen um einen Bahnanschluß werden allerdings erst 1866 von Erfolg gekrönt, indem die ostholsteinische Eisenbahn auf ihrem Wege nach Neustadt über Eutin geführt wird. Die Verkehrszentralität von Eutin ist im 19. Jahrhundert höher als diejenige von Plön einzustufen.

Zur Residenzstadt ist Eutin erst nach der Reformation aufgestiegen, als die nunmehr protestantischen Fürstbischöfe ihren Repräsentations-, Verwaltungs- und Wohnsitz aus Lübeck verlegten<610>. Nicht allein eine rege Bautätigkeit im Bereich von Schloß, Gärten und Kurienhöfen brachte Handwerker, neue Ideen und Personen sowie höfische Betriebsamkeit in die Stadt, sondern es wurde von Sei-

---

606 Statistisches Tafelwerk mit den amtlichen Ergebnissen der Volkszählung 1845
607 SCHRÖDER/BIERNATZKI, II, 1856, S. 287
608 In Tondern sind um 1850 noch geringe Reste der großen Klöppel-Tradition vorhanden, aber auch sie unterliegen starken konjunkturellen Einbrüchen durch das mechanische Zeitalter.
609 P. KOLLMANN, 1901, S. 260
610 G. PETERS, 1971, S. 71

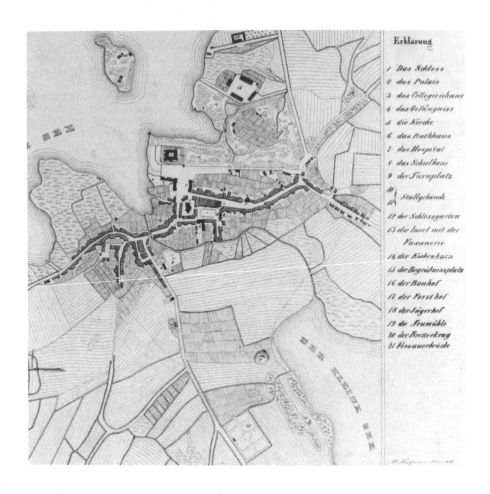

Abb. 33: Plan der Stadt Eutin und ihrer Umgebung von M. KAUFMANN aus dem Jahr 1836 (Osthälfte)

ten der Fürstbischöfe auch eine aktive und progressive Wirtschaftspolitik betrieben. Die Einführung des Meiereiwesens auf den landesherrlichen Krongütern zählte ebenso zu diesen Maßnahmen wie die generelle Erlaubnis zum Anlegen von Koppeln auf den dörflichen Fluren und auf dem Stadtfeld (1728). Im Osten der Stadtgemarkung stießen - wie PETERS<611> betont - die winzigen, von Wall und Graben eingehegten Flurstücke der Bürger mit den großen Ländereien des Bauhofs zusammen, der sich in unmittelbarer Nachbarschaft zur Stadt als landesherrlicher Eigenbesitz in der Größe von etwa 265 ha ausdehnte.

Das historisch jüngere Wachstum der Stadt läßt sich in zwei Phasen gliedern und stimmt mit wirtschaftlichen Entwicklungsabschnitten überein. Die erste Periode fällt auf das Ende des 18. Jahrhunderts, als Eutin seinen kulturellen Höhepunkt als Musenhof im deutschsprachigen Norden erlebte und die Lübecker Straße ihren Ausbau und ihre Gestalt erfuhr. Der zweite Abschnitt begann um die Mitte des 19. Jahrhunderts, als außerhalb der unorganischen Siedlungsentwicklung in den sog. Vorstädten offiziell zur Ausweitung der Stadt geschritten wurde. Die heutige Albert-Mahlstedt-Straße, damals August-Straße, wurde im Westen auf ehemaligem Stadtfeld-Gebiet angelegt und einheitlich in klassizistischer Manier bebaut. Auch die Zeit zwischen beiden Phasen ist nicht ohne architektonische Veränderungen geblieben, indem der Schloßvorplatz neu gestaltet und ein großes öffentliches Schulhaus errichtet wurde. Der Wandel des Schloßgeländes vom französisch-geometrischen Park zum englischen Landschaftsgarten vollzog sich bereits früher, nämlich am Ende des 18. Jahrhunderts.

Sieht man von geringen Bevölkerungskontingenten in der Landwirtschaft ab, so ist die Wirtschaftsstruktur der Stadt in der Mitte des 19. Jahrhunderts durch die Regierungstätigkeit und die damit verbundenen sekundären Dienstleistungen bestimmt. Auch in schulischer Hinsicht nimmt Eutin einen besonderen Rang ein. Die dortige Gelehrtenschule wird von etwa 70, die angeschlossene Bürgerschule von 350 Schülern besucht. In Eutin existiert eine öffentliche Bibliothek, die sich auf das 18. Jahrhundert zurückleitet und durch Stiftungen fortlaufend ergänzt wurde. Durch den aufgeklärten Geist und die kulturelle Ausstrahlung der fürstbischöflichen Zeit erfährt Eutin auch noch als großherzogliche Nebenresidenz im 19. Jahrhundert eine nachwirkende Prägung. Die Stadt ist nicht allein ein Spiegelbild der amtlichen Funktionen, sondern ebenso Ausdruck privater Neuerungen, die den wirtschaftlichen Bereich umfassen.

Neben einer breiten und vielseitigen Handwerkerschaft, die für die Belange der Stadt arbeitet, ist die Existenz einer Flachsreinigungsfabrik hervorzuheben, die schon um 1865 mit zugehöriger Sägerei auf Dampfbetrieb umgestellt wurde. Auch Mühlen spielten eine wichtige Rolle, da der Mühlenzwang im Fürstentum Lübeck früher als in den Herzogtümern aufgehoben wurde. Die Entstehung einer Buchdruckerei leitet sich auf das 18. Jahrhundert zurück und ist mit den Regierungsgeschäften und der kulturellen Aktivität der Stadt verbunden. Noch ganz von der Tradition der Tischbein-Zeit ist die Existenz von vier Ofenwerkstätten bestimmt, in denen Keramik-Produkte hergestellt werden.

War das eutinische Landhandwerk zu einer ernsten Konkurrenz für die ostholsteinischen städtischen Handwerker allgemein geworden, so galt dies in besonderem Maß für Eutin als Hauptort des Fürstentums. BÖSE<612> vermerkt, daß einzig die Schlachter auf die Stadt Eutin als Zunftdistrikt beschränkt waren. Dagegen

---

611 G. PETERS, 1971, S. 103
612 K.G. BÖSE, 1863, S. 649

konnten z.B. die Bäcker ihre Waren im Umkreis von 2 Meilen um die Stadt anbieten. Noch weiter, nämlich auf Stadt und Amt Eutin, erstreckte sich das konzessionierte Gebiet der Schmiede, Schuhmacher, Schneider und Tischler. Weißgerber, Maurer, Zimmerleute, Weber, Rad- und Stellmacher schließlich konnten ihre Aktivität im gesamten Fürstentum, also auch im Amt Schwartau, entfalten.

Die starke handwerkliche Durchsetzung des flachen Landes wurde demzufolge zu einer wirtschaftlichen Einengung des städtischen Entfaltungsspielraums. Allerdings eröffnete die Konkurrenz von Stadt und Land auch die Möglichkeit, daß sich höherwertige Handwerkssparten und Gewerbe auf den urbanen Markt konzentrierten. So zeigt sich am Beispiel Eutin, daß die alte Zunftordnung in der Mitte des 19. Jahrhunderts nicht mehr die ursprünglich kontrollierte Anordnung von Produktion und Absatz zu regeln vermag und zu einem anachronistischen Wirtschaftsinstrument abgesunken ist.

Tab. 34: Zolleinnahmen des dänischen Staates aus der Wareneinfuhr in das Fürstentum Lübeck 1841
(Angaben in Reichsbanktalern)

Wolle und Wollmanufakte	2819 Rbt.
Baumwollmanufakte	2643 "
Wein	1992 "
Kaffeebohnen	1664 "
Sirup, braun und weiß	1628 "
Glas jeder Art	1553 "
Holz und Holzwaren	1253 "
Zucker, roh u. raffiniert	1129 "
Branntwein	1060 "
Tabak, Tabakwaren	1013 "
Eisen (Stangen, Bänder)	988 "
Leinen u. Leinenprodukte	928 "
Salz in jeder Form	712 "
Sohlleder	569 "
Eisen- u. Schmiedearbeiten	522 "
Reis und Reismehl	513 "
Hopfen	463 "
Steinkohlen	247 "

Quelle: Statistisches Tabelwerk, Kopenhagen 1843, S. 67-71

Im Handel spielt Eutin keine hervortretende Rolle. Die Struktur der Ein- und Ausfuhrgüter (Tab. 34 und 35) gibt zu erkennen, daß das Fürstentum Lübeck in erster Linie mit Lübeck als Umschlagplatz verbunden ist[613]. Nur wenige Produkte, so Kaffeebohnen, Zucker, Woll- und Baumwollwaren, machen in der Gesamtbilanz eine Ausnahme und werden aus Hamburg eingeführt. Aus Altona bezieht das Fürstentum nur sehr geringe Warenkontingente, in erster Linie Tabakfabrikate.

Auch in der Warenausfuhr (Tab. 35) ist Lübeck der wichtigste Markt. Nur beim Absatz von Butter und Seegras sowie von Lumpen zur Papierherstellung über-

---

613 Statistisches Tabelwerk, Kopenhagen 1843, Tab. IA und IIA.

Tab. 35: Wichtige Ausfuhrgüter aus dem Fürstentum Lübeck nach Bestimmungsorten (1841)

Waren	Lübeck	Hamburg	sonstige
Pflanzl. Produkte			
Weizen	5442 Tonnen	16 Tonnen	
Gerste	1458 Tonnen	35 Tonnen	
Roggen	682 Tonnen	-	
Hafer	424 Tonnen	-	
Erbsen	1129 Tonnen	-	
Kartoffeln	1553 Tonnen	-	
Lein-, Rüböl	40354 Pfund	-	
Obst	1956 Rbt.*	-	
Tiere			
Pferde	117 Stück	-	196 Meckl., Preuß.
Ochsen, Kühe	252 Stück	-	126 Meckl., Preuß.
Kälber	810 Stück	-	
Schweine	682 Stück	-	
Schafe, Lämmer	210 Stück	-	
Gänse, Enten, Hühner	3368 Stück	-	
Fische	7651 Rbt.	1666 Rbt.	
Tierprodukte			
Butter	85140 Pfund	141120 Pfund	
Speck	36187 Pfund	2649 Pfund	
Wolle	4507 Pfund	-	
Knochen	13641 Pfund	-	
Eier	32220 Stück	40 Stück	
Bettfedern	1963 Pfund	-	
getrockn. Felle	12763 Pfund	-	
frische Felle	2970 Pfund	-	
Sonstiges			
Seegras	52619 Pfund	243996 Pfund	
Torf	7543 Rbt.	-	
Brennholz	2555 Rbt.	-	
Borke	48200 Pfund	-	
Alteisen	4678 Pfund	-	
Glasscherben	380 Pfund	-	
Tierhaare	379 Pfund	-	
Mauersteine	50050 Stück	-	
Messingwaren	33646 Pfund	-	
Wollkratzen	748 Rbt.	665 Rbt.	141 Rbt.

* Rbt. = Reichsbanktaler

Quelle: Statistisches Tabelwerk, Kopenhagen 1843, S. 120-121

wiegt die Ausrichtung auf Hamburg. Vom Warenwert her gesehen scheint die Handelsbilanz negativ zu sein; sie ist jedoch wegen des pauschalen Abfindungsvertrages mit Dänemark nur schwer zu evaluieren. Der Prozeß der Warenveredlung nimmt mit Ausnahme der klassischen Agrarprodukte eine völlig untergeordnete Stellung ein. So muß die gesamte Skala der Güter aus Fabrik- oder Manufakturherstellung von auswärts bezogen werden. An der Spitze im Warenwert stehen nicht die höheren Konsumgüter tropischer und mediterraner Abkunft, sondern Textilien, die aus England, den Niederlanden oder den Hansestädten sowie den Herzogtümern bezogen werden.

Am Kleinen Eutiner See betreibt die Stadt eine Badeanstalt für Männer (1840), der sich 1877 eine zweite für Frauen hinzugesellt. Sie ist für russische Dampfbäder und Fichtennadelbäder eingerichtet und mit einer Schwimmanstalt kombiniert. Die Idee allgemeiner Gesundheitsvorsorge und Körperertüchtigung ist folglich keine Erscheinung, die auf das städtische Publikum der größeren Städte und Küstenplätze beschränkt bleibt.

Zusammenfassend ist festzustellen, daß Eutin in der Mitte des 19. Jahrhunderts kaum Ansatzpunkte zu wachstums- und modernisierungsfähigen Gewerben aufweist. Die Stadt lebt von den Erträgen des flachen Landes und bietet ihrerseits ein auf die Bedürfnisse des Marktes abgestimmtes Angebot an administrativen, kulturellen und materiellen Dienstleistungen bzw. Sachgütern. Die Binnenlage wirkt einer diversifizierten Entfaltung der Wirtschaftszweige entgegen. Umso nachhaltiger wird die ökonomische Dynamik auf die Landwirtschaft und die überproportionale Entwicklung bodenständiger Handwerkszweige gelenkt. Die Wirtschaftsschwerpunkte des Großherzogtums Oldenburg liegen in den westlichen Stammlanden, vor allem in Delmenhorst und im Unterweserhafen Brake.

9.10. NEUMÜNSTER

Im Gegensatz zu allen übrigen Städten und Flecken des Untersuchungsgebietes ist Neumünster durch eine überregionale gewerbliche Stellung charakterisiert. Zusammen mit Rendsburg, das als Zentrum der eisenerzeugenden und verarbeitenden Industrie fungiert, stellt Neumünster das wichtigste Beispiel frühindustrieller Wirtschaftentwicklung in den Herzogtümern dar. Das spezifizierte Angebot und die Reichweite der Marktbeziehungen spiegeln den erfolgreichen Aufstieg wider, den der Textilort Neumünster im technischen Zeitalter zu nehmen beginnt.

Bis zur Mitte des 19. Jahrhunderts kann das Textilgewerbe in Neumünster bereits auf eine mehr als zweihundertjährige Vergangenheit zurückblicken. Der hier in Betracht stehende Zeitabschnitt ist durch eine entscheidende Umstellungsphase gekennzeichnet. Diese wird vom Einsatz technisch-mechanischer Produktionsverfahren, von der Verwendung neuer Antriebs- und Energieformen - nämlich der Dampfmaschine - sowie der Konzentration von Verarbeitungsstufen bestimmt, welche vorher dezentralisiert angeordnet waren. Darüber hinaus spielt die Bahn als neues Transportmittel für Rohstoffbeschaffung und Warenabsatz eine entscheidende Rolle.

Um 1850 ist die Tuchherstellung der führende Wirtschaftszweig. Dessen Erfolg läßt sich gleichermaßen auf Zollpräferenzen wie auf Nachfrage, Angebotsspektrum und Qualität zurückführen. Die industrielle Konkurrenz zum herkömmlichen ländlichen und städtischen Handwerk hat den zweiten neumünsterschen Wirtschaftszweig, der in preußischer Zeit an Bedeutung gewinnt, noch nicht erfaßt:

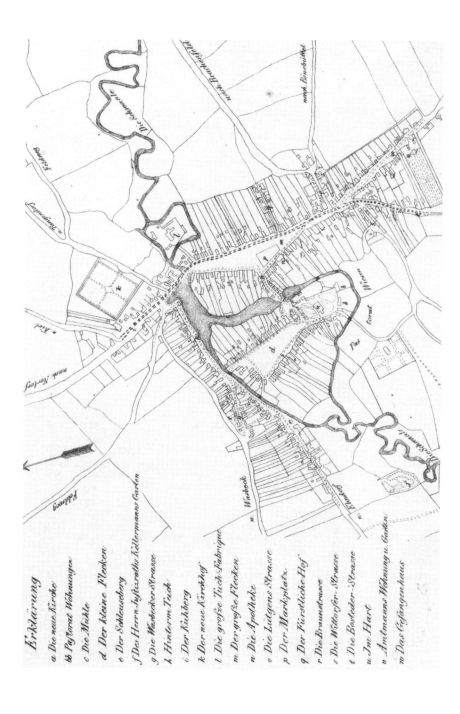

Abb. 34: Plan des Fleckens Neumünster 1836. Die neue Chaussee Altona-Kiel existiert bereits, nicht jedoch die Bahnverbindung (1844). Mit dem Buchstaben l ist die älteste Tuchfabrik (Gebr. Renck) gekennzeichnet.

Es handelt sich um die Lederindustrie, die auf industriell-chemischer Basis die traditionelle Kleingerberei in den Herzogtümern verdrängt und somit u.a. zum Ende des weit verbreiteten Schuhmacherhandwerks beiträgt. Auch die Baumwollweberei und die Herstellung von Trikotagen, die später eine wichtige Stellung einnahmen, waren um 1850 noch nicht ausgebildet<614>.

Die Wurzeln der Tuchmacherei gehen im Ursprung auf die starke Schafhaltung in den ehemaligen Heidegebieten, das Vorhandensein von kalkfreiem Geestwasser und vor allem die Zuwanderung von Tuchmachern aus Segeberg zurück. Wie BLUNCK<615> nachweisen konnte, ist nicht das Verlagssystem wie in der Schweiz, im Ravensberger Land und in Sachsen die Grundlage größerer Konzentrationen im eigentlichen Tuchmachergewerbe gewesen. Die frühe Geschichte der Tuchmacherei ist vielmehr eingebunden in die starren Ordnungen der Zunftverfassung und die damit verbundenen Betriebsformen. Auffallenderweise scheinen sich aber schon in vorindustrieller Zeit Ansätze zur Bildung größerer und kleinerer Unternehmen ergeben zu haben. Obgleich nur 1 Webstuhl je Meister erlaubt war, wurde teilweise Tag und Nacht gearbeitet oder Meister wurden als Gesellen mit einem zweiten Webstuhl im eigenen Betrieb beschäftigt. Auch zeigt der Handel frühe Ansätze zu einer produktspezifischen Differenzierung.

Ganz dem Verlagssystem verhaftet ist im Gegensatz zur Tuchweberei der Kämm- oder Kratzvorgang sowie die Garnherstellung durch Spinnen im Heimbetrieb. Hier wird die jeweilige Arbeit zu festliegenden Konditionen an Ortsansässige oder Auswärtige vergeben. 1798 scheint der Höhepunkt der heimgewerblichen Tätigkeit gewesen zu sein, als neben den 35 Meistern sowie 75 Gesellen bzw. Lehrlingen im Tuchmacheramt noch 420 Spinner registriert werden<616>. Bis zum Jahr 1845 ist dann offensichtlich ein radikaler Umbruch erfolgt, da die allgemeine Volkszählung dieses Jahres nurmehr 38 hauptamtliche Personen in dieser Branche nachweist.

Lange Zeit ist auch das Walken und Färben ein Problem gewesen, da die Zunft über unzureichende Rechte zur Nutzung einer Mühle verfügte und sich mangels Erfahrung gezwungen sah, ihre Ware zum Färben nach Lübeck oder Hamburg zu geben<617>. Ohne alle Stationen der Entwicklung nachzeichnen zu können, sei hier nur vermerkt, daß auch diese Stufen der Veredlung und Endfertigung nunmehr in den sich bildenden industriellen Betrieb integriert und mit Hilfe von Maschinen kostengünstig gestaltet werden. Ein nicht unbedeutender Standortfaktor in diesem Zusammenhang ist die Tatsache, daß in der Nähe Neumünsters Walkerde gefunden wurde. Diese mußte aus kalkfreien Tonen bestehen, um eine einwandfreie Gewebeverfilzung herbeizuführen. Die historische Karte verzeichnet Abbaustellen westlich von Boostedt<618>.

Der eigentliche Wandel von der handwerklichen zur industriellen Verarbeitung vollzog sich am Anfang des 19. Jahrhunderts und wurde durch die Kontinentalsperre initiiert. Diese schloß die Konkurrenz der englischen Tuche aus und führte zu einer vermehrten Nachfrage zu günstigen Preisen in den Herzogtümern und

---

614 K. TIDOW, 1984, S. 77/78
615 W. BLUNCK, 1927, S. 5
616 ders., S. 133
617 G. HELMER, 1925, S. 97 und W. BLUNCK, 1927, S. 9
618 Unabhängig von den eigenen Funden wurden 1844 noch 8055 Pfund Walkerde über Hamburg - vermutlich aus England stammend - nach Holstein eingeführt (Statistisk Tabelværk, Tolvte Hæfte, Kopenhagen 1847, S. 142).

den übrigen Ostseestaaten. Hinzu traten in den Jahren 1804-1808 königliche Aufträge für Tuche zu Uniformen in der Armee. Insbesondere steigerte sich die Nachfrage nach feinen Tuchen<619>, die bis 1814 auch einen festen Absatz in Norwegen fanden<620>.

Ein schwerer Schlag für die Manufakturen Neumünsters wurde der bis 1838 geltende dänische Zollprotektionismus, der Einfuhren in das Königreich zunächst mit einer Abgabe von 30 %, später von 8 % belegte<621>. Aber es gelang doch, auf dem Wege der Qualitätssteigerung, der Risikostreuung durch Produktdiversität und frühe Mechanisierung die erreichte Position in den Herzogtümern und im Gesamtstaat zu halten und allmählich auszubauen. Schon sprachen euphorische Stimmen in der ersten Hälfte des 19. Jahrhunderts vom Entstehen eines holsteinischen Manchester<622>. Neben einfachen Produkten wie Pferde- und Fußdecken, Molton-Tüchern und Mantelstoffen (Coating) wurden auch andere winterfeste Flauschgewebe wie Boy, Fries, Kalmuck und auch Flanell hergestellt.

Mitte des 19. Jahrhunderts bestehen in Neumünster erste Großbetriebe. Im ehemaligen Zuchthaus, das 1819 aufgelöst und mit Glückstadt zusammengelegt wurde, ließ sich als bedeutendstes und ältestes Unternehmen die Tuchfabrik der Gebrüder Renck nieder. Sie vereinigte die entscheidenden Arbeitsschritte, nämlich das Kämmen, Spinnen, Weben, Walken und Färben, unter einem Dache. Als Antrieb dienten zunächst sog. Roßwerke, d.h. Pferdegöpel. 1824 wurde eine erste, in England erworbene und 8 PS leistende Dampfmaschine eingesetzt. Mit Transmissionen konnten die Kratzmaschinen, die Walke und der Reißwolf gleichzeitig angetrieben werden. Torf<623> diente als Energiequelle zur Dampferzeugung.

Nach einem Brand wurde der Betrieb vergrößert und modernisiert. Neue und leistungsfähigere Maschinen wurden teils aus Berlin bezogen, teils aber auch im eigenen Unternehmen gebaut. Damit ist die Geburtsstunde eines weiteren wichtigen Wirtschaftszweiges für den Textilort Neumünster vorgezeichnet, nämlich des Maschinenbaus. Auch dieser gewinnt in preußischer Zeit eine herausragende Bedeutung. Wie in Sachsen hat er sich als eigene Branche aus der mechanisierten Textilindustrie abgespalten und verselbständigt.

1849 waren in der Firma Renck 14 verschiedene Typen von Bearbeitungsmaschinen im Einsatz. Die früheren Handwebstühle waren 19 Dampfstühlen gewichen. Die Produktion feiner Tuche übertraf die Erzeugung der einfachen und groben Ware, die vorher dominiert und teils Pferdedecken, teils wasserabweisende Umhang- und Mantelstoffe umfaßt hatte. Mit der Menge an verarbeiteter Wolle und dem Bedarf an feinen, kurzen Wollarten kam die heimische Rohstoffproduktion nicht mehr mit.

Im Zeitraum 1840-45 sind im Mittel 400.000 Pfund Wolle jährlich in Neumünster verarbeitet worden. Nur 10-20 % der Rohware entstammten den Herzogtümern selbst, die ihre meist groben Sorten ausführen mußten. So kamen z.B. 1842 etwa

---

619 STATISTIK DES HANDELS, 1835, S. 177
620 Norwegen wurde nach der Angliederung an Schweden mit Textilprodukten aus dem Raum Borås im Hinterland von Göteborg versorgt.
621 1838 wurden die Zollschranken schließlich aufgehoben, nachdem vorher schon die zollfreie Einfuhr sog. rauher Waren nach Reichsdänemark gestattet war.
622 STATISTIK DES HANDELS, 1835, S. 179
623 Allein die Rencksche Manufaktur verbrauchte 1835 etwa 3-4 Millionen Soden Torf.

45 % der Importe aus Dänemark, 13 % aus Island und 30 % aus der Fremde<624>. Die meiste Importwolle kam über Hamburg ins Land. Mecklenburg konnte mit Kontingenten bis 10 % an der Einfuhr beteiligt sein. Der schleswigsche Wollanteil war in der Regel höher als der holsteinische.

Eine zweite größere Verarbeitungsstätte stellte um 1850 die Meßtorffsche Lohnspinnerei, Walkerei und Tuchfabrik dar - gelegentlich auch Christiansfabrik genannt. Mit einer geringen zeitlichen Verzögerung hat sich auch hier der Prozeß der Mechanisierung und des Dampfmaschineneinsatzes vollzogen. Dies geschah allerdings hauptsächlich im Lohnauftrag für andere Unternehmen - z.T. auswärtige, so aus Ütersen - oder für die große Zahl der zunfteigenen Tuchmacher, die nach wie vor in Neumünster mit 1 oder 2 Webstühlen ansässig waren. Durch diese Spezialisierung erhöhte sich die Zahl der selbständigen Meister von 40 im Jahr 1836 auf 61 im Jahr 1851 und hielt sich auf dieser Höhe noch bis 1865<625>.

Daß die entstehenden Fabriken nicht die kleinen Tuchmacher in den Ruin trieben, wie dies vielfach in Württemberg der Fall war, lag an der vorschreitenden Arbeitsteilung, der günstigen Auftragslage und vor allem den Zollpräferenzen gegenüber Dänemark. Während das reichsdänische Gebiet seine Industrien durch Schutzzölle abriegelte, konnten die Herzogtümer seit 1838 zollfrei mit Dänemark verkehren, so daß sich hier ein entscheidender Vorteil für das aufstrebende Textilgewerbe Neumünsters bot<626>. Von 1837-1842 stieg allein der Wert der importierten Wolle von 0,27 auf 0,9 Millionen Reichsbanktaler<627>.

Tab. 36: Beschäftigte in der Textilindustrie in Neumünster

Jahr	Meister	Gesellen Burschen	Frauen Kinder	Tagelöhner	Gesamtzahl	Rencksche Fabrik	Meßtorffsche Fabrik	Handwerksbetriebe
1840	58	195	351	309	913	238	47	628
1841	59	204	343	323	929	230	76	623
1842	62	193	343	282	880	224	72	584

Quelle: J.J.H. CHRISTEN; 1844, S. 147

Daß zwischen 1840 und 1850 in der Beschäftigungsstruktur noch die kleinen, zunfteigenen Fabrikationsstätten überwiegen, geht aus Tab. 36 deutlich hervor. Mindestens 2/3 der Belegschaften setzt sich zu diesem Zeitpunkt noch aus unqualifizierten Arbeitskräften zusammen, die zu einem höheren Anteil aus Frauen und Kindern bestehen als aus männlichen Tagelöhnern. Inwieweit die Kinder- und Frauenarbeit auf Groß- und Kleinbetriebe verteilt ist, kann den Unterlagen nicht entnommen werden. Die Vermutung liegt allerdings nahe, daß der Übergang zum industriellen Großbetrieb diese negative Erscheinung zumindest stark gefördert hat.

624 J.J.H. CHRISTEN, 1844, S. 140 und 142
625 W. BLUNCK, 1927, S. 40
626 Eine ähnliche Stellung nahm die polnische Textilstadt Lodz aufgrund zollfreier Ausfuhren nach Rußland ein.
627 J.J.H. CHRISTEN, 1844, S. 134

Zusammenfassend läßt sich sagen, daß der Betrachtungszeitpunkt einen günstigen Ausschnitt für die Entfaltung des Textilgewerbes in Neumünster erfaßt. Fabrikmäßige Serienproduktion und kleinbetrieblich-handwerkliche Einzelfertigung existieren in der Mitte des 19. Jahrhunderts noch unbehindert nebeneinander. Neumünster stellt innerhalb der Wirtschaftsstrukturen Schleswig-Holsteins eine gänzlich einmalige Form branchenspezifischer Konzentration auf frühindustrieller Grundlage dar. Als entscheidende Antriebskräfte haben hier einerseits die günstigen handelspolitischen Ausgangsbedingungen im Hinblick auf den Absatz der Waren gewirkt, andererseits aber auch die örtlichen unternehmerischen Aktivitäten, die dem Zunftwesen entstammten und traditionsgemäß mit kaufmännischen Fähigkeiten verbunden waren<628>.

9.11. PREETZ

Innerhalb des historischen Siedlungsgefüges im östlichen Schleswig-Holstein nimmt der Flecken Preetz eine wichtige Stellung ein. Größe, wirtschaftliche Bedeutung und kulturelle Ausstrahlung haben hier unter enger Bindung an die lenkende Hand des Klosters im Laufe der Zeit zur Entstehung stadtähnlicher Funktionen beigetragen.

Mit 4754 Bewohnern (1845) übertrifft Preetz zum Untersuchungszeitpunkt sogar noch den expansiven Flecken Neumünster. Im Vergleich mit den kleinen Landstädten Wagriens wie Plön, Heiligenhafen, Lütjenburg und Oldenburg erreicht Preetz im Mittel die doppelte Bevölkerungsmenge. Dieses Phänomen ist umso auffallender, als Preetz in geringer Entfernung zu Kiel liegt, eine Siedlung des Binnenlandes ist, um 1850 keinen Bahnanschluß besitzt und nur mit der Chaussee nach Kiel an das moderne Verkehrsnetz des 19. Jahrhunderts angeschlossen ist. Alle übrigen Beziehungen müssen über Landwege nachgeordneter Rangstellung abgewickelt werden. Trotz einer größeren Zahl von Verbindungen, die hier gebündelt und über die Schwentine geführt werden, darf die historische Verkehrszentralität von Preetz nicht überschätzt werden.

Preetz zeichnet sich wie Neumünster durch den Status eines Fleckens<629> aus. Überlegungen oder Bemühungen der Klosterobrigkeit, den Ort in den Rang einer Stadt aufsteigen zu lassen, sind nicht bekannt. Ein solcher Rechtsakt wäre das ausschließliche Privileg des Landesherrn gewesen. So repräsentiert Preetz den Typus einer Minderstadt<630>, in der zwar die juristischen Funktionen durch die klösterliche Obrigkeit wahrgenommen werden, in der sich aber trotzdem ein breites Feld bürgerlicher Eigeninitiativen und wirtschaftlicher Entfaltungen ausgebildet und kontinuierlich weiterentwickelt hat.

Die Ursprünge der Siedlung liegen in einem bäuerlichen Dorfverband, der sich von den übrigen klösterlichen Walddörfern wahrscheinlich nur wenig unterschied. Durch die Nähe zum Kloster wuchsen dem Ort schnell und dauerhaft besondere Verflechtungen und Aufgaben zu. Der Straßenname Hufenweg erinnert noch heute an die bäuerlichen Anfänge der Siedlung. Vermutlich haben sich die alten Gehöfte ursprünglich um den später geschlossen bebauten Marktplatz angeordnet.

---

628 Der Zunftmeister mußte die Rohware einkaufen, verlegerisch tätig sein und den Absatz besorgen.
629 Die Bezeichnung Blick oder Bleek gilt als Vorläufer des Fleckenbegriffs (A. DÖRFER, 1813, S. 44)
630 vgl. zum historischen Typus der Minderstadt die Ausführungen von E. BUSCHE (1968, S. 140 ff) über Neumünster und Bramstedt

Die Zahl der Hufen wird im Laufe der zeitlichen Entwicklung unterschiedlich angegeben. Immer aber ist die Menge der Kätner auffallend hoch gewesen, vermutlich wegen Dienstverpflichtungen im Bereich des Klosters und der Hofländereien. Schon das Bocholtsche Register nennt im 13. Jahrhundert die große Zahl von 39 Katen<631>. Zu Beginn des 19. Jahrhunderts spricht DÖRFER (1813) noch von 7 Hufen und der Institution eines Bauernvogts. Vermutlich ist mit wachsender Bevölkerungszahl in vermehrtem Maß Hufenland in die Hand von Kätnern gelangt. Das stark verzweigte Wegenetz und die engräumige Anordnung der Knicks, welche die Varendorfsche Karte<632> am Ende des 18. Jahrhunderts wiedergibt, sprechen für die Auflösung des alten Besitz- und Nutzungsgefüges. Schon in der DANCKWERTHschen Landesbeschreibung von 1652 wird für Preetz eine dichte zeilenförmige Bebauung entlang der Hauptdurchgangsstraßen und der randlichen Wegeverzweigungen ausgewiesen<633>.

Die Lage von Preetz brachte eine Reihe von raumgebundenen Vorteilen mit sich, die für die wirtschaftliche Struktur von Bedeutung waren. So hat das fließende Wasser der Schwentine und vor allem der Mühlenau früh dem Antrieb einer klösterlichen Getreidemühle gedient. Auch Fischfang und Teichwirtschaft haben seit jeher einen wichtigen Zweig der klösterlichen Ökonomie ausgemacht. Neben der Produktivität des Bodens im Bereich von Hoffeld, Pachthöfen und Klosterdörfern ist darüber hinaus noch der reiche Waldbesitz des Klosters hervorzuheben. Außer der Lieferung von Brenn-, Bau-, Tischler- und Stellmacherholz ist die Gewinnung von Holzkohle und von Eichenlohe stets bedeutsam gewesen. Vor allem die Erzeugung von Gerberlohe war von weitreichendem Einfluß auf die erfolgreiche Entwicklung des Preetzer Schusterhandwerks. Zu einer Ansiedlung größerer ledererzeugender Verarbeitungsstätten wie in Flensburg, Altona, Wandsbek oder Kiel ist es allerdings im Zuge der Frühindustrialisierung nicht gekommen<634>.

Das Schusterhandwerk weist in Preetz geschichtlich weit zurückreichende Wurzeln auf. Entstehungsbedingungen und Amtsbestimmungen sind auf der Basis umfangreicher Quellenstudien eingehend untersucht worden<635>. Das Amt scheint bis ins Mittelalter zurückzureichen und hat eine zentrale Position im Wirtschaftsleben des Ortes eingenommen. Schon 1630 sollen 35 Meister der Preetzer Schusterzunft angehört haben. Der vom Kloster geförderte Aufkauf der Felle, das Recht auf Gerbung und das Betreiben einer zunfteigenen Lohmühle sind die wesentlichen wirtschaftlichen Antriebskräfte dieses Handwerkszweiges gewesen. Hinzu trat die Gewohnheit, im Mai in den Waldungen des Klosters Eichenrinde als Rohstoff aufzukaufen oder zu ersteigern. Den einzelnen Entwicklungsabschnitten und Konjunkturen des Schusterhandwerks kann in diesem Zusammenhang nicht nachgegangen werden.

Gemessen an der beschäftigten Personenzahl befindet sich die Preetzer Schusterei in der Mitte des 19. Jahrhunderts auf ihrem Höhepunkt. Die Volkszählung von 1845 weist nicht weniger als 133 Meister sowie 183 Gesellen und Lehrjungen auf. Knapp 15 % oder jeder Siebte der Preetzer Bevölkerung lebte somit direkt oder indirekt von der Schusterei. Daß sich Preetz mit diesem Anteil im Spitzenfeld der schleswig-holsteinischen handwerklichen Schuhwarenerzeugung befand, geht aus Tab. 37 hervor.

---

631 F. BERTHEAU, 1916, S. 161
632 Nachdruck Landesvermessungsamt Kiel Blatt 22 (1986)
633 Allerdings in stark schematisierter Form, aus der keine Schlüsse auf irgendeine Form der innerörtlichen Wirtschafts- und Sozialgliederung zu ziehen sind.
634 A.C. GUDME, 1833, S. 238
635 M. BERWING, 1983

Tab. 37: Das Schuhmacherhandwerk in Städten und Flecken Schleswig-Holsteins 1845

Städte/Flecken	Meister/ Hauptpersonen	Gesellen, Gehilfen	Dienstboten	Angehörige	Gesamtpersonenzahl	% der Einwohner
Altona	350	318	49	963	1680	5,2
Heide	158	166	21	444	789	14,6
Preetz	133	183	15	359	690	14,5
Flensburg	131	110	19	389	649	4,8
Barmstedt	121	201	10	424	756	44,0
Kiel	118	152	26	322	618	4,5
Elmshorn	118	117	8	339	582	15,8
Vormstegen/ Klostersande*	112	103	6	333	554	28,6
Segeberg	100	101	13	293	507	14,0
Schleswig	83	66	3	191	343	3,0
Uetersen	81	63	4	213	361	10,6
Oldesloe	77	42	4	202	325	11,1
Rendsburg	71	97	10	225	403	3,9

* später in Elmshorn einbezogen

Quelle: Stat. Tabellenwerk, Kopenhagen 1846

Die Preetzer Schuhmacherei beruhte nicht, wie das in Elmshorn, Barmstedt und Uetersen der Fall war, auf dem Absatz in die großen Elbstädte Hamburg und Altona. Auch die größeren Fördenstädte wie Kiel und Flensburg konnten weitgehend von der Produktion der eigenen Zunftangehörigen existieren. Aus der begrenzten Absatzmöglichkeit hat sich in Preetz sehr früh und dauerhaft die Gewohnheit entwickelt, die Märkte in der Osthälfte der Herzogtümer regelmäßig zu beschicken. Dabei wurden auch Lübeck - vor allem während des Weihnachtsmarktes - und Teile des dänischen Raumes<636> einbezogen. Der auswärtige Absatz ist mit Sicherheit auf den Bekanntheitsgrad qualifizierter Preetzer Handwerksware, auf den Direktverkauf durch den Erzeuger - nicht durch einen Händler - und die Kenntnis der auswärtigen Märkte zurückzuführen, die mancher spätere Meister während seiner Gesellenwanderjahre gewonnen hatte.

Wirtschaftsgeschichtlich sind zwei entscheidende Merkmale der Handwerksentwicklung im 19. Jahrhundert zu berücksichtigen: Einmal darf die Zahl der beschäftigten Personen nicht kritiklos mit gesicherter Existenz und betrieblicher Prosperität gleichgesetzt werden. Auch in Preetz ist unter der großen Zahl von

---

636 M. BERWING, 1983, S. 227

Meistern und Gesellen manche Grenzexistenz gewesen, die ihr Dasein einzig der wachsenden Nachfrage - meist nach einfacher Ware - im ländlichen Bereich bei steigenden Bevölkerungszahlen verdankte.

Daneben spielt die Tatsache eine entscheidende Rolle, daß die große Zahl von Schustern innerhalb weniger Jahrzehnte erlischt, und zwar hervorgerufen durch die Fabrikproduktion von Leder und Schuhwerk sowie die Entstehung von Fachgeschäften anstelle von Auftragsarbeit und mobilem Jahrmarktangebot. Das Aufkommen wechselnder Mode und die Ungleichartigkeit von handwerklichem und industriellem Preisniveau haben schließlich das ihrige dazu beigetragen, daß die Schusterei bis auf wenige Betriebe auf die Funktion eines reinen Reparaturgewerbes herabsank. Die Folge war, daß um die Jahrhundertwende das handwerklich fabrizierende Element aus den Städten der Herzogtümer - darunter auch aus Preetz - verschwunden war. Die große Handwerkerzahl, wie sie sich bei den Schustern und Webern (vgl. Tab. 38) findet, muß daher als eine Übergangserscheinung angesehen werden, die sich in einer kurzen Phase unter isolierenden Zoll- und Absatzbedingungen entwickeln konnte. Dem industriellen Warenangebot im späteren deutschen Reichverband hatte das kleinbetriebliche Handwerk nichts entgegenzusetzen. Vor diesem Zusammenbruch blieb auch Preetz mit seinem ausgeprägten Schuster- und Weberhandwerk nicht verschont.

Die prohibitiven Wirkungen der alten Zunft- und Innungsordnungen behielten in den meisten Handwerkszweigen bis zur Einführung der Gewerbefreiheit ihre Gültigkeit. Eine Ausnahme machte die Weberei, die seitens der Regierung Ende des 18. Jahrhunderts freigegeben wurde und ohne Zunftzwang auf dem Land sowie in Städten und Flecken ungehindert ausgeübt werden durfte. Hier hatten Preußen, Holland und Frankreich als Vorbild gewirkt, wo man der englischen Konkurrenz durch eigenen freien Wettbewerb begegnen wollte.

Ähnlich wie im westfälischen Raum um Bielefeld, wo man sich früh der mechanischen Leinenverarbeitung zuwandte, geschah dies in bescheidenem Maßstab auch in Preetz. Hier trat neben die Damastweberei noch die Baumwoll- und Halbseidenverarbeitung[637]. Die Nachfrage in den Herzogtümern war gestiegen, nachdem die Schimmelmannschen Manufakturen in Wandsbek in napoleonischer Zeit zerstört worden waren und die Kopenhagener Produktionsstätten sich weitgehend dem englischen Druck hatten beugen müssen. Auch wirkte das Zollgesetz von 1838 günstig auf den Inlandbedarf. Dies war vor allem dort festzustellen, wo der bisherige zollfreie Warenbezug der adligen Güterdistrikte entfiel und sich demzufolge einzelne Zweige der ortsansässigen Handwerksproduktion besser entwickeln konnten.

In diesem Zusammenhang sind gewisse frühunternehmerische Ansätze in Preetz erkennbar, indem sich einzelne Betriebe einer mechanisierten und spezifizierten Produktion zuwenden. Besonders hervorzuheben ist das mit königlichen Privilegien ausgestattete Unternehmen Lau[638], das 5 Webstühle betrieb und besonders breiten Damast anfertigen konnte. Da die Maschinen in Lyon gefertigt waren, hat es sich vermutlich um leistungsfähige Musterwebstühle der Jacquard-Bauart gehandelt[639].

---

637 H.B. KLINGER, 1971, S. 135
638 Der Damastweber Kay Friedrich Ludwig Lau hatte die Damast-Weberei in Kopenhagen erlernt. Er genoß die Protektion des Königs und erhielt Maschinen geschenkt. Er soll Versuche in Seidenraupenzucht unternommen haben (N. LYCKE, 1973, S. 155).
639 STATISTIK DES HANDELS, 1835, S. 207

Tab. 38: Wichtige Handwerkszweige im Flecken Preetz 1840-1864

Handwerk	1840 M	1840 G	1845 M	1845 G	1855 M	1855 G	1860 M	1860 G	1864 M	1864 G
Schuster	126	202	133	183	141	200	154	183	141	185
Weber	33	54	40	66	58	67	66	70	69	76
Schlachter	26	21	23	8	28	13	35	15	34	14
Tischler	25	50	25	51	24	62	30	62	31	54
Schneider	24	21	26	15	28	18	23	19	24	15
Bäcker	21	19	19	12	21	18	19	20	19	17
Schmiede	13	23	14	19	17	17	21	27	18	23
Gerber	12	6	4	2	9	2	11	1	10	1
Sattler	11	21	13	18	14	15	14	9	12	4
Böttcher	9	13	10	11	15	18	17	21	19	19
Goldschmiede	8	3	7	3	5	0	4	1	5	0

M = Meister
G = Gesellen und Lehrjungen

Quelle: Stat. Tabellenwerk 1842, 1846, 1856, 1863,
Klosterarchiv Preetz (für 1864)

Neben der Ornamentweberei für Tisch- und Bettwäsche hat auch in dem bedeutenden Unternehmen von Friedrich Mosbach die Kattun- und Leinendruckerei eine wichtige Stellung innegehabt. Auch Wollspinnerei und Walkerei spielten eine ergänzende Rolle, wie die Berichterstattung des Klosters für 1847[640] zu erkennen gibt. Zu diesem Zeitpunkt beschäftigte Mosbach 40 Arbeiter und 28 Tagelöhner und führte in großem Umfang Färbematerialien[641] ein.

Als größerer Betrieb verdient auch eine Wagenfabrik der Erwähnung. In ihr fanden 1847 2 Sattler, 2 Stellmacher, 3 Schmiede, 2 Lackierer und 1 Schlosser Beschäftigung. Infolge der neueren Verkehrsentwicklung hat sich aus dieser Betriebsstätte kein dauerhaftes Unternehmen entwickeln können.

Einen Einblick in den Aufbau und die Entwicklung des Handwerks auf der Grundlage der amtlichen Volkszählungen in dänischer Zeit vermittelt die Tab. 38. Im allgemeinen herrscht bis 1864 ein Ansteigen der Besatzzahlen vor. Nur bei den Schustern ist der Höhepunkt der Entwicklung zu diesem Zeitpunkt schon überschritten.

Insgesamt zeigt sich, daß der betriebsame Flecken Preetz in der Mitte des 19. Jahrhunderts durch eine strukturell lebhafte Wirtschaftsdynamik geprägt ist, welche sich auf ein breites Feld von Handwerkszweigen erstreckt. Nur wenige Branchen vermögen später der massiven Konkurrenz der preiswerten und genormten Fabrikware Stand zu halten oder sich als Handwerk mit technisierter Fertigung weiterzuentwickeln. Das Schlachter-Gewerbe besitzt um 1850 noch nicht diejeni-

---
640 Klosterarchiv Preetz, Abt. VII E/6: Tabellarische Übersicht über die Fabriken und Manufakturen für das Jahr 1847
641 Indigo, Vitriol, Gelbholz, Waid etc.

ge Stellung, die ihm in späterer Zeit aufgrund von Veredlungswirtschaft und spezifischen Versandgeschäften zuwächst. Die Zahl der Betriebe ist aber auch schon zum Betrachtungszeitpunkt auffallend hoch.

Als Standort des Handels ist Preetz im 19. Jahrhundert ohne Bedeutung. Der vorher florierende Agrarhandel hat durch die Direktvermarktung der Güter starke Einbußen erlitten. Auch haben gerade im Fall von Preetz die Kaufleute aus den Hansestädten und Altona zunehmend die Vermarktung an sich gezogen, nachdem es ihnen gelungen war, im Umkreis des Ortes adlige Güter zu erwerben.

9.12. AHRENSBÖK

Der Flecken Ahrensbök, am Südrand der historischen Wirtschaftskarte gerade noch vom Blattschnitt erfaßt, zeichnet sich durch eine günstige verkehrswirtschaftliche und territorialpolitische Lage aus. Im Achsenkreuz der Chaussee von Segeberg nach Neustadt und an der Landstraße von Plön nach Lübeck gelegen, erwächst ihm als Hauptort des königlichen Amtes Ahrensbök ein positives Lagepotential.

In territorialer Hinsicht ordnet sich Ahrensbök jenem Ost-West verlaufenden Korridor zu, der die beiden Ämter des Fürstentums Lübeck, nämlich Eutin und Schwartau, voneinander trennt. Der Ort liegt in einem fruchtbaren, durch Agrarreformen früh entwickelten Umland mit zwei bevölkerungsreichen Parzellistenkommunen in unmittelbarer Nachbarschaft. Diese sind aus aufgelösten herrschaftlichen Vorwerken hervorgegangen und planmäßig einer auf Erbpacht gegründeten privaten Agrarnutzung zugeführt worden.

Mit 1194 Einwohnern (1845) repräsentiert Ahrensbök nach Reinfeld, das nur über 870 Bewohner verfügt, den kleinsten Ort mit Fleckensgerichtsbarkeit im Herzogtum Holstein. Vorstufen einer urbanen Wirtschaftsgliederung und zentralörtlichen Verflechtung fehlen nahezu völlig. Ahrensbök, aus einem ehemaligen Kloster und einer kurzfristigen Residenz der Plöner Herzöge hervorgegangen, stellt einen größeren Handwerkerort mit den Einrichtungen der Amtsverwaltung dar.

Die Gliederung der Handwerkerschaft, wie sie in der Volkszählung von 1845 in Erscheinung tritt, läßt vor allem Beziehungen zum ländlichen Umland erkennen. So treten z.B. Schmiede, Schlosser, Tischler und Schuster mit größeren Kontingenten hervor. Handwerk, Tagelöhnerei, Verwaltung und Landwirtschaft decken zu etwa 80 % den Broterwerb der Bevölkerung. Auch das Fuhrwesen und das Betreiben von Gastwirtschaften spielen in dieser ganz auf Straßenverkehr angewiesenen Siedlung eine Rolle. Einen Ansatzpunkt zu gewerblicher Entwicklung neuerer Art stellt eine Werkstätte zur Herstellung von Wollkratzen<642> und Drahtgeweben dar.

Die langgestreckte, in Nord-Süd-Richtung angeordnete Straßensiedlung Ahrensbök gibt durch ihre Grundrißgestalt und innere Gliederung zu erkennen, daß sie genetisch nicht den gegründeten oder langfristig gewachsenen Siedlungskörpern zuzurechnen ist. Auch in der Gegenwart erfüllt Ahrensbök nach innerer Struktur und rechtlichen Belangen noch nicht die funktionalen Kriterien einer Stadt.

---

642 Auf dem Land wurde die Bearbeitung der Rohwolle noch von Hand, in Neumünster dagegen schon mit Maschinen betrieben.

10. Ergebnisse und Zusammenfassung

Sowohl unter genetischen als auch räumlichen Aspekten stellt der wirtschaftliche Strukturwandel des 19. Jahrhunderts ein noch wenig untersuchtes Phänomen der schleswig-holsteinischen Landesentwicklung dar. An der Schwelle des modernen Zeitalters dringen damals wichtige verkehrstechnische und gewerbliche Innovationen in die Gebiete nördlich der Elbe vor und beeinflussen das traditionelle Wirtschaftsgefüge in tiefgreifender, teils bis zur Gegenwart nachwirkender Form. Während dieses Zeitabschnitts existieren Umbruch und Beharrung auf engem Raum mancherorts noch unbeeinflußt nebeneinander.

Durch sein Lagepotential, seine Einbettung in den dänischen Staatsverband und seine autonome innere Dynamik erfährt die Wirtschaftsstruktur Schleswig-Holsteins in den beiden ersten Dritteln des 19. Jahrhunderts ihre spezifische qualitative und funktionale Prägung. Dieser Tatbestand trägt durch das unverwechselbare Zusammenspiel natürlicher und geschichtlicher Standortkräfte in Nachwirkungen bis heute zum individuellen Gliederungskonzept der Wirtschaftsräume zwischen Elbe, Nord- und Ostsee bei.

Durch kartographische Dokumentation und begleitende Erläuterung wurde versucht, einen Teilbereich Schleswig-Holsteins unter wirtschaftlichen Aspekten näher zu beleuchten. Bei einem Vorhaben dieser Art wird die Aussagekraft und Auswahl der Objekte in entscheidendem Maß von den Eigenschaften der historischen Quellen bestimmt. Diese erlauben zwar für die Mitte des 19. Jahrhunderts eine flächenhafte Rekonstruktion territorialer, kulturlandschaftlicher und ökonomischer Sachverhalte, lassen aber trotzdem aus heutiger Sicht manche Frage offen. Dies gilt insbesondere für eine quantitative Erfassung und entsprechende Differenzierung der Produktionszweige.

Die Darstellung umfaßt einen Ausschnitt aus der Osthälfte des Landes. Wichtige Teile, die von den Beziehungen zur Nordsee und zu den großen Städten im Süden geprägt sind, müssen demzufolge außerhalb der Betrachtung bleiben. Der im Osten anzutreffende Entwicklungsstand kann daher nur begrenzt als repräsentativ für die Wirtschaftsstruktur des Gesamtgebietes angesehen werden. Trotzdem lassen sich anhand des Kartenausschnitts wichtige Schlüsse für das funktionale Zusammenspiel aller Wirtschaftsräume gewinnen.

Unter Berücksichtigung dieser Einschränkungen treten folgende Gesichtspunkte als zentrale Merkmale der Wirtschaftssituation im östlichen Schleswig-Holstein in der Mitte des 19. Jahrhunderts hervor:

1. Aufgrund der Böden, der günstigen Besitzstrukturen und der wirkungsvollen, frühen Agrarreformen stellt die Landwirtschaft im 19. Jahrhundert mit Abstand den wichtigsten Wirtschaftssektor dar. Wie stark die Herzogtümer durch ihre ländlichen Lebens- und Wirtschaftsformen geprägt waren, erhellt aus der Tatsache, daß 1845 im Herzogtum Holstein noch 70 %, im Herzogtum Schleswig sogar 80 % der Bevölkerung auf dem flachen Land ansässig war.

2. Die Wirtschaftsentwicklung in der ersten Hälfte des 19. Jahrhunderts wird von einer etwa 1 %igen jährlichen Bevölkerungszunahme begleitet. Die Städte wachsen schneller als das flache Land. Der Abstrom der Bevölkerung in die expansiven Zentren der Nachbarterritorien sowie nach Übersee hat noch nicht eingesetzt. Nur in wenigen Wirtschaftsbereichen beginnt die Mechanisierung die Zahl der Arbeitsplätze einzuschränken.

3. Der untersuchte Zeitabschnitt von 1840-50 stellt generell eine Phase günstiger Wirtschaftsentwicklung dar. Sie ist durch stabile Agrarpreise, eine wieder gefestigte Währung und einen sich öffnenden Außenmarkt gekennzeichnet. Bevölkerungszuwachs und steigende agrare Einkommen fördern die Binnennachfrage.

4. Der Bevölkerungszuwachs und somit die Arbeitsbevölkerung sind ungleich über das Land verteilt. Während die gering besiedelten Güterbezirke noch Tagelöhner aufnehmen, können agrare Dichtezonen wie die Probstei oder das Amt Cismar ihre landlosen Unterschichten nicht mehr ausreichend beschäftigen. Saisonale Wanderarbeit im Chaussee- und Bahnbau sowie bei der Ernte und beim Mergeln sind Ausdruck der ökonomisch begrenzten Tragfähigkeit. Das ländliche Handwerk ist vielenorts überbesetzt und fristet ein Kümmerdasein.

5. Im Rahmen der natürlichen Dreigliederung in Marsch, Geest und Jungmoränenland fällt der Ostseite die höchste Wirtschaftskraft zu. Diese Tatsache beruht einerseits auf den Flächenanteilen und Ertragsleistungen der Naturräume, andererseits aber auch auf dem produktivitätsfördernden Betriebssystem der Koppelwirtschaft.

6. Am Beispiel der territorial zersplitterten Ostseite zeigt sich, daß die ökonomische Entwicklung noch stark vom Typus und Willen der Obrigkeit gelenkt wird. Der Grad der wirtschaftlichen Entfaltung ist somit weitgehend eine Funktion der politischen und juristischen Strukturform. Eine nach den Bedürfnissen des Marktes sich frei bildende Intensitätszonierung kann nur sehr begrenzt beobachtet werden.

7. Ansätze zu stadtorientierten Versorgungsleistungen treten nur im Fall von Kiel auf. Alle übrigen Siedlungen sind zu klein, als daß sich eine spezifizierte Erzeugung und Belieferung mit Gartenbauprodukten, Obst, Fisch und Fleischerzeugnissen bilden könnte. Die Versorgung von Hamburg, Altona und Lübeck weist hingegen deutliche Formen und Reichweiten von Hinterlandbeziehungen auf.

8. Einen großen Vorsprung in Ertragsleistung, Betriebsorganisation und Veredlung besitzen die Güter. Der Verlust der früheren Hand- und Spanndienste hat bei ihnen zu internen Rationalisierungen und Arbeitsteilungen geführt.

9. Die Arbeitsteilungen der Gutsunternehmen umfassen nicht allein die Meierhöfe, sondern ebenfalls die bäuerlichen Betriebe der Gutsobrigkeit, die in die Kette der Zerlegung der Arbeitsprozesse einbezogen werden und daraus manchen materiellen Nutzen ziehen.

10. Der positiven Wirtschaftsdynamik auf den Gütern steht das soziale Strukturbild der Gutsdörfer mit dem Vorherrschen von Zeit- und Erbpacht negativ gegenüber. Der Übergang zu freiem Eigentum oder sicheren Pachtmodalitäten ist in Schleswig weiter als in Holstein vorgeschritten.

11. Adliger Landbesitz erfreut sich auch in bürgerlichen Kreisen höchster Wertschätzung. Zahlreiche adlige Höfe oder verselbständigte Meierhöfe sind bis 1850 in bürgerliche Hand gelangt. Neben dem Gesichtspunkt produktiver und wertbeständiger Kapitalanlage spielt auch das Ideal von Rousseau, nämlich des gesunden und freien Landlebens, eine entscheidende Rolle im Denken der städtischen Käuferschichten. Durch diesen Vorgang wird das Eindringen neuer

gewerblicher Impulse in die ausschließlich agrarisch bestimmten Güterdistrikte verhindert.

12. Der wirtschaftliche Erfolg der Güter stützt sich auf die Verbesserung der Anbaumethoden, eine differenzierte Veredlungsproduktion und eine möglichst weitgehende Selbstvermarktung. Mit wenigen Ausnahmen erweist sich damals noch die Koppelwirtschaft gegenüber der neuen Fruchtwechselwirtschaft als überlegen. Qualitätsvorsprung, Marktkenntnis, Eigenkapital und der Ersatz bäuerlicher Arbeitsverpflichtungen durch bezahlte Lohnarbeit sind die ökonomischen Säulen der Gutswirtschaft im 19. Jahrhundert. Erst in preußischer Zeit erwächst den Gütern durch die bäuerlichen Erzeugungs- und Vermarktungsgenossenschaften eine wirkungsvolle Konkurrenz, die sich bei freier Preisbildung die Strategie der Großerzeugung zum Vorbild nimmt.

13. Seit früher Zeit stellte Schleswig-Holstein ein Gebiet des Transits zwischen den Anrainern der Ostsee und den Wirtschaftsmächten Westeuropas unter Einschluß der Kolonien dar. Das neue Verkehrssystem der Chaussee und Eisenbahn nutzt gezielt die bestehenden Transportbedürfnisse aus und begründet Transitachsen neuer Qualität und Dimension. Schon der Chausseebau hatte gezeigt, daß bei gleichem Energieeinsatz eine Verdreifachung der Last und eine Verdoppelung der Geschwindigkeit erreicht werden konnte. Im Realkostenvergleich erwies sich die ganzjährig und nach Fahrplan verkehrende Bahn trotz ihres hohen Eigengewichtes als nochmals drei- bis vierfach günstiger als das mit Pferden betriebene Chausseewesen. Die Revolution des Landverkehrs läßt somit die Bedeutung des Kanal-Transits schnell und irreversibel - bis zum Kanalneubau in preußischer Zeit - absinken.

14. Im Zusammenhang mit dem Bahnbau beginnen Altona und Kiel als Kopfpunkte sowie Neumünster als Knotenpunkt wichtige wirtschaftliche Aktivitäten auf sich zu ziehen. Dazu zählen Agrarindustrien auf der Basis der Dampfkraft, Metallbearbeitung und Metallmechanik sowie die fabrikmäßige Woll- und Baumwollverarbeitung.

15. Das Textilgewerbe, nicht mehr in Zunftordnungen eingebunden, beginnt besonders in Neumünster eine starke Dynamik zu entwickeln. Mechanische Fertigung großen Stils und kleinbetrieblich-handwerkliche Erzeugung stehen bei günstiger Nachfrage um 1845 noch in keinem Verdrängungswettbewerb. Die neue Unternehmerschicht entstammt ausschließlich dem ortsansässigen Handwerk. Das neue Verkehrssystem fördert den Bezug von Rohware und Betriebsmitteln sowie den Absatz der Fertigprodukte.

16. Dem zahlenmäßig großen Feld der Kleinstädte fehlt eine erneuernde innere Wirtschaftsdynamik. Die in Zunftordnungen eingebundenen Handwerkssparten sind auf die städtische Nachfrage sowie das bäuerliche Umland eingestellt. Eine Ausnahme bildet nur der ambulante Preetzer Schuhvertrieb. Ländliches und gutsherrschaftliches Handwerkertum stellen für die Wirtschaft der Städte eine starke Konkurrenz dar.

17. Gemessen an den Kapazitäten Kopenhagens, der Elbe- und Belthäfen sowie Flensburgs sind Schiffsbestand und Warenumschlag zweitrangig. Einzig Kiel zeigt eine wachsende Bedeutung als Sammler und Verteiler des seegebundenen Güter- und Personenverkehrs. Der Bau eiserner Segler hat auf den Werften noch keinen Einzug gehalten.

18. Das Geld- und Kreditwesen als Antriebskraft des Wirtschaftslebens ist vor 1850 noch wenig entwickelt. Zwar existieren im Lande zahlreiche Spar- und Leihkassen, aber ihre Bedeutung als Kreditgeber, Wechsel- und Aktienbank ist noch äußerst gering. Hier nimmt Altona den führenden Rang als Finanzplatz der Herzogtümer ein.

Versucht man abschließend, die wirtschaftliche Entfaltung Schleswig-Holsteins um die Mitte des 19. Jahrhunderts zu beurteilen, so kann kein Zweifel bestehen, daß der innere Zustand demjenigen eines hoch entwickelten Agrikulturstaates im Sinne von Friedrich LIST entspricht. In Fortsetzung physiokratischer Staatsauffassungen vermehren sich damals Erzeugung, Veredlung und Vermarktung von Agrarprodukten in dem Maß, wie technische Neuerungen, betriebliche Verbesserungen und individuelle Freiheiten das Wirtschaftsleben bestimmen. Hinzu treten die Öffnung der Märkte, der Abbau von Zöllen und die Verbesserung der Transportmöglichkeiten. Gleichzeitig markiert dieser Zeitabschnitt jene bedeutsame Übergangsphase, in der sich an bestimmten Plätzen und unter besonderen äußeren Voraussetzungen neue Wege der Güterproduktion, des Warenaustauschs sowie der technologischen Kommunikation eröffnen.

Dabei zeigt sich, daß in rohstoffarmen Gebieten die frühen Ansatzpunkte von Industrie und Warenveredlung in entscheidendem Maß von der Verkehrsqualität eines Betriebsstandorts und von dessen Verbindungen zum überregionalen See- und Landverkehr gelenkt werden. Gelten diese Voraussetzungen allgemein für alle transportabhängigen Austauschvorgänge, so erst recht für einen Wirtschaftsraum wie Schleswig-Holstein, wo die Zweiseitigkeit maritimer Orientierung und der Transit von Waren und Personen immer ein beherrschendes Element des Wirtschaftslebens gewesen ist.

Historical Economic Map of Eastern Schleswig-Holstein

Around 1850

Results and Summary

The structural changes in the economy during the 19th century are an aspect of the development of Schleswig-Holstein that has not yet been investigated very thoroughly from either a genetic or a spatial point of view. On the threshold of the modern age important innovations in transportation technology and industry advanced into the regions north of the Elbe, influencing the traditional economic structure profoundly, and to a certain extent their effects still continue on into the present. During this epoch there are places where radical changes and continuity exist side by side within a very limited area without influencing each other.

In the first two thirds of the 19th century the specific qualitative and functional character of Schleswig-Holstein's economic structure is moulded by its locational potential, by its affiliation with the kingdom of Denmark and by its autonomous internal dynamism. Owing to the unique interaction of natural and historical factors, these facts continue to influence the dividing lines between the individual economic regions in the area lying between the Elbe, the North Sea and the Baltic Sea up to the present day.

The present study consists of a cartographic documentation with accompanying explanation, in which the author examines a section of Schleswig-Holstein from an economic standpoint. In a venture of this type the information value and the choice of subject matter are determined to a decisive degree by the qualities of the historical sources. These do allow an areal reconstruction of territorial, cultural and economic facts for the middle of the 19th century, to be sure; nevertheless from a modern viewpoint they leave many questions open. This is particularly true of a quantitative analysis and differentiation of the branches of production.

The map covers a section of the eastern half of Schleswig-Holstein. Important parts, which are highly influenced by their relationships to the North Sea and to the large cities in the south, are therefore not included in the investigation. Consequently it is only with certain reservations thet the state of development encountered in this eastern part can be considered representative of the economic structure of the entire area. Nevertheless from the map section important conclusions can be drawn regarding the functional interaction of all economic regions.

Taking these reservations into consideration, the following points stand out as central characteristics of the economic situation in eastern Schleswig-Holstein in the middle of the 19th century:

1. Because of the good soils, the favorable ownership structures and the effective early agrarian reforms, agriculture is by far the most important economic sector in the 19th century. How highly the two duchies were influenced by their rural living and economic conditions is evident from the fact that in 1845 70 % of the population of the Duchy of Holstein still lived in the countryside, and even 80 % of the population of the Duchy of Schleswig.

2. The economic development in the first half of the 19th century is accompanied by an annual population increase of about 1 %. The cities grow more rapidly than the countryside. The emigration of population into the expanding centers of the neighboring territories and abroad has not yet begun. Only in a few economic spheres is mechanization beginning to limit the number of jobs.

3. The investigated period of time, from 1840-50, is in general a phase of favorable economic development. It is characterized by stable prices for agricultural products, a strong currency again and an opening external market. Population growth and increasing agricultural income contribute to domestic demand.

4. Population growth, and thus the working population, is unequally distributed across the area. Whereas the sparsely settled manorial districts still take on day laborers, zones of agrarian density, such as Probstei or the district of Cismar, can no longer employ their nonland-owning lower classes adequately. Seasonal labor in highway and railroad construction, during the harvest and for marling the fields are expressions of the economically limited capacity. In many places rural handicrafts are practiced by too many persons and eke out a marginal living.

5. Within the framework of the natural division of the area into the three regions of coastal marsh, geest and recent moraine country, it is the eastern side that has the greatest economic power. The reason for this is, for one, the proportional area and yield of these natural regions, but also the so-called Holstein kobbel system ("Koppelwirtschaft"), which is conducive to productivity.

6. The example of the territorially fragmented eastern side shows that the development is strongly influenced by the type of authorities and their wishes. The degree of economic development is thus to a great extent a function of the political and legal structure. Only to a very limited degree is it possible to observe intensity zoning developing freely according to the demands of the market.

7. Kiel is the only case in which agricultural production is beginning to be oriented toward supplying the cities. All other settlements are too small for specialized production and delivery of vegetables, fruit, fish and meat products to develop. Hamburg, Altona and Lübeck, in contrast, are supplied by hinterlands with definite forms and ranges.

8. The estates have a great lead when it comes to yield, farm organization and processing. The loss of the feudal services that had previously been their due ("Hand- und Spanndienste") had led to internal rationalization and division of labor.

9. The division of labor on the estates includes not only the leasehold farms ("Meierhöfe"), but likewise the tenant farms belonging to the estate, which are drawn into the chain of division of the labor processes and reap material benefits from this.

10. The positive economic dynamism on the estates contrasts negatively with the social structure in the manorial villages, where short-term and hereditary leases predominate. The transition to freehold property or to tenancy conditions granting the tenant a certain modicum of security has progressed farther in Schleswig than in Holstein.

11. Aristocratic landholdings are regarded very highly among the middle classes as well. A large number of noble estates or leasehold farms that had become autonomous have come into the hands of the middle class by 1850. Aside from the standpoint that they represent a capital investment that is both productive and stable in value, the way of thinking of the urban purchasing classes is decisively influenced by Rousseau's ideals, namely of the health and freedom of country life. This process prevents the advance of new industrial impulses into the exclusively agricultural manorial districts.

12. The economic success of the estates rests on their improved farming methods, differentiated processing and on the fact that as far as possible they market their products themselves. With few exceptions the so-called Holstein kobbel system proves superior to the new crop rotation systems. Higher quality, knowledge of the market, personal capital and the substitution of paid labor for feudal services are the economic pillars of manorial farming in the 19th century. The first effective competition for the estates develops under a system of free price formation in Prussian times, in the form of farming cooperatives, for whom the strategy of large-scale production serves as an example.

13. Since early times Schleswig-Holstein has been a transit region between the countries bordering on the Baltic Sea and the economic powers of Western Europe, including their colonies. The new transportation system, consisting of highway and railroad, systematically takes advantage of existing transportation needs and establishes transit axes with new qualities and new dimensions. The newly constructed highways had already shown that with the same input of energy it was possible to triple the load and double the speed. Despite its great unladen weight, in a comparison of real costs the railroad, which travels all year round and according to schedule, proves three to four times cheaper than transportation by horse-drawn carriage on the highways. The revolution of overland transportation causes the importance of canal transit to sink rapidly and irreversibly - until the construction of the new canal in Prussian times.

14. In connection with the construction of railroads, Altona and Kiel, being terminal points, and Neumünster, a junction, begin to attract important economic activities. These include agricultural industries based on steam power, metal working and mechanics and factory processing of wool and cotton.

15. The textile industry, no longer bound by guilds, begins to develop dynamically, especially in Neumünster. With the demand for textiles favorable around 1845, large-scale mechanical production has not yet begun to compete with and displace small workshop production. The new class of entrepreneurs comes exclusively from the local handicrafts. The new transportation system boosts purchases of raw materials and means of production and sales of finished products.

16. The towns, though large in number, are lacking in an internal economic dynamism oriented toward change. The various handicrafts are still organized in guilds, and their focus is on urban demand and that of the rural hinterland. The only exception are Preetz' itinerant shoe sales. Rural and estate craftsmanship represent strong competition for the economy of the towns.

17. Compared with the capacities of Copenhagen, the ports on the Elbe and the Belt and Flensburg, the number of ships and the turnover of goods are of secondary importance. Only Kiel is beginning to grow in importance as a place where sea-bound freight and passenger traffic accumulates and is distributed. The shipyards have not yet begun to construct iron sailing ships.

18. The monetary and credit system, as the driving force behind economic life, is not very highly developed prior to 1850. A large number of savings banks do exist in Schleswig-Holstein to be sure, but their significance as credit, exchange and shareholding banks is still extremely slight. Here Altona is the leading financial city of the duchies.

If one attempts, finally, to evaluate the economic development of Schleswig-Holstein around the middle of the 19th century, there can be no doubt that it meets the criteria of a highly developed agricultural state, in the sense of Friedrich LIST. Following physiocratic theories of statehood, the production, refining and marketing of agricultural products increase in accordance with the degree that technical innovations, improved farming methods and individual freedom determine economic life. In addition, markets are opening up, customs duties being reduced and transportation is improving. Simultaneously this period marks that important transition phase during which new methods of producing and exchanging goods and of technological communication are developing in particular places and under special external conditions.

In the process it is evident that in areas with few raw materials the early beginnings of industry and of refining are determined to a decisive degree by the quality of a factory site from the standpoint of transportation and by its connections to nationwide sea and land transportation. These preconditions hold generally for all exchange processes that depend on transportation, but even more so for an economic area such as Schleswig-Holstein, where maritime orientation in two directions and the transit of goods and passengers were always dominating elements in economic life.

11. Literatur- und Quellenverzeichnis

ABEL, W.: Geschichte der deutschen Landwirtschaft vom frühen Mittelalter bis zum neunzehnten Jahrhundert. Stuttgart 1962

ders.: Agrarkrisen und Agrarkonjunkturen. Eine Geschichte der Land- und Ernährungswirtschaft Mitteleuropas seit dem hohen Mittelalter. 2. Aufl., Hamburg-Berlin 1966

ders.: Massenarmut und Hungerkrisen im vorindustriellen Deutschland. Göttingen 1972

ABRAHAM, K.: Die Aufhebung des im Amte Cismar gelegenen Fischerdorfs Schlüße im Jahre 1836. Jahrbuch für Heimatkunde Oldenburg/Ostholstein, 21. Jg., 1977, S. 50-51

ders.: Über Handwerk und Entstehung der Jahrmärkte im ehemaligen Amt Cismar. Jahrbuch für Heimatkunde Oldenburg/Ostholstein, 22. Jg., 1978, S. 145-148

ACHENBACH, H.: Kulturlandschaftsentwicklung im Raum Ratzeburg/Mölln im Spiegel der Kurhannoverschen Landesaufnahme und der Preußischen Erstausgabe der Meßtischblätter. Mitteilungen der Geographischen Gesellschaft zu Lübeck, Bd. 55, Lübeck 1982, S. 57-72

ders.: Schleswig-Holstein. Das Land zwischen den Meeren als natur- und kulturlandschaftliche Individualität. In: Evolution in der Kartographie, 32. Deutscher Kartographentag in Kiel, Kiel 1983, S. 57-88

ders.: Zur Entwicklung des ländlichen Wirtschafts- und Siedlungsraums im westlichen Umland von Kiel. In: Kiel 1879-1979. Entwicklung von Stadt und Umland im Bild der topographischen Karte 1:25.000. Kieler Geographische Schriften, Bd. 58, Kiel 1983, S. 141-158

ders.: Afrika-Kartenwerk der Deutschen Forschungsgemeinschaft, Erläuterungsband zur Agrargeographischen Karte (N 11) Nordafrika. Berlin-Stuttgart 1983

ders.: Sonderkulturen und agrares Intensitätsgefüge im Umkreis des Großmarktes Hamburg. Zeitschrift für Agrargeographie, 2. Jg., 1984, S. 153-171

ders.: Die geographische Eigenständigkeit des Kreises Herzogtum Lauenburg. In: Sammlg. Geographischer Führer 15, Schlesw.-Holstein, hrsg. v. J. Bähr u. G. Kortum, Berlin-Stuttgart 1987, S. 277-295

ALBERTS, J.: Das Fürstenthum Lübeck. Handbuch der Heimathskunde für Schule und Haus, Eutin 1882

ARBEITSGEMEINSCHAFT 650-Jahr-Feier Bordesholm: 1327-1977. 650 Jahre Bordesholm, Bordesholm 1977

ARNBERGER, E.: Handbuch der thematischen Kartographie. Wien 1966

ARNOLD, A.: Agrargeographie. UTB 1380, Paderborn-München-Wien-Zürich 1985

ASMUS, H.: Die Geschichte des Meierhofes Brockenlande und der herrschaftlichen Schäferei Halloh. Heimatkundliches Jahrbuch für den Kreis Segeberg, 1979, S. 51-66; 1980, S. 53-68

AST-REIMERS, I.: Landgemeinde und Territorialstaat. Der Wandel der Sozialstruktur im 18. Jahrhundert, dargestellt an der Verkopplung in den königlichen Ämtern Holsteins. Quellen und Forschungen zur Geschichte Schleswig-Holsteins, Bd. 50, Neumünster 1965

AUBIN, H. u. ZORN, W.: Handbuch der deutschen Wirtschafts- und Sozialgeschichte. 2 Bde., Stuttgart 1971 und 1976

BÄHR, J., KORTUM, G. (Hrsg.): Sammlung Geographischer Führer, Band 15, Schleswig-Holstein, Berlin-Stuttgart 1987

BARSCHEL, U.: Schleswig-Holstein. Land mit Vergangenheit, Land mit Zukunft. Neumünster 1986

BARTHEL, W.: Chronik von Mielkendorf. Plön 1971

BARTELS, D.: Die räumliche Interferenz natürlicher, historisch-struktureller und markt-funktionaler Elemente in der Agrarwirtschaft Schleswig-Holsteins. Berichte zur deutschen Landeskunde, Bd. 27, 1961, S. 252-268

ders.: Lebensraum Norddeutschland. In: Kieler Geographische Schriften, Bd. 61, Kiel 1984, S. 1-31

BAUMGARTEN, A.: Die landwirtschaftlichen Reformen des ausgehenden 18. und beginnenden 19. Jahrhunderts in dem Bauerndorfe Wentorf bei Lütjenburg. Jahrbuch für Heimatkunde im Kreis Plön-Holstein, 1. Jg., 1971, S. 50-76

BECHTEL, J.: Wirtschafts- und Sozialgeschichte Deutschlands. Wirtschaftsstile und Lebensformen von der Vorzeit bis zur Gegenwart. München 1967

BEHREND, H.: Die Aufhebung der Feldgemeinschaften. Die großen Agrarreformen im Herzogtum Schleswig unter Mitwirkung der schleswig-holsteinischen Landkommission 1768-1823. Quellen und Forschungen zur Geschichte Schleswig-Holsteins, Bd. 46, Neumünster 1964

BERG v., A.: Über den landwirthschaftlichen Betrieb im Herzogthum Holstein und die Pachtverhältnisse, insbesondere bei den größeren Landgütern. Eutin 1852

BERTHEAU, F.: Beiträge zur älteren Geschichte des Klosters Preetz. Zeitschrift der Gesellschaft für Schleswig-Holsteinische Geschichte, Bd. 46, Leipzig 1916, S. 134-196

ders.: Wirtschaftsgeschichte des Klosters Preetz im vierzehnten und fünfzehnten Jahrhundert. Zeitschrift der Gesellschaft für Schleswig-Holsteinische Geschichte, Bd. 47, Leipzig 1917, S. 91-266

ders.: Wirtschaftsgeschichte des Klosters Preetz in der zweiten Hälfte des sechzehnten Jahrhunderts. Zeitschrift der Gesellschaft für Schleswig-Holsteinische Geschichte, Bd. 49, Leipzig 1919, S. 26-93

BERWING, M.: Preetzer Schuhmacher und ihre Gesellen 1750-1900. Aufschlüsse aus Archivalien. Studien zur Volkskunde und Kulturgeschichte Schleswig-Holsteins, Bd. 11, Neumünster 1983

BESCHREIBUNG der aus den Ahrensböckischen Vorwerks-Ländereyen gemachten Parcelen, so wie sie, gegen Erlegung des in dieser Beschreibung festgesetzten Canonis, an den Meistbietenden mit dem völligen Eigenthums-Recht öffentlich verkauft werden sollen. Flensburg 1775

BESCHREIBUNG der im Herzogthum Holstein gelegenen Adligen Güter Bockhorn (1815), Bossee (1806), Depenau (1815), Erfrade (1849), Freudenholm (1814), Gross-Nordsee (1816), Güldenstein (1839), Hasselburg (1815), Klein-Nordsee (1816), Lehmkuhlen (o.J.), Marutendorf (1816), Neu-Nordsee (1810), Oevelgönne (1819), Oppendorf (ca. 1805), Quarnbeck (1826), Rosenhof (1815), Schönböken (1816), Schönweide (1813), Siggen (1816). Landesbibliothek Kiel

BESCHREIBUNG der im Herzogthum Schleswig gelegenen Adligen Güter Alt Bülck (1827), Borchhorster-Hütten (1825), Borghorst (1815), Eckhoff (1828), Grünhorst (1820), Neu-Bülck (1828), Noer und Grünewald (1822), Rathmannsdorff (1826). Landesbibliothek Kiel

BESELER, H. (Hrsg.): Kunst-Topographie Schleswig-Holstein. 5. Aufl., Neumünster 1982

BIERNATZKI, H.: Schleswig-Holstein-Lauenburgische Landesberichte. Altona 1846 und 1847

ders.: Taschenbuch für Reisende in den Herzogthümern Schleswig, Holstein und Lauenburg. 1. Aufl., Altona 1847, 2. Aufl., Altona 1852

ders.: Schleswig-Holstein. München 1848

BINGE, N.A.: Kritisch-didaktische Würdigung der Holsteinischen Feldbefriedigungen in physikalisch-ökonomischer Hinsicht, nebst Darstellung der Mittel ihrer Abschaffung und einem Literaturverzeichnis der Befriedigungskunde. Altona-Lensahn 1818

BIRKHOLZ, H.-J.: Arbeitsgebiet und Rechte des Neustädter Fischeramtes von 1474. Jahrbuch für Heimatkunde Oldenburg/Holstein, 1974, S. 33-45

BLUNCK, W.: Die Entwicklung der Industrie in Neumünster bis zum Anschluß Schleswig-Holsteins an den deutschen Zollverein. Quellen und Forschungen zur Geschichte Schleswig-Holsteins, Bd. 13, Kiel 1927

BÖSE, K.G.: Das Großherzogthum Oldenburg. Topographisch-statistische Beschreibung desselben. Oldenburg i.O. 1863. Reprint 1979

BÖTTGER, Fr.: Aus dem Winkel. Heimatkundliches aus dem Kreise Oldenburg. Oldenburg i.H. 1925

BÖTTGER, Fr. u. WASCHINSKI, E.: Alte schleswig-holsteinische Maße und Gewichte. Bücher der Heimat, Bd. 4, Neumünster 1952. Ergänzungen in: Die Heimat, Jg. 72, 1965, S. 111-114

BÖTTGER, Fr.: Vom Heiligenhafener Hafen. Jahrbuch für Heimatkunde im Kreis Oldenburg/Holstein, 1961, S. 142-163; 1962, S. 60-83

BONSEN, U.: Die Entwicklung des Siedlungsbildes und der Agrarstruktur der Landschaft Schwansen vom Mittelalter bis zur Gegenwart. Schriften des Geographischen Instituts der Universität Kiel, XXII, H. 3, Kiel 1966

ders.: Geographie. In: Heimatbuch des Kreises Eckernförde, Bd. I, Eckernförde 1972, S. 15-34

BORDESHOLMER Sparkasse: Die Entwickelung der Spar- und Leihkasse der früheren Ämter Bordesholm, Kiel und Cronshagen 1845-1895. Festschrift zur Feier des 50jähr. Bestehens, Bordesholm 1895

BRANDT, O.: Geschichte Schleswig-Holsteins. 4. Aufl., Kiel 1949

ders.: Geistesleben und Politik in Schleswig-Holstein um die Wende des 18. Jahrhunderts. Kiel 1927; Reprint Kiel 1981

BRAUN, G. u. HOGENBERG, F.: Civitates Orbis Terrarum, 5 Bde., Köln 1572-1597

BROCKSTEDT, J.: Frühindustrialisierung in den Herzogtümern Schleswig und Holstein. In: Studien zur Wirtschafts- und Sozialgeschichte Schleswig-Holsteins, Bd. 5, Neumünster 1983

BRUHNS, E. (Oberweginspector): Führer durch die Umgegend der ostholsteinischen Eisenbahn (mit einem Vorwort von L. MEYN): Eutin 1868

BÜNSOW, Ch.: Kieler Stadt- und Adreßbuch für 1844. Kiel 1844

BURCKHARDT, J.: Weltgeschichtliche Betrachtungen. Historisch-Kritische Gesamtausgabe von R. STADELMANN. Pfullingen o.J.

BUSCHE, E.: Flecken und Kirchspiel Neumünster. Neumünster 1968

BÜSCHING, A.F.: Kurzgefassete Staats-Beschreibung der Herzogthümer Holstein und Schleswig. Hamburg 1752

CHRISTEN, J.J.H.: Die Wollenmanufacturen und Zuckerraffinaderien in den Herzogthümern Schleswig und Holstein. Archiv für Geschichte, Statistik, Kunde der Verwaltung und Landesrechte der Herzogthümer Schleswig, Holstein und Lauenburg, hrsg. v. N. FALCK, 3. Jg. Kiel 1844, S. 130-159 und 191-224

CHRONOLOGISCHE Sammlung der im Jahre ... ergangenen Verordnungen und Verfügungen für die Herzogthümer Schleswig und Holstein. Kiel, 1791-1849

CLASEN, H.: Die Probstei in Wort und Bild. Schönberg 1898

CLAUSEN, O.: Geschichte der Wik und ihrer Bewohner. Mitteilungen der Gesellschaft für Kieler Stadtgeschichte, Bd. 50, Kiel 1960

ders.: Chronik der Heide- und Moorkolonisation im Herzogtum Schleswig (1760-1765). Husum 1981

DANCKWERDT, C. u. MEYER, J.: Neue Landesbeschreibung der zwei Herzogtümer Schleswig und Holstein. Husum 1652. Faksimile-Ausgabe der Karten von Ch. DEGN, Hamburg 1963

DAVIDS, G.: Berufsholländer und Holländereien. Die Heimat, 92. Jg., H. 5, 1985, S. 160-176

DEGN, Ch.: Die Grundbesitzverhältnisse der Landschaft Schwansen im Verlaufe der letzten 500 Jahre. Geographische Rundschau, 1. Jg., 1949, S. 447-452

ders.: Parzellierungslandschaften in Schleswig-Holstein. Schriften des Geographischen Instituts der Universität Kiel, Sonderband, Kiel 1953, S. 134-174

ders.: Die Herzogtümer im Gesamtstaat 1773-1830. In: Geschichte Schleswig-Holsteins, Bd. 6, Die Herzogtümer im Gesamtstaat, Neumünster 1960, S. 163-391

ders.: Bordesholm 1327-1977. In: 650 Jahre Bordesholm, Bordesholm 1977, S. 7-18

ders.: Die Schimmelmanns im atlantischen Dreieckshandel. Gewinn und Gewissen. 2. Aufl., Neumünster 1984

ders.: Geschichtsschreibung in Schleswig-Holstein, Ausdruck ihrer Zeit. Zeitschrift der Gesellschaft für Schleswig-Holsteinische Geschichte, Bd. 109, Neumünster 1984, S. 11-34

DETLEFSEN, N.: Die "Commüne" der Probstei. Die Heimat, 47. Jg., 1937, S. 270-276

ders.: Die Probstei. Heimatbuch des Kreises Plön, Plön 1953, S. 215-235

ders.: Umfang, Art und Ablösung der Hofdienste im Preetzer Klostergebiet. Jahrbuch für Heimatkunde im Kreis Plön-Holstein, 1. Jg., 1971, S. 32-47

ders.: Vor hundert Jahren: Von der Klosterobrigkeit zur kommunalen Selbstverwaltung. Jahrbuch für Heimatkunde im Kreis Plön-Holstein, 5. Jg., 1975, S. 87-104

DIETRICH, A.: Die Zeitpachtdörfer in Schleswig-Holstein als Problem der Siedlung. Schriften zur Förderung der inneren Kolonisation, Heft 37, Berlin 1926

DITTMANN, G.F.: Versuch einer Darstellung der Landwirtschaft auf den Gütern in den Herzogthümern Schleswig und Holstein. Altona 1828

ders.: Vollständige Anweisung zur Kenntnis und zum vorteilhaften Betriebe der schleswig-holsteinischen Landwirtschaft. Altona 1838

DITTMANN, T.: Dat Nyge Münster. Bücher Nordelbingens, 2. Reihe: Stadtgeschichte, Bd. 1, Flensburg 1925

DÖRFER, J.F.A. (Diakonus): Topographie von Holstein in alphabetischer Ordnung, ein Repertorium. 3. verb. Aufl., Schleswig und Flensburg 1807

ders.: Chronik des Klosters und Fleckens Preetz i.H. Kiel 1813

ders.: Topographie des Herzogthums Schleswig in alphabetischer Ordnung. Ein Repertorium zu der von Gollowinschen Karte dieses Herzogthums. 3. Aufl., Schleswig 1829

DOOSE, R.: Die Entwicklung der wirtschaftlichen Verhältnisse in der Probstei. Arbeiten der Landwirtschaftskammer für die Provinz Schleswig-Holstein, H. 14, Süderbrarup 1910

DRÄGER, H.: Die Instleute oder Insten in Schleswig-Holstein. Arbeiten aus dem Institut für Betriebslehre und Arbeitswirtschaft der Landwirtschaftlichen Hochschule zu Berlin, Langensalza 1927

DRUBE, F.: Mühlen in Schleswig-Holstein. Diss., Phil.-Fakultät, Kiel 1935

DÜRING, K.: Das Siedlungsbild der Insel Fehmarn. Forschungen zur Deutschen Landes- und Volkskunde, Bd. 32, H. 1, Stuttgart 1937

DWARS, F.W.: Friedrich Mager und seine Bedeutung für die Kulturlandschaftsgenese Schleswig-Holsteins. Die Heimat, Nr. 6/7, 92. Jg., 1985, S. 185-188

ECKARDT, J.H.: Kiel's bildliche und kartographische Darstellung in den letzten dreihundert Jahren. Mitteilungen der Gesellschaft für Kieler Stadtgeschichte, H. 13, 1895, S. 5-72

ders.: Alt-Kiel in Wort und Bild. Kiel 1899

EHLERS, W.K.: Grömitz, das Bad der Sonnenseite. Vergangenheit und Gegenwart. Grömitz 1972

ELLERHOLZ, P.: Handbuch des Grundbesitzes im Deutschen Reiche. I. Das Königreich Preussen. VIII. Lieferung. Die Provinz Schleswig-Holstein. Berlin 1881

ENGEL, F.: Die Kurhannoversche Landesaufnahme des 18. Jahrhunderts. Erläuterungen zur Neuherausgabe als amtliches historisches Kartenwerk im Maßstab 1:25 000. Veröffentlichungen der Historischen Kommission für Niedersachsen, XXVI, H. 1, Hannover 1959

ders.: Historischer Atlas von Mecklenburg. Erläuterungsheft zu Karte 2 und 3. Köln-Graz 1960

ENGELBRECHT, Th.H.: Bodenanbau und Viehstand in Schleswig-Holstein nach den Ergebnissen der amtlichen Statistik. Kiel 1907

ENGLING, I. (Hrsg.): Das Kreis-Plön-Buch, Neumünster 1982

ERICHSEN, E.: Güter Schwansens um 1830 (Grünholz, Hemmelmark, Louisenlund, Marienhof). Nach den Erhebungen von Rosens. Jahrbuch der Heimatgemeinschaft des Kreises Eckernförde, 18. Jg., 1960, S. 155-165

ERICHSEN, J.: Die Besitzungen des Klosters Neumünster von seiner Verlegung nach Bordesholm bis zu seiner Einziehung. Zeitschrift der Gesellschaft für Schleswig-Holsteinische Geschichte, 30. Bd., 1900, S. 1-164

FACK, M.W.: Kiel und seine Umgebung. Ein Führer durch Stadt und nächste Umgegend für Freunde der schönen Natur. Kiel 1867

FALCK, N.: Handbuch des Schleswig-Holsteinischen Privatrechts. 5 Bde., Altona 1825-1848

FALCK, N. (Hrsg.): Beiträge zur Geschichte der Schleswig-Holsteinischen Landwirtschaft (Der 11. Versammlung deutscher Land- und Forstwirthe zu Kiel gewidmet). Kiel 1847

FONTENAY v. WOBESER, H.: Eckernförde's Blütezeit und die Familie Otte. Ein Beitrag zur älteren Geschichte der Stadt Eckernförde. Eckernförde 1920

FRÄNZLE, O.: Erläuterungen zur Geomorphologischen Karte 1:25 000 der Bundesrepublik Deutschland, Blatt 8, 1826 Bordesholm, Berlin 1982

ders.: Die Reliefentwicklung des Kieler Raumes. In: Kiel 1879-1979, Kieler Geographische Schriften, Bd. 58, 1983, S. 15-22

FREESE, H.: Die Entwicklung der Spar- und Leihkasse der früheren Ämter Bordesholm, Kiel und Cronshagen 1845-1895. Festschrift zur Feier des 50jährigen Bestehens dieses Instituts. Bordesholm 1895

FRIEDLAND, K. u. JÜRGENSEN, K.: Schleswig-Holstein. Grundriß zur deutschen Verwaltungsgeschichte 1815-1945, Reihe A: Preußen. Hrsg. von W. HUBATSCH, Marburg 1977

GALETTE, A.: Beiträge zur Verwaltungsgeschichte des Kreises Plön. Jahrbuch für Heimatkunde im Kreis Plön-Holstein, 6. Jg., 1976, S. 5-58

GEERZ, F.: Erläuterungen zu den von der Königlichen Rentekammer herausgegebenen Tabellen über die Volkszählung vom 1. Febr. 1835 in den Herzogthümern Schleswig und Holstein. Kiel 1840

ders.: Geschichte der geographischen Vermessungen und der Landkarten Nordalbingiens vom Ende des 15. Jahrhunderts bis zum Jahre 1859. Berlin 1859, Reprint Amsterdam 1966

ders. (Hrsg.): Alphabetisches Verzeichnis sämmtlicher Schleswig-Holsteinischen Aemter, Landschaften, Städte, adeligen Districte, Kanzleigüter, Stiftsdörfer und octroyirten Koege, nebst Angabe, zu welchem Landkriegs-Commissariats-Districte selbige gehören. Mskr., Kiel 1850

GESELLSCHAFT zur Förderung der Inneren Kolonisation (Hrsg.): 40 Jahre Landeskulturbehörden in Schleswig-Holstein. Berlin-Bonn 1962

GLOY, A.: Das alte Amt Kronshagen, Geschichte der Dorfschaften Russee, Hassee, Ottendorf, Kronshagen mit Kopperpahl, Suchsdorf, Wik und des Gutes Schwartenbek. Kiel 1914

ders.: Aus Kiels Vergangenheit und Gegenwart. Kiel 1926

GÖRLITZ, W.: Die Junker. Adel und Bauern im deutschen Osten, geschichtliche Bilanz von 7 Jahrhunderten. Glücksburg/Ostsee 1956

GÖTTSCH, H.: Chronik von Schmalensee. Bad Segeberg 1948

GREVE, J.: Geographie und Geschichte der Herzogthümer Schleswig und Holstein, mit einem Vorwort von N. FALCK. Kiel 1844

GUDME, A.C.: Die Bevölkerung der beiden Herzogthümer Schleswig und Holstein in früheren und späteren Zeiten. Altona 1819

ders.: Die Bevölkerung der beiden Herzogthümer Schleswig und Holstein vom Jahre 1823 bis zum Jahre 1829. Staatsbürgerliches Magazin, Bd. 10, 1831, S. 116-144

ders.: Schleswig-Holstein. Eine statistisch-geographisch-topographische Darstellung dieser Herzogthümer, nach gedruckten und ungedruckten Quellen (mit einem Folio-Band statistischer Tabellen). Kiel 1833

GUDME, S.: Anweisung zur Anlegung einer Teichfischerei und zur Fischzucht (Preisschrift). Altona 1827

GUNDLACH, F.: Das Album der Christian-Albrechts-Universität zu Kiel 1665 - 1865. Kiel 1915

HAAS, W.: Bestrebungen und Maßnahmen zur Förderung des Kieler Handels in Vergangenheit und Gegenwart. Mitteilungen der Gesellschaft für Kieler Stadtgeschichte, Nr. 31, Kiel 1922

HABICH, J.: Stadtkernatlas Schleswig-Holstein. Neumünster 1976

HÄHNSEN, F.: Geschichte der Kieler Handwerksämter. Ein Beitrag zur Schleswig-Holsteinischen Gewerbegeschichte. Mitteilungen der Gesellschaft für Kieler Stadtgeschichte, Nr. 30, Kiel 1920

ders.: Entwicklung des ländlichen Handwerks in Schleswig-Holstein. Quellen und Forschungen zur Geschichte Schleswig-Holsteins, Bd. 9, Neumünster 1923

HAHN, H. u. ZORN, W.: Historische Wirtschaftskarte der Rheinlande um 1820. Arbeiten zur Rheinischen Landeskunde, H. 37, Bonn 1973

HAHN, O.: Die steuerliche Einschätzung und Bewertung des landwirtschaftlich genutzten Bodens in den letzten Jahrhunderten in Schleswig-Holstein unter besonderer Berücksichtigung des Kreises Eckernförde. Jahrbuch der Heimatgemeinschaft des Kreises Eckernförde, 18. Jg., 1960, S. 109-147

HAHN, W.: Von 1815 bis 1918. In: Heimatbuch des Kreises Eckernförde, Bd. II, Eckernförde 1972, S. 137-150

HAKE, G.: Kartographie I und II. Sammlung Göschen. Berlin-New York, 1970 und 1975

ders.: Historische Entwicklung des Kartenwesens im Raum Hannover. In: Hannover und sein Umland, Festschrift der Geographischen Gesellschaft, Hannover 1978, S. 50-67

HAMBRUCH, P.: Landeskunde von Schleswig-Holstein, Helgoland und der Freien und Hansestadt Hamburg. Sammlung Göschen, Leipzig 1912

HANNESSEN, H.: Die Agrarlandschaft der Schleswig-Holsteinischen Geest und ihre neuzeitliche Entwicklung. Schriften des Geographischen Instituts der Universität Kiel, Bd. XVII, H. 3, Kiel 1959

HANSSEN, C.G.: Versuch einer Chronik von Eckernförde. Kiel 1833

HANSSEN, G.: Historisch-statistische Darstellung der Insel Fehmarn. Ein Beitrag zur genauern Kunde des Herzogthums Schleswig. Altona 1832

HANSSEN, G.: Das Amt Bordesholm im Herzogthume Holstein. Eine statistische Monographie auf historischer Grundlage. Kiel 1842

ders.: Die Aufhebung der Leibeigenschaft und die Umgestaltung der gutsherrlich-bäuerlichen Verhältnisse überhaupt in den Herzogthümern Schleswig und Holstein. St. Petersburg 1861

ders.: Zur Geschichte Norddeutscher Gutswirtschaft seit Ende des 16. Jahrhunderts. Göttingen 1875

ders.: Agrarhistorische Abhandlungen. 2 Bde., Leipzig 1880 und 1884

HAUSER, O.: Provinz im Königreich Preußen. In: Geschichte Schleswig-Holsteins, Bd. 8, Neumünster 1966

HAUSHOFER, H.: Die deutsche Landwirtschaft im technischen Zeitalter. Deutsche Agrargeschichte, Bd. 5, Stuttgart 1963

HAYESSEN, U.: Das Kloster Preetz und seine Bauern - vor und nach den Unruhen von 1612. Diss., Philosophische Fakultät, Kiel 1975

HAYN, F.: Zeittafel 650 Jahre Bordesholm. In: 650 Jahre Bordesholm, Bordesholm 1977, S. 29-47

HEDEMANN v., P.: Hemmelmarck. Eine Gutswirtschaft des vorigen Jahrhunderts. Zeitschrift der Gesellschaft für Schleswig-Holsteinische Geschichte, 30. Bd., 1900, S. 171-208

HEDEMANN v., P., gen. v. HEESPEN: Geschichte der adeligen Güter Deutsch-Nienhof und Pohlsee in Holstein. Drei Teile, Schleswig 1906

HEDEMANN-HEESPEN v., P.: Ein Gang durch das Gewerbe unserer Vergangenheit. Zeitschrift der Gesellschaft für Schleswig-Holsteinische Geschichte, 48. Bd., 1918, S. 1-196

ders.: Prof. Friedrich Bertheau und sein Preetzer Werk. Zeitschrift der Gesellschaft für Schleswig-Holsteinische Geschichte, 49. Bd., Leipzig 1919, S. 340-343

ders.: Die Herzogtümer Schleswig-Holstein und die Neuzeit. Kiel 1926

HEILIGENHAFEN Stadt (Hrsg.): 650 Jahre Stadt / 700 Jahre Kirche Heiligenhafen. Heiligenhafen 1955

HELMER, G.: Neumünster, wie es wurde und was es ist. Festschrift zum 800jährigen Jubiläum Neumünsters. Neumünster 1925

HENNING, F.-W.: Die Industrialisierung in Deutschland 1800 bis 1914. UTB 145, Wirtschafts- und Sozialgeschichte, Bd. 2, Paderborn 1973

HENNING, M.: Die alte Hufe der Probstei. In: Die Heimat, 1936, Nr. 11, S. 322-328

HENNINGSEN, L.N.: Caspar von Salderns Beziehungen zur Politik Dänemarks. In: Caspar von Saldern 1711-1786, Kiel 1986, S. 13-21

HERRMANN, H.A: Wassermühlen und Windmühlen im Kreise Plön. Jahrbuch für Heimatkunde im Kreis Plön, XIII. Jg., Plön 1983, S. 18-81

HILL, D.: Milch- und Meiereiwirtschaft in Schleswig-Holstein im Wandel der Zeit. Zeitschrift der Gesellschaft für schleswig-holsteinische Geschichte, Bd. 108, 1983, S. 207-223

HINGST, K.: Drei Entwicklungsphasen der schleswig-holsteinischen Agrarlandschaft. Geographische Rundschau, 16, 1964, S. 177-186

HINRICHS, E.: Lage und Gestalt der Fördenstädte Schleswig-Holsteins in vergleichender historisch-geographischer Betrachtung. Zeitschrift der Gesellschaft für Schleswig-Holsteinische Geschichte, 49. Bd., Leipzig 1919, S. 94-263

ders.: Die geographischen Grundlagen der wirtschaftlichen Entwicklung Kiels. Geographischer Anzeiger, 25. Jg., 1924, S. 223-231

HIRSCHFELD, P.: Herrenhäuser und Schlösser in Schleswig-Holstein. 4. Aufl., München-Berlin 1974

HÖPER, H.: Über den Rapsbau im Jahr 1841. In: Jahrbuch für Heimatkunde Oldenburg/Ostholstein, 28. Jg., 1984, S. 199-200

HÖPNER, E.: Fehmarn, ein freies Bauerntum in wechselvoller Geschichte. Lübeck 1975

ders.: Einfrieden, Einkoppeln und Verkoppeln auf Fehmarn. In: Jahrbuch für Heimatkunde Oldenburg/Ostholstein, 23. Jg., 1979, S. 146-150

ders.: Fehmarn-Dörfer mit Geschlechter-, Haus- und Hof-Folgen. Lübeck 1981

HOFFMANN, E.: Die Herkunft des Bürgertums in den Städten des Herzogthums Schleswig. Quellen und Forschungen zur Geschichte Schleswig-Holsteins, Bd. 27, Neumünster 1953

HOFFMANN, F.: Das Bevölkerungsbild der Stadt Eckernförde um die Wende zum 19. Jahrhundert. In: Jahrbuch der Heimatgemeinschaft Eckernförde, 11. Jg., 1953, S. 9-18

HORNEMANN, A.: Ansichten der adeligen Güter Holsteins, der Canzlei-Güter und der adeligen Klöster. Nach der Natur gezeichnet. Band 1,2. Hamburg 1850

INSTRUKTION für die Bauernvögte und Vorsteher der Erbpachtdistricte im Amte Bordesholm. Kiel 1859

JÄGER, H.: Zur Geschichte der deutschen Kulturlandschaften. Geographische Zeitschrift, 51. Jg., 1963, S. 90-143

ders.: Historische Geographie. Das Geographische Seminar, Braunschweig 1969

ders.: Revolution oder Evolution der Historischen Geographie? Erdkunde, Bd. 36, 1982, S. 119-123

JENSEN, E.: Danish Agriculture, its economic development. A Description and economic analysis centering on the free trade epoch, 1870-1930. Copenhagen 1937

JENSEN, W.: Chronik von Heiligenhafen. Lübeck 1949

JESSEN, J.: Die Entstehung und Entwickelung der Gutswirtschaft in Schleswig-Holstein bis zu dem Beginn der Agrarreformen. Zeitschrift der Gesellschaft für Schleswig-Holsteinische Geschichte, Bd. 51, Leipzig 1922, S. 1-206

JESSEN, W. u. KOCK, Ch.: Heimatbuch des Kreises Eckernförde. 1. Aufl. Eckernförde 1916; 2. verm. Aufl. Eckernförde 1928

ders.: Heimatbuch des Kreises Eckernförde. 2 Bde., Eckernförde 1967/72

JESSIEN, A.: Von dem Anbau der heutigen Probstei. Nordalbingische Studien. Neues Archiv der Schleswig-Holsteinisch-Lauenburgischen Gesellschaft für vaterländsche Geschichte, Bd. 4, Kiel 1858, S. 1-90

JORDAN, K.: Die Christian-Albrechts-Universität Kiel im Wandel der Jahrhunderte. Veröffentlichungen der Schleswig-Holsteinischen Universitätsgesellschaft, Neue Folge, Nr. 1, Kiel 1953

KAHLFUSS, H.-J.: Landesaufnahme und Flurvermessung in der Herzogtümern Schleswig, Holstein und Lauenburg vor 1864. Beiträge zur Geschichte der Kartographie Nordalbingiens. Neumünster 1969

KAMPHÖVENER, H.: Beschreibung der bereits vollführten Niederlegungen königlicher Domänengüter in den Herzogtümern Schleswig und Holstein, womit zugleich Aufhebung der Leibeigenschaft, wo sie bestand, verbunden. Kopenhagen 1787

KANNENBERG, E.G.: Die historische Entwicklung des Fährverkehrs und der Häfen im Raume Fehmarn - Wagrien sowie der Fahrwasserverhältnisse im Fehmarnsund. Wasser- und Schiffahrtsamt Kiel, Masch.-Schrift, 1954

ders.: Die Entwicklung der Häfen der Insel Fehmarn bis zu ihrem neuzeitlichen Ausbau im 19. Jahrhundert. Jahrbuch für Heimatkunde im Kreis Oldenburg/Holstein, 4. Jg., 1960, S. 84-96

KAPUST, P.: Die Kartographie des Fürstentums Lübeck im Rahmen der Agrarreformen des 18. Jahrhunderts. Dissertation, Mathematisch-Naturwissenschaftliche Fakultät Kiel, 1967

KAUFMANN, G.: Probleme des Strukturwandels in ländlichen Gebieten Schleswig-Holsteins. Schriften des Geographischen Instituts der Universität Kiel, XXVI, H. 2, Kiel 1967

ders.: Das alte Kiel. Von der Gründung der Stadt bis an die Schwelle der Gegenwart. Hamburg 1975

KELLENBENZ, H.: Die Herzogtümer vom Kopenhagener Frieden bis zur Wiedervereinigung Schleswigs 1660 - 1721. In: Geschichte Schleswig-Holsteins, 5. Bd., 3. u. 4. Lieferg., Neumünster 1960

KEUNECKE, H.: Neumünsters Wirtschaft. Betrachtungen über Stand und Aufgaben. In: Die Heimat, 67. Jg., Neumünster 1960, S. 222-225

KIEKBUSCH, H.: Der große Stadtbrand Neustadts im Jahre 1817. Jahrbuch für Heimatkunde im Kreis Oldenburg/Holstein, 1967, S. 152-161

KINDER, J.: Urkundenbuch zur Chronik der Stadt Plön. Plön 1890

ders.: Plön. Ein Führer durch die Stadt Plön und deren Umgegend. Plön 1893

ders.: Plön. Beiträge zur Stadtgeschichte. Plön 1904, Nachdruck Kiel 1976

KIRSCHNER, H.: Wassermühlen im früheren Gebiet des Klosters Preetz. In: Die Heimat, 56. Jg., 1949, S. 173-177

KLEEN, J., REIMER, G. u. v. HEDEMANN-HEESPEN, P. (Hrsg.): Heimatbuch des Kreises Rendsburg. Rendsburg 1922

KLEFFEL, H.: 125 Jahre Kieler Howaldtswerke. Kiel 1963

KLEMM, V. u. MEYER, G.: Albrecht Daniel Thaer. Pionier der Landwirtschaftswissenschaften in Deutschland. Halle/Saale 1968

KLEYSER, F.: Kleine Kieler Wirtschaftsgeschichte von 1242-1945. Kiel 1969

KLINGER, H.B.: Das Weberamt in Preetz 1655-1923. Dissertation, Rechtswissenschaftliche Fakultät Kiel, Kiel 1971

KLOS, H.: Die Preetzer Walddörfer. Ein Beispiel der Ostkolonisation unter kirchlicher Grundherrschaft. Dissertation, Philosophische Fakultät, Kiel 1950, Mskr.

KLOSE, O.: Die Jahrzehnte der Wiedervereinigung 1721-1773. In: Geschichte Schleswig-Holsteins, Bd. 6, Die Herzogtümer im Gesamtstaat, Neumünster 1960, S. 1-151

ders.: Schleswig-Holstein und Hamburg. Handbuch der historischen Stätten Deutschlands, Bd. 1, 2. Aufl., Stuttgart 1964

ders.: Zur Geschichte der Stadt und des Herzogtums Plön. Jahrbuch für Heimatkunde im Kreis Plön-Holstein, 8. Jg., 1978, S. 85-94

ders.: Dänemark. Handbuch der Historischen Stätten. Stuttgart 1982

KLOSE, O. u. MARTIUS, L.: Ortsansichten und Stadtpläne der Herzogtümer Schleswig, Holstein und Lauenburg. Studien zur schleswig-holsteinischen Kunstgeschichte, Bd. 8, Neumünster 1962

KLOSE, O. u. SEDLMAIER, R.: Alt-Kiel und die Kieler Landschaft. 3. Aufl., Heide 1979

KLÜVER, W.: Ascheberg. Ein ostholsteinisches Guts- und Ortsbild. Eutin 1952

KOCH, J.H.: Der Verfall des löblichen Leineweberhandwerks in Neustadt im vorigen Jahrhundert. Jahrbuch für den Kreis Oldenburg/Holstein, 1958, S. 168-174

ders.: Hafenverkehr, Schiffsbau und Packhäuser in Neustadt. Jahrbuch für Heimatkunde im Kreis Oldenburg/Holstein, 1965, S. 123-145

ders.: Dänischer Kriegsschiffbau in Neustadt im 17. Jahrhundert. Jahrbuch für Heimatkunde im Kreis Oldenburg/Holstein, 1968, S. 37-57

ders.: Das neue Neustadt-Buch. Neustadt 1980

KOCK, Ch.: Schwansen. Historisch und topographisch beschrieben. Kiel 1898

ders.: Volks- und Landeskunde der Landschaft Schwansen. Heidelberg 1912

ders.: Holzschiffbau in Eckernförde von 1690-1816. Jahrbuch der Arbeitsgemeinschaft Schwansen, Amt Hütten und Dänischenwohld, 1940, S. 68-109; 1941, S. 57-76

KOCK, O. u. PÖHLS, H. (Hrsg.): Heimatbuch des Kreises Plön. Plön 1953

KOHL, J.G.: Reisen in Dänemark und den Herzogthümern Schleswig und Holstein (1846). 2 Bde., Leipzig 1846

KOHLI, L.: Handbuch einer historisch-statistisch-geographischen Beschreibung des Herzogthums Oldenburg sammt der Erbherrschaft Jever, und der beiden Fürstenthümer Lübeck und Birkenfeld. 2 Teile, Bremen 1826

KOHRT, Ch.: Von Heiligenhafener Schiffen und Schiffern. Jahrbuch für Heimatkunde im Kreis Oldenburg/Holstein, 1966, S. 199-205

KOLLMANN, P.: Statistische Beschreibung der Gemeinden des Fürstenthums Lübeck. Oldenburg i.O. 1901

KOPPE, W.: Wie und mit welchen Ergebnissen wurden Ackerbau und Viehzucht vor gut 300 Jahren in Cismar und Körnik betrieben? Jahrbuch für den Kreis Oldenburg/Holstein, 2. Jg., 1958, S. 47-68

KRIEG, H.: Schleswig-Holsteinische Volkskunde aus dem Anfange des 19. Jahrhunderts in Auszügen aus den Schleswig-Holsteinischen Provinzial-Berichten. Lübeck 1931

KRÖGER, E.: Das Amt Segeberg im ersten Drittel des 19. Jahrhunderts. Heimatkundliches Jahrbuch für den Kreis Segeberg 1976 S. 75-88; 1977 S. 77-110; 1978 S. 61-90; 1979 S. 83-123

KRONSHAGEN Gemeinde: Kronshagen, Beginn - Entwicklung - Gegenwart, Kiel 1971

KRÜGER, R.: Das adlige Gut Großenbrode. Jahrbuch für Heimatkunde Oldenburg in Holstein, 14. Jg., 1970, S. 117-126

KUSS, Ch.: Notizen zur Kenntnis des Preetzer Klosters vor der Reformation. Neues Staatsbürgerliches Magazin, hrsg. v. N. FALCK, Schleswig 1841, S. 187-244

ders.: Zur Geschichte der Probstei. Neues Staatsbürgerliches Magazin, hrsg. v. N. FALCK, Bd. 10, Schleswig 1841, S. 245-282

LAAGE, G.: Zur Geschichte fehmarnscher Windmühlen. Jahrbuch des Kreises Oldenburg/Holstein, 1. Jg., 1957, S. 68-79

ders.: Fehmarns Leuchtfeuer. Jahrbuch für Heimatkunde im Kreis Oldenburg/ Holstein, 9. Jg., 1965, S. 233-241

ders.: Zum Segen der Insel Fehmarn und ihrer Bewohner. 100 Jahre Fehmarnscher Verein für Landwirtschaft und Industrie. Jahrbuch für Heimatkunde im Kreis Oldenburg/Holstein, 11. Jg., 1967, S. 178-192

LAGE, Th.: Die ursprünglichen Abgabenverhältnisse in der heutigen Probstei. In: Die Heimat, Nr. 11, 1936, S. 330-336

LANDWIRTSCHAFTSKAMMER für die Provinz Schleswig-Holstein: Handbuch des Grundbesitzes im Deutschen Reiche, Provinz Schleswig-Holstein (bearbeitet von Dr. R. REICHERT). 2. Aufl., Berlin 1912

LEISNER, M.: Der Flecken Brunswik. Mitteilung der Gesellschaft für Kieler Stadtgeschichte, H. 3/4, 1969, S. 77-108

LEISTER, I.: Rittersitz und adliges Gut in Holstein und Schleswig. Schriften des Geographischen Instituts der Universität Kiel, XIV, H. 3, Kiel 1952

dies.: Der Einfluß der Drainage auf das Landschaftsbild im Osten Schleswig-Holsteins. In: Schriften des Geographischen Instituts der Universität Kiel, Sonderband (Hrsg. C. SCHOTT), Kiel 1953, S. 180-185

LEMKE, W.: Rantzaufelde als Versuchs- und Mustergut 1812-1823. Jahrbuch für Heimatkunde im Kreis Oldenburg/Holstein, 7. Jg., 1963, S. 123-131

ders.: Saisonarbeiter aus dem Großherzoglich Oldenburgischen älteren Fideikommiß beim Arbeitseinsatz im Großraum Schleswig-Holstein während des Revolutionsjahrzehnts 1840-1849. Jahrbuch für Heimatkunde im Kreis Oldenburg-Holstein, 13. Jg., 1969, S. 73-95 und 14. Jg., 1970, S. 158-173

LORENTZEN, F.: Die Eckernförder Fischerei. In: Die Heimat, 8. Jg., Nr. 1, 2, 5, 1898, S. 8-18, 35-41, 105-112

LORENZ, A.: Das Raumproblem in der Geschichte der Stadt Kiel. Heimat Kiel, Neue Kieler Heimatkunde, H. 5, Kiel 1955

LORENZEN-SCHMIDT, K.-J.: Zur Statistik der schleswig-holsteinischen Landwirtschaft um 1825. Die vom Segeberger Amtmann von ROSEN gesammelten Daten aus den Jahren um 1825/1828. Rundbrief des Arbeitskreises für Wirtschafts- und Sozialgeschichte Schleswig-Holsteins, Nr. 34, 1985, S. 13-21

LÜTGENS, J.J.H.: Kurzgefaßte Charakteristik der Bauernwirtschaften in den Herzogthümern Schleswig und Holstein nebst Grund- und Aufrissen einzelner Gehöfte verschiedener Landesteile. Hamburg 1847, Reprint Kiel 1977

LÜTHJE, A.: Ein Rundgang durch die Dörfer und Wälder des alten Amtes Bordesholm 1840-1890. Bordesholm 1977

LÜTJOHANN, H.: Alt-Neumünster. Geschichte der Stadt und ihrer Umgebung. Neumünster 1953

ders.: Von den wirtschaftlichen Grundlagen im alten Neumünster. Die Heimat, 67. Jg., Neumünster 1960, S. 199-210

LYCKE, N.: Das Preetzer Handwerk in alter Zeit. Jahrbuch für Heimatkunde im Kreis Plön, 3. Jg., 1973, S. 144-174

MAGER, F.: Zur Kulturgeographie des Herzogtums Schleswig. Zeitschrift der Gesellschaft für schleswig-holsteinische Geschichte, Bd. 55, Kiel 1926

ders.: Entwicklungsgeschichte der Kulturlandschaft des Herzogtums Schleswig in historischer Zeit. 2 Bde., Veröffentlichung der Schleswig-Holsteinischen Universitäts-Gesellschaft, Nr. 25, I und II, Breslau 1930 und Kiel 1937

MAGNUS, E.: Fehmarn. Seine wirtschaftliche Entwicklung, seine Sitten und Gebräuche. o.O., o.J. (ca. 1890)

MAHRT, K.: Zum 200. Geburtstag des Schleswig-Holsteinischen Canals. Rendsburg 1984, Maschr., 9 S.

MARQUARDT, G.: Die Schleswig-Holsteinische Knicklandschaft. Schriften des Geographischen Instituts der Universität Kiel, Bd. XIII, H. 3, Kiel 1950

MARTENS, J.D.: Die Rindviehzucht, die Meiereiwirthschaft und die damit verbundene Schweinezucht auf den adeligen Höfen der Herzogthümer Schleswig und Holstein. Oldenburg i.H., 1850

MEAD, W.R.: An Historical Geography of Scandinavia. London - New York - Toronto - San Francisco 1981

MEIER, H.: Landesherrliche Verwaltung und Wirtschaft im Amte Cismar 1544-1773. Dissertation, Philosophische Fakultät, Kiel 1935

MEJER, O.: Über die rechtliche Natur der schleswig-holsteinischen bäuerlichen Zeitpacht. Rechtsgutachten. Rostock 1874

MENSING, O.: Schleswig-Holsteinisches Wörterbuch. 5 Bde., Neumünster 1927-1935

MICHAELSEN, H.: Die Wegegeldhebestelle in Schönwalde. Jahrbuch für Heimatkunde im Kreis Oldenburg/Holstein, 12. Jg., 1968, S. 142-150

ders.: Zur Geschichte des Medizinalwesens in den früheren großherzoglich-oldenburgischen Gütern. Jahrbuch für Heimatkunde, Oldenburg/Ostholstein, 15. Jg., 1971, S. 36-96

MÖNKEMEIER, W.: Sechs bäuerliche Betriebe der Insel Fehmarn in den Jahren 1931-1934. Dissertation, Philosophische Fakultät, Kiel 1937

MOMSEN, I.E.: Die Bevölkerung der Stadt Husum von 1769 bis 1860. Versuch einer historischen Sozialgeographie. Schriften des geographischen Instituts der Universität Kiel, Bd. 31, Kiel 1969

ders.: Die allgemeinen Volkszählungen in Schleswig-Holstein in dänischer Zeit (1769-1860). Quellen und Forschungen zur Geschichte Schleswig-Holsteins, Bd. 66, Neumünster 1974

MUDERSPACH, F. u. NAECK, J.G.: Adressbuch der Stadt Kiel, der Brunswiek und Düsternbrook, nebst einem Verzeichnis sämmtlicher Hausbesitzer. Kiel 1852

NEERGARD v., E. (Hrsg.): Landwirtschaftliche Hefte für die Herzogthümer Schleswig und Holstein. 9 Jahrgänge, Kiel 1830-1838

NERNHEIM, K.: Gewerbe, Handel, Industrie. In: Heimatbuch des Kreises Eckernförde, 3. Aufl., Bd. 1, Eckernförde 1967, S. 180-206

NIEMANN, A.: Handbuch der schleswig-holsteinischen Landeskunde. Zur leichtern Berichtigung und Ergänzung der bisher vorhandenen Nachrichten. Topographischer Teil, 1. Bd., Herzogthum Schleswig, Schleswig 1799

ders.: Miscellaneen historischen, statistischen und ökonomischen Inhalts zur Kunde des deutschen und angränzenden Nordens besonders der Herzogthümer Schleswig und Holstein. 2 Bde., Altona und Leipzig 1799 u. 1800

ders.: Schleswig-Holsteinische Vaterlandskunde. Verhandlungen, Bemerkungen, Nachrichten zur nähern Kentnis der Herzogthümer Schleswig und Holstein und zum gemeinen Nuzen ihrer Bewohner. 2 Bde., Hamburg 1802

ders.: Die holsteinische Milchwirtschaft. Altona 1823

NISSEN, A.F.: Oekonomische Beschreibung des Amts Cismar. Neue Schleswig-Holsteinische Provinzialberichte, 11. Jg., 1811, 1. H. S. 18-53, 2. H. S. 120-146

OEST, N.: Oeconomisch-practische Anweisung zur Einfriedung der Ländereien nebst einem Anhang von der Art und Weise, wie die Feldsteine können gesprenget und gespalten werden. Flensburg 1767

OLDEKOP, H.: Topographie des Herzogtums Schleswig. Kiel 1906

ders.: Topographie des Herzogtums Holstein einschließlich Kreis Herzogtum Lauenburg, Fürstentum Lübeck, Enklaven der freien und Hansestadt Lübeck, Enklaven der freien und Hansestadt Hamburg. 2 Bde., Kiel 1908

OPET, O.: Klosterrecht und Reichsverfassung. Zeitschrift der Gesellschaft für Schleswig-Holsteinische Geschichte, 51. Bd., Leipzig 1922, S. 207-227

OTTE, F.W.: Oekonomisch-statistische Beschreibung der Insel Fehmern. Schleswig 1796

ohne Verfasser: Beitrag zu einer Übersicht und Beschreibung der Häfen in den dänischen Staaten. Neues Staatsbürgerliches Magazin, hrsg. v. N. FALCK, Bd. 9, 1840, S. 660-690

ohne Verfasser: Über inländische Industrie (Anzeige einer zu Kopenhagen 1837 erschienenen Schrift über die dortige Industrieausstellung; aus d. dän. Monatsschrift für Literatur Bd. XIX, S. 399 ff.). In: Neues Staatsbürgerliches Magazin, hrsg. v. N. FALCK, Bd. 9, Schleswig 1840, S. 213-236

ohne Verfasser: Nachricht über die Fabriken und Industrieanlagen in den Herzogthümern Schleswig und Holstein (mit Ausnahme von Altona) für das Jahr 1841. Archiv für Geschichte, Statistik, Kunde der Verwaltung u. Landesrechte, hrsg. von N. FALCK, Kiel 1843, S. 132-136

ohne Verfasser: Das alte Ellerbek. Mitteilungen der Gesellschaft für Kieler Stadtgeschichte, Nr. 40, Kiel 1937

PAULS, V.: Die Klostergrundherrschaft Ahrensbök (Ein Beitrag zur Geschichte des Karthäuserordens). Zeitschrift für Schleswig-Holsteinische Geschichte, Bd. 54, 1924 Kiel, S. 1-152

PETERS, G.: Ahrensböker Fleckensgerechtigkeit von 1829 - ein Sieg der Handwerker. Beilage d. Anzeigers für das Fürstentum Lübeck, Nr. 7, 1935

ders.: Die leibeigenen Hufner im Amt Ahrensbök zur Zeit des Herzogs Friedrich Carl. Jahrbuch des Kreises Eutin, Eutin 1967, S. 7-14

ders.: Das Amt Ahrensbök 1735. Jahrbuch des Kreises Eutin, Eutin 1968, S. 62-64

ders.: Geschichte Nüchels bis zur Parzellierung des Adolfshofs 1776. In: Jahrbuch des Kreises Eutin, Eutin 1968, S. 65-81

ders.: Geschichte von Eutin. Neumünster 1971

ders.: Die alte und die neue Kalkhütte am Kellersee. Jahrbuch des Kreises Eutin, Eutin 1977, S. 24-31

PETERSEN, H.-P.: Schleswig-Holsteinisches Windmühlen-Buch. Wesselburen und Hamburg 1969

PFEIFER, G.: Das Siedlungsbild der Landschaft Angeln. Veröffentlichungen der Schleswig-Holsteinischen Universitäts-Gesellschaft, 18, Breslau 1928

PIESKE, G.: Die Entwicklung der Stadt Neustadt/Holstein. Masch.-Schr., Neustadt 1953

PÖHLS, H.: Bothkamp - eine Heimatkunde. 3. Aufl., Bordesholm 1977

ders.: Zur Geschichte unserer Landwirtschaft. Rendsburger Jahrbuch 1981, S. 41-55

ders.: Bothkamper Mühlen - Ein Beitrag zur Geschichte des heimischen Mühlenwesens. Die Heimat, 89. Jg., Heft 8, Neumünster 1982, S. 351-358

POSSELT (Klostervogt): Über die rechtlichen und communalen Verhältnisse der klösterlich Preetzer Probstei. Archiv für Geschichte, Statistik, Kunde der Verwaltung und Landesrechte der Herzogthümer Schleswig, Holstein und Lauenburg, hrsg. v. N. FALCK, 1. Jg., Kiel 1842, S. 51-78

PRANGE, W.: Die Entwicklung des bäuerlichen Eigentums im Kreis Eutin. Jahrbuch des Kreises Eutin, Eutin 1969, S. 14-26

ders.: Die Anfänge der großen Agrarreformen in Schleswig-Holstein bis um 1771. Quellen und Forschungen zur Geschichte Schleswig-Holsteins, Bd. 60, Neumünster 1971

ders.: Das Amt Plön 1500-1800. Die Umgestaltung des Siedlungsbildes durch das gutswirtschaftliche System. Jahrbuch für Heimatkunde im Kreis Plön-Holstein, 4. Jg., 1974, S. 121-134

ders.: Brodau. Ein Beispiel für die Neubildung Adliger Güter nach der Reformation. Jahrbuch für Heimatkunde, 24. Jg., Oldenburg/Ostholstein 1980, S. 13-26

PRANGE, W.: Findbuch des Bestandes Abt. 107 Ämter Cismar und Oldenburg. Veröffentlichungen des Schleswig-Holsteinischen Landesarchivs, 10, Schleswig 1982

ders.: Landesherrschaft, Adel und Kirche in Schleswig-Holstein 1523 und 1581. Die Zahl der Bauern am Ende des Mittelalters und nach der Reformation. Zeitschrift der Gesellschaft für Schleswig-Holsteinische Geschichte, Bd. 108, 1983, S. 51-90

ders.: Die Zeit der Gutsherrschaft. Zwischen Landesherrn, Kirche und Adel. In: Heikendorf, Chronik einer Gemeinde an der Kieler Förde (Hrsg. H. SÄTJE), Hamburg 1983, S. 56-76

PREDÖHL, A.: Verkehrspolitik. 2. Aufl., Göttingen 1964

PRÜHS, E.-G.: Das Ostholstein-Buch. Eine Landeskunde in Text und Bild. Neumünster 1977

RAVIT, J.C.: Die Insel Fehmarn, eine holsteinische Landschaft. In: Jahrbücher für Schleswig-Holsteinische Landeskunde 9 (1867), S. 357-418

RAWITSCHER, G.: Erb- und Zeitpächter auf den adligen Gütern der Ostküste Schleswig-Holsteins mit besonderer Berücksichtigung der Landschaften Angeln und Schwansen. Zeitschrift der Gesellschaft für Schleswig-Holsteinische Geschichte, 42. Bd., Leipzig 1912, S. 1-165

REDEN v., F.W.: Deutschland und das übrige Europa. Handbuch der Boden-, Bevölkerungs-, Erwerbs- und Verkehrsstatistik, des Staatshaushalts und der Streitmacht. 2 Abt., Wiesbaden 1854

REIMER, G.: Schleswig-Holsteinische Kornmaße. Die Heimat, 33. Jg., 1923, S. 222-225

RENARD, L.: Der Holsteinische Landbau. Ein Handbuch für angehende Oeconomen, sowohl belehrend für das Oertliche und Herkömmliche des Landes, als in Bezug auf die Fortschritte der Kunst und deren Anwendung in Zukunft; nebst einer Anleitung zur landwirthschaftlichen Buchführung. Hamburg 1838

RENTEKAMMER (Hrsg.): Tabellen über die, nach der Allerhöchsten Resolution vom 24. Mai 1834, in den Herzogthümern Schleswig und Holstein am 1. Februar 1835 vorgenommene Volkszählung. Kopenhagen 1836

REUMANN, K.: Die Ausgaben der topographischen Karte 1:25.000 in der Gegenüberstellung 1879-1979: 100 Jahre Landesvermessung in Schleswig-Holstein. In: Kiel 1879-1979, Kieler Geographische Schriften, Bd. 58, Kiel 1983, S. 1-14

REVENTLOW-FARVE, E. u. H.A. v. WARNSTEDT: Festgabe für die Mitglieder der eilften Versammlung Deutscher Land- und Forstwirthe. - Beiträge zur land- und forstwirtschaftlichen Statistik der Herzogtümer Schleswig und Holstein. Altona 1847

RICHELSEN, H.: Zur Geschichte unserer Ostseebäder. Dahme - Grömitz - Kellenhusen. Jahrbuch für Heimatkunde im Kreis Oldenburg/Holstein, 3. Jg., 1959, S. 54-78

ders.: 150 Jahre Ostseebad Grömitz. Festschrift zum 15. Landesverbandstag der Hotel- und Gaststättenbetriebe Schleswig-Holstein, 1963, S. 15

RIECKHOFF, H.: Aus dem Westwalddistrikt. In: Heimatbuch des Kreises Plön, Plön 1953, S. 198-214

RÖNNPAG, O.: Bismarck und das Fürstentum Lübeck. In: Jahrbuch des Kreises Eutin 1973, S. 34-50

ROTHERT, H.-F.: Die Anfänge der Städte Oldenburg, Neustadt und Heiligenhafen. Quellen und Forschungen zur Geschichte Schleswig-Holsteins, Bd. 59, Neumünster 1970

RUMOHR v., H.: Die Güter und ihre Besitzer. In: Heimatbuch des Kreises Eckernförde, Bd. 2, Eckernförde 1972, S. 151-201

ders.: Das Gut Schmoel und seine Besitzer. Jahrbuch für Heimatkunde im Kreis Plön-Holstein, 3. Jg., 1973, S. 77-90

ders.: Schlösser und Herrenhäuser im Herzogtum Schleswig. 2. Aufl., Frankfurt/Main 1979

ders.: Schlösser und Herrenhäuser im westlichen Holstein. 2. Aufl., Frankfurt/Main 1981

ders.: Schlösser und Herrenhäuser in Ostholstein. 2. Aufl., Frankfurt/Main 1982

RUMOHR v., H. und H. NEUSCHÄFFER: Schlösser und Herrenhäuser in Schleswig-Holstein. Frankfurt 1983

SCHÄTZL, L.: Wirtschaftsgeographie I, UTB Paderborn 1978

SCHAFFT, P.: Wind- und Wassermühlen als technische Denkmale in Schleswig-Holstein. Jahrbuch für Heimatkunde im Kreise Plön, 13. Jg., Plön 1983, S. 7-17

SCHARFF, A.: Schleswig-Holstein und die Auflösung des Dänischen Gesamtstaates 1830-1864/67. Geschichte Schleswig-Holsteins, 7. Bd., 2. Lieferg., Neumünster 1980

ders.: Schleswig-Holsteinische Geschichte. Territorien-Ploetz, Freiburg-Würzburg 1982

SCHLABOW, K.: Aus der Wiege der neumünsterschen Tuchmacher. Die Heimat, 67. Jg., Neumünster 1960, S. 229-235

SCHLEE, E.: Kulturgeschichtliches Bilderbuch vom alten Kiel. Kiel 1977

SCHLENGER, H., PAFFEN, K.H. u. STEWIG, R.: Schleswig-Holstein. Ein geographisch-landeskundlicher Exkursionsführer. Schriften des Geographischen Instituts der Universität Kiel, Bd. 30, Kiel 1969

SCHMIDT, G.H.: Zur Agrargeschichte Lübecks und Ostholsteins. Zürich 1887

SCHMIDT, H.: Die Aufhebung der Leibeigenschaft im Kirchspiel Westensee. Wie stand es um Emkendorf? Heimatkundliches Jahrbuch 1954 für den Kreis Rendsburg, S 136-144

SCHMIDT, J.G.: Die Probstei Preetz. Ein Beitrag zur Vaterlandskunde. Kiel 1813

SCHMOLLER, G.: Zur Geschichte der deutschen Kleingewerbe im 19. Jahrhundert. Halle 1870

SCHOTT, C.: Ostholstein als Guts- und Bauernland. Zeitschrift für Erdkunde, 6. Jg., Frankfurt 1938, S. 643-656

ders.: Orts- und Flurformen Schleswig-Holsteins. In: Beiträge zur Landeskunde von Schleswig-Holstein, Schriften des Geographischen Instituts der Universität Kiel, Kiel 1953, S. 105-133

SCHOTT, C.: Die Bedeutung der Kirche und ihrer Institutionen, insbesondere der Klöster, für die Besiedlungsgeschichte Schleswig-Holsteins. In: Ergebnisse und Probleme moderner geographischer Forschung, Hans Mortensen zu seinem 60. Geburtstag. Bremen-Horn 1954, S. 165-178

ders.: Die Naturlandschaften in Schleswig-Holstein. Neumünster 1956

SCHOTT, C. (Hrsg.): Beiträge zur Landeskunde Schleswig-Holsteins. Schriften des Geographischen Instituts der Universität Kiel, Sonderband, Kiel 1953

SCHRÖDER v., J.: Topographie des Herzogthums Schleswig. 2. Aufl., Oldenburg i.H., 1854

ders.: Darstellungen von Schlössern und Herrenhäusern der Herzogthümer Schleswig, Holstein und Lauenburg. Hamburg 1862

SCHRÖDER v., J. u. BIERNATZKI, H.: Topographie der Herzogthümer Holstein und Lauenburg, des Fürstenthums Lübeck und des Gebiets der freien und Hanse-Städte Hamburg und Lübeck, 2 Bde., Oldenburg i.H., 1855-1856

SCHULZE, T. u. STOLZ, G.: Die Herzogszeit in Plön 1564-1761. Husum 1983

SEEBACH, C.-H.: Das Kieler Schloß. Nach Grabungsfunden, Schriftquellen und Bildern. Studien zur schleswig-holsteinischen Kunstgeschichte, Bd. 9, Neumünster 1965

SERING, M.: Erbrecht und Agrarverfassung in Schleswig-Holstein auf geschichtlicher Grundlage. Berlin 1908

SIEVERT, H.: Kiel einst und jetzt. Kiel 1963

SÖNKSEN, A.P.: Geographie der Herzogthümer Schleswig-Holstein. Mit besonderer Berücksichtigung der inneren Verhältnisse. Schleswig 1865

STATISTIK DES HANDELS, der Schiffahrt und der Industrie der Herzogthümer Schleswig und Holstein nebst Bemerkungen, Berechnungen und Vorschlägen über dahin gehörende Gegenstände. Nach zuverlässigen Nachrichten ausgearbeitet von einigen Männern vom Fache, Schleswig 1835

STATISTISCHE NACHRICHTEN über das Großherzogthum Oldenburg, hrsg. vom Statistischen Bureau, Oldenburg 1858. Zweites und Drittes Heft: Stand der Bevölkerung im Großherzogtum Oldenburg nach der Zählung vom 3.12.1855

STATISTISCHES LANDESAMT Schleswig-Holstein: Beiträge zur historischen Statistik Schleswig-Holsteins. Kiel 1967

STATISTISCHES TABELLENWERK, herausgegeben von der Allerhöchst ernannten Commission. Zweites Heft (Volkszahl und Nahrungszweige) im Königreiche Dänemark am 1. Februar 1845. Kopenhagen 1846

STATISTISKE BUREAU: Statistisk Tabelværk Tredie Række, Förste Bind, indeholdende Tabeller over Folkemængden ... den 1. Februar 1860. Kjöbenhavn 1863

STATISTISK TABELVÆRK udgivet af den dertil allernaadigst anordnede Commission. Tolvte Hæfte (ind-og Udførsel af Varer, Handelsflaade etc.). Alt for Aaret 1844, Kjøbenhavn 1847

STATUTEN des landwirtschaftlichen Vereins zu Bordesholm. Kiel 1882

STEFFEN, P. (Hrsg.): Amt und Kreis Bordesholm 1566-1932. Bordesholm 1984

STEINBORN, H.-Ch.: Abgaben und Dienste holsteinischer Bauern im 18. Jahrhundert. Quellen und Forschungen zur Geschichte Schleswig-Holsteins, Band 79, Neumünster 1982

STEWIG, R.: Landeskunde von Schleswig-Holstein. Geokolleg, 2. Aufl., Berlin-Stuttgart 1982

ders.: Kiel. Einführung in die Stadtlandschaft. Kiel 1971

STEWIG, R. (Hrsg.): Beiträge zur geographischen Landeskunde und Regionalforschung in Schleswig-Holstein. Schriften des Geographischen Instituts der Universität Kiel, 37, Kiel 1971

STÖLTING, W.: Preetz. Lebensbild einer holsteinischen Stadt. Preetz 1970

STORCH, W.: Kulturgeographische Wandlungen holsteinischer Bauerndörfer in der Umgebung der Industriestadt Neumünster. Schriften des Geographischen Instituts der Universität Kiel, VIII/4, Kiel 1938

THÜNEN v., J.H.: Der isolierte Staat in Beziehung auf Landwirtschaft und Nationalökonomie. 1. Teil Berlin 1826; 1., 2. und 3. Abt. des 2. Teils 1850 und 1863

THYSSEN, T.: Bauer und Standesvertretung. Werden und Wirken des Bauerntums in Schleswig-Holstein seit der Agrarreform. Quellen und Forschungen zur Geschichte Schleswig-Holsteins, Bd. 37, Neumünster 1958

TIDOW, K.: Neumünsters Textil- und Lederindustrie im 19. Jahrhundert. Fabrikanten-Maschinen-Arbeiter. Veröffentlichungen des Fördervereins Textilmuseum Neumünster, H. 9, Neumünster 1984

TISCHBEIN, P.F.L.: Einige Worte über das rechte Größenverhältnis der Forst- und Ackerfläche auf Privatgütern des östlichen Holstein. Archiv für Geschichte, Statistik, Kunde der Verwaltung und Landesrechte, 1. Jg., 3. H., Kiel 1842, S. 399-432

TÖNSFELDT, H.: Das Dorf Hoffeld, eine Siedlung von 1737. Heimatkundliches Jahrbuch 1956 für den Kreis Rendsburg, S. 151-163

TRAP, J.P.: Statistisk-topografisk Beskrivelse af Hertugdømmet Slesvig, København 1864

TRAUTMANN, P.: Kiels Ratsverfassung und Ratswirtschaft vom Beginn des 17. Jahrhunderts bis zum Beginn der Selbstverwaltung. Mitteilungen der Gesellschaft für Kieler Stadtgeschichte, Hefte 25 u. 26, Kiel 1909

VIEBAHN v., G.: Statistik des zollvereinten und nördlichen Deutschlands. 3 Teile, Berlin 1858, 1862 und 1868

VOERDE, G., LORENZ, A. und OTTO, K.: Alt Gaarden. Chronik und Geschichte. Kiel, o.J. (ca. 1960)

VOIGTS, H.: Das Klima Lübecks nach neuesten Forschungen. Mitteilungen der Geographischen Gesellschaft zu Lübeck, H. 47, 1957, S. 15-35

VOLBEHR, F.: Beiträge zur Geschichte der Christian-Albrechts-Universität zu Kiel. Kiel 1876

ders.: Beiträge zur Topographie der Stadt Kiel in den letzten drei Jahrhunderten. Mitteilungen der Gesellschaft für Kieler Stadtgeschichte, Kiel 1881, S. 1-178

VOPPEL, G.: Wirtschaftsgeographie. Schaeffers Grundriß des Rechts und der Wirtschaft. Stuttgart - Düsseldorf 1970

VOSS, J.: Chronikartige Beschreibung der Insel Fehmarn. 2 Teile, Burg a.F. 1889

VOSS, J. und K. JESSEL: Die Insel Fehmarn. Ein Beitrag zur Heimatkunde für Schule und Haus. Burg a.F. 1898

WANNEK, R.: Die Landstraße Kiel-Lübeck. Ein Beispiel für die geschichtliche Entwicklung des Straßenwesens im Kreis Plön. Jahrbuch für Heimatkunde im Kreis Plön-Holstein, 14. Jg., 1984, S. 106-126

WASCHINSKI, E.: Währung, Preisentwicklung und Kaufkraft des Geldes in Schleswig-Holstein von 1226-1864. Quellen und Forschungen zur Geschichte Schleswig-Holsteins, Bd. 26, 2 Teile, Neumünster 1952

WASCHINSKI, E. und BÖTTGER, F.: Alte schleswig-holsteinische Maße und Gewichte. Neumünster 1952

WEBER, M.: Wirtschaft und Gesellschaft. 5. rev. Aufl., Tübingen 1972

WEIGAND, K.: Programm Nord. Wandel der Landschaft in Schleswig-Holstein. 2. erg. Aufl., Kiel 1970

WENZEL, H.: Landeskundliche Fragen und Arbeiten in Schleswig-Holstein. Zeitschrift für Erdkunde, 6. Jg., Frankfurt 1938, S. 601-615

WIEBE, D.: Der Kreis Plön als geographische Region. Kulturgeographische Aspekte einer neuen Territorialität. Jahrbuch für Heimatkunde im Kreis Plön, 14. Jg., 1984, S. 43-66

WIEPERT, P.: Führer durch die Stadt Burg und die Dörfer auf der Insel Fehmarn. Berlin 1941

ders.: Die geschichtliche Entwicklung der Milchwirtschaft auf Fehmarn. Jahrbuch für Heimatkunde im Kreis Oldenburg/Holstein, 12. Jg., 1968, S. 87-102

WIPPICH, P.: Das adelige Gut Hasselburg im Spiegel der Volkszähllisten (1803-1860). Jahrbuch für Heimatkunde Oldenburg/Osth., 24. Jg., 1980, S. 121-125

WITT, R.: Die Anfänge von Kartographie und Topographie Schleswig-Holsteins 1475-1652. Heide 1982

WOLGAST, G.: Landesherrschaft und kommunale Selbstregierung auf der Insel Fehmarn. Ein Beitrag zum Verhältnis landesherrlicher Administration und autonomer bäuerlicher Rechtsgemeinden. Dissertation, Philosophische Fakultät Hamburg 1974

WULF, P.: Marcus Hartwig Holler und die Anfänge der Carlshütte. In: Studien zur Wirtschafts- und Sozialgeschichte Schleswig-Holsteins, Bd. 5, Neumünster 1983, S. 227-276

ZORN, W.: Die Physiokratie und die Idee der individualistischen Gesellschaft. In: Geschichte der Volkswirtschaftslehre, hrsg. v. A. MONTANER, Neue Wissenschaftliche Bibliothek, Köln-Berlin 1967

12. Orts- und Personenregister

ORTS-REGISTER

Die Schreibweise der Namen und Bezeichnungen kann Abweichungen von den heutigen amtlichen Formen aufweisen.

Achterwehr 135
Adolfshof 187, 192
Aerde (Insel) 149, 164
Ahrensbök (Amt) 15, 47, 61, 70, 80, 152-158, 187, 191
" (Flecken) 149, 240
" (Kloster) 38
" (Vorwerk) 155
Albertsdorf 166
Alsen (Insel) 47, 77, 149
Alte Hamburg-Kieler Frachtstraße 26
Altenhof 98, 101, 102
Altgalendorf 142, 186
Altona 5, 19, 28, 34, 36, 53, 55, 146, 186, 198, 203, 204, 209, 236, 237
Altona-Kieler Eisenbahn 26, 57, 186
Amsterdam 54
Angeln 45, 47, 103, 119, 137, 160
Annenhof 91, 95, 96
Apenrade 27, 101
Ascheberg 39, 48, 83, 86, 89, 90, 152
Audorf 93
Augstfelde 150
Augustenhof 102
Aukamp 111
Aukrug 126, 131

Bankendorf 62
Baltische Länder 198
Barkau 137, 155
Barmissen 178
Barmstedt 237
Barnitz 186
Barsbek 8, 172, 181
Bauhof (Eutin) 187
Behl 147
Behrensbrook 101, 102
Belgien 36
Bentfeld 179
Benz 187, 192
Berlin 233
Berlin-Hamburger Bahn 26
Beutinerhof 187, 192
Bichel 187
Bielefeld 238
Bienebek 109, 209
Binnensee, Großer 22, 63, 221
Birkenfeld (Fürstentum) 183
Birkenmoor 102
Bisdorf 160, 163
Blankenese 199
Blockshagen 91, 95
Bockholt 189
Bockhorn 85, 90

Bockhorst 145
Böhmen 52
Bönebüttel 127, 129
Booknis 111
Booksee 137, 138
Boostedt 126, 130, 232
Borby 58, 208, 211
Bordesholm (Amt) 15, 17, 24, 26, 38, 47, 48, 50, 65, 81, 83, 91, 115-125, 126, 127
Bordesholm (Kloster) 38
Bordesholm (Ort) 137
Borgdorf 94
Borghorst 102, 105
Bornhöved 81, 125, 132, 133, 172, 211
Bosau 148, 187
Bösdorf 150, 151
Bossee 91
Bothkamp 38, 61, 83, 84, 90, 99, 117
Braak 130
Brake/Weser 230
Brammerhof 129
Bramstedt 125
Bredeneek 85, 93
Bredenmoor 93
Bredstedt 36
Breitenburg 83
Bremen 184, 186
Brodau 61, 73
Brokenlande 129, 130
Brügge 96, 120
Brunswiek 136, 139, 140, 141
Büchen 54
Büdelsdorf 126
Bülck 101
Bundhorst 87
Bungsberg 73, 76, 78
Bungsberghof 76
Bünzen 131
Bürau 62
Burg (Fehmarn) 166, 167, 169, 217, 218
Burgstaaken 167

Calübbe 86
Carlsburg 109, 112
Carlshütte 31, 52, 53, 206
Carlsminde 111
Carpe 147, 150
Casseedorf 77
Charlottenhof 113
Christiania (Oslo) 27
Christianspries 104
Cismar (Amt) 15, 38, 47, 48, 70, 75, 127, 141-147, 156
Cismar (Kloster) 38, 61, 78

Cismar (Ort) 36, 45, 136
Cismarfelde 146
Clamp 60, 61
Claustorf 62
Cluvensiek 91
Cronsburg 91, 93
Curau 152, 155

Dahme 75, 143, 145, 147
Dakendorf 154, 155
Damp 109, 112, 113
Damsdorf 80
Dänemark 27, 34, 35, 39, 50, 52, 129, 153, 161, 184, 198, 209, 230, 234
Dänischenhagen 98
Dänischer Wohld 7, 16, 17, 45, 58, 98-108, 206
Dänisch Nienhof 99, 102
Dannau 63
Dänschendorf 163, 167
Delmenhorst 184, 230
Depenau 45, 83, 85, 87, 90
Depenhusen 167
Dersau 86
Deutsch Nienhof 91, 95
Dieksee 187
Dietrichsdorf 91, 138
Dithmarschen 15, 34, 86, 115, 161
Dobersdorf 94
Dörnick 147, 150
Dörpt 109
Dudendorf 83
Düsternbrook 140, 141
Düvelsbek 140, 141, 202

Eckernförde 7, 15, 19, 98, 108, 206-211
Eckernförder Bucht 58, 98, 109, 207, 208
Eckernförder Harde 16
Eckhof 94, 101, 105
Eider 95
Eiderstedt 15, 161
Eisendorf 94, 131
Elbe 198
Ellerbek 91, 139, 178, 182
Ellerdorf 131
Elmschenhagen 176
Elmshorn 28, 237
Elsfleth (Weser) 15, 186
Emkendorf 61, 65, 83, 90, 91, 94, 95
England 31, 34, 36, 49, 52, 53, 55, 230, 233
Erfrade 17, 81, 132
Erpesfelde 172
Eutin (Amt) 5, 49
Eutin (Fürstbistum) 5
Eutin (Stadt) 15, 75, 76, 183, 192, 225-230
Eutiner Seen 31, 230

Fahren 172, 179
Falster 27, 168
Farve 58, 61, 67, 72
Fassendorf 186

Fehmarn 7, 15, 20, 27, 45, 51, 61, 70, 73, 77, 115, 143, 158-170, 175, 179, 182, 211
Fehmarn-Belt 158
Fehmarn-Sund 27, 158, 211
Felde 94
Finnland 55
Fissau 189, 191, 192
Flemhuder See 96
Flensburg 27, 53-55, 199, 203, 207, 236, 237
Flintbek 96, 121
Frankreich 40, 161
Fresenburg 81
Freudenholm 85, 93
Friedrichshof 150
Friedrichsort 101, 133
Friedrichstadt 28
Fuhlensee 99
Futterkamp 61

Gaarden 137, 138, 178
Gadeland 171
Garkau 154, 155, 186, 191
Georgenthal 91, 93
Gerebye 112
Gettorf 98, 108
Giekau 73
Giesselrade 153, 186
Glambecker Mühle 166
Glasholz 111
Gleschendorf 153, 186
Glücksburg 36
Glückstadt 19, 20, 28, 54, 202, 233
Glückstadt-Elmshorner Eisenbahn 26
Goel 73
Gollendorf 166
Gold (Ladestelle) 167
Gönnebek 81, 132
Gramdorf 72
Grebin 30, 223
Grömitz 143, 146, 147
Gronenberg 153-156, 158
Großbarkau 176
Großenaspe 126, 130
Großenbrode 45, 60, 62
Großkönigsförde 91, 108
Groß-Nordsee 31, 91, 96
Großvogtei 186
Groß-Vollstedt 94
Groß-Waabs 157, 158
Grube 75, 143, 145
Gruber See 8, 22, 27, 142
Grünewald 102
Grünhaus 61, 65
Grünholz 109, 112
Grünhorst 99, 101
Güldenstein 18, 78

Hadersleben 27, 70
Hagen 94

Haffkrug 146, 152
Halloh 130
Hamburg 2, 5, 11, 36, 43, 53-56, 59, 123, 146, 186, 198, 230, 232, 234, 237
Hammer 48
Hanerau 17
Hannover 41, 49
Hansfelde 186
Harzhof 99
Hassee 133, 134, 136
Hasseldieksdamm 133, 135
Hassendorf 191
Haßmoor 94
Heidkrug 48
Heidmühlen 130
Heiligenhafen 19, 81, 145, 158, 211-214
Helmstorf 61, 84
Hemmelmark 109, 111
Hemmelsdorfer See 186
Henrienttenhof 144
Herzhorn 15
Hessen (Großherzogtum) 56
Hessenstein (Fideikommiß) 60, 83
Höbek 94
Hoffnungsthal 101, 102
Hohenfelde 60, 61
Hohenhain 102
Hohenhorst 154-156
Hohenlieth 99, 101, 105
Hohenschulen 91, 95, 96
Hohenstein 73
Hohwacht 222
Hohwachter Bucht 60, 70
Hökholz 111
Holland 36, 49, 52, 230
Holm 172, 175
Honigsee 48, 176
Hornstorf 83, 90
Hörst 111
Hülsenhain 111
Husberg 127
Hütten (Amt) 15, 58, 99, 207
Hutzfeld 191

Ilewith 111
Island 234
Italien 161
Itzehoe 17-19, 38, 81, 171

Jarnwith 98
Jasen 144
Jütland 55

Kaltenhof 101, 186
Katharinenhof 164
Kattegat 27
Kellersee 192
Kesdorf 153
Kiekbusch 191
Kiel (Amt) 15, 47, 48, 91, 125, 127, 133-141
Kiel (Güterdistrikt) 17, 91-98

Kiel (Stadt) 19, 28, 29, 53-55, 108, 121-123, 175, 195-206, 207, 236, 237
Kieler Förde 15, 17, 27, 31, 58, 91, 98, 115, 133, 138, 171, 181
Kieler Hafen 195, 198
Kielerhof 48
Klausdorf 176
Klein-Flintbek 16
Klein-Königsförde 91
Klein-Meinsdorf 150
Klein-Nordsee 91, 93, 94
Klein-Vollstedt 94
Klein-Wessede 186
Klen-Wesseek 142
Klenzau 191
Kletkamp 61, 65, 73, 84
Kleveez 147, 149
Kloster-See 22, 142, 146
Kniphagen 62
Knoop 101
Kolberger Heide 181
Königsförde 101, 102
Kopendorfer See 168
Kopenhagen 27, 49, 54, 55, 198, 199, 209, 211, 238
Kopperpahl 133-135
Körnik 136, 141, 143, 145
Korsör 27
Kossau 221
Krempe 225
Krieseby 45, 109, 209
Krogaspe 131
Kronshagen (Amt) 15, 91, 125, 127, 133-141
Kronshagen (Gut) 47, 48, 93
Kronshagen (Ort) 135
Krummwisch 96
Krusendorf 98
Krusenrott 138
Kuhlen 81, 132
Kuhof 62, 75, 77
Kühren 87

Laboe 182, 198
Lammershagen 94, 95
Landkirchen 167, 169
Langenfelde 123
Langenrade 86
Langholz 111
Langwedel 16, 171
Landwehr 27
Lauenburg 11, 12, 15, 30, 49
Lehmberg 111
Lehmkuhlen 85, 88, 90
Lehmort 153, 157
Lemkenhafen 158, 166, 167, 218
Lensahn 47, 75-78, 185
Lenste 143, 144
Levensau 27
Lindau 86, 102
Löckmark 109
Löhndorf 85

Löhrstorf 62
Löptin 178
Lolland 158, 164, 168
London 54
Louisenberg 111
Louisenlund 112
Lübbersdorf 77
Lübeck (Fürstentum) 5, 11, 15, 47, 80, 141, 142, 183-192, 227
Lübeck (Stadt) 5, 11, 27, 36, 49, 53, 54, 59, 60, 146, 161, 175, 186, 198, 211, 225, 232, 237, 240
Ludwigsburg 109, 111
Luschendorf 154, 155, 191
Lütjenburg 81, 221-223
Lutterbek 172
Lyon 238

Maasleben 112, 113
Magdeburg 184
Majenfelde 191
Malente 187, 189, 191, 192, 223
Malkwitz 189
Mannhagen 18, 60
Marienfelde 172, 174
Marienlust 138
Marienthal 101
Marutendorf 91, 95, 96
Mecklenburg 55, 56, 179, 234
Meimersdorf 16, 96, 171
Meinsdorf 151, 189
Meldorf 202
Minden 184
Möglin 96
Mohrberg 111
Mön 27
Mönchneverstorf 47, 75, 76, 78, 143, 185
Mönkeberg 91, 138
Moorsee 137, 138
Mühlendorf 94
Mummendorf 167
Müssen 62, 81

Nanndorf 142, 186
Nehmten 81, 87, 89, 151, 152
Nettelau 85
Nettelsee 176
Neu-Barkelsby 111
Neu-Bülck 99, 101
Neudorf (Eutin) 189, 191
Neudorf (Gut) 221
Neuhaus 61, 63, 83, 85, 90, 99, 222
Neuhof 154, 155
Neukirchen 189, 191, 192
Neumeierei 187
Neumühlen 91, 138, 139, 198
Neumünster (Amt) 15, 47, 81, 125-133
Neumünster (Flecken) 7, 19, 26, 28, 29, 53-56, 117, 121, 122, 132, 230-235
Neumünster (Kloster) 129
Neu-Nordsee 91, 93

Neustadt 19, 27, 81, 183, 186, 211, 214-217
Neustädter Bucht 65, 141, 146, 152
Neuwühren 49, 172
Nieder-Kleveez 150
Niendorf 183, 186
Nienhagen 146
Noer 102
Norfolk 39
Nortorf 16, 26, 125, 126, 131, 171
Norwegen 34, 52, 53, 166, 233
Nüchel 192
Nütschau 81
Nyborg 27
Nysted 214

Ober-Kleveez 150
Oevelgönne 60, 65
Oldenburg (Ghzgl. Fideikommißgüter) 18, 70, 74-80, 157
Oldenburg (Großherzogtum) 15, 230
Oldenburg (Gutsdistrikt) 17, 18, 60-74, 141, 157
Oldenburg (Stadt) 63, 76, 81, 219-221
Oldenburger Graben 8, 22, 61, 75, 77, 141, 219
Oldenburger Münsterland 190
Oldesloe 54, 158
Olpenitz 109
Orth 158, 166, 167, 218
Osterhof 111
Osterrade 91, 93
Ostfriesland 86
Ottendorf 48, 133, 186
Ottensen 28
Ovendorf 187

Panker 60, 61, 63
Passade 172
Patermiss 111
Pehmen 149-152
Pellworm 15
Perdöl 85
Petersburg (Hof) 138
Petersdorf (Gut) 73
Petersdorf (Ort) 73, 169
Pinneberg 15, 49
Plön (Amt) 15, 47, 49, 80, 147-152
Plön (Stadt) 28, 81, 202, 223-225
Plöner Seen 8, 80, 81, 147, 151, 152, 187
Pohlsee 91, 95
Pohnsdorf 48, 176
Pönitz 153, 155
Postfeld 48, 176
Preetz (Flecken) 16, 28, 235-240
Preetz (Güterdistrikt) 17, 45, 70, 80-91
Preetz (Kloster) 16, 38, 48, 50, 70, 138, 171-182
Preußen 35, 41, 52, 56, 59, 125
Probstei 8, 46, 50, 51, 91, 145, 171-182
Probsteierhagen 182
Probsteier Salzwiesen 22, 178, 180
Prohnstorf 81, 87
Projensdorf 91
Putlos 65

Puttgarden 163
Quarnbek 91, 95
Raisdorf 48, 176
Rantzau (Grafschaft) 15
Rastorf 84, 93
Rathmannsdorf 101
Rathjensdorf (Plön) 151, 186, 223
Ratjendorf (Probstei) 172
Ratjensdorf (Grube) 145
Ratzeburg 184
Ravensberger Land 232
Redingsdorf 187, 191
Reinbek 158
Reinfeld 38, 75, 148, 149, 154
Rellin 186
Rendsburg (Amt) 15, 115, 124, 125-133
Rendsburg (Stadt) 19, 26, 53, 56, 208, 209
Rendsburg-Neumünstersche Eisenbahn 26
Rethwisch (Amt) 148, 149, 154
Rethwisch (Gut) 85, 93
Rheinland 2
Rixdorf 61, 83, 88, 90, 223
Rohlsdorf 81
Röllin 142
Rönne 176
Rosenkranz 104
Rotensande 111, 191
Rotterdam 54
Ruhleben 147, 150
Rumohrhütten 122
Russee 48, 133, 136
Rußland 47, 184, 198

Sachsen 50, 52, 232, 233
Salzau 61, 94, 99
Sandfeld (Eutin) 187
Saxtorf 90, 109
Schacht 93
Schädtbek 93, 94
Scharbeutz 155, 183, 192
Schellhorn 48, 176
Schierensee 91, 95
Schinkel 105
Schiphorst 83
Schirnau 101
Schlei 45, 102, 109, 209
Schleswig 38, 58
Schleswig-Holst.-Kanal 26, 27, 36, 53, 91, 96, 98, 140, 198, 206, 209
Schlüse 146
Schmalensee 132
Schmoel 60, 61
Schnellmarker Wald 98
Schönberg 171, 176, 181
Schönböken 85
Schönhorst 122
Schönkirchen 91, 138
Schönwalde 30, 77, 78
Schottland 210

Schrevenborn 91, 93
Schulendorf 186
Schulenhof 122, 123
Schulensee 96
Schülp 94, 131
Schürdorf 186
Schwansen 7, 16, 17, 45, 58, 108-114, 206
Schwartau (Amt) 5, 152, 191, 228
Schwartau (Ort) 153, 154, 186
Schwartenbek 91, 93, 135
Schweden 53, 55, 198, 222
Schweiz 39, 232
Schwelbek 73
Schwentine 91, 139, 151, 174
Schwerin 184
Sebent 78
Seedorf 83, 87, 90, 94, 131
Seegalendorf 62, 73
Seegard 101
Seekamp 101, 104, 105
Segeberg (Amt) 80, 115, 125-133
Segeberg (Stadt) 19, 38, 55, 81, 83, 232
Sehestedt 99, 101
Sehlendorfer See 222
Selenter See 60, 61, 91
Sibbersdorf 187
Sielbek 192
Sierhagen 61, 90, 209
Sierksdorf 146
Sieversdorf 48, 176
Sievershagen 78, 143
Skagen 27, 182
Sophienhof 85, 93, 111
Sophienruhe 111
Spanien 161
Sprenge 48, 122
Staberhof 162, 164
Stapelholm 161
Stecknitz 198
Steinrade 101
Steinwehr 91
Stendorf 47, 75, 76, 78, 185
Stift 105
Stocksee 81, 148, 149, 152
Stockseehof 150
Stolpe 45, 85
Stubbe 109
Suchsdorf 133, 136
Sundewitt 77
Süsel 154, 155, 191
Süseler Baum 153

Tangstedt 17
Tankenrade 186
Tarbek 81, 149-151
Taschen-See 153
Tasdorf 171
Techelsdorf 171
Techelwitz 142, 186
Tensfeld 81

Tensfelder Au 81, 87, 150
Teschendorf 142, 186
Testorf 60, 61, 75, 78, 143
Thomsdorf 145
Thumby 113
Thurk 191
Tienbüttel 131
Timmaspe 131
Tondern 225
Tönning 36, 55
Tramm 88
Trave 81
Travemünde 183
Travenhorst 186
Travenort 62
Traventhal 148, 149
Trent 223
Trittau 158
Tungendorf 127

Uetersen (Kloster) 16, 38, 83, 171
Uetersen (Ort) 234, 237
Uhlenhorst 99

Viehburg 138
Vierde 149
Vogelsang 86

Waabs 111
Wagrien 7, 17, 18, 60, 62, 74, 83, 85, 141, 143, 146, 158
Wahrendorf 62
Wakendorf 48, 176
Wandelwitz 63
Wandsbek 28, 36, 198, 236, 238
Wangels 72
Wankendorf 45, 85
Warder 94
Warder See 17, 81
Warleberg 105
Warnau 178
Wasbek 126
Waterneverstorf 61, 63, 221
Weißenhaus 61
Wellingdorf 91, 138, 139
Wellsee 137
Wenkendorf 166
Wensin 62, 81
Westensee (Gut) 91
Westensee (See) 94-96
Westerbergen 160
Westermarkelsdorf 166
Wiek 133, 137
Wilster Marsch 115
Windeby 98, 99, 101, 105, 109
Windebyer Noor 98, 208
Wintershof 145

Wisch 172, 181
Wischhof 112
Wittenberg 84
Wittmoldt 151
Wöbs 191
Wolters-Teich 153
Wulfen 160, 166
Wulfshagener-Hütten 105, 108
Württemberg 234

Zarnekau 187, 189

PERSONEN-REGISTER

ABRAHAM, K. 147
ACHENBACH, H. 13
ADAMI (Senator) 102
ADOLF IV. (holst. Graf) 134, 172, 181
AHLEFELD (holst. Adel) 83, 86, 101, 102, 112, 113
AHLEFELD, Benedikt v. 175
AHLEFELD-DEHN, Graf v. 112
AHLMANN, W. 203
ALBERTS, J. 183, 185-187, 189
ALBRECHT v. ORLAMÜNDE 171
ARNBERGER, E. 14
ASMUS, H. 130
AST-REIMERS, I. 3, 24, 49, 115
AUGUSTENBURG, v. (Herzöge) 102
BAUDISSIN (Gutsbesitzer) 94
BERNSTORFF (dän. Minister) 38, 39, 184
BERTHEAU, F. 171, 174, 175, 236
BERTHOLD v. Lübeck (Bischof) 171
BERWING, M. 236, 237
BINGE, N.A. 50
BLOME, v. (Gutsbesitzer) 94, 95
BLUNCK, W. 232, 234
BOKELMANN (Gutsbesitzer) 85
BONSEN, U. 99, 108, 109, 112, 114
BÖSE, K.G. 185, 190, 227
BÖTTGER, Fr. 142, 213, 221
BRANDT, O. 16, 33, 34, 171
BRAUN/HOGENBERG 151
BROCKDORFF (Adel) 83, 84, 192
BROCKSTEDT, J. 52, 54, 56
BRUHNS, E. 186, 192
BUCHWALDT (Adel) 84
BUCHWALDT, Anna (Priörin) 174
BÜLOW (Adel) 83
BURCKHARDT, J. 37
BUSCHE, E. 235
BÜSCHING, A.F. 98, 109

CARL FRIEDRICH (Herzog) 138
CARL, Landgraf zu Hessen 101, 102, 109, 112
CHRISTEN, J.J.H. 204, 234
CHRISTENSEN (Oberinspektor) 137
CHRISTIAN IV. 104, 222
CHRISTIAN V. 104, 149
CHRISTIAN VIII. 26, 223
CHRISTIAN-ALBRECHT (Herzog) 134
CLAUSEN, O. 137
COSEL von, Graf 85
DANCKWERTH 236
DEGN, Ch. 27, 31, 34, 39, 48, 50, 109
DETLEFSEN, N. 176, 180
DONNER (Gutsbesitzer) 85
DOOSE, R. 172, 176, 178-180
DÖRFER, J.F.A. 172, 174, 235, 236
DRÄGER, H. 40, 41
DÜRING, K. 163, 165, 218

EITZEN (Gutsbesitzer) 94
ENGELBRECHT, Th., H. 21, 114
ERICH v. Pommern 161, 162, 198
ERICHSEN, J. 117

FACK, H.W. 139
FALCK, N. 180
FONTENAY, v. Wobeser, H. 209
FRÄNZLE, O. 81
FRIEDRICH II. (dän. König) 154
FRIEDRICH VII. (dän. König) 208
FRIEDRICH KARL (Hzg. v. Plön) 149, 154

GALETTE, A. 84
GEERZ, F. 3, 8, 11, 25-27, 29, 116, 207
GEROLD (Bischof v. Oldbg.) 183
GLOY, A. 134, 135, 203
GODDEFROY, C. 85
GÖRLITZ, W. 59
GREVE, J. 15, 34, 35, 37, 47, 63, 101, 185
GUDME, A.C. 58-60, 63, 67, 68, 73, 84, 103, 112, 115, 140, 146, 158, 171, 177, 202, 203, 219, 236

HAAS, W. 198, 201
HABICH, J. 208, 211, 222
HAHN, v. (Gutsbesitzer) 85, 104
HAHN, W. 99
HAHN, H. u. ZORN, W. 2
HAKE, G. 3, 13, 14
HANS ADOLF (Hzg. von Plön) 150
HANSEN, C.F. (Baumeister) 85, 215
HANSSEN, G. 17, 20, 24, 26, 40-42, 45, 50, 65, 72, 117-120, 122, 123, 158, 160-167
HAUSER, O. 9, 19
HAYN, F. 117
HEDEMANN-HEESPEN, P. v. 4, 91, 94-96, 111
HEINRICH d. Löwe 184
HELMER, G. 232
HENNINGSEN, L.N. 184
HERRMANN, H.A. 30
HEYLMANN (Bauinspektor) 215, 222
HIRSCHFELD, Chr.C.L. 140
HIRSCHFELD, P. 16, 37
HIRSCHFELD, W. 96, 98
HOFFMANN, F. 208
HÖPNER, E. 162, 166, 168, 169

JENISCH, Hamb. Fam. 85, 102
JENSEN (Gutsbesitzer) 105
JENSEN, W. 212, 214
JESSEN, W./KOCK, Chr. 208, 211
JESSIEN, A. 171, 172
JOACHIM ERNST (Hzg. v. Plön) 149
JOHANN III. (holst. Graf) 161
JOHANN FRIEDRICH (holst. Herzog) 162
JORDAN, K. 201

KAHLFUSS, H.J. 3
KANNENBERG, G. 167, 212, 218
KAPUST, P. 190, 191
KATHARINA II. (russ. Zarin) 47
KAUFMANN, G. 134, 138, 140, 202, 203
KAUFMANN, M. 226
KIEKBUSCH, H. 215
KIELMANN VON KIELMANNSEGG (Kanzler) 134
KINDER, J. 151, 152
KLEFFEL, H. 206
KLINGER, H.B. 238
KLOSE, O. 15, 75, 209
KLOSE/MARTIUS 151
KLÜVER, W. 86
KOCH, J.H. 215, 216
KOCK, Chr. 108, 112, 113, 210
KOHL, J.G. 77, 168
KOLLMANN, P. 185, 186, 191, 225
KOPPE, W. 141
KRÖGER, E. 132, 133

LAAGE, G. 166-168
LAU, K.F.L. (Weber) 238
LEISNER, M. 140
LEISTER, I. 16
LEMKE, W. 62, 74, 76, 77
LORENTZEN, F. 210
LORENZEN-SCHMIDT, K.J. 114
LUCKNER, v. (Adel) 85
LÜDERS (Probst) 36
LÜTHJE, A. 122, 124, 125
LYCKE, N. 238

MACKEPRANG, J. 162
MAGER, F. 109
MARQUARD v. Stenwer 172
MARQUARDT, G. 41
MARTENS, J.D. 43, 67, 78, 79
MEVIUS (Gutsbesitzer) 93
MEYER, J. (Kartogr.) 218
MICHAELSEN, H. 75, 76
MILDENSTEIN (Bürgermeister) 161
MOLTKE v. (Gutsbesitzer) 94
MOMSEN, I.E. 3, 11, 12, 20, 23, 210, 221
MOSBACH (Weberei) 239

NEERGAARD, v. (Gutsbesitzer) 36, 94
NIEMANN, A. 98, 99, 158, 208-210
NISSEN, A.F. (Vogt) 144-146

OEST, N. 50
OLDEKOP, H. 23, 101, 105, 142, 148, 208, 214
OTTE (Kaufmannsfamilie) 45, 102, 206, 209
OTTE, F.W. 161, 163, 165, 167, 169

PAULY (Hofbesitzer) 138
PAULS, V. 154
PETERS, G. 157, 184, 192, 225, 227
PETERSEN, H.P. 30
PLAT, Josua du (Oberst) 3, 8
POEHLS, H. 83
POSSELT (Klostervogt) 178, 181

PRANGE, W. 3, 33, 38, 39, 47-49, 93, 117, 118, 126, 130, 132, 134, 136, 137, 141, 143, 144, 149, 151, 154, 155, 189, 190, 191
PREDÖHL, A. 195

QUESNAY, François 1, 39

RANTZAU (Adel) 84, 190, 222
RANTZAU, Hans 39, 48, 86
RANTZAU, Heinr. (Statthalter) 151, 162, 208
RANTZAU, Joh. (Feldmarschall) 83
RAWITSCHER, G. 103, 104, 109, 112
RENCK, Gebr. (Tuchfabrik) 231, 233
REUMANN, R. 3, 8
REUSS, Fürst 93
REVENTLOW (Adel) 84, 94, 102, 104
REVENTLOW-CRIMINIL 94
REVENTLOW-FARVE, E. 12, 31, 32, 36, 45, 58, 63, 67, 68, 70, 72, 73, 77, 79, 105, 107, 123, 129, 165
RICHELSEN, H. 147
ROSEN, v. (Amtmann) 114, 133
ROSENKRANZ (dän. Adel) 105
ROTHERT, H.F. 211, 215
RUMOHR, v. (Adel) 83
RUMOHR, H. v. 45, 62, 75, 76, 83, 94, 95, 105

SALDERN, C. v. 47, 48, 95, 136, 184
SCHACKENBORG (Adel) 104
SCHARFF, A. 15, 33, 38
SCHEEL (Gutsbesitzer) 85
SCHMIDT, J.G. 178-181
SCHNEEKLOTH, A. 180
SCHRÖDER, Joh. v. 11, 12, 16, 19, 20, 23, 26, 36, 65, 69, 71, 87, 98, 99, 101, 105, 107, 114, 164, 208, 210, 218
SCHRÖDER/BIERNATZKI 5, 11, 12, 15-18, 22, 23, 26-31, 36, 38, 48, 53, 60, 63, 69, 71, 76, 77, 81, 85-87, 95, 96, 107, 115, 121, 124, 128-130, 140-142, 144, 145, 156, 157, 184, 185, 189, 198, 201, 214, 221, 222, 225
SCHULZE/STOLZ 149
SCHWERDTFEGER (Gutsbesitzer) 62, 85
SEHESTED, D. v. 175
SELBY, Baron v. 179
SERING, M. 176
STEWIG, R. 2, 193

THAER, Albr. 96, 113
THALBITZER 196, 205
THIENEN, Wulf H. v. 62
THÜNEN, J.-H. v. 5, 57, 136
THYSSEN, Th. 36
TIDOW, K. 232
TISCHBEIN, P.F.L. 74

TRAUTMANN, P. 195, 202, 206
TURGOT, A.-R.-J. 1, 38, 39

VARENDORF, v. (Major) 3, 8, 88, 97, 105, 108,
135, 148, 173, 180,
188, 236
VOIGTS, H. 157
VOPPEL, G. 57
VOSS, J. 160-162, 164

WARNSTEDT, H.A. v. 12
WEBER (Advokat) 105
WEBER, Max 37, 114, 193
WIEPERT, P. 160, 162, 164
WITT, W. 30
WOLGAST, G. 161-163, 218
WULF, P. 53
WULFF (Gutsbesitzer) 94

ZORN, W. 1, 37

Band IX
*Heft 1 S c o f i e l d, Edna: Landschaften am Kurischen Haff. 1938.

*Heft 2 F r o m m e, Karl: Die nordgermanische Kolonisation im atlantisch-polaren Raum. Studien zur Frage der nördlichen Siedlungsgrenze in Norwegen und Island. 1938.

*Heft 3 S c h i l l i n g, Elisabeth: Die schwimmenden Gärten von Xochimilco. Ein einzigartiges Beispiel altindianischer Landgewinnung in Mexiko. 1939.

*Heft 4 W e n z e l, Hermann: Landschaftsentwicklung im Spiegel der Flurnamen. Arbeitsergebnisse aus der mittelschleswiger Geest. 1939.

*Heft 5 R i e g e r, Georg: Auswirkungen der Gründerzeit im Landschaftsbild der norderdithmarscher Geest. 1939.

Band X
*Heft 1 W o l f, Albert: Kolonisation der Finnen an der Nordgrenze ihres Lebensraumes. 1939.

*Heft 2 G o o ß, Irmgard: Die Moorkolonien im Eidergebiet. Kulturelle Angleichung eines Ödlandes an die umgebende Geest. 1940.

*Heft 3 M a u, Lotte: Stockholm. Planung und Gestaltung der schwedischen Hauptstadt. 1940.

*Heft 4 R i e s e, Gertrud: Märkte und Stadtentwiklung am nordfriesichen Geestrand. 1940.

Band XI
*Heft 1 W i l h e l m y, Herbert: Die deutschen Siedlungen in Mittelparaguay. 1941.

*Heft 2 K o e p p e n, Dorothea: Der Agro Pontino-Romano. Eine moderne Kulturlandschaft. 1941.

*Heft 3 P r ü g e l, Heinrich: Die Sturmflutschäden an der schleswig-holsteinischen Westküste in ihrer meteorologischen und morphologischen Abhängigkeit. 1942.

*Heft 4 I s e r n h a g e n, Catharina: Totternhoe. Das Flurbild eines angelsächsischen Dorfes in der Grafschaft Bedfordshire in Mittelengland. 1942.

*Heft 5 B u s e, Karla: Stadt und Gemarkung Debrezin. Siedlungsraum von Bürgern, Bauern und Hirten im ungarischen Tiefland. 1942.

Band XII
*B a r t z, Fritz: Fischgründe und Fischereiwirtschaft an der Westküste Nordamerikas. Werdegang, Lebens- und Siedlungsformen eines jungen Wirtschaftsraumes. 1942.

Band XIII
*Heft 1 T o a s p e r n, Paul Adolf: Die Einwirkungen des Nord-Ostsee-Kanals auf die Siedlungen und Gemarkungen seines Zerschneidungsbereichs. 1950.

*Heft 2 V o i g t, Hans: Die Veränderung der Großstadt Kiel durch den Luftkrieg. Eine siedlungs- und wirtschaftsgeographische Untersuchung. 1950. (Gleichzeitig erschienen in der Schriftenreihe der Stadt Kiel, herausgegeben von der Stadtverwaltung.)

*Heft 3 M a r q u a r d t, Günther: Die Schleswig-Holsteinische Knicklandschaft. 1950.

*Heft 4 S c h o t t, Carl: Die Westküste Schleswig-Holsteins. Probleme der Küstensenkung. 1950.

Band XIV
*Heft 1 K a n n e n b e r g, Ernst-Günter: Die Steilufer der Schleswig-Holsteinischen Ostseeküste. Probleme der marinen und klimatischen Abtragung. 1951.

*Heft 2 L e i s t e r, Ingeborg: Rittersitz und adliges Gut in Holstein und Schleswig. 1952. (Gleichzeitig erschienen als Band 64 der Forschungen zur deutschen Landeskunde.)

Heft 3 R e h d e r s, Lenchen: Probsteierhagen, Fiefbergen und Gut Salzau: 1945-1950. Wandlungen dreier ländlicher Siedlungen in Schleswig-Holstein durch den Flüchtlingszustrom. 1953. X, 96 S., 29 Fig. im Text, 4 Abb.   5.00 DM

*Heft 4 B r ü g g e m a n n, Günter. Die holsteinische Baumschulenlandschaft. 1953.

Sonderband

*S c h o t t, Carl (Hrsg.): Beiträge zur Landeskunde von Schleswig-Holstein. Oskar Schmieder zum 60.Geburtstag. 1953. (Erschienen im Verlag Ferdinand Hirt, Kiel.)

Band XV

*Heft 1 L a u e r, Wilhelm: Formen des Feldbaus im semiariden Spanien. Dargestellt am Beispiel der Mancha. 1954.

*Heft 2 S c h o t t, Carl: Die kanadischen Marschen. 1955.

*Heft 3 J o h a n n e s, Egon: Entwicklung, Funktionswandel und Bedeutung städtischer Kleingärten. Dargestellt am Beispiel der Städte Kiel, Hamburg und Bremen. 1955.

*Heft 4 R u s t, Gerhard: Die Teichwirtschaft Schleswig-Holsteins. 1956.

Band XVI

*Heft 1 L a u e r, Wilhelm: Vegetation, Landnutzung und Agrarpotential in El Salvador (Zentralamerika). 1956.

*Heft 2 S i d d i q i, Mohamed Ismail: The Fishermen's Settlements on the Coast of West Pakistan. 1956.

*Heft 3 B l u m e, Helmut: Die Entwicklung der Kulturlandschaft des Mississippideltas in kolonialer Zeit. 1956.

Band XVII

*Heft 1 W i n t e r b e r g, Arnold: Das Bourtanger Moor. Die Entwicklung des gegenwärtigen Landschaftsbildes und die Ursachen seiner Verschiedenheit beiderseits der deutsch-holländischen Grenze. 1957.

*Heft 2 N e r n h e i m, Klaus: Der Eckernförder Wirtschaftsraum. Wirtschaftsgeographische Strukturwandlungen einer Kleinstadt und ihres Umlandes unter besonderer Berücksichtigung der Gegenwart. 1958.

*Heft 3 H a n n e s e n, Hans: Die Agrarlandschaft der schleswig-holsteinischen Geest und ihre neuzeitliche Entwicklung. 1959.

Band XVIII

Heft 1 H i l b i g, Günter: Die Entwicklung der Wirtschafts- und Sozialstruktur der Insel Oléron und ihr Einfluß auf das Landschaftsbild. 1959. 178 S., 32 Fig. im Text und 15 S. Bildanhang. 9.20 DM

Heft 2 S t e w i g, Reinhard: Dublin. Funktionen und Entwicklung. 1959. 254 S. und 40 Abb. 10.50 DM

Heft 3 D w a r s, Friedrich W.: Beiträge zur Glazial- und Postglazialgeschichte Südostrügens. 1960. 106 S., 12 Fig. im Text und 6 S. Bildanhang. 4.80 DM

Band XIX

Heft 1 H a n e f e l d, Horst: Die glaziale Umgestaltung der Schichtstufenlandschaft am Nordrand der Alleghenies. 1960. 183 S., 31 Abb. und 6 Tab. 8.30 DM

*Heft 2 A l a l u f, David: Problemas de la propiedad agricola en Chile. 1961.

*Heft 3 S a n d n e r, Gerhard: Agrarkolonisation in Costa Rica. Siedlung, Wirtschaft und Sozialgefüge an der Pioniergrenze. 1961. (Erschienen bei Schmidt & Klaunig, Kiel, Buchdruckerei und Verlag.)

Band XX

*L a u e r, Wilhelm (Hrsg.): Beiträge zur Geographie der Neuen Welt. Oskar Schmieder zum 70.Geburtstag. 1961.

Band XXI

*Heft 1 S t e i n i g e r, Alfred: Die Stadt Rendsburg und ihr Einzugsbereich. 1962.

Heft 2 B r i l l, Dieter: Baton Rouge, La. Aufstieg, Funktionen und Gestalt einer jungen Großstadt des neuen Industriegebiets am unteren Mississippi. 1963. 288 S., 39 Karten, 40 Abb.im Anhang. 12.00 DM

*Heft 3 D i e k m a n n, Sibylle: Die Ferienhaussiedlungen Schleswig-Holsteins. Eine siedlungs- und sozialgeographische Studie. 1964.

Band XXII
*Heft 1 E r i k s e n, Wolfgang: Beiträge zum Stadtklima von Kiel. Witterungsklimatische Untersuchungen im Raume Kiel und Hinweise auf eine mögliche Anwendung der Erkenntnisse in der Stadtplanung. 1964.

*Heft 2 S t e w i g, Reinhard: Byzanz - Konstantinopel - Istanbul. Ein Beitrag zum Weltstadtproblem. 1964.

*Heft 3 B o n s e n, Uwe: Die Entwicklung des Siedlungsbildes und der Agrarstruktur der Landschaft Schwansen vom Mittelalter bis zur Gegenwart. 1966.

Band XXIII
*S a n d n e r, Gerhard (Hrsg.): Kulturraumprobleme aus Ostmitteleuropa und Asien. Herbert Schlenger zum 60.Geburtstag. 1964.

Band XXIV
Heft 1 W e n k, Hans-Günther: Die Geschichte der Geographie und der Geographischen Landesforschung an der Universität Kiel von 1665 bis 1879. 1966. 252 S., mit 7 ganzstg. Abb. 14.00 DM

Heft 2 B r o n g e r, Arnt: Lösse, ihre Verbraunungszonen und fossilen Böden, ein Beitrag zur Stratigraphie des oberen Pleistozäns in Südbaden. 1966. 98 S., 4 Abb. und 37 Tab. im Text, 8 S. Bildanhang und 3 Faltkarten. 9.00 DM

*Heft 3 K l u g, Heinz: Morphologische Studien auf den Kanarischen Inseln. Beiträge zur Küstenentwicklung und Talbildung auf einem vulkanischen Archipel. 1968. (Erschienen bei Schmidt & Klaunig, Kiel, Buchdruckerei und Verlag.)

Band XXV
*W e i g a n d, Karl: I. Stadt-Umlandverflechtungen und Einzugsbereiche der Grenzstadt Flensburg und anderer zentraler Orte im nördlichen Landesteil Schleswig. II. Flensburg als zentraler Ort im grenzüberschreitenden Reiseverkehr. 1966.

Band XXVI
*Heft 1 B e s c h, Hans-Werner: Geographische Aspekte bei der Einführung von Dörfergemeinschaftsschulen in Schleswig-Holstein. 1966.

*Heft 2 K a u f m a n n, Gerhard: Probleme des Strukturwandels in ländlichen Siedlungen Schleswig-Holsteins, dargestellt an ausgewählten Beispielen aus Ostholstein und dem Programm-Nord-Gebiet. 1967.

Heft 3 O l b r ü c k, Günter: Untersuchung der Schauertätigkeit im Raume Schleswig-Holstein in Abhängigkeit von der Orographie mit Hilfe des Radargeräts. 1967. 172 S., 5 Aufn., 65 Karten, 18 Fig. und 10 Tab. im Text, 10 Tab. im Anhang. 12.00 DM

Band XXVII
Heft 1 B u c h h o f e r, Ekkehard: Die Bevölkerungsentwicklung in den polnisch verwalteten deutschen Ostgebieten von 1956-1965. 1967. 282 S., 22 Abb., 63 Tab. im Text, 3 Tab., 12 Karten und 1 Klappkarte im Anhang. 16.00 DM

Heft 2 R e t z l a f f, Christine: Kulturgeographische Wandlungen in der Maremma. Unter besonderer Berücksichtigung der italienischen Bodenreform nach dem Zweiten Weltkrieg. 1967. 204 S., 35 Fig. und 25 Tab. 15.00 DM

Heft 3 B a c h m a n n, Henning: Der Fährverkehr in Nordeuropa - eine verkehrsgeographische Untersuchung. 1968. 276 S., 129 Abb. im Text, 67 Abb. im Anhang. 25.00 DM

Band XXVIII
*Heft 1 W o l c k e. Irmtraud-Dietlinde: Die Entwicklung der Bochumer Innenstadt. 1968.

*Heft 2 W e n k, Ursula: Die zentralen Orte an der Westküste Schleswig-Holsteins unter besonderer Berücksichtigung der zentralen Orte niederen Grades. Neues Material über ein wichtiges Teilgebiet des Programm Nord. 1968.

*Heft 3 W i e b e, Dietrich: Industrieansiedlungen in ländlichen Gebieten, dargestellt am Beispiel der Gemeinden Wahlstedt und Trappenkamp im Kreis Segeberg. 1968.

Band XXIX

Heft 1 V o r n d r a n, Gerhard: Untersuchungen zur Aktivität der Gletscher, dargestellt an Beispielen aus der Silvrettagruppe. 1968. 134 S., 29 Abb. im Text, 16 Tab. und 4 Bilder im Anhang. 12.00 DM

Heft 2 H o r m a n n, Klaus: Rechenprogramme zur morphometrischen Kartenauswertung. 1968. 154 S., 11 Fig. im Text und 22 Tab. im Anhang. 12.00 DM

Heft 3 V o r n d r a n, Edda: Untersuchungen über Schuttentstehung und Ablagerungsformen in der Hochregion der Silvretta (Ostalpen). 1969. 137 S., 15 Abb. und 32 Tab. im Text, 3 Tab. und 3 Klappkarten im Anhang. 12.00 DM

Band 30

*S c h l e n g e r, Herbert, Karlheinz P a f f e n, Reinhard S t e w i g (Hrsg.): Schleswig-Holstein, ein geographisch-landeskundlicher Exkursionsführer. 1969. Festschrift zum 33.Deutschen Geographentag Kiel 1969. (Erschienen im Verlag Ferdinand Hirt, Kiel; 2.Auflage, Kiel 1970.)

Band 31

M o m s e n, Ingwer Ernst: Die Bevölkerung der Stadt Husum von 1769 bis 1860. Versuch einer historischen Sozialgeographie. 1969. 420 S., 33 Abb. und 78 Tab. im Text, 15 Tab. im Anhang. 24.00 DM

Band 32

S t e w i g, Reinhard: Bursa, Nordwestanatolien. Strukturwandel einer orientalischen Stadt unter dem Einfluß der Industrialisierung. 1970. 177 S., 3 Tab., 39 Karten, 23 Diagramme und 30 Bilder im Anhang. 18.00 DM

Band 33

T r e t e r, Uwe: Untersuchungen zum Jahresgang der Bodenfeuchte in Abhängigkeit von Niederschlägen, topographischer Situation und Bodenbedeckung an ausgewählten Punkten in den Hüttener Bergen/Schleswig-Holstein. 1970. 144 S., 22 Abb., 3 Karten und 26 Tab. 15.00 DM

Band 34

*K i l l i s c h, Winfried F.: Die oldenburgisch-ostfriesischen Geestrandstädte. Entwicklung, Struktur, zentralörtliche Bereichsgliederung und innere Differenzierung. 1970.

Band 35

R i e d e l, Uwe: Der Fremdenverkehr auf den Kanarischen Inseln. Eine geographische Untersuchung. 1971. 314 S., 64 Tab., 58 Abb. im Text und 8 Bilder im Anhang. 24.00 DM

Band 36

H o r m a n n, Klaus: Morphometrie der Erdoberfläche. 1971. 189 S., 42 Fig., 14 Tab. im Text. 20.00 DM

Band 37

S t e w i g, Reinhard (Hrsg.): Beiträge zur geographischen Landeskunde und Regionalforschung in Schleswig-Holstein. 1971. Oskar Schmieder zum 80.Geburtstag. 338 S., 64 Abb., 48 Tab. und Tafeln. 28.00 DM

Band 38

S t e w i g, Reinhard und Horst-Günter W a g n e r (Hrsg.): Kulturgeographische Untersuchungen im islamischen Orient. 1973. 240 S., 45 Abb., 21 Tab. und 33 Photos. 29.50 DM

Band 39

K l u g, Heinz (Hrsg.): Beiträge zur Geographie der mittelatlantischen Inseln. 1973. 208 S., 26 Abb., 27 Tab. und 11 Karten. 32.00 DM

Band 40

S c h m i e d e r, Oskar: Lebenserinnerungen und Tagebuchblätter eines Geographen. 1972. 181 S., 24 Bilder, 3 Faksimiles und 3 Karten. 42.00 DM

Band 41

K i l l i s c h, Winfried F. und Harald T h o m s: Zum Gegenstand einer interdisziplinären Sozialraumbeziehungsforschung. 1973. 56 S., 1 Abb. 7.50 DM

Band 42

N e w i g, Jürgen: Die Entwicklung von Fremdenverkehr und Freizeitwohnwesen in ihren Auswirkungen auf Bad und Stadt Westerland auf Sylt. 1974. 222 S., 30 Tab., 14 Diagramme, 20 kartographische Darstellungen und 13 Photos. 31.00 DM

Band 43

*K i l l i s c h, Winfried F.: Stadtsanierung Kiel-Gaarden. Vorbereitende Untersuchung zur Durchführung von Erneuerungsmaßnahmen. 1975.

Kieler Geographische Schriften
Band 44, 1976 ff.

Band 44

K o r t u m, Gerhard: Die Marvdasht-Ebene in Fars. Grundlagen und Entwicklung einer alten iranischen Bewässerungslandschaft. 1976. XI, 297 S., 33 Tab., 20 Abb. 38.50 DM

Band 45

B r o n g e r, Arnt: Zur quartären Klima- und Landschaftsentwicklung des Karpatenbeckens auf (paläo-) pedologischer und bodengeographischer Grundlage. 1976. XIV, 268 S., 10 Tab., 13 Abb. und 24 Bilder. 45.00 DM

Band 46

B u c h h o f e r, Ekkehard: Strukturwandel des Oberschlesischen Industrierevieres unter den Bedingungen einer sozialistischen Wirtschaftsordnung. 1976. X, 236 S., 21 Tab. und 6 Abb., 4 Tab und 2 Karten im Anhang. 32.50 DM

Band 47

W e i g a n d, Karl: Chicano - Wanderarbeiter in Südtexas. Die gegenwärtige Situation der Spanisch sprechenden Bevölkerung dieses Raumes. 1977. IX, 100 S., 24 Tab. und 9 Abb., 4 Abb. im Anhang. 15.70 DM

Band 48

W i e b e, Dietrich: Stadtstruktur und kulturgeographischer Wandel in Kandahar und Südafghanistan. 1978. XIV, 326 S., 33 Tab., 25 Abb. und 16 Photos im Anhang. 36.50 DM

Band 49

K i l l i s c h, Winfried F.: Räumliche Mobilität - Grundlegung einer allgemeinen Theorie der räumlichen Mobilität und Analyse des Mobilitätsverhaltens der Bevölkerung in den Kieler Sanierungsgebieten. 1979. XII, 208 S., 30 Tab. und 39. Abb., 30 Tab. im Anhang. 24.60 DM

Band 50

P a f f e n, Karlheinz und Reinhard S t e w i g (Hrsg.): Die Geographie an der Christian-Albrechts-Universität 1879-1979. Festschrift aus Anlaß der Einrichtung des ersten Lehrstuhles für Geographie am 12. Juli 1879 an der Universität Kiel. 1979. VI, 510 S., 19 Tab. und 58 Abb. 38.00 DM

Band 51

S t e w i g, Reinhard, Erol T ü m e r t e k i n, Bedriye T o l u n, Ruhi T u r f a n, Dietrich W i e b e und Mitarbeiter: Bursa, Nordwestanatolien. Auswirkungen der Industrialisierung auf die Bevölkerungs- und Sozialstruktur einer Industriegroßstadt im Orient. Teil 1. 1980. XXVI, 335 S., 253 Tab. und 19 Abb. 32.00 DM

Band 52

B ä h r, Jürgen und Reinhard S t e w i g (Hrsg.): Beiträge zur Theorie und Methode der Länderkunde. Oskar Schmieder (27. Januar 1891 - 12. Februar 1980) zum Gedenken. 1981. VIII, 64 S., 4 Tab. und 3 Abb. 11.00 DM

Band 53

M ü l l e r, Heidulf E.: Vergleichende Untersuchungen zur hydrochemischen Dynamik von Seen im Schleswig-Holsteinischen Jungmoränengebiet. 1981. XI, 208 S., 16 Tab., 61 Abb. und 14 Karten im Anhang. 25.00 DM

Band 54

A c h e n b a c h, Hermann: Nationale und regionale Entwicklungsmerkmale des Bevölkerungsprozesses in Italien. 1981. IX, 114 S., 36 Fig. 16.00 DM

Band 55
D e g e, Eckart: Entwicklungsdisparitäten der Agrarregionen Südkoreas. 1982. XXII, 332 S., 50 Tab., 44 Abb. und 8 Photos im Textband sowie 19 Kartenbeilagen in separater Mappe. 49.00 DM

Band 56
B o b r o w s k i, Ulrike: Pflanzengeographische Untersuchungen der Vegetation des Bornhöveder Seengebiets auf quantitativ-soziologischer Basis. 1982, XIV, 175 S., 65 Tab., 19 Abb. 23.00 DM

Band 57
S t e w i g, Reinhard (Hrsg.): Untersuchungen über die Großstadt in Schleswig-Holstein. 1983. X, 194 S., 46 Tab., 38 Diagr. und 10 Abb. 24.00 DM

Band 58
B ä h r, Jürgen (Hrsg.): Kiel 1879-1979. Entwicklung von Stadt und Umland im Bild der Topographischen Karte 1 : 25 000. Zum 32. Deutschen Kartographentag vom 11.-14. Mai 1983 in Kiel. 1983. III, 192 S., 21 Tab., 38 Abb. mit 2 Kartenblättern in Anlage. ISBN 3-923887-00-0. 28.00 DM

Band 59
G a n s, Paul: Raumzeitliche Eigenschaften und Verflechtungen innerstädtischer Wanderungen in Ludwigshafen/Rhein zwischen 1971 und 1978. Eine empirische Analyse mit Hilfe des Entropiekonzeptes und der Informationsstatistik. 1983. XII, 226 S., 45 Tab., 41 Abb. ISBN 3-923887-01-9. 30.00 DM

Band 60
P a f f e n †, Karlheinz und K o r t u m, Gerhard: Die Geographie des Meeres. Disziplingeschichtliche Entwicklung seit 1650 und heutiger methodischer Stand. 1984. XIV, 293 Seiten, 25 Abb. ISBN 3-923887-02-7. 36.00 DM

Band 61
B a r t e l s †, Dietrich u.a.: Lebensraum Norddeutschland. 1984. IX, 139 Seiten, 23 Tabellen und 21 Karten. ISBN 3-923887-03-5. 22.00DM

Band 62
K l u g, Heinz (Hrsg.): Küste und Meeresboden. Neue Ergebnisse geomorphologischer Feldforschungen. 1985. V, 214 Seiten, 66 Abb., 45 Fotos, 10 Tabellen. ISBN 3-923887-04-3. 39.00 DM

Band 63
K o r t u m, Gerhard: Zuckerrübenanbau und Entwicklung ländlicher Wirtschaftsräume in der Türkei. Ausbreitung und Auswirkung einer Industriepflanze unter besonderer Berücksichtigung des Bezirks Beypazarı (Provinz Ankara). 1986. XVI, 392 Seiten, 36 Tab., 47 Abb. und 8 Fotos im Anhang. ISBN 3-923887-05-1. 45.00 DM

Band 64
F r ä n z l e, Otto (Hrsg.): Geoökologische Umweltbewertung. Wissenschaftstheoretische und methodische Beiträge zur Analyse und Planung. 1986. VI, 130 Seiten, 26 Tab., 30 Abb. ISBN 3-923887-06-X. 24.00 DM

Band 65
S t e w i g, Reinhard: Bursa, Nordwestanatolien. Auswirkungen der Industrialisierung auf die Bevölkerungs- und Sozialstruktur einer Industriegroßstadt im Orient. Teil 2. 1986. XVI, 222 Seiten, 71 Tab., 7 Abb. und 20 Fotos. ISBN 3-923887-07-8. 37.00 DM

Band 66
S t e w i g, Reinhard (Hrsg.): Untersuchungen über die Kleinstadt in Schleswig-Holstein. 1987. VI, 370 Seiten, 38 Tab., 11 Diagr. und 84 Karten. ISBN 3-923887-08-6. 48.00 DM

Band 67
A c h e n b a c h, Hermann: Historische Wirtschaftskarte des östlichen Schleswig-Holstein um 1850. 1988. XII, 277 Seiten, 38 Tab., 34 Abb., Textband und Kartenmappe. ISBN 3-923887-09-4. 67.00 DM

Band 68
B ä h r, Jürgen (Hrsg.): Wohnen in lateinamerikanischen Städten - Housing in Latin American Cities. 1988. (Im Druck)